O PALÁCIO DA MEMÓRIA DE MATTEO RICCI

JONATHAN SPENCE

O PALÁCIO DA MEMÓRIA DE MATTEO RICCI

A HISTÓRIA DE UMA VIAGEM: DA EUROPA DA CONTRA-REFORMA À CHINA DA DINASTIA MING

Tradução de:
DENISE BOTTMANN

1ª reimpressão

COMPANHIA DAS LETRAS

Título original:
The Memory Palace of Matteo Ricci

Capa:
Moema Cavalcanti

Índice Remissivo:
Tomio Kurata

Revisão:
Marcelo Morales
Tomio Kurata
Sylvia Corrêa

ISBN - 85-85095-08-3

1986

Editora Schwarcz Ltda.
Rua Barra Funda, 296
01152 — São Paulo — SP
Fones: (011) 825-5286 e 67-9161

Para Helen

ÍNDICE

AGRADECIMENTOS

Devo agradecimentos a muitas pessoas que me ajudaram neste livro. Atormentei vários membros do Departamento de História de Yale, num ou noutro momento, solicitando informações, e todos eles responderam prestimosamente e de boa vontade. Sem nomeálos individualmente, espero que aceitem essa menção coletiva de gratidão. O mesmo ocorreu no Centro de Humanidades de Whitney, em Yale, onde foi redigido o primeiro esboço. Gostaria de agradecer a todos os colegas de lá, pela sua orientação e estímulo.

Entre as várias pessoas de outros departamentos em Yale que também contribuíram com informações, sou especialmente grato a Herbert Marks, Wayne Meeks e Thomas Greene, por fazerem sugestões que se mostraram cruciais nos momentos exatos. Por me ajudarem a encontrar as quatro estampas de Ricci, sou grato a Egbert Haverkamp-Begemann e Jennifer Kilian e ao pessoal do Departamento de Estampas e Fotografias do Museu Metropolitano de Arte de Nova York, cuja orientação me permitiu, ao final, ter em mãos dois dos originais. Leo Steinberg ajudou-me na interpretação. Charles Boxer, num almoço memorável, fez um mapa do meu trajeto por Goa e Macau.

Também gostaria de agradecer o auxílio constante do pessoal da Biblioteca de Livros Raros de Beinecke, a Biblioteca da Escola da Divindade, a Biblioteca de Arte e a Biblioteca da Memória de Sterling, todas em Yale. Meus agradecimentos também àqueles que providenciaram cópias de materiais raros, em Berkeley, Chicago, Cornell e Harvard, na Biblioteca da Universidade de Cambridge e na Biblioteca Comunitária de Macerata, onde Aldo Adversi e Piero Corradini deram uma assistência fundamental.

No centro do Projeto de História Jesuítica da China, em Los Gatos, onde passei uma semana preciosa no início de 1983, recebi uma hospitalidade generosa por parte do pároco, padre Joseph Costa, S.J., e do bibliotecário, padre Carrol O'Sullivan, S.J. Theodore Foss e o irmão Michael Grace em Chicago, e ainda os padres jesuítas George Ganss, Christopher Spalatin, Peter Hu e William Spohn deram-me todos informações úteis, como o fez também — bondosa e repetidamente — o padre Edward Malatesta, S.J.

Pela sua ajuda nas traduções do português, italiano, latim e chinês, agradeço particularmente a Carla Freccero, Claudia Brodsky, Cheng Peikai, K'ang Le, Ch'en Jo-shui, Sylvia Yü e Yü Ying-shih. Foram muitos os que se esforçaram em decifrar meus rascunhos opacos e confusos, mas meus agradecimentos especiais vão para as datilógrafas que mais, e por mais tempo, sofreram, Katrin van der Vaart com o primeiro rascunho, e Elna Godburn com o segundo.

A caligrafia para as quatro imagens da memória de Ricci foi elaborada expressamente para este livro por Chang Ch'ung-ho, e agradeço-lhe pela habilidade e sensibilidade. O tempo para montar o esquema básico do livro e empreender a pesquisa inicial me foi proporcionado por uma bolsa de estudos do Memorial John Simon Guggenheim, e agradeço aos diretores da instituição. Ofereceram-me interpretações proveitosas do primeiro rascunho Michael Cooke, padre Malatesta, S.J., e Jeanne Bloom, e do segundo Harold Bloom, Robert Fitzgerald, Hans Frei e John Hollander, e agradeço a todos. Elisabeth Sifton, como em duas vezes anteriores, leu cuidadosamente tudo em todas as fases, o que me estimulou a continuar. Fico contente que o livro seja editado por ela.

O MUNDO DE RICCI
Antuérpia
Veneza
Ancona
Coimbra
Florença
Macerata
Lisboa
Sevilha
Roma
Açores
Alepo
Alcáçarquibir
ilhas Canárias
Zacatecas
Veracruz
Acapulco
Ormuz
Pequim
Nasasáqui
Macau
OCEANO
PACÍFICO
Manila
Goa
Cochin
Malaca
Molucas
Sumatra
Huancavelica
OCEANO
ATLÂNTICO
Moçambique
OCEANO
ÍNDICO
OCEANO
PACÍFICO
Potosí
cabo das Tormentas
(cabo da Boa Esperança)

MATTEO RICCI: UMA CRONOLOGIA

1552, 6 de outubro	Nasce em Macerata, Itália, no domínio papal.
1561	Torna-se aluno da escola jesuítica em Macerata.
1568	Vai a Roma, para cursar direito.
1571, 15 de agosto	Entra no Quirinal de Santo André em Roma, como noviço da Companhia de Jesus.
1572-1573	Estuda no Colégio Jesuíta, em Florença.
1573, setembro a 1577, maio	Estuda no Colégio Jesuíta, em Roma.
1577, verão	Vai a Coimbra, Portugal. Estuda português.
1578, março	Audiência com o rei Sebastião.
——, 24 de março	Deixa Lisboa a bordo do *S. Luís.*
——, 13 de setembro	Chega a Goa. Estuda teologia, ensina latim e grego.
1580	Mora em Cochin. Ordenado padre no final de julho.
1581	Regressa a Goa.
1582, 26 de abril	Parte de Goa por mar.
——, junho	Malaca.
——, 7 de agosto	Chega a Macau.
1583, 10 de setembro	Fixa-se em Zhaoqing, China, com Michele Ruggieri.
1584, outubro	São impressas em Zhaoqing cópias não-autorizadas do seu mapa-múndi.
1589, 3 de agosto	Expulso de Zhaoqing por mandarins hostis a ele.
——, 26 de agosto	Estabelece-se em Shaozhou.
1591, dezembro	Inicia-se um esboço de tradução dos clássicos chineses *Os Quatro Livros.*
1592, julho	A residência em Shaozhou é atacada. Ricci fere os pés.
1594, novembro	Jesuítas adotam as vestes dos letrados chineses.
1595, 18 de abril	Parte de Shaozhou para Nanjing.
——, meados de maio	Naufrágio e afogamento de Barradas.
——, 28 de junho	Estabelece-se em Nanchang.
——, novembro	Compõe *Tratado sobre a Amizade.*

1596, primavera	Compõe o rascunho do *Tratado sobre as Artes Mnemônicas*.
1597, agosto	Nomeado superior da missão chinesa.
1598, 7 de setembro a 5 de novembro	Primeira viagem a Pequim; sua permanência não é autorizada.
1599, 6 de fevereiro	Fixa-se em Nanjing.
1600, novembro	O eunuco Ma Tang apreende um crucifixo.
1601, 24 de janeiro	Entra pela segunda vez em Pequim.
——, fevereiro	Compõe oito músicas apra a corte do imperador.
——, 28 de maio	Autorizada sua permanência em Pequim.
1602, agosto	Publica uma versão revista do mapa-múndi.
1603, outono-inverno	Publica *Verdadeiro Significado do Senhor do Céu.*
1604, meados de agosto	A Bíblia poliglota de Plantin chega a Pequim.
1606, janeiro	Dá quatro estampas e comentários ao impressor Cheng Dayue.
1607, maio	Publica a tradução dos primeiros seis livros dos *Elementos de Geometria,* de Euclides.
1608, janeiro-fevereiro	Publica *Dez Discursos de um Homem Paradoxal.*
——, outono-inverno	Começa a escrever sua *História.*
1609, 8 de setembro	Fundada a primeira congregação mariana em Pequim.
1610, 11 de maio	Falece em Pequim.

A CHINA DE RICCI

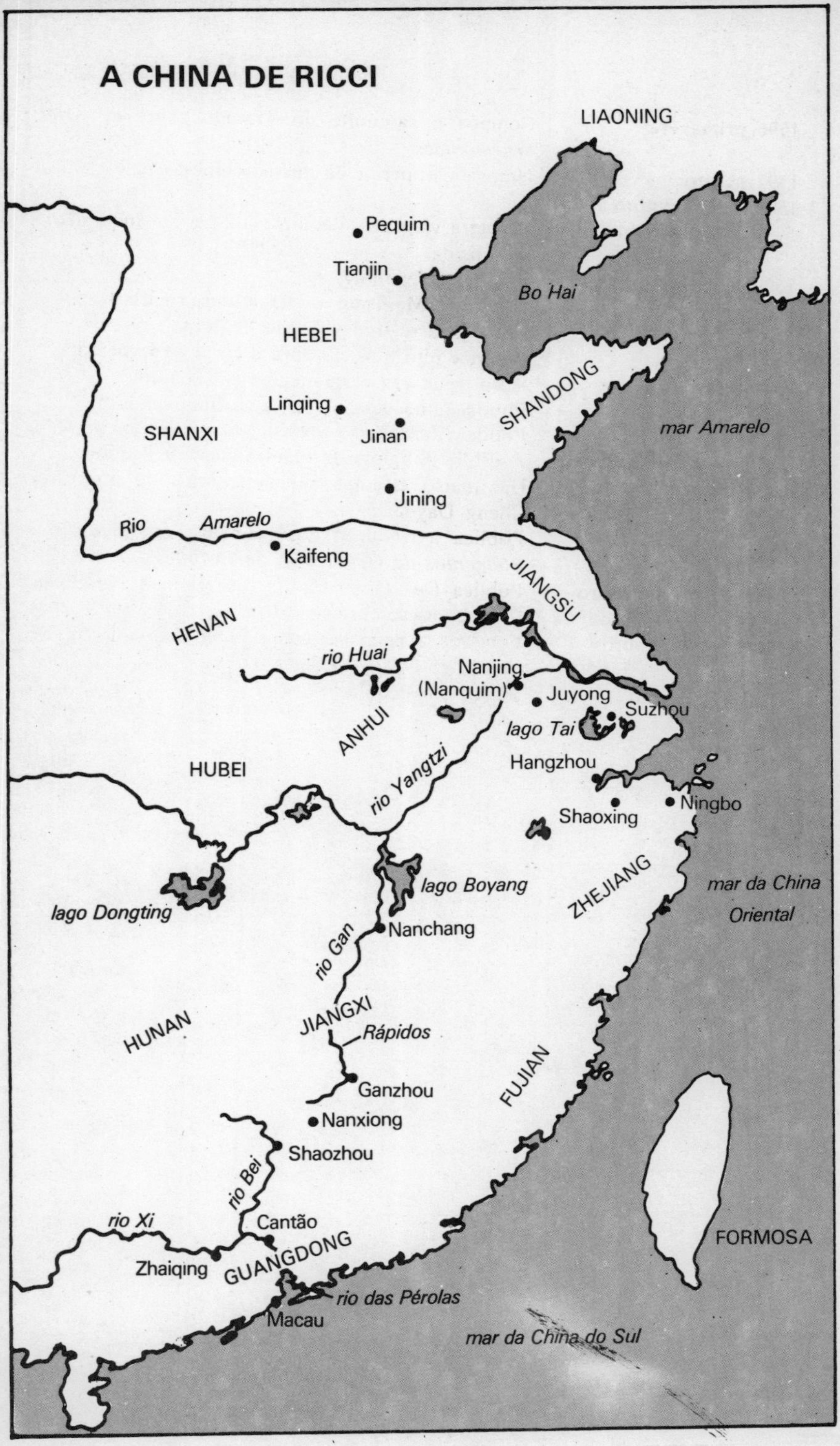

O PALÁCIO DA MEMÓRIA DE MATTEO RICCI

UM

CONSTRUINDO O PALÁCIO

Em 1596, Matteo Ricci ensinou os chineses a construir um palácio da memória. Disse-lhes que o tamanho do palácio dependia do tanto que quisessem recordar: a construção mais ambiciosa consistiria de muitas centenas de edifícios de todas as formas e dimensões; "quantas mais forem, melhor será", disse Ricci, embora acrescentasse que não era necessário construir imediatamente numa escala grandiosa. A pessoa podia criar palácios modestos ou construir estruturas menos dramáticas, tais como o recinto de um templo, um conjunto de gabinetes oficiais, um albergue público ou uma tenda de mercadores. Se a pessoa quisesse começar numa escala ainda menor, poderia montar um simples salão de entrada, um pavilhão ou um estúdio. E se quisesse um espaço íntimo, poderia usar apenas o canto de um pavilhão, um altar num templo ou, até mesmo, um objeto tão doméstico como um guarda-roupa ou um divã.[1]

Ao resumir esse sistema mnemônico, ele explicou que esses palácios, pavilhões e divãs eram estruturas mentais que se mantinham na cabeça da pessoa, e não objetos sólidos a serem literalmente construídos com materiais "reais". Ricci sugeriu que havia três opções principais para tais localidades da memória. Em primeiro lugar, podiam ser extraídas da realidade — isto é, de edifícios que a pessoa visitara ou de objetos que vira com os próprios olhos e que voltaram à sua memória. Em segundo lugar, podiam ser totalmente fictícias, produtos da imaginação elaborados sob qualquer forma ou tamanho. Ou, em terceiro lugar, podiam ser metade reais e metade fictícias, como no caso de um edifício bastante conhecido onde a pessoa, na parede de trás, abria uma porta imaginária, dando acesso a novos espaços, ou, no centro dele, criava uma escada mental que levaria a andares superiores que, até então, não existiam.

O objetivo real de todas essas construções mentais era o de oferecer espaços para a armazenagem dos milhares de conceitos que constituem a soma do nosso conhecimento humano. Devíamos dar uma imagem, escreveu Ricci, a tudo que queremos lembrar; e a cada uma dessas imagens devíamos atribuir uma posição onde ela possa descansar tranqüilamente até que a chamemos através de um ato de memória. Visto que todo esse sistema de memória só pode funcionar se as imagens permanecem nas posições designadas e se conseguimos lembrar instantaneamente onde as armazenamos, obviamente pareceria mais fácil depender de localizações reais que conhecemos tão bem que jamais as esqueceríamos. Mas seria um erro, pensava Ricci. Pois é com o aumento do número de localidades e o número correspondente de imagens que podem ser aí armazenadas que aumentamos e fortalecemos nossa memória. Portanto, os chineses teriam de enfrentar a difícil tarefa de criar lugares fictícios ou de mesclá-los com lugares reais, fixando-os permanentemente em suas mentes, pelo exercício e revisão constantes, de forma que, finalmente, os espaços fictícios se tornam "como que reais, e jamais podem ser apagados".[2]

Os chineses poderiam muito bem ter perguntado como é que tal sistema se desenvolveu pela primeira vez no mundo, e Ricci antecipou-se à pergunta, resumindo a antiga tradição ocidental que atribuía a idéia do treinamento mnemônico através da disposição exata ao poeta grego Simonides. Como explicou Ricci (aproximando ao máximo do chinês o nome do poeta):

> *Há muito tempo, um poeta ocidental, o nobre Xi-mo-ni-de, reuniu-se com seus parentes e amigos numa festa no palácio, em meio a uma grande multidão de convidados. Quando saiu por um momento da multidão, para passear lá fora, o grande salão se desmoronou com um fortíssimo vento súbito. Todos os outros participantes foram esmagados pela morte, seus corpos ficaram dilacerados e desfigurados, e nem suas próprias famílias puderam reconhecê-los. Xi-mo-ni-de, porém, conseguiu se lembrar da ordem exata em que estavam sentados seus parentes e amigos, e quando ele os recordou um por um, seus*

corpos puderam ser identificados. Aí podemos ver o nascimento do método mnemônico que foi transmitido às épocas posteriores.[3]

Essa facilidade geral de lembrar a ordem das coisas que fora elaborada nos séculos seguintes; na época de Ricci, tornara-se uma forma de ordenar todo o conhecimento individual de assuntos seculares e religiosos e, visto ser o próprio Ricci um missionário católico, ele esperava que, quando os chineses aprendessem a valorizar suas capacidades mnemônicas, viessem a lhe perguntar sobre a religião que possibilitava tais maravilhas.

Matteo Ricci empreendera uma longa viagem para conseguir a oportunidade de apresentar a sua mnemônica a um auditório chinês culto. Italiano, nascido na cidade de Macerata em 1552, Ricci tornou-se noviço da ordem jesuíta de Roma em 1571 e, depois de um longo estudo de teologia, humanidades e ciências, seguiu para um aprendizado de cinco anos na Índia e Macau, chegando à China em 1583, em trabalho missionário. Em 1595, quando já adquirira fluência na língua chinesa, estabeleceu domicílio no próspero centro comercial e administrativo de Nanchang, na província oriental de Jiangxi.[4] No final do mesmo ano, deu vazão à sua recente confiança em suas habilidades lingüísticas escrevendo, em ideogramas chineses, um livro de máximas sobre a amizade, retiradas de vários autores clássicos e religiosos. Apresentou o manuscrito a um príncipe da dinastia reinante dos Ming, que vivia em Nanchang e o convidava freqüentemente para as festas em seu palácio.[5] Na mesma época, começava a discutir suas teorias sobre a memória com eruditos chineses da região e a dar aulas sobre técnicas mnemônicas.[6] Sua descrição do palácio da memória se encontra num livrinho sobre a arte da memória, que escreveu em chinês no ano seguinte e ofereceu ao governador de Jiangxi, Lu Wangai, e aos seus três filhos.[7]

A família que Ricci tentava instruir sobre as habilidades mnemônicas pertencia ao topo da sociedade chinesa. O governador Lu era um erudito rico e inteligente, que ocupara uma ampla variedade de cargos na burocracia da dinastia Ming. Conhecia bem o país, pois fora designado em ocasiões diversas para o extremo sudoeste, a costa oriental e o norte, e tivera brilhante desempenho em cada uma das principais áreas da administração chinesa: jurídica, financeira e militar. Agora atingira o ápice da carreira, como governador provincial, e preparava seus três filhos para os exames oficiais superiores; ele próprio, 28 anos antes, fora aprovado com distinção nesses exames, e sabia, como todos os seus contemporâneos, que o êxito nas provas era o caminho mais seguro para a fama e a fortuna no Estado imperial chinês.[8] Assim, podemos estar praticamente certos de que Ricci se oferecia para ensinar aos filhos do governador técnicas mnemônicas avançadas, de modo a terem maior chance de aprovação nos exames, e então, como gratidão, usarem seu prestígio recém-obtido para promover a causa da Igreja católica.

Na ocasião, contudo, embora os filhos do governador tivessem se saído extremamente bem nos exames, parece que não foi por causa dos métodos mnemônicos de Ricci, mas antes devido ao estudo diligente segundo as linhas chinesas tradicionais de repetição e recitação, talvez auxiliadas por poemas mnemônicos e ritmos rimados que faziam parte da prática chinesa corrente de memorização.[9] Como escreveu Ricci, no mesmo ano, ao geral da ordem jesuíta, Claudio Acquaviva, o filho mais velho do governador lera cuidadosamente o livro sobre a memória, mas comentara com um dos seus amigos que, "embora os preceitos sejam as verdadeiras regras da memorização, a pessoa tem de ter uma memória notavelmente aguda para fazer algum uso deles".[10] E, numa carta para um amigo na Itália, com quem redigira pela primeira vez as regras para a construção dos palácios da memória, Ricci observou que, embora os chineses em Nanchang "admirassem todos a sutileza do sistema, nem todos se dispunham a se incomodar em aprendê-lo".[11]

O próprio Ricci não via nada de estranho ou particularmente difícil na construção de palácios mnemônicos. Crescera com eles, junto com toda uma série de outras técnicas para a memorização dos assuntos ensinados. Além disso, essas habilidades eram parte fundamental do currículo que Ricci estudara em suas aulas de retórica e ética no Colégio Jesuíta de Roma. Ricci provavelmente foi apresentado à idéia de palácios da memória pelo letrado Cypriano Soarez, cujo livro-texto sobre as lições básicas de retórica e gramática, *De Arte Rhetorica,* era leitura obrigatória para os estudantes jesuítas na década de 1570.[12] Depois de conduzir seus leitores pelos fundamentos do uso clássico e da estrutura das sentenças, e oferecer-lhes exemplos de tropos e metáforas, metonímia, onomatopéia e metalepse, alegoria, ironia e hipérbole, Soarez introduzia-os na arte da disposição mnemônica, que atribuía a Simonides e considerava a raiz de toda a eloqüência, a "*thesaurus eloquantiae*". Indicava como o sistema ordenava palavras e coisas, podendo ser usado para uma "progressão infinita" de termos. Os estudantes deviam se exercitar criando imagens dramáticas de vários tipos e atribuindo-lhes posições: edifícios palacianos ou vastas igrejas eram os melhores.[13]

Mas tais vagas sugestões dificilmente apresentavam o conjunto completo das técnicas mnemônicas ou mesmo os princípios subjacentes a elas. Ricci deve ter aprendido os detalhes em vários outros autores. Um deles deve ter sido Plínio, cuja *História Natural* Ricci também leu na escola, e cuja passagem sobre os grandes especialistas da memória do passado foi por ele traduzida para o chinês, em seu livro sobre a memória de 1596.[14] Outros, os vários escritores dos séculos I a.C e I d.C., tais como o autor de uma obra latina sobre retórica, chamada *Ad Herennium,* ou Quintiliano, que escreveu sobre a memória em seus manuais de oratória. Esses livros davam informações detalhadas sobre a construção de edifícios mnemônicos e as imagens a serem aí colocadas. Como explicava o autor de *Ad Herennium:*

> *Devemos, então, montar imagens do tipo capaz de aderir por mais tempo à memória. E assim faremos ao fixar os aspectos mais extraordinários possíveis; ao formar imagens que não sejam nem vagas, nem numerosas, mas que façam alguma coisa; ao atribuir a elas beleza excepcional ou fealdade única; ao revesti-las de coroas ou mantos de púrpura, por exemplo, de modo que o aspecto fique mais distinto para nós; ou ao desfigurá-las de alguma forma, introduzindo uma imagem maculada de sangue ou borrada de lama ou manchada de tinta vermelha, de modo que sua forma fique mais impressionante, ou atribuindo certos efeitos cômicos a nossas imagens, pois isso também garantirá que as lembremos mais rapidamente.*[15]

Tal descrição era particularmente forte pois, durante toda a Idade Média, acreditou-se que o autor de *Ad Herennium* era o venerado Cícero em pessoa.

Quintiliano estendeu-se sobre o mesmo tópico, explicando o tipo de lugar que a pessoa devia usar para armazenar as imagens que escolhera:

> *O primeiro pensamento é colocado, por assim dizer, no átrio; o segundo, digamos, no salão de entrada: os demais são dispostos na ordem adequada em torno do* impluvium *e confiados, não simplesmente aos dormitórios e salas de visitas, mas também ao encargo das estátuas e similares. Feito isso, tão logo a memória dos fatos exija ser revivida, todos esses lugares são visitados um a um, e os vários depósitos são interrogados quanto aos objetos sob sua custódia, à medida que a visão de cada um deles rememora os respectivos detalhes. Por conseguinte, por maior que seja o número das coisas a serem lembradas, todas estão ligadas entre si como os bailarinos pelas mãos, e não pode haver engano, visto que elas unem o anterior ao posterior, sem nenhum problema a não ser o trabalho preliminar de consignar os vários pontos à memória. O que eu disse em relação a uma casa, pode ser feito igualmente em relação a edifícios públicos, a um longo dia, às encostas de uma cidade ou mesmo a pinturas. Ou podemos até imaginar esses lugares por nós mesmos.*[16]

Apesar dessas tentativas de explicação, o sistema parece difícil e abstrato para os leitores atuais. Mas se nos desviarmos por um momento, e apresentarmos um enfoque e um contexto modernos, talvez possamos perceber melhor como Ricci tentou interessar os chineses em suas teorias mnemônicas, criando combinações de imagens localizadas que, através de uma associação de idéias ou uma regra mnemônica específica, forneceriam instantaneamente, por sua vez, uma parcela determinada da informação exigida. Imaginemos uma estudante moderna de medicina enfrentando um exame oral sobre seu trabalho em ossos, células e nervos. A estudante traz em sua cabeça toda uma cidade de memória, nitidamente distribuída em bairros, ruas, alamedas, casas, contendo todo o conhecimento que ela adquiriu em seu aprendizado; mas, ao enfrentar os examinadores, ela não dá atenção aos bairros de história, geologia, poética, química e mecânica. Sua energia se concentra na Casa da Fisiologia, de três andares, na Alameda do Corpo, onde, em aposentos separados, encontram-se as imagens díspares, poderosas, evocativas que ela criou a cada noite de estudo — pelas paredes, entre as janelas, nas cadeiras, camas, mesas. Três questões lhe são dirigidas: ela deve nomear os ossos dos membros superiores, os estágios da divisão celular por meiose e a ordem dos nervos que passam pelo tecido orbital superior do cérebro. Sua mente corre para o Quarto do Andar de Cima dos Ossos do Corpo, no alto da escada do segundo piso, onde, na terceira posição contando a partir da porta, um homem da Polícia Montada Canadense, com um casaco vermelho brilhante, monta seu cavalo, trazendo presa à garupa uma figura perturbada e algemada; dali basta-lhe uma fração de segundo para deslizar até o Quarto da Célula, no térreo, onde, perto da fornalha, está um guerreiro africano magnífico, mas selvagemente marcado de cicatrizes, com um ar de tédio indizível no rosto, apesar de agarrar em cada uma de suas enormes mãos o antebraço de uma linda africana; e rapidamente os pensamentos da estudante voam até o último andar, para o Quarto do Cérebro onde, reclinada sobre uma colcha estampada com as faixas e cores da bandeira da França, estende-se uma voluptuosa mulher nua, segurando em sua mãozinha um monte amarrotado de dólares. As respostas da estudante às três questões vêm rapidamente. A imagem do polícia montada e seu prisioneiro deu-lhe de uma só vez a frase *A*lguns *C*riminosos *S*ubestimaram a *P*olícia *M*ontada *R*eal *C*anadense, onde a primeira letra de cada palavra compõe a lista correta dos ossos: *e*scápula, *c*lavícula, *ú*mero, *c*úbito, *r*ádio, *c*arpos, *m*etacarpos e *f*alanges.(*) A segunda imagem, a do *Z*ulu *P*reguiçoso *P*erseguindo *S*enhoritas *N*egras, dá à estudante os estágios da divisão da célula por meiose: *l*eptóteno, *z*igóteno, *p*aquíteno, *d*iplóteno e *d*iacinese. A terceira imagem, a *F*rancesa *F*ácil *O*ciosa *D*escansando *N*ua *N*a *E*xpectativa, fornece a ordem dos nervos nos tecidos orbitais superiores do cérebro, a saber, *l*acrimal, *f*rontal, *t*roclear, *l*ateral, *n*asociliar, *i*nterno e *a*bducente.[17]

(*) Em inglês: "*S*ome *C*riminals *H*ave *U*nderestimate *R*oyal *C*anadian *M*ounted *P*olice", frase correspondente a "*Scapula, Clavicle, Humerus, Ulna, Radius, Carpals, Metacarpals, and Phalanges*". A seguir: "*L*azy *Z*ulu *P*ursuing *D*ark *D*amosels", correspondente a "*Leptotene, Zygotene, Pachytene, Diptotene, and Diakinesis*". Por último: "*L*azy *F*rench *T*art *L*ying *N*aked *I*n *A*nticipation", correspondente a "*Lacrimal, Frontal, Trochlear, Lateral, Nasociliary, Internal, and Abducens*" (NT).

No mundo da Renascença média ou tardia, tais técnicas teriam um enfoque diferente, e as imagens seriam adequadas à época. Já no século V d.C., encontra-se o filósofo Martianus Capella escrevendo que Psiquê, ao nascer, recebera os presentes mais adoráveis, inclusive "um veículo com rodas ligeiras" — o presente foi idéia de Mercúrio — "em que ela podia viajar a uma velocidade estonteante, embora a Memória a prendesse e a forçasse a descer com cadeias douradas". Eram as cadeias da memória que sustentavam a força estabilizadora do intelecto e da imaginação na alma humana; não eram entendidas como metáfora para a idéia de imobilidade.[18] E como deve ter sido aguda, mais de um milênio depois, para Ricci e seus contemporâneos, a imagem mnemônica da Retórica como a pintou Capella, aquela mulher com "uma tal riqueza de dicção, um depósito tão imenso de recordações e lembranças" que mantinha a memória em seus domínios. Aí estava a Retórica do século V:

Uma mulher da mais alta estatura e plena de autoconfiança, uma mulher de beleza notável; ela portava um capacete, e sua cabeça vinha adornada com grandiosidade majestosa; em suas mãos, as armas que utilizava para se defender ou ferir seus inimigos brilhavam com o fulgor do relâmpago. A veste sob seus braços era coberta por um manto enrolado em seus ombros ao estilo latino; este manto era adornado pela luz de todas as espécies de emblemas e mostrava todos os seus desenhos, e ela trazia um cinto sob o colo, adornado com as mais raras cores das jóias.

Cada elemento decorativo do seu manto — luz, emblemas, desenhos, cores, jóias — referia-se a aspectos do ornamento retórico e seria conservado para sempre pelo estudante que trazia essa mulher em sua mente.[19] E como era perfeito o contraste entre essa imagem resplandecente da Retórica e a figura terrível da Idolatria, delineada pelo teólogo e mitólogo do século V, Fulgentius, e depois adaptada num verso mnemônico rítmico pelo monge do século XIV, Ridevall. Pois a Idolatria era pintada como uma prostituta, com uma trombeta sobre sua cabeça anunciando a todos a sua condição. Quando se mencionava o tema da idolatria, a pessoa, ao retirar essa imagem do seu local de repouso, lembraria ao mesmo tempo os pontos principais do argumento teológico: ela era uma prostituta porque o infiel abandonara Deus e fornicara com ídolos; ela era cega e surda porque Fulgentius ensinara que o primeiro ídolo tivera as feições de um filho morto, construído por escravos para minorar as mágoas do pai da criança, e era cega e surda à fé verdadeira que teria banido tais superstições.[20]

Quantas dessas imagens alguém terá tentado conservar nos palácios da memória de sua mente? Ricci escreveu em 1595, de modo inteiramente casual, que percorrera ao acaso uma lista de quatrocentos a quinhentos ideogramas chineses e, em seguida, a repetira em ordem inversa, e amigos chineses seus diziam-no capaz de recitar volumes inteiros dos clássicos chineses, tendo passado apenas uma vista de olhos por eles.[21] Mas tais proezas não eram particularmente espantosas: Francesco Panigarola, um contemporâneo mais velho que talvez tenha ensinado a Ricci as artes mnemônicas, em Roma ou em Macerata — o rascunho manuscrito do pequeno tratado de Panigarola sobre o método de memorização ainda se encontra na biblioteca de Macerata —, era descrito por amigos em Florença como capaz de passear por entre cem mil imagens mnemônicas, cada uma delas no seu espaço próprio delimitado.[22] Como Ricci, fazendo eco aos antigos livros sobre a memória, disse ao governador Lu Wangai, o mais importante para a arte mnemônica eram a ordem e a seqüência dos lugares disponíveis para as imagens no interior de cada edifício:

> *Uma vez fixados todos os seus lugares, você pode cruzar a porta e iniciar o passeio. Vire à direita e prossiga. Como ocorre com a prática da caligrafia, onde você segue do início para o fim, ou com o peixe que nada em cardumes ordenados, assim também tudo está arrumado em seu cérebro, e todas as imagens estão prontas para o que quer que você queira lembrar. Se você vai usar multíssimas [imagens], então os edifícios terão centenas ou milhares de unidades de extensão; se você quer somente poucas, tome então um único salão de entrada e apenas divida-o pelos seus cantos.*[23]

Na sua obra maravilhosamente erudita e abrangente sobre a teoria mnemônica da Idade Média e Renascença, *A Arte da Memória,* Frances Yates refletia sobre "com o que se pareceria uma memória artificial cristianizada" e lamentava o fato de que "um tratado de *Ars memorativa*, embora sempre dê as regras, raramente dá alguma aplicação concreta das regras, isto é, raramente distribui um sistema de imagens mnemônicas em seus lugares".[24] A versão chinesa de Matteo Ricci sobre um sistema da memória não pode preencher totalmente essas lacunas, mas nos dá uma idéia de como o sistema tradicional da memória poderia ser recebido no outro extremo do planeta.

Além disso, Ricci nos deixou, em seu livro chinês sobre a memória, um grupo explícito de imagens, cada qual no seu lugar próprio e descritas em seqüência. A primeira imagem era a de dois guerreiros numa luta corpo a corpo; a segunda, uma mulher de uma tribo do Ocidente; a terceira, um camponês ceifando trigo; a quarta, uma criada com uma criança nos braços. Coerente com suas exigências acerca de uma forma simples de se iniciar um sistema de memorização, Ricci optou por colocar essas imagens nos quatro cantos de um determinado aposento. Este aposento era um salão de entrada, um espaço formal bastante amplo sustentado por pilares, que considero como a entrada para o próprio palácio da memória. O governador Lu, ou qualquer iniciante que lesse Ricci, podia segui-lo sem dificuldade nesse primeiro passeio mental pela memória; podemos vê-los atravessando juntos a porta, entrando no vestíbulo e, virando à direita, observando atentamente, uma por uma, as imagens.[25]

Uma vez familiarizada com a metodologia, porém, a pessoa não ficava restrita à escolha única de construir conjuntos cada vez maiores de aposentos e quartos. Ela podia aumentar o conteúdo das estruturas existentes, aí colocando sempre um maior número de imagens. O único risco seria o de entulhar demais o espaço, e a mente não poderia se apoderar tão facilmente de todas as imagens aí contidas. Mas, tomada essa precaução, a pessoa podia introduzir peças de mobiliário no aposento, pequenos objetos decorativos de ouro ou jade sobre uma ou outra mesa, e pintar as paredes com cores brilhantes.[26] A pessoa também podia usar "pinturas" específicas para evocar as imagens, escreveu Ricci, tal como insistira Quintiliano no século I d. C., ou como Ludovico Dolce pensara em 1562, ao sugerir como exemplo que certas obras de Ticiano podiam ser lembradas, em todos os seus intrincados detalhes, pelos estudantes interessados em mitologia clássica.[27] Ricci conhecia claramente o efeito mnemônico de ilustrações vívidas, e suas cartas mostram que não só conhecia livros religiosos como *Comentários Sobre os Evangelhos*, de Jerônimo Nadal, profusamente ilustrado com xilogravuras, editado pelos jesuítas com a intenção de tornar frescos e vivos na mente do leitor todos os momentos importantes da vida de Cristo, como até trazia consigo na China seu exemplar pessoal de Nadal, e escreveu a amigos na Itália que o considerava inestimável.[28]

Assim como Ricci deixou quatro imagens de memória para seu salão de entrada, igualmente deixou quatro gravuras religiosas, cada uma com uma legenda caligrafada por ele, e três delas ornamentadas com seus comentários. Eram elas: Cristo e Pedro no mar da Galiléia, Cristo e os dois discípulos em Emaús, os homens de Sodoma, cegados, caindo ante o anjo do Senhor, e a Virgem Maria segurando o Menino Jesus. Essas gravuras foram preservadas graças à amizade de Ricci com o editor e conhecedor de tintas Cheng Dayue, que lhe foi apresentado por um amigo comum em Pequim, em 1605. Cheng, que estava para publicar uma coletânea de caligrafias e desenhos chineses, sob o título *O Jardim de Tinta,* ficou ansioso por incluir amostras da arte e da escrita a mão ocidentais, e pediu a Ricci alguma contribuição. Embora Ricci, num gesto de primorosa autodepreciação, confessasse a Cheng que apenas "uma décima-milésima parte" da cultura ocidental poderia ter algum interesse para os chineses eruditos, não obstante aceitou, daí resultando que, no ano seguinte, suas quatro gravuras e comentários apareceram no elegante livro de Cheng.[29] Podia-se esperar confiantemente que tais estampas religiosas fixassem nas mentes chinesas os detalhes de passagens dramáticas da Bíblia, fossem elas momentos da vida de Cristo ou antepassados do Livro do Gênesis. Desde que dispostas numa seqüência rigorosa, como as imagens da memória, podiam ser utilizadas para suplementar o estoque e os mecanismos de recuperação do próprio palácio da memória.

Apesar da evidente confiança de Ricci no valor do seu sistema de memorização, estas estruturas começavam a ser questionadas na Europa, muito antes da sua partida para o Oriente em 1578. Nos anos 1530, Cornelius Agrippa, apesar do seu interesse por magia e alquimia científica, escreveu em seu livro *Da Vaidade e Incerteza das Artes e Ciências* que achava que a memória natural dos homens estava embotada pelas "imagens monstruosas" maquinadas pelas artes mnemônicas; a tentativa de sobrecarregar a mente com peças infinitas de informações muitas vezes "provocava loucura e frenesi, ao invés de uma memória segura e profunda". Agrippa via nessa ostentação de conhecimento uma espécie de exibicionismo pueril. No tradução inglesa do seu livro, surgida em 1569, essa aversão surge vigorosa: "É algo vergonhoso, e uma conduta vergonhosa a propriedade de expor à vista de todos os homens as leituras de muitas coisas, como fazem os mercadores com seus objetos: ao passo que, nesse meio-tempo, a casa está vazia".[30] Pensadores religiosos como Erasmo e Melanchton achavam que esses sistemas de memorização regrediam a uma época antiga de superstição monacal e julgavam que os sistemas não tinham nenhuma utilidade prática.[31] Rabelais, também na década de 1530, usara sua magnífica capacidade de escárnio para desacreditar as artes mnemônicas. Descreveu como Gargântua foi ensinado pelo seu tutor Holofernes a memorizar as obras mais abstrusas de gramática do seu tempo, ao lado de toda a sua panóplia de doutos comentários de eruditos como Arrotador, Tratante e Faroleiro.

O resultado, escreveu gravemente Rabelais, foi que, embora Gargântua realmente conseguisse repetir os livros que aprendera "de cor e de trás para a frente", e "se tornasse tão sábio como qualquer homem assado num forno", quando alguém queria ouvir algum comentário inteligente seu, "não lhe era possível arrancar uma palavra mais do que um peido a um burro morto".[32] No final do século, Francis Bacon, apesar do seu fascínio pela capacidade da memória *natural* de organizar e analisar dados, desenvolveu uma crítica definitiva aos estratagemas da memória artificial. Embora reconhecesse o superficial caráter impressionante das façanhas que podiam ser realizadas com o treinamento da memória, chamando-as de "ostentação prodigiosa", Bacon concluiu que os sistemas eram fundamentalmente "áridos". "Não dou mais valor à repetição de um grande número de nomes ou palavras ouvidas uma vez", escreveu, "do que aos truques de acrobatas e funâmbulos: uma é para a mente o mesmo que os outros são para o corpo, casos excêntricos sem valor".[33]

Mas os teólogos católicos da época de Ricci, em sua maioria, incluindo ele próprio, não se deixaram dissuadir por tais argumentos críticos. Concentravam-se nos aspectos positivos do sistema, ignorando o conjunto crescente de estudiosos que provavam que o antigo texto capital sobre os sistemas mnemônicos, *Ad Herennium,* não fora de forma alguma realmente escrito por Cícero, e continuavam a considerá-lo como parte fundamental do seu currículo.[34] Foi o próprio Tomás de Aquino quem implantou solidamente a idéia de que os sistemas de memorização faziam parte da ética, sendo mais que meros componentes da retórica, como geralmente eram até então considerados. Em seus comentários sobre Aristóteles, Aquino observou a importância das "similaridades corpóreas" — ou imagens da memória sob forma física — para impedir que "coisas sutis e espirituais" escapassem da alma. De forma bastante estranha, Aquino reforçava seus argumentos a favor do uso de sistemas de lugares-na-memória, ressaltando que Cícero dissera, em *Ad Herennium,* que precisamos de "solicitude" para com nossas imagens da memória. Aquino interpretou-o no sentido de que devemos "nos apegar com afeto" a nossas imagens da memória, permitindo assim o emprego de imagens mnemônicas para usos devotos e bíblicos. O fato de que *Ad Herennium* dissera que precisamos de "solidão", e não "solicitude", para traçar nossas imagens da memória passou desapercebido por séculos. E o deslize de Aquino — ironicamente, ele devia estar citando de memória — levou ao fortalecimento de uma tradição mnemônica cristã que se centrava nas artes da memória como meio de ordenar "intenções espirituais". Tal interpretação se difundiu amplamente. Por exemplo, a idéia de que os sistemas de memorização eram utilizados para "lembrar o Céu e o Inferno" pode explicar boa parte da iconografia das pinturas de Giotto, ou a estrutura e detalhes do *Inferno* de Dante, e era um lugar-comum em muitíssimos livros publicados no século XVI.[35]

Na época de Tomás de Aquino, e nos dois séculos seguintes, desenvolveu-se toda uma tradição de textos que tentavam aumentar a devoção cristã estimulando a imaginação dos fiéis, e alguns dos mais importantes, como *Rhetorica Divina* de William de Paris, do século XII, inspiravam-se em Quintiliano.[36] Ludolfo da Saxônia, um escritor devoto do século XIV que seria posteriormente lido com fascínio por Inácio de Loyola, usava uma linguagem de excepcional vigor. Ludolfo compelia seus leitores cristãos à presença da Crucificação, ficando suas palavras nos ouvidos do leitor como os pregos fincavam a carne de Cristo: "Depois que todos os nervos e veias tinham sido repuxados, e os ossos e juntas deslocados pela distensão violenta, ele foi cravado à cruz. Suas mãos e pés foram rudemente feridos e perfurados por pregos pesados e grosseiros que dilaceravam a pele e a carne, nervos e veias, e ainda as articulações dos ossos".[37] Com tal ânimo, onde "o tempo do evangelho é feito para tingir o tempo presente", Ludolfo podia dizer ao crente que agisse "com uma certa curiosidade devota, sentindo por ti mesmo, [e] tocando cada uma das chagas do seu Salvador, que assim morreu por ti" — chagas que, segundo Brígida da Suécia, cuja obra Ludolfo consultara, ascendiam a 5490.[38] Ludolfo, um cartuxo monástico, insistia que a imaginação ativa devia se dedicar sempre a Cristo, "ao andar e ao parar, sentado e deitado, comendo e bebendo, falando e calando, sozinho ou com outros".[39] Em meados do século XV, o autor de um livro de orações para moças insistia que elas atribuíssem às pessoas da Bíblia — sem excluir o próprio Cristo — rostos de amigos e conhecidos, de modo que se mantivessem em suas memórias. Disse ao seu jovem público que colocassem as imagens em sua Jerusalém mental própria, "tomando para este fim uma cidade que bem conhecida". A seguir, "sozinha e solitária" em seu quarto, cada menina devia realizar suas orações, revivendo a história da Bíblia e "seguindo lentamente de episódio em episódio".[40]

Essa reestruturação vívida da memória era também um componente fundamental do edifício de treinamento religioso e disciplinar, elaborado pelo soldado espanhol convertido Inácio de Loyola para os membros da Companhia de Jesus, que fundara em 1540; ele organizara seus argumentos ao escrever os esboços iniciais dos *Exercícios Espirituais,* que seriam publicados em sua forma final oito anos depois. Para que seus seguidores pudessem sentir a narrativa bíblica em toda a sua força, Inácio instruiu-os que empregassem seus cinco sentidos nas passagens bíblicas que estivessem contemplando. Ao nível mais simples, os praticantes deviam trazer à mente o local físico onde ocorrera um determinado acontecimento, o que Inácio chamava "uma representação imaginativa" do lugar:[41] por exemplo, a estrada de Betânia a Jerusalém por onde passou Cristo a caminho da sua Paixão, o aposento onde fez sua última ceia, o jardim onde foi traído, a casa onde Maria, sua mãe, ficou após a Crucificação.[42] Nesses contextos, disse Inácio, a pessoa podia então avançar para uma imagem mais aguçada, acrescentando o sentido da audição: "Ouça o que está sendo dito pelas pessoas na superfície da Terra, falando entre si, jurando e blasfemando". Compare-os com as palavras das três pessoas divinas da Trindade, e ouça-as quando elas dizem, "Realizemos a redenção da humanidade". Depois de ver e ouvir, a pessoa pode agir de modo a incluir os sentidos restantes no ato da memória: "Sinta a fragrância indescritível e prove a doçura ilimitada da divindade. Toque e beije os lugares onde essas pessoas andam ou sentam, sempre tentando usufruir disso".[43] Se os cinco sentidos evocam o passado em sua diversidade e trazem-no — por assim dizer, adaptado ao contexto — até o presente, são as três faculdades, memória, razão e vontade, que têm a obrigação de aprofundar o significado daquilo que é contemplado, principalmente quando o tema em questão não é algo visível num sentido convencional, como no caso da consciência de culpa. Aqui, dizia Inácio, a "imagem será a idéia, produzida por um esforço da imaginação, de que minha alma é prisioneira deste corpo corruptível e que todo o meu ser, corpo e alma, está condenado a viver entre animais neste mundo, como alguém numa terra estranha". (Embora isso não fosse escrito expressamente para missionários, pode-se adivinhar a força que adquiriu essa passagem para Ricci na China, lutando por períodos de ócio para reforçar sua vida espiritual.) Como Inácio exprimiu, cada uma das três faculdades podia ser usada a cada vez, com a memória a indicar o caminho:

> *Por um esforço da minha memória, lembrarei o primeiro pecado, o dos anjos; a seguir, usarei minha razão para pensar sobre isso; então, minha vontade se esforçará em lembrar e pensar sobre tudo isso, a fim de desenvolver em mim um sentimento de profunda vergonha, ao comparar meus numerosos pecados com o único pecado dos anjos: que um pecado levou-os ao Inferno: quanto eu o tenho merecido por todos os meus pecados. A tarefa da memória é recordar que os anjos foram criados na graça, mas se recusaram a dedicar o máximo de sua livre vontade a honrar e obedecer ao seu Criador e Senhor: caíram vítimas do orgulho, e seu estado de graça foi pervertido em vontade malévola, ao se precipitarem do Céu para o inferno. Usando da mesma forma a minha razão, refletirei sobre tudo isso em maiores detalhes: pela minha vontade, tento evocar os sentimentos adequados.*[44]

Como cada pessoa que praticava os exercícios refletia sobre seus pecados, colocando-os no contexto mais íntimo e privado — vendo-se a si mesma nas casas em que vivera em épocas diferentes, pensando em todas as suas relações pessoais com terceiros, e refletindo sobre as várias posições de serviço e mando que ocupara —, ela podia avançar da contemplação do primeiro pecado dos anjos para uma visão panorâmica da grande batalha espiritual que lançava Cristo e suas forças contra os exércitos do demônio.[45]

O apelo insistente de Ludolfo e Inácio para que o fiel cristão incorporasse essas "memórias" de um passado não-vivido no presente espiritual não só ecoava Tomás de Aquino, mas também as *Confissões* de Agostinho, escritas onze séculos antes do nascimento de Ricci, pois fora Agostinho quem dissera: "Talvez possa-se dizer adequadamente: 'existem três tempos; um presente de coisas passadas, um presente de coisas presentes e um presente de coisas futuras' ".[46] Mas os próprios contemporâneos católicos de Inácio temiam que ele e seus seguidores fossem longe demais em sua exortação a um discernimento especial do âmbito divino. O bispo de Valença lamentava que os *Exercícios Espirituais* fossem pouco melhores do que "um traficante de mistérios" e escritos sob a influência de idéias iluministas dominantes na época.[47] Seis padres que declaravam em 1548 que, com os exercícios, podiam obter uma comunicação "direta" com Deus, foram intimados pela Inquisição para responder a um interrogatório: os inquisidores estavam preocupados com a declaração dos padres de que "o Espírito Santo podia vir a eles como uma vez viera aos apóstolos".[48] Alguns dominicanos, em 1553, foram tão longe a ponto de sugerir que Inácio era "sabidamente um herético", acusação que levou Nadal, amigo de Inácio e autor das *Contemplações* que Ricci introduzira na China, a insistir que Inácio retirava suas idéias das Escrituras e não de canais diretos.[49] Consciente dessas controvérsias, Claudio Acquaviva, como geral da ordem durante o serviço de Ricci na China, teve de minimizar as concepções de Inácio acerca do "emprego dos sentidos" e referir-se a elas como um "modo muito fácil" que não se comparava a formas mais complexas de contemplação e prece.[50]

Sempre foi muito difícil traçar a linha precisa entre experiências religiosas e os ditos poderes mágicos. Alguns estudiosos recentemente sugeriram que as interligações entre a religião e a magia sempre residiram nas palavras e encantamentos da própria missa, e na música, luzes, vinho e transformações que se encontram em seu próprio centro.[51] As experiências de Ricci na China mostram que havia, para a opinião pública, um pressuposto natural de que suas habilidades derivavam de fontes mágicas. Em 13 de outubro de 1596, ele escreveu de Nanchang para o geral Acquaviva em Roma. Depois de relatar brevemente as difíceis negociações que empreendera para obter permissão, não só para morar em Nanchang, mas também para aí construir uma casa, Ricci descreveu os magotes de importantes letrados chineses que agora vinham em massa à sua casa, para congratulá-lo. Ricci citou os três principais motivos que atribuía às visitas dos chineses: sua convicção de que os jesuítas podiam transformar mercúrio em prata pura; sua vontade de estudar a matemática ocidental; sua ânsia em aprender seu sistema mnemônico.[52] Essa lista de motivos é plenamente plausível no contexto da vida intelectual e religiosa européia da época de Ricci, onde os sistemas de memorização se combinavam com habilidades numerológicas e o mundo misterioso semicientífico da alquimia, de modo a dar ao adepto o poder de controlar o seu destino, dessa forma espelhando o poder da religião convencional. Devemos lembrar que, se a um certo nível a carreira de Ricci só faz sentido no contexto do catolicismo agressivo da Contra-Reforma, como componente de uma "expansão da Europa" no final do século XVI, empreendida sob as armas dos guerreiros espanhóis e portugueses, por outro lado ela só faz sentido num contexto muito mais antigo, em vários aspectos pré-renascentista, que recua pela Idade Média até a antigüidade clássica, a mundos onde os padres da religião cristã dividiam as tarefas de confortar a humanidade com os "simuladores" que tratavam com magia, alquimia, cosmografia e astrologia.[53]

Os longos e complexos debates mantidos por ordem do Papa no Concílio de Trento, entre 1545 e 1563, podem ter solucionado alguns dos problemas mais difíceis levantados pelos dirigentes da Igreja Católica, que respondiam tanto à sua consciência pessoal sobre a decadência interna da Igreja quanto às questões penetrantes dos seus adversários protestantes, mas tais "soluções" atingiram apenas uma fração do povo. Outros continuaram a sustentar suas interpretações idiossincráticas pessoais: assim, Deus surgira de um estado de caos, onde já estavam desde sempre presentes os quatro elementos terra, água, fogo e ar, segundo um moleiro do norte da Itália interrogado pela Inquisição em 1584. "O que move o caos?", perguntou o inquisidor, e o moleiro respondeu: "Ele se move por si".[54] "Minha mente se elevava e desejava um mundo novo", disse o mesmo moleiro, ao explicar que boa parte da sua inquietude provinha da visão de outras terras e povos, que absorvera dos contos de John Mandeville, sobre suas viagens pela África e Catai.[55] O moleiro pode ser um exemplo modesto de todos os homens e mulheres do século XVI, que continuavam a procurar significados por conta própria, visto que nem os reformadores protestantes e tampouco os católicos tinham conseguido convencê-los de que podiam explicar, seja os mistérios últimos das origens do mundo, seja fenômenos localizados, mas desconcertantes, tais como uma intensa depressão mental, a súbita morte catastrófica de homens e animais, a perda de bens queridos ou as quebras de safra.[56]

E assim as linhas divisórias entre aspectos mágicos e religiosos continuavam a ser incertas. O moleiro desenvolveu sua teoria dos quatro elementos até o ponto em que Deus se tornou o ar, Cristo a terra, e o Espírito Santo a água, enquanto o fogo se alastrava por si só em todos os lugares.[57] Seus contemporâneos mais pobres sonhavam com um universo onde os rios eram margeados por ribanceiras de ricota e dos céus choviam ravioles e marzipã.[58] Ricci e seus amigos, mesmo que negassem qualquer força mágica aos objetos, lançaram minúsculos talismãs feitos da cera das velas pascais de Roma aos mares tormentosos do cabo da Boa Esperança, que circundaram em 1578, e, fora dos muros de Pequim até 1601, Ricci sempre conservou alguns grãos do solo da Terra Santa e uma pequenina cruz feita, conforme ele acreditava, de fragmentos da verdadeira cruz em que morrera Cristo.[59] E na Inglaterra ostensivamente "reformada" eram tão numerosos os praticantes de magia que ficou provado, durante o reinado da rainha Elisabeth, que num certo distrito ninguém vivia a mais de 15 quilômetros de distância de algum "homens de sortilégios".[60]

Num mundo acostumado a perscrutar o céu, cada fase do movimento dos planetas, cada fase de crescimento da lua, cada aparecimento de uma estrela era cuidadosamente rastreado e cuidadosamente analisado quanto a seus possíveis significados para o destino humano. Homens e mulheres cultos podiam ser membros devotos da Igreja Católica e ainda reservar um espaço em suas mentes para aquilo que um historiador chamou de sistemas alternativos de "influências ocultas não-descobertas", que "pulsavam" nos seus universos neoplatônicos.[61] Em muitos desses sistemas, era um simples truísmo que se acrescentassem poderes especiais ao indivíduo capaz de fundir as forças do cosmo com a destreza mnemônica do seu próprio cérebro. Numa cultura que se mantinha basicamente oral, tinha-se como líquida e certa uma capacidade realmente grande de memorização, mesmo entre os pobres e iletrados. Montaigne, por exemplo, em sua estada na Itália em 1581, descreveu um grupo de camponeses com suas namoradas nos campos próximos a Florença, que recitavam longas passagens de Ariosto enquanto dedilhavam seus alaúdes.[62] Mas, ao mesmo tempo, o fato de se possuir uma excelente memória podia rapidamente levar o vizinho a suspeitar de que a pessoa tinha poderes mágicos, tal como aconteceu com Arnaud du Tilh no sul da França, em meados do século XVI.[63] Para o público de Shakespeare, ainda era corriqueiro saber como usar e fortalecer a memória. Quando Ofélia, depois que Hamlet matou seu pai, caminha na frente de seu irmão Laertes e grita: "Eis um alecrim, é de recordação; peço-te, amor, lembra-te", ela não está simplesmente louca; está também estimulando Laertes para a vingança, ao invocar a crença largamente difundida, apresentada em muitos tratados mnemônicos da época, de que o alecrim era a principal erva para fortalecer a memória.[64]

Quando Ricci era menino, foram levantadas várias acusações de prática da magia negra contra o clero de sua cidade natal de Macerata, e estas podiam estar vinculadas a um certo abuso das artes mnemônicas, embora não saibamos em detalhe o que os praticantes tentavam realizar.[65] O que sabemos é que, ao longo de todo o século XVI, "sistemas mnemônicos astrologicamente orientados" estavam sendo elaborados com zelo extraordinário em cidades como Veneza e Nápoles, e eram utilizados não só na Itália, como também exportados por seus ávidos criadores para a França e Inglaterra, entre outros países. Esses sistemas organizavam as forças do universo em "teatros da memória", diagramas concêntricos ou cidades imaginárias, de tal forma que essas forças podiam ser consultadas diretamente e modificadas, fazendo do praticante um "mago solar" com grande poder potencial. O "teatro" criado pelo notável erudito italiano Camillo nos anos 1540 sugere o conjunto: no primeiro plano havia pilhas de caixinhas, dispostas intrincadamente e lotadas com todas as obras de Cícero; surgindo à distância, havia hostes de imagens cósmicas destinadas a mostrar o "universo em expansão desde as Primeiras Causas através dos estágios da criação", de modo que o diretor do teatro seria como um homem no alto de uma colina, olhando atentamente para uma floresta, capaz de finalmente compreender tanto as árvores individuais como a forma do todo. Como explicou Camillo, "Essa posição elevada e incomparável não só desempenha a tarefa de conservar para nós as coisas, palavras e atos que a ela confiamos, de modo a podermos encontrá-las imediatamente tão logo precisarmos delas, mas também nos proporciona a verdadeira sabedoria".[66]

Tampouco essa sabedoria se limitava ao palco ou ao mundo das palavras. Corria em vários sentidos por toda a teoria e prática da arquitetura renascentista, onde as "linhas ocultas" que ditavam os espaços perfeitos podiam dar sentido a um edifício, expressando idéias de gravidade ou amor, e onde as proporções perfeitas do corpo humano podiam ser transpostas para a pedra com uma força cósmica.[67] Ela se encontrava no núcleo da música renascentista, que herdara um processo segundo o qual a força mnemônica, inicialmente expressa no alfabeto e na rima, fixava-se solidamente à linha melódica, onde os dois atributos da música — como mística dos números e como ciência — podiam fluir, segundo sérios teóricos, seja para os âmbitos da potência e regeneração sexual, seja para os de uma linguagem universal específica. Assim, Kepler, ao mesmo tempo em que realizava suas notáveis descobertas sobre as órbitas planetárias e mergulhava na obra de alquimistas na corte do imperador Rodolfo, podia desenvolver uma interpretação sobre o intervalo de uma terça maior numa determinada peça musical, representando a realização sexual masculina, enquanto a terça menor correspondia à fêmea receptiva;[68] ao passo que Nicolo Vicentino, num tratado de 1555 sobre seu novo cravo a seis mãos, o *archicembalo,* escrevia que seu novo instrumento era capaz de produzir os sons do alemão, francês, espanhol, húngaro e turco. "As inflexões e intervalos que todas as nações do mundo usam em sua fala nativa não se dão apenas em tons inteiros e meias, mas também em tons de quarta e até em intervalos menores, de modo que, com a divisão do nosso cravo, podemos reunir todas as nações do mundo".[69] Ricci, ao ver em 1582 pela primeira vez os ideogramas chineses em Macau, deve ter ficado igualmente impressionado com a sua incrível potencialidade como formas universais capazes de transcender as diferenças de pronúncia inerentes à linguagem.[70]

Embora essas imagens e exemplos sejam díspares, podem servir para acentuar a variedade fundamental dos juízos sobre a memória e seus poderes literais e transformadores que coexistiam no período vagamente chamado de Contra-Reforma. Fazem com que seja difícil acreditar que, quando Ricci usava sua metodologia mnemônica, a par do seu aprendizado científico ocidental e treinamento teológico profundo, para afastar o povo chinês do seu amálgama de confucionismo, budismo e taoísmo, não tinha em mente os poderes sobre o homem e a natureza que seus contemporâneos europeus atribuíam às artes mnemônicas.

As quatro imagens da memória que sobreviveram no tratado de Ricci são apenas uma sugestão instigante das riquezas armazenadas em seu palácio da memória, assim como suas quatro gravuras religiosas representam apenas uma parcela da iconografia católica que está no centro da religião à qual ele tentou converter os chineses. Mas, visto que é surpreendente que mesmo isso tenha sido preservado, e visto que Ricci escolhera com cuidado as imagens e gravuras que chegaram até nós, eu, por minha vez, escolhi construir este livro em torno desses oito longínquos fragmentos. Ricci disse a Cheng Dayue em 1606: "toda a questão de se escrever alguma coisa é que sua voz será levada a milhares de quilômetros, ao passo que, na conversação direta, ela se esvai com algumas centenas de passos". Ele estava certo, e é através desses sobreviventes casuais que podemos penetrar no seu passado. Podemos estar certos de que Ricci aprovaria esse procedimento, pois ele também disse a Cheng Dayue:

> *Aqueles que viverão daqui a cem gerações ainda não nasceram, e não posso dizer que tipo de pessoas serão. Mas graças à existência da cultura escrita, mesmo os que vivam daqui a dez mil gerações poderão penetrar em minha mente, como se fôssemos contemporâneos. O mesmo com aquelas dignas figuras que viveram há cem gerações atrás, embora também tenham desaparecido, graças aos livros que deixaram atrás de si, nós, que viemos depois, podemos ouvir suas formas de linguagem, observar seu grandioso porte e entender tanto a boa ordem como o caos das suas épocas, exatamente como se vivêssemos entre eles.*[71]

Para os últimos humanistas renascentistas, os homens que viveram nos grandes dias do Império Romano eram modelos de linguagem e comportamento. Foram os dias em que Quintiliano escreveu suas palavras sobre a memória, e essa familiaridade ecoa gentilmente no fato de que os ciclos das imagens da memória de Ricci começam com dois guerreiros atracados, ao passo que o ciclo pictórico se inicia com o mar da Galiléia: Quintiliano sugerira a guerra e o mar como as duas primeiras coisas a serem recordadas por alguém, pelas imagens de uma lança e uma âncora.[72]

Ao viajarmos com Matteo Ricci, devemos nos lembrar de outra ligação entre seu passado clássico e seu presente chinês. O texto romano mais conhecido sobre a memória afirmava que a pessoa deve colocar certas marcas no seu fluxo de imagens, postes, por assim dizer, a cada cinco ou dez conjuntos, com uma mão dourada para fazer lembrar o número 5, ou um amigo com o nome, por exemplo, Decimus, para evocar o número 10.[73] Ricci conseguiu integrar essa idéia no fluxo de suas imagens chinesas e combiná-la com seu objetivo cristão central de conversão — para o qual se dirigia todo o seu engenho intelectual —, num golpe de talento lingüístico que só foi possível devido à natureza da escrita ideogramática chinesa. Ao invés da mão dourada ou do homem chamado Decimus, ele propôs aos chineses que, a cada décimo lugar da memória, simplesmente inserissem uma imagem mnemônica do ideograma chinês "dez".[74] A maravilhosa elegância dessa idéia provinha do fato de que o ideograma para o número dez, escrito 十 em chinês, era usado pelos chineses para exprimir muitos outros objetos ou lugares onde se cruzavam duas linhas, tais como uma armação de madeira ou uma encruzilhada de caminhos. Por essa razão, os primeiros cristãos nestorianos que foram à China no século VII tomaram o "dez" como sua palavra para designar a cruz de Cristo, uso oficializado pelos conquistadores mongóis na China no século XIII e, por sua vez, adotado por Ricci e pelos jesuítas do século XVI.[75] Portanto, quando os chineses da dinastia Ming seguiam Matteo Ricci pelo seu salão de entrada, passavam por suas gravuras e entravam nos recessos do palácio da memória, eram guiados não só pela lógica do sistema decimal, mas também pelo sistema implacável do próprio sinal da cruz.

DOIS

A PRIMEIRA IMAGEM: OS GUERREIROS

Como primeira imagem em seu palácio da memória, Ricci decide construir o ideograma chinês da guerra, que se pronuncia *wu*. Para apresentar *wu* sob a forma de uma imagem da memória que o leitor possa recordar, ele primeiramente corta o ideograma em duas partes por um eixo diagonal que corre da esquerda superior para a direita inferior. Esse seccionamento dá origem a dois ideogramas separados, o de cima representando a palavra correspondente a "lança", o de baixo uma palavra com o sentido de "parar" ou "impedir". Ao dividir dessa forma o ideograma, Ricci segue — deliberadamente ou não — uma tradição entre os estudiosos chineses que remonta a quase dois mil anos, tradição esta que permitia à pessoa ver, embutidas no interior da palavra para a guerra, as possibilidades, ainda que frágeis, de paz.[1]

Ricci extrai essas duas idéias e as recombina numa imagem interligada: um guerreiro, a própria figura do vigor marcial, segura uma lança, suspensa no gesto de atacar o inimigo; este segundo guerreiro agarra o primeiro pelo pulso, tentando deter o golpe.

Ricci mostra aos chineses, em seu livro sobre a memória, como podiam se formar, colocar e animar tais imagens para ajudarem realmente nossa memória humana. Nas regras quanto às imagens, ele explica que devem ser dinâmicas e não estáticas, deve suscitar emoções fortes, e as figuras devem vestir roupas ou uniformes que mostrem claramente sua posição social e a natureza de seu trabalho ou ocupação. As diferenças entre as figuras numa imagem composta devem ser ressaltadas, seus traços distorcidos pela alegria ou pela dor; podem até ser ridículas ou risíveis, se parecer aconselhável; e devem ser mantidas separadas e diferenciadas entre si.[2]

Quanto ao local onde se deve armazenar uma determinada imagem, Ricci apresenta aos chineses uma série de regras adicionais. O lugar devia ser espaçoso, mas não demasiado cheio de imagens a ponto de uma pessoa se perder entre elas: um gabinete oficial de um magistrado, um mercado movimentado ou uma escola repleta de estudantes seriam todos inadequados. A luz devia ser clara e límpida, mas não brilhante a ponto de ofuscar. Os espaços deviam ser limpos, secos e cobertos para que as imagens não fossem atingidas pela chuva ou pelo orvalho. Deviam ficar ao nível do chão ou logo acima, mas não equilibrados sobre uma viga ou empoleirados sobre o telhado, pois isso os tornaria inacessíveis. O olho mental deveria poder vaguear à vontade entre uma imagem e outra, e assim nunca deviam ter entre si menos de um e mais de dois metros de distância. Deviam ficar numa posição firme, não em atitudes instáveis, suscetíveis a movimentos súbitos — por exemplo, nunca deveriam ficar suspensas de uma roldana ou equilibradas numa roda.[3]

Assim, Ricci constrói o salão de entrada do seu palácio da memória seguindo essas linhas e o situa voltado para o sul, em respeito à tradição chinesa, que privilegia principalmente essa direção. Ele atravessa a porta e vira imediatamente à direita. É aqui, no canto sudeste do edifício, que coloca os dois guerreiros. Uma vez solidamente colocados, ele pode esquecê-los por um momento. Os dois homens lá permanecerão, entrelaçados no combate, um tentando matar e outro tentando não ser morto, durante todo o tempo que Ricci assim os deixar.

Macerata, o mundo da infância de Ricci, estava cercada pela guerra e banhada de violência. Nas estreitas ruas de pedras que ele percorria rumo à escola, durante os anos 1550 e 1560, os jovens das famílias Alaleona e Pellicani se perseguiram sorrateiramente,

continuando uma rixa que remontava aos anos 1520: alguns foram apunhalados em plena luz do dia, outros assassinados enquanto assistiam à missa. E essas duas famílias não eram as únicas a viver nessa atmosfera sangrenta, pois outros nobres sucumbiam a assassinos mascarados ou fugiam para outras cidades, após executar suas vinganças, e lá aguardavam ou lutavam como soldados, até que terminasse o seu longo período de exílio.[4]

Ricci tinha três anos de idade quando três membros da família Ciminella deram uma nova dimensão a essa violência, matando Francesco Ciappardelli com uma saraivada de balas; tinha cinco quando um frade beneditino matou um membro da família Floriani em Macerata; e onze na época em que na cidade ressoava a história de um rapaz de dezesseis anos, do mesmo clã dos Floriani, que esfaqueara um rapaz que lhe cortava um pedaço da orelha. No torvelinho de brigas e assassinatos, pelo menos um homem e uma mulher que traziam o sobrenome Ricci perderam as vidas, embora não saibamos se eram parentes próximos de Matteo. Apesar dos esforços constantes do clero e das autoridades da cidade em dar fim à violência, tais assassinatos ainda eram corriqueiros quando Matteo Ricci, em 1568, saiu de Macerata para ir estudar direito em Roma.[5]

Fora dos muros de Macerata, os camponeses pobres, refugiados das cidades do norte devastadas pela guerra, e desertores dos inúmeros exércitos de mercenários que lutavam em solo italiano reuniam-se em quadrilhas de banditismo que vagueavam praticamente impunes pelos campos. Oferecia-se todo tipo de recompensa às tropas locais que matassem ou capturassem os bandidos, e os arquivos da cidade de Macerata mostram um aumento contínuo nas demandas de mais espaço para as prisões e, ainda, de mais salas de interrogatório onde se utilizava a tortura para extrair maiores informações dos prisioneiros.[6] Mas essas iniciativas locais não eram suficientes, e a ordem geral só foi restabelecida depois de 1568, quando os núncios papais que tinham jurisdição sobre a região contrataram exércitos para empreender buscas no campo, revistas de casa em casa e controle de documentos.[7] (Macerata se situava no interior do cinturão territorial, na Itália central, pertencente ao domínio papal, e os núncios do Vaticano dividiam o poder com o governo de Macerata.) Mesmo assim, anos depois, ainda era inseguro viajar pelos campos de Macerata e, apesar da velocidade impressionante dos correios registrada em algumas fontes, a comunicação com Roma era lenta e incerta.[8]

O desolador nesta situação devia-se a oficiais militares da comuna de Macerata, que abrigavam ilicitamente ladrões e assassinos e mantinham depósitos para os bens roubados. Se, como aconteceu ao capitão Francesco De Vico em 1554, fossem descobertos, presos e condenados à morte, podiam reobter a vida, a liberdade e mesmo o lucro de seus crimes, recorrendo habilmente a um estatuto local que perdoava os homens livres da cidade, em troca dos bandidos liquidados por eles ou seus amigos. Assim, escreveu Libero Paci, historiador de Macerata, pôde "De Vico tornar-se novamente um cidadão honrado, vivendo a maior parte dos seus anos dos frutos de sua rapina". Realmente, De Vico viveu prosperamente em Macerata durante todos os anos em que Ricci lá cresceu, e finalmente morreu em 1584, quando Ricci se encontrava na China havia já um ano.[9]

Sendo uma cidade fundamental na administração do domínio papal, Macerata não podia esperar se libertar da política do Vaticano, seja no nível local ou internacional. Houve alguns alarmas de guerra na cidade em 1555, quando as contendas entre o papa Paulo IV e a poderosa família Colonna ameaçaram se expandir até Macerata, mas estas se tornariam insignificantes no ano seguinte, quando os problemas crescentes do papa Paulo com os espanhóis, que controlavam o sul da Itália a partir de sua base no reino de Nápoles, trouxeram o general espanhol duque de Alva ao território papal. Macerata teve de pagar tributos militares ao papa Paulo, e os cidadãos, um tanto tardiamente, voltaram-se para a defesa da cidade, comprando uma centena de arcabuzes para aumentar-lhe o arsenal, distribuindo lanças à milícia local, transformando em forte uma velha torre de moinho junto ao rio e contratando um arquiteto militar para elaborar um plano-mestre das fortificações da cidade.[10] O papa Paulo tentou enfrentar a potência espanhola recorrendo a uma aliança com a França, e os maceratanos receberam ordens de preparar provisões para o exército francês, reparar as estradas por onde passariam as tropas e enviar suprimentos e animais de tiro para o fronte. As tropas francesas, sob o comando do duque de Guise, alcançaram a Itália central em março de 1557, com um exército de 12 000 homens na infantaria e 6 000 na cavalaria. Guise esteve em Macerata no início de abril, e a visita decorreu sem nenhum evento memorável. Mais alarmante foi o seu retorno em maio, depois de fracassar o ataque à fortaleza de Civitella, defendida pelos espanhóis, a sudeste de Roma, pois agora se acreditava que as tropas espanholas de Alva estavam em seu encalço. Mas a paz veio em dezembro, e Macerata foi poupada de um ataque por um dos maiores generais de Filipe II, cuja fama de terror militar nos Países Baixos, duas décadas depois, viria a ser tão grande quanto a do duque de Guise, em relação à intolerância e duplicidade nas guerras religiosas da França.[11]

Mescladas com essas manifestações locais do drama europeu corrente, encontravam-se as forças muçulmanas do Império Otomano. Macerata, uma cidade que, em sua vida econômica e comercial, voltava-se tanto para o leste, graças à saída próxima para o mar pelo rico porto de Ancona, no Adriático, quanto para o oeste, nos mercados de Roma, estava constantemente alerta aos perigos de um ataque turco. Durante os anos 1540, os maceratanos tiveram de dispor de dinheiro para fortalecer as defesas, não só suas, como também as de Ancona, e em 1551, um ano antes do nascimento de Ricci, novas ameaças de ataques turcos pela costa levaram o núncio papal a exigir uma lista completa dos homens de Macerata com idade entre 18 e 40 anos, aptos para o serviço militar, lista da qual não deveriam se excluir os membros do clero.[12] Essa convocação dos católicos contra a ameaça muçulmana traz à mente as paixões suscitadas pelas Cruzadas, quatro séculos antes, muito embora em meados do século XVI as paixões religiosas nem sempre transcendessem a diplomacia internacional. Assim, os franceses, na campanha militar contra o sacro imperador romano Carlos V, em 1544, não tinham hesitado em oferecer aos otomanos o porto de Toulon, para ser usado como ancoradouro de inverno, em troca da pressão que as frotas turcas podiam exercer contra a Espanha; de modo semelhante, em 1556, face à ameaça do duque de Alva a Roma e aos Estados do Vaticano, o papa Paulo IV enviou emissários secretos para o rei da França, pedindo-lhe ajuda para empregar a frota turca para destruir as expedições militares da Espanha no Mediterrâneo.[13]

Os acidentes da vida maceratana nessa situação confusa são claramente evidenciados pelos acontecimentos de meados dos anos 1560: nessa época, alterações na política militar do Império Otomano levaram a modificações correspondentes na diplomacia e recolocaram novamente a ameaça de um ataque turco no Adriático. Os cidadãos de Macerata, desesperados para reconstruir os muros insuficientes da cidade, dispensaram-se da obrigação de prover dinheiro a Ancona, muito embora a defesa sólida de Ancona fosse essencial para a própria sobrevivência de Macerata. Mas os ataques turcos na cidade costeira de Gargano, no verão de 1566, ainda que um pouco distante ao sul, ainda eram próximos o suficiente para trazer à cidade a realidade efetiva da ameaça. Macerata converteu-se na base de uma força de emergência de 4 000 homens de cavalaria e infantaria, que lotaram as cinco hospedarias da cidade e tiveram de ser amontoados também nos mosteiros locais, que assim obtinham lucros financeiros com os hóspedes extraordinários. Em outras épocas, cidadãos de Macerata participaram da defesa de Malta ou lutaram nos campos da Hungria contra as forças do soberano otomano Solimão; alguns serviram nas galeras das frotas mediterrânicas, devido às ordens papais de que Macerata fornecesse quatro remadores para cada cem famílias registradas; alguns que lutaram em vários frontes foram capturados e escravizados pelos turcos — os mais afortunados foram resgatados pelas suas famílias.[14]

Nesses anos da juventude de Ricci, a tecnologia militar estava mudando rapidamente, e essas alterações demandavam uma reorientação da tática militar. Armas de fogo mais leves e aperfeiçoadas alteravam a relação entre infantaria e cavalaria, dando predomínio aos blocos coesos da infantaria, onde os mosqueteiros (protegidos pelos lanceiros durante a recarga das armas) podiam enfrentar qualquer carga tradicional de cavalaria. Como observou um teórico inglês da arte da guerra: "Raramente se vê em nossos dias os homens recorrerem muitas vezes a golpes de mão, como faziam nos velhos tempos: Pois agora, nesta época, o tiro emprega e ocupa de tal forma o campo (estando bem respaldado por uma sólida fila de lanças) que os mais valentes e habilidosos nisso geralmente trazem a vitória ou levam a melhor, com um mínimo de prudência, antes que os homens recorram a muitos golpes de mão".[15] Enquanto o número de "golpes de mão" assim decrescia, a necessidade de exercício intensivo e treinamento técnico trazia proventos maiores àqueles soldados profissionais que devotavam sua vida à guerra, em oposição aos recrutas rústicos: as tropas regulares espanholas eram excelentes nesse estilo militar, ao passo que os mercenários dos principados alemães e da Suíça eram a espinha dorsal de uma dúzia de exércitos, dos Países Baixos à Itália e África. Essas tropas mercenárias lutavam por dinheiro, e eram o flagelo de qualquer região rural por onde passassem: o primeiro teste da utilidade dos novos muros de Macerata ocorreu, não contra os turcos, mas quando um exército de 4 200 mercenários suíços, empregados pelos espanhóis no reino de Nápoles, por lá passou na primavera de 1566. Os suíços deviam ajudar na defesa de Nápoles contra os turcos, mas os maceratanos receavam que eles atacassem as cidades por onde passavam e fecharam solidamente os seus portões. Por essa reação, ditada pelo pânico, da comuna maceratana, parece que tais aliados potenciais eram tão temidos quanto o inimigo contra o qual lutariam.[16]

Face ao conjunto de ameaças, os maceratanos recorreram a um arquiteto militar no final dos anos 1550, e nisso seguiam o espírito dos tempos. À medida que o canhão se aperfeiçoava em alcance e precisão, e o problema do sítio se tornava mais complexo, as velhas fortificações davam lugar a um novo modelo de fortalezas pentagonais, de paredes lisas, com redutos salientes em cada um dos seus cinco ângulos, que permitiam o máximo campo aberto de fogo, ao longo de dois eixos defensivos. Os projetistas militares italianos, na época, tinham o maior prestígio na Europa, e cidades importantes disputavam os melhores: a elegante fortaleza moderna não era pensada apenas por razões defensivas, mas viera substituir a catedral como índice do prestígio de uma cidade.[17] Mas, evidentemente, os projetistas reagiam à demanda do mercado aumentando os seus preços, e os maceratanos se desconsolaram ao descobrir que sua escolha, o especialista florentino Bastiano, exigia um dispendioso contrato anual.[18]

Ricci tinha consciência suficiente dessas tendências para se unir aos seus contemporâneos e encarar as atividades bélicas como uma operação científica, e sua passagem mais extensa sobre uma reflexão constante acerca da guerra — escrita em 1607, quando estava na China há mais de vinte anos — surge, bastante apropriadamente, na introdução a uma de suas realizações eruditas mais espetaculares, a tradução para o chinês dos *Elementos de Geometria* de Euclides. Ali, Ricci escreveu que a precisão matemática era ainda mais importante para o militar do que para o agricultor, o estadista, o médico ou o mercador. Sem habilidades matemáticas, o general fracassaria, por maiores que fossem seu conhecimento e valor. Como Ricci resumiu, o exército exigia conhecimentos exatos por três razões principais:

Em primeiro lugar, o bom general tem de avaliar a disponibilidade de provisões alimentares para suas tropas e cavalos, e calcular todos os elementos da sua linha de avanço — as distâncias, o tipo de terreno em função da facilidade de movimentos, e as possibilidades de as tropas estarem a salvo de danos. Em segundo lugar, ele avalia a melhor forma de dispor suas unidades militares: uma formação circular que faz com que seu exército pareça pequeno, uma formação em chifre que o faz parecer numeroso, uma formação em crescente de modo a envolver o inimigo, ou uma em cunha de modo a desbaratar o adversário por dentro. Em terceiro lugar, ele verifica o funcionamento de todas as armas de ataque e defesa em circunstâncias variadas, e explora todos os modos de aperfeiçoá-las, acrescentando novas técnicas a novas técnicas. Pois qualquer pessoa que tenha lido com atenção os arquivos históricos de vários países sabe que o homem que desenvolve novas armas ofensivas terá os meios de obter a vitória em combate ou de contar com uma defesa segura.[19]

Mas essa passagem específica faz com que Ricci pareça mais complacente e determinista do que o era na realidade. Os novos desenvolvimentos tecnológicos da guerra na Europa — e talvez em certa medida semelhante na Ásia, visto que os portugueses e espanhóis levaram ao Extremo Oriente novos tipos de artilharia e armamentos navais — trouxeram novos horrores que dificilmente podiam ser evitados. Numa passagem pessimista, Ricci escreveu que aquela mesma busca de inovações bélicas, que elogiara em sua introdução a Euclides, era em si mesma inevitavelmente destrutiva. Ele expôs esse ponto de vista no contexto de um diálogo filosófico sobre o curso da existência humana, inicialmente redigido em 1601, exatamente na época em que chegava a Pequim, e reeditado durante 1608:

Os membros da raça humana trazem destruição mútua: fazem instrumentos assassinos que podem cortar fora os pés e as mãos e tirar membros dos troncos. A maioria dos que não são mortos pelo destino são mortos pelos seus companheiros homens, e visto que hoje em dia os homens desprezam como inadequadas as antigas formas de guerra, estão constantemente pensando em novas técnicas e sonhando com formas de aumentar os danos que causam. Verdadeiramente chegou-se ao ponto em que a matança nunca cessa, em nenhum lugar do campo e em nenhuma cidade.[20]

É difícil, lendo atentamente esta passagem, não acreditar que Ricci tenha lido alguns relatos sobre o momento terrível do cerco da Espanha à Antuérpia, em 1585, quando os que defendiam a cidade, ao tentar desalojar as tropas espanholas que haviam construído uma ponte de barcos através do rio Scheldt, de modo a impedir que as provisões chegassem à cidade, puseram rio abaixo um novo tipo de mina projetada pelo seu consultor, o engenheiro italiano Frederico Giambelli. Essa "mina" era, de fato, um barco de setenta toneladas, cujo porão estava revestido de tijolos e carregado com uma mistura de pólvora e sal amoníaco, recoberto por camadas de lápides, pedaços de mármore, ganchos de metal, pedras e pregos. O grande volume de explosivos e projéteis foi coberto por um telhado de pesadas lajes de pedra, de modo que a explosão seria forçada para os lados, e não para cima. O vaso de guerra explodiu quando um rastilho cuidadosamente preparado atingiu o porão, justamente no momento em que os soldados espanhóis tentavam manobrá-lo para fora do caminho. Embora não se pudessem contar as vítimas, pois os corpos estavam muito mutilados, nesta única explosão morreram entre quatrocentos e oitocentos homens, estabelecendo uma espécie de novo marco na história da guerra.[21]

Mas as guerras que atingiram Ricci mais de perto eram as de tipo tradicional. Na verdade, representavam o auge daquelas mesmas formas medievais que vinham finalmente sendo ultrapassadas por uma tecnologia superior. Uma foi a batalha de Lepanto, levada a cabo em 1571 no golfo de Corinto, onde os turcos otomanos foram derrotados por uma "Santa Aliança" formada pela Espanha, Veneza e o Vaticano, e foi o mais decisivo (mas praticamente o último) de todos os grandes confrontos entre frotas de galeras mediterrânicas armadas; a outra foi a batalha de Alcaçarquibir, no norte da África, em 1578, onde o rei Sebastião de Portugal foi derrotado pelo rei saadiano do Marrocos, após uma miscelânea brutal de cargas curtas de cavalaria e lutas corpo-a-corpo com espadas e punhais.

Homens de Macerata lutaram nas galeras em Lepanto, e padres de Macerata assistiam às tropas, e pelo menos um deles foi ferido em batalha.[22] Mas Ricci estava longe das operações, vivendo como noviço no Quirinal de Santo André, em Roma, quando chegaram as notícias, em outubro de 1571, da vitória decisiva do comandante-em-chefe católico Dom João da Áustria sobre os turcos. Nesse gigantesco empreendimento naval, a Santa Aliança reunida pelo papa Pio V contara com 208 galeras respaldadas por 100 vasos de apoio, e os turcos com cerca de 250 galeras de guerra. O resultado da batalha foi decidido mais pelas abordagens travadas durante o dia do que pela tática naval ou por um poder de fogo de longo alcance. As forças de Dom João sofreram pelo menos 20 000 baixas, num total de 80 000 soldados, marinheiros e escravos das galeras; supõe-se que os turcos mortos chegassem a 30 000 (entre eles, estava o comandante otomano, Ali Pasha), e foram aprisionados mais 8 000.[23]

Embora a vitória em Lepanto ocorresse logo depois da perda de Chipre para os turcos e não tivesse sido levada avante adequadamente, foi corretamente entendida pelas forças católicas como um grande recuo imposto à expansão turca e comemorada com pompa colossal. Arcos triunfais elevavam-se sobre as procissões que enchiam as ruas européias, sinos tocavam, *Te Deums* ressoavam em todas as grandes igrejas, e de inúmeras penas surgiram peças literárias de autocongratulação. Dom João, o filho bastardo do imperador Carlos V, logo se tornou tema lendário, e os poetas exaltavam suas proezas heróicas na batalha e, mais comoventes do que heróicos, os momentos em que navegava junto a suas galeras reunidas, exortando as tropas à frente da frota turca que avançava, enquanto os soldados se ajoelhavam em preces. Francesco Panigarola redigiu uma curta passagem em seu livro sobre técnicas mnemônicas, ensinando seus estudantes a lembrar — com imagens em trocadilho — as duas grandes vitórias de Dom João, uma em Lepanto e a outra sobre os muçulmanos conversos que haviam se rebelado na Espanha dois anos antes.[24] Alguns artistas, procurando modelos para encaixar a vitória, nem se deram ao trabalho de estudar a tática ou metodologia das batalhas da época, mas simplesmente trocaram os títulos e alguns detalhes insignificantes das descrições heróicas da derrota de Aníbal pelas legiões romanas na Segunda Guerra Púnica, perto de Cartago, em 202 a.C., de modo que leitores atônitos de todo o mundo — versões dessas edições, com insólitos detalhes, chegaram ao Japão no final do século XVI — podiam ver legionários de túnicas curtas portando a insígnia de Roma antiga, uns poucos com gargantilhas e golas espanholas e mosquetes na mão, arremessando-se contra os elefantes dos infiéis.[25]

Com efeito, as Guerras Púnicas constituíam uma boa analogia para as batalhas da Roma da Contra-Reforma que se empenhava em destruir as forças do Islão. O compêndio de história romana antiga, de autoria do erudito Lúcio Floro, do século II, o qual sabemos que — graças à mente rigorosa de um arquivista há muito tempo esquecido — Ricci trazia em sua bagagem, quando se matriculou no noviciado jesuíta em Roma em agosto de 1571, captou no confronto entre Aníbal e Cipião os ecos da batalha de Dom João e Ali Pasha:

Em toda a história do Império Romano, não houve nenhuma ocasião mais notável do que quando os dois generais, maiores do que quaisquer anteriores ou posteriores, um o conquistador da Itália, o outro da Espanha, levantaram seus exércitos para uma batalha campal. Mas antes mantiveram uma conferência entre si sobre os termos da paz, e por um momento ficaram imóveis em admiração mútua. Porém, ao não se conseguir nenhum acordo sobre a paz, foi dado o sinal de batalha. Ambos os lados admitiram e concordaram que nenhum outro exército fora tão bem ordenado e nenhuma batalha mais obstinadamente disputada; Cipião reconheceu isso a respeito do exército de Aníbal, e Aníbal acerca do de Cipião. Mas Aníbal teve de se render, e a África se tornou o prêmio da vitória; e todo o mundo logo seguiu o destino da África.[26]

Era um dia ensolarado, 4 de dezembro de 1571, quando o almirante vitorioso do contingente papal na frota de Lepanto, o romano Marcantonio Colonna, voltou à sua cidade natal. Ele montava um cavalo branco (presente do papa Pio V) e vestia uma túnica com fios de ouro, um manto de seda negra debruado de pele e a comenda da Ordem do Tosão de Ouro; em sua cabeça trazia uma boina de veludo negro, com uma pluma branca presa por um broche de pérolas.[27] Mesmo que Ricci ficasse com suas lições e não visse essa deslumbrante imagem de glória marcial, deve ter ouvido as salvas de artilharia e trombetas que tocavam pelo regresso do herói, e visto os arcos triunfais de Constantino e Tito enfeitados com novas inscrições. As igrejas onde ele orava estavam decoradas com grandes tapeçarias com a vitória de Cipião sobre Aníbal, reforçando visualmente aquelas famosas frases que ele conhecia de cor. Talvez tivesse visto também a engenhosa estátua mecânica de um soldado romano, segurando uma espada em sua mão direita e a cabeça de um turco — vertendo sangue simulado — na sua esquerda, colocada na rua por alguns cidadãos gratos. Não lhe teria escapado que a Virgem Maria foi exaltada como a Senhora da Vitória e que, nas pinturas posteriores em sua honra, era apresentada de pé sobre a lua crescente, símbolo do Estado turco derrotado.[28]

Entretanto, para Ricci deve ter sido ainda mais comovente o resultado da batalha de Alcaçarquibir e a morte do rei português Sebastião. Desde o início do reinado, Sebastião apoiara os missionários jesuítas que seguiam para a Índia e o Oriente, dando-lhes dinheiro para a viagem, designando-lhes cabines arejadas nos navios portugueses que partiam todos os anos de Lisboa para Goa, e mesmo fornecendo-lhes concessões de vinho e farinha branca para a viagem, de modo a suplementar com pães a ração seca de biscoitos do navio.[29] Sebastião era um jovem taciturno, profundamente religioso, fortemente influenciado pelos seus confessores jesuítas, que o encorajavam em seu empenho apaixonado de destruir o poder dos muçulmanos no norte da África. Louro, com olhos azuis, tinha uma angustiosa consciência do seu corpo ligeiramente deformado, nunca permitindo a seus valetes vê-lo despido e tentando fortalecer o físico com um regime espartano de prática constante de esgrima e longas caçadas a cavalo.[30] Ricci se encontrou com o rei Sebastião em março de 1578, no palácio real de inverno perto de Lisboa, quando Sebastião, com 24 anos de idade, concedeu audiência aos jesuítas que se preparavam para partir para Goa. Ricci ficou tão encantado com a graciosidade e apoio do jovem rei, que desde então falava freqüentemente dele aos seus companheiros missionários.[31]

Mesmo quando Sebastião estimulava os missionários com palavras lisonjeiras sobre suas façanhas, estava planejando a grande campanha africana que, segundo esperava, recuperaria o Marrocos para o domínio português, invertendo o modelo da política exterior seguido por seu pai, que escolhera se concentrar nas possessões portuguesas mais recentes no Brasil e na Índia. Apesar do apoio moderado dos espanhóis, a escassez de tropas treinadas, um tesouro empobrecido, nenhum plano claro de combate e as advertências de seus principais conselheiros militares, Sebastião partiu de Lisboa com uma frota de cerca de 800 vasos de guerra, em junho de 1578, numa atmosfera quase de carnaval, e desembarcou em julho em Arzila, na costa noroeste da África. O lento tratamento que imprimiu à campanha deu um grande espaço de tempo para que seu adversário, Abd-al-Malik, reunisse um exército formidável, que superava em muito o exército de Sebastião, tanto em cavalaria como em arcabuzeiros. Abd-al-Malik também conhecia muitíssimo bem o país, ao contrário de Sebastião, e tinha os equipamentos adequados para lutar sob o sol cegante do deserto — a armadura de Sebastião esquentava tanto com o calor que tinha de despejar água sobre o corpo e sob os placas de metal, e os sofrimentos de suas tropas, que não podiam se dar a esse luxo, devem ter sido extraordinários.[32] Além disso, o exército de Sebastião se retardava com a presença das imensas carruagens reais que insistira em trazer, os pródigos pavilhões da nobreza que tinham de ser guardados e transportados, várias capelas portáteis e milhares de acompanhantes cujas fileiras incluíam, além do representante papal e dois bispos superiores, muitas centenas de padres e multidões de pajenzinhos, músicos, escravos negros e prostitutas; todo esse acompanhamento supranumerário somava dez mil ou mais pessoas, isto é, uma para cada soldado ativo na linha regular de avanço.[33]

Talvez nada caracterize tanto um dos lados da Contra-Reforma na guerra como a batalha louca e fatídica posteriormente travada em Alcaçarquibir, a 4 de agosto de 1578. Morreram milhares de nobres e soldados portugueses, além dos mercenários valões, alemães, holandeses e ingleses que lutaram a seu lado. Após repetidamente investir a cavalo contra as fileiras muçulmanas, o rei Sebastião perdeu a vida, embora no caos do combate ninguém o tivesse visto morrer — tudo o que seus súditos encontraram foi seu cadáver, desnudo e coberto de ferimentos. Abd-al-Malik, que estivera gravemente doente antes da batalha, ao tentar montar seu cavalo para reanimar suas tropas desalentadas, faleceu. E al-Mutawakkil, cujo trono, a ser protegido, fora o pretexto ostensivo de guerra para o rei Sebastião, tombou ao fugir da luta. Sobre os outros que caíram no campo de batalha, um observador escreveu que "os mortos [estavam] sobre os vivos e os vivos sobre os mortos, todos aos pedaços, cristãos e infiéis cerrados uns nos braços dos outros, gritando e morrendo, alguns sobre as armas, outros arrastando penosamente membros e entranhas, presos sob os cavalos ou mutilados sobre eles, e tudo foi muito pior do que eu possa lhe descrever, porque a lembrança do que passei me aflige demais". Apenas uma centena de pessoas das hostes portuguesas conseguiu escapar à morte ou à captura e voltar até a frota ancorada na costa.[34]

Dois navios especialmente incumbidos saíram de Lisboa no final do ano, levando as notícias da catástrofe a Goa e outros domínios portugueses no Oriente, pois Sebastião morria solteiro e sem herdeiros. Isso significava que um dos principais pretendentes à coroa portuguesa poderia ser o rei Filipe II da Espanha, tornando, assim, incerto o futuro do império português. As notícias chegaram a Goa em maio de 1579, e os jesuítas lá se reuniram nas missas solenes em honra ao rei morto, missas de tal pompa e genuína dor que os que haviam assistido a outras cerimônias consideraram-nas não menos grandiosas que as exéquias dos imperadores Carlos V, Fernando I e Maximiliano II.[35] Não temos um registro da emoção sentida por Ricci ao receber as notícias, mas talvez se possa ter uma sugestão para um epitáfio para o rei morto nas poucas linhas que o jesuíta escreveu sobre o noroeste da África, em seu mapa-múndi (elaborado em chinês por volta de 1584), e anexou à área da Cadeia do Atlas, que circundava ao sul o fatídico campo de batalha: "Não se pode ver seu topo, e os homens chamam-no de eixo dos céus. E o estranho é que aí os homens dormem sem sonhos".[36] Pode-se ter um sinal mais claro do sentimento de perda e de homenagem de Ricci no fato de que, quando no início dos anos 1580, ele procurou ideogramas chineses que pudessem representar a sílaba "ma", primeira de seu nome de batismo, Matteo, escolheu, entre os muitos caracteres chineses que assim podem se pronunciar, aquele que combinava dois elementos simples e inequívocos — um rei e um cavalo.

Um efeito pernicioso da morte do rei Sebastião, como vários jesuítas notaram em 1579, era o de diminuir o prestígio dos europeus, justamente na época em que tentavam fundar suas comunidades contra os dirigentes muçulmanos do norte e oeste da Índia.[37] Em sua base em Goa, o número relativamente pequeno de marinheiros e soldados portugueses tinha a imensa tarefa de proteger as rotas costeiras e marítimas desde Ormuz, no golfo Pérsico, até o Ceilão, em meio à densa hostilidade muçulmana e a um clima de monções que tornavam inutilizáveis, durante quase metade do ano, os portos indianos para navios de grande calado.

Goa — uma cidade, na época, do tamanho de Pisa, como observou um comerciante italiano — era ao mesmo tempo centro de crises, mercado internacional e local de luxuosa fartura, como notou um dos contemporâneos de Ricci, com adequada moderação, logo que chegaram ao porto:

> *Este é o local para os mercadores encherem seus bolsos, pois esta cidade está no centro e até ela chegam todas as mercadorias do norte e sul. Aqui encontram-se judeus e gentios, mouros, persas, árabes, venezianos (que aqui chegam por terra, através da Turquia), os próprios turcos e também italianos. Não há lugar melhor para os soldados, pois aqui todos os dias se formam exércitos para ir a uma ou outra região, por terra ou mar, e todas as forças militares têm suas bases aqui. Para os ociosos ou amantes de uma vida de prazeres, aqui é tão bom que melhor seria para eles que não fosse tão bom.*[38]

Ricci repetiu este elogio em termos gerais, escrevendo que a Índia "tem as melhores mercadorias do mundo: tecidos finos, ouro, prata, especiarias, raízes perfumadas, incenso, produtos medicinais e malaquita, de modo que, em todas as estações, os mercadores dos oceanos ocidental e oriental aqui comerciam". Ricci não acrescentou que Goa era também um mercado central do comércio de ópio, operando em escala gigantesca — um mercador contemporâneo menciona casualmente que investira 2 100 ducados em sessenta lotes de ópio indiano —, o que foi, por algumas pessoas, considerado responsável pela indolência da população, bem como pela prosperidade portuguesa, visto que recebiam parcelas de todas as grandes entregas.[39] Ricci escreveu que os goeses lhe pareciam "suaves" e, nas cartas mais antigas que restaram das escritas aos seus amigos em Roma, enviadas de Goa ou de Cochin, mais ao sul, embora combatesse os que afirmavam que os hindus eram incapazes de absorver uma educação européia avançada, mostrou pouca simpatia ou interesse pelos próprios hindus.[40] Nisso, ele ecoava os sentimentos negativos do grande visitador da ordem jesuítica nas Índias Orientais, Alessandro Valignano, que fora a Goa em 1574.

Valignano era um homem de vigor e talento notáveis, cujas concepções acerca das raças estrangeiras e dos procedimentos missionários influenciariam imensamente Matteo Ricci. Nascera em 1539, numa família rica da cidade de Chieti, nos Abruzzi, no sul da Itália. Seus pais eram amigos íntimos do bispo local, Gian Pietro Carafa, que mais tarde tornou-se o papa Paulo IV; depois que Valignano se formara em direito, o favor de Paulo IV concedeu-lhe uma abadia, aos dezoito anos de idade, e abrigou-o, aos vinte, como cônego da catedral de Chieti. Perdendo subitamente seu patrono, com a morte de Paulo em 1559, Valignano — um homem potente, com mais de 1,80 m de altura, que em 1577 percorreria a pé a Índia de costa a costa — meteu-se em enrascadas juvenis e passou um ano ou mais numa prisão veneziana, sob a acusação terrivelmente violenta e intensamente discutida de ter ferido a espada o rosto de alguém. Em 1566, porém, evidentemente se corrigira; ingressou na ordem jesuíta e tornou-se estudante do colégio de Roma. Lá estudou matemática com Clavius, além de física, filosofia e teologia, e em 1571 foi indicado como superior dos noviços; nesta função, no outono do mesmo ano, aplicou os exames do primeiro ano ao jovem Matteo Ricci.[41] Valignano serviu então durante um ano como reitor do colégio em Macerata, antes que o geral da ordem jesuíta, Everard Mercurian, indicasse-o em 1573 como visitador das missões na Índia, indicação esta que, pela natureza da organização da Igreja naquela época, deu de uma só vez a Valignano, com 34 anos de idade, poderes equivalentes ao do próprio geral, sobre todas as missões jesuítas do cabo da Boa Esperança ao Japão.[42]

A missão de Valignano era a de reinfundir ardor espiritual às missões asiáticas, levar recursos humanos adicionais de modo a permitir aos missionários um pouco de folga no trabalho agrícola e renovação das fontes espirituais, e tratar do espinhoso problema de estabelecer, ou não, bases missionárias separadas no norte do Ganges, nas Molucas, em Malaca e no Japão. Antes de sua partida, ele se inclinava para os japoneses, que descrevera, numa carta ao geral Mercurian, como "um povo dotado, confiável, não entregue a muitos vícios. Vivem modestamente e não são intemperantes na comida. Depois de receberem o batismo, estão totalmente capacitados para apreciar as coisas espirituais".[43] Se tivera uma predisposição semelhante de ser afável com os hindus, todos os traços de tais veleidades desapareceram no final de 1575, quando completou um ano de estada na Índia portuguesa. Num relatório daquele ano, Valignano apresentou o futuro da Índia nos termos mais negros: descreveu um sistema de governo tão mau que os jesuítas hesitavam em ouvir as confissões dos funcionários civis e militares, e pintou uma sociedade de soldados mal-remunerados, fortalezas insuficientemente armadas, frotas miseráveis e um sistema judiciário mesquinhamente injusto.[44]

Ainda que Valignano, apesar de sua falta de afeto pelos hindus, montasse cursos de língua para os jesuítas e ordenasse que a catequização se fizesse na língua local de São Tomé, é evidente que muitos missionários de fato relutavam em aprender uma língua hindu, para não serem condenados a trabalhar o resto de suas vidas entre hindus pobres no campo, ao invés de ficarem entre os portugueses, e nunca terem a oportunidade de ser transferidos para o campo mais promissor e excitante do Japão; assim, em Bassein, no norte, ele se contentou em deixar que os jesuítas trabalhassem com intérpretes.[45]

A caminho da Malaca, e já estando lá, em 1577, um ano antes que Ricci chegasse a Goa, Valignano redigiu sua avaliação mais cuidadosa da realidade hindu. A experiência que tivera com o calor, as doenças, o vício e a letargia hindus levou-o a considerar os povos da Índia, juntamente com os da África, como pouco melhores que "bestas selvagens". Acrescentou: "Um traço comum a todos esses povos (não falo agora das chamadas raças brancas da China e do Japão) é a falta de distinção e talento. Como diria Aristóteles, nasceram antes para servir que para comandar".[46] Mas, apenas dois anos depois disso, em 1579, Valignano começou a compreender que se enganara com os relatos jesuítas do Extremo Oriente, e que tampouco os japoneses eram de se confiar. Ele agora anunciava que os japoneses, que antes elogiara como "brancos" e como um "povo simples e piedoso", eram de fato "a gente mais fingida e hipócrita que se pode encontrar em qualquer parte do mundo". Em relação a um maior trabalho missionário no Oriente, Valignano sentia-se "num estado de incerteza angustiante e completamente desnorteado, perplexo e sem resposta".[47] A mescla de crueldade, dignidade, depravação e hipocrisia dos japoneses era tão complexa que o fez desistir de analisá-la mais acuradamente: mesmo depois da conversão, pareciam "mornos" na sua fé. Talvez fosse "melhor não ter nenhum cristão do que ter cristãos desse tipo!". Ademais, pouco ensinamento cristão podia ser perigoso, como notou Valignano, falando agora como um líder da Contra-Reforma: visto que muitos japoneses acreditavam que podiam se salvar invocando o nome de Amida Buda, a pessoa se defrontava com o fato melancólico de que "suas justificações pareciam as dos luteranos". Portanto, congregações frouxas dirigidas por padres com pouca aprendizagem podiam levar a uma situação onde começaria a florescer o protestantismo.[48]

Quando Valignano começou a se desiludir com a natureza e o caráter dos japoneses, voltou a refletir sobre os dez meses que passara entre os chineses em Macau, entre 1577 e 1578, e pelas suas palavras podemos ver como se repetia uma seqüência: em meados dos anos 1570, a euforia pelo Japão sucedera à decepção com a Índia; no final da década, a China, ainda não maculada por um maior conhecimento pessoal, convertia-se no foco de euforia, à medida que se aprofundava a repulsa pela realidade japonesa. Ele comentou, num relatório ao novo geral da ordem, Claudio Acquaviva, o gosto dos chineses pelo aprendizado, seu vestuário limpo, seus delicados hábitos alimentares, a proibição de armas em locais públicos, o brilho de suas mulheres, seu bom governo — cada um desses atributos em contraste com imagens negativas do Japão. Mesmo que Acquaviva notasse, um tanto mordazmente, que as pessoas insistiam em se decepcionar com o Japão e nunca com a Transilvânia ou a Polônia, embora nesses lugares as coisas seguramente também fossem muito diferentes, ficou impressionado com as oportunidades de evangelização oferecidas pela China e encorajou Valignano a levar mais jesuítas — um dos quais Matteo Ricci — para Macau, para lá poderem se preparar para servir na China.[49]

Ricci nunca visitou o Japão, e suas poucas declarações sobre esse país parecem reproduzir o juízo de Valignano, rotulando toda a ilha com as frases de que os japoneses "veneravam a força" e "gostavam mais da guerra do que da cultura civil".[50] Inicialmente estava inclinado a apresentar as maneiras chinesas por meio de comparações simples, e um ano depois da sua indicação (1583) para a cidade de Zhaoqing, não muito distante de Cantão, Ricci escreveu sobre os chineses ao representante do rei espanhol sediado em Manila, em termos que parecem destinados a compará-los não só com os japoneses, mas ainda mais com os homens violentos e desordeiros da Macerata de sua juventude:

> *Para lhe dizer a verdade, por mais que eu escrevesse a Vossa Honra sobre os chineses, eu não diria que são homens de guerra, pois, tanto em sua aparência exterior como no íntimo dos seus corações, são como mulheres: se alguém lhes mostra os dentes, fazem-se humildes, e qualquer um que os sujeite pode pôr-lhes o pé no pescoço. Todos os dias, os homens levam duas horas para fazer seus penteados e se vestirem meticulosamente, dedicando a isso todas as horas agradáveis de que dispõem. Entre esses homens, fugas, injúrias e insultos não constituem motivo de vergonha, como para nós; antes mostram uma raiva feminina e puxam os cabelos uns dos outros, e quando se cansam disso, tornam-se novamente amigos. Raramente se ferem ou se matam mutuamente, e mesmo que o quisessem, não têm os meios para tal, não só porque existem poucos soldados, mas a maioria deles não tem sequer uma faca em casa. Em suma, não há o que se temer deles, mais do que de uma grande multidão de gente; e embora na verdade tenham muitas fortalezas, e suas cidades sejam todas muradas contra ataques de ladrões, não são muros construídos segundo princípios geométricos e não contam com trincheiras nem fossos.*[51]

Nessa carta em particular, é difícil separar a visão pessoal de Ricci das concepções usualmente sustentadas pelos europeus a respeito da China. Muitas das suas observações — como acerca dos penteados elaborados dos chineses e seu gosto em puxar os cabelos

— já haviam sido feitas pelos relatos mais antigos publicados sobre a China, os do comerciante italiano Galeote Pereira, editados em Veneza em 1565, e os do frade dominicano Gaspar da Cruz, editados em Portugal em 1569, os quais Ricci tivera grandes oportunidades de ler, antes de embarcar para o Oriente.[52] Ricci podia também estar representando um pouco para o seu auditório, pois os espanhóis tinham interesse particular sobre as capacidades militares da China, e era ampla a discussão geral a respeito das possibilidades de conquista da China — quanto duraria, e quantos homens seriam necessários —, tanto entre os missionários como entre os que se viam como descendentes dos conquistadores que tinham dominado tão rapidamente os vastos territórios do México e do Peru. Principalmente no México e nas Filipinas, entre membros de todas as ordens religiosas, franciscanos, dominicanos e jesuítas, havia um debate aceso sobre o valor moral de um ataque à China, encarado como uma "guerra justa" devido à intransigência chinesa em relação aos missionários estrangeiros, sua resistência contínua em abrir os portos para o comércio internacional e a dureza com que suas autoridades civis freqüentemente tratavam os chineses cristãos batizados.[53]

Mas Ricci não representava quando julgava os chineses ambíguos em relação a assuntos bélicos, e por toda sua vida refletiu sobre os paradoxos específicos das concepções chinesas acerca da violência física. No relato de seu período na China, redigido entre 1608 e 1610, sob o título *História*, Ricci considerou louvável o fato de os chineses quase nunca portarem armas, a menos que fossem guarda-costas no cortejo de um grande mandarim, soldados em treinamento ou viajantes numa expedição particularmente perigosa, quando então podiam portar adagas. Novamente, seus comentários parecem destinados quase que expressamente a comparar a China da sua meia-idade com a tumultuada Macerata da sua juventude: "Entre nós, considera-se agradável ver um homem armado, mas para eles isso é mal-visto, e receiam ver algo tão horrível. E assim não conhecem nenhuma disputa ou tumulto tão usual para nós, quando nos vingamos de algum insulto recorrendo a armas e à morte. Eles consideram que o homem mais honorável é o que foge e não deseja ferir ninguém".[54]

O exército regular chinês o decepcionou. Em alguns níveis, observou uma eficiência teatral, como quando "os capitães militares de cada área, mas principalmente nas costas e fronteiras, patrulham em grandes grupos dia e noite e guardam as muralhas e portões, portos e fortes, como se estivessem em guerra, desempenhando seus exercícios em verdadeiro uníssono". Notou que os oficiais do exército estavam excluídos da norma aplicada aos outros burocratas, que os proibia de servir em suas províncias natais, de modo a impedir subornos e tráfico de influências. Acreditava-se que os militares lutariam com maior ferocidade para defender suas próprias casas.[55] Na cidade-guarnição de Ganzhou, que abrigava os principais quartéis-generais de uma zona especial, para eliminar o banditismo nas quatro maiores províncias do sudeste, Ricci ficou surpreendido com a exibição marcial realizada, na primavera de 1595, por ocasião da visita de um mandarim, cujo séquito acompanhava: "O ministro foi recebido com grande pompa, e vieram mais de três mil soldados recebê-lo a três ou quatro quilômetros da cidade, com uniformes, estandartes e armas; entre eles estavam dispostos arcabuzeiros que disparavam seus arcabuzes e mosquetes à medida que ele passava, fazendo longas pontarias de suas diversas posições de cada lado do rio, entre as árvores frondosas."[56] Igualmente impressionante era a grande armada de navios de provisões e vasos de guerra que enchia os rios e canais perto de Tianjin, como viu Ricci no verão de 1598.[57] Mas a pompa e a exibição muitas vezes pareciam ser levadas mais a sério do que o combate ativo. Por exemplo, Ricci acreditava que, visto que os chineses tinham consideráveis dificuldades em domesticar cavalos, tendiam a usar apenas cavalos castrados, e estes, cujos cascos nunca eram ferrados, não conseguiam galopar em terrenos pedregosos e costumavam fugir ao som da aproximação do inimigo;[58] e nunca conseguiu se acostumar à forma paradoxal com que os chineses gostavam de usar a pólvora:

> *Não tanto para seus arcabuzes, que são poucos, nem para a artilharia que também é escassa, mas para suas demonstrações de fogos de artifício, que ocorrem em todos os anos nos seus festivais, com tal engenhosidade que nenhum de nós pode deixar de assisti-las com prazer. Eles criavam espetáculos fan-*

tásticos de flores e frutos e batalhas rodopiando pelo ar, todos feitos com os mesmos fogos de artifício; e num ano que estive em Nanjing [1599], calculei que, nas comemorações de Ano Novo, que duram um mês, usaram mais salitre e pólvora do que precisaríamos para uma guerra que durasse dois ou três anos.[59]

O feitio de Ricci, que admirava as exibições marciais e se impressionava com as proezas militares dos exércitos europeus, nunca aceitaria o fato último de que os burocratas civis chineses de elite pareciam desprezar tanto os oficiais militares como os soldados. O exército era constantemente vigiado, notou ele, e subordinado às autoridades civis, que faziam parcas distribuições de ração e soldo. Mesmo o sistema de exames militares, supostamente montado para equiparar os militares aos funcionários civis, era apenas uma pálida sombra e nunca tomado muito a sério pelos candidatos jovens pretendentes à carreira.[60] "Enquanto entre nosso povo os mais nobres e corajosos se tornam soldados, na China são os mais baixos e covardes que se dedicam a assuntos de guerra." Tais homens, escreveu Ricci, não eram motivados nem pelo patriotismo nem por amor ao rei, e tampouco por desejo de glória, mas buscavam apenas a subsistência para si e suas famílias. Ao tratar a vida militar como um emprego, como eles o faziam, não era de se surpreender que fossem tratados sem respeito e tivessem de trabalhar "em ocupações baixas", como carregadores de bagagens, arrieiros e criados. O resultado era que "ninguém com espírito viril prefere o exército à vida civil".[61]

Ao redigir isso, Ricci mostrava-se ignorante da extraordinária história do êxito militar na eliminação do banditismo e da pirataria no sudeste da China, vinte anos antes de sua chegada, cujo legado e símbolo era o centro de guarnições em Ganzhou que tanto apreciara. É verdade que, durante os anos 1570, houve alguns ataques piratas sérios em Zhaoqing, onde Ricci residiu inicialmente, onde morreram centenas de pessoas, e em 1582, apenas um ano antes da sua chegada, um grupo menor de bandidos dos rios havia atacado a área, sendo expulsos por aldeães locais.[62] Mas eram distúrbios pequenos em comparação com o flagelo dos massivos ataques piratas sino-japoneses — muitas vezes entrando profundamente no interior do país —, que devastaram a China durante os anos 1550 e 1560 tão seriamente quanto os corsários protestantes assolaram a Espanha no Atlântico ou as frotas muçulmanas destruíram as expedições venezianas no Mediterrâneo.[63] Os generais chineses responsáveis pelo fim desses ataques conseguiram montar forças armadas notavelmente disciplinadas, a partir de uma mistura complexa de homens oriundos das tribos Dai e Miao do sudoeste, camponeses locais, prisioneiros libertados, monges budistas deslocados e contrabandistas de sal; com esses aliados díspares, conseguiram reimpor a ordem no campo e fechar portos e rios estratégicos para os piratas, eliminando, uma a uma, suas bases.[64] Introduziram novas formas de impostos e contabilidade militar, para cobrir os custos crescentes da guerra, que, como na Europa, subiam vertiginosamente, devido ao alto custo das armas de fogo, fortificações, veículos de rodas, maiores contingentes com soldo fixo e a circulação crescente de lingotes de prata, o que empurrou o país para uma espiral inflacionária.[65] Esses mesmos generais introduziram novas técnicas de treinamento das tropas, novas táticas defensivas contra a cavalaria, e novas armas como lanças complexas com várias lâminas, bem como instituíram técnicas inovadoras de artilharia, códigos e sistemas de obtenção de informações que — sob o comando de líderes brilhantes como Qi Ji-guang poderiam levar a uma nova ordem na política Ming.[66]

Mas os destinos de Qi e muitos outros generais, que muitas vezes terminaram suas carreiras em desgraça, aprisionados ou mesmo executados, só reforçariam a idéia de Ricci de que o exército chinês não era respeitado e valorizado na sociedade, e que a burocracia civil, com suas habilidades manipuladoras e divisionistas, se não por uma maior cultura, destruíam as chances de êxito dos militares. Um crítico supervisor não via nenhuma ironia em descrever o general Qi como um homem que "desistira da carreira letrada pela carreira militar, mas compreende muito bem a sintaxe",[67] com o implícito evidente de que tais oficiais geralmente eram completos asnos. Mas, para além dessas ligeiras descortesias, o que Ricci constantemente observava era a tensão entre a suposta vida marcial dos soldados e o fato de estarem sujeitos a açoitamentos humilhantes — conforme lhes desse na veneta — pelos magistrados civis responsáveis pela supervisão geral dos militares. Nesse ponto,

Ricci elaborava uma análise anterior de Valignano, segundo a qual, enquanto os japoneses sentiam prazer em matar com suas espadas, os chineses preferiam açoitar as pessoas e ver correr o sangue.[68] Ricci comparava o efeito moral desses açoitamentos do povo chinês pelos mandarins aos dos alunos pelos professores nas escolas européias — e não era uma metáfora casual, mas à qual ele retornou várias vezes, de modo que, em seus relatos, a criança trêmula e o adulto castigado se tornam uma única pessoa.[69]

A esses níveis de violência física personalizada, desapareciam as últimas aparências de respeito mútuo. Embora tanto Galeote Pereira como Gaspar da Cruz tivessem apresentado retratos vívidos dos açoitamentos chineses, em suas obras mais antigas sobre a China, a linguagem de Ricci ia além e assumia uma precisão assombrosa, ao descrever tais cenas. As pancadas parecem ressoar surdamente na página em que ele escreve:

> *As vítimas são açoitadas em audiência pública, na parte de trás das coxas, estendidas no chão; são açoitadas com uma vara da madeira mais dura possível, com a espessura de um dedo e quatro dedos de largura, e o comprimento de dois braços esticados. Os executantes da punição seguram a vara com ambas as mãos e aplicam grande força, dando ora dez, ora vinte, ora trinta golpes, mostrando grande rudeza, de modo que, com o primeiro golpe, freqüentemente arrancam a pele, e com as outras pancadas arrancam a carne, pedaço por pedaço. Com isso, muitas pessoas morrem.*[70]

O fato de tais punições serem aplicadas a soldados e civis, mais ou menos segundo o capricho de um mandarim — um magistrado podia matar vinte ou trinta pessoas dessa forma, e receber apenas uma leve advertência —, parecia a Ricci uma razão importante para se criticar o Estado chinês: "Os pobres sujeitos têm tal pavor dessa punição cruel e vergonhosa, e da morte que ela pode acarretar, que darão tudo que têm para se verem livres das mãos dos mandarins". O resultado, escreveu Ricci, era que os chineses viviam constantemente com medo de ser falsamente acusados, de forma que "ninguém na China é dono de sua propriedade".[71] Ele tinha plena consciência do que dizia e das razões para dizê-lo. Ele próprio escapara por um fio de tal açoitamento, em 1584, por ordem de um mandarim enraivecido em Zhaoqing, e nunca esqueceu o medo provocado por essa possibilidade; em outras ocasiões, oficiais chineses obrigaram-no a presenciar açoitamentos semelhantes de outras pessoas, e com seu colega jesuíta Michele Ruggieri, que estivera com ele durante seus primeiros anos na China, tratou de um criminoso que fora submetido a oitenta golpes, o qual, apesar dos cuidados, morreu depois de um mês.[72]

Ainda mais comovente para Ricci deve ter sido a notícia da morte de Francesco Martines, em Cantão, em 1606. Ricci não presenciou os fatos, mas reconstruiu os cruéis acontecimentos numa passagem profundamente sentida da sua *História*. Francesco Martines era o nome de batismo de um jovem chinês, nascido em Macau sob o nome de Huang Mingshao, criado em escolas jesuítas e que em 1590 prestara seu noviciado com Ricci em Shaozhou e no ano seguinte ingressou na ordem jesuíta. O nome português desse jovem jesuíta chinês não fora escolhido ao acaso, mas correspondia ao de um missionário jesuíta conhecido de Ricci, que pranteou sua trágica morte em 1581, no oceano entre Moçambique e Goa. O Martines chinês servia piedosamente à Igreja há bastante tempo, em parte como professor de chinês para outros missionários ocidentais, mas também como enfermeiro do padre moribundo Almeida e influência formadora para a conversão final do alquimista e erudito Qu Ru-kuei.[73] Martines foi preso pelas autoridades em Cantão, após aí celebrar a Semana Santa junto com os cristãos chineses, sob acusação de ser espião de Macau a soldo dos portugueses. Ricci relatou como Martines foi arrastado à noite, junto com os jovens acólitos e empregados que estavam consigo, pelas ruas cheias de uma multidão hostil e escarninha, iluminadas pela luz bruxuleante de tochas, e lançado ao cárcere. As marcas da tonsura sob seu longo cabelo negro e as camisas e ceroulas em sua bagagem foram apresentadas como provas de sua culpabilidade, culpa esta confirmada quando um acólito chinês confessou sob tortura que Martines lidava com armas e pólvora e planejava fomentar uma insurreição. Primeiramente torturado com pesadas barras nas pernas, e a seguir rasgado e açoitado durante dois dias seguidos com pesadas varas, na tentativa de fazê-lo confessar, sem água e nenhum tipo de alimento, Martines morreu em 31 de março.[74]

Ricci registrou que a morte veio às três horas da tarde para

Martines, aos 33 anos de idade — hora e idade que devem ter lembrado aos católicos a nota de Marcos em seu Evangelho, de que a crucificação de Cristo ocorrera às três horas da tarde (Marcos, 15:25), quando Cristo — por conhecimento recebido — tinha 33 anos. Aqui cometendo um deslize (Martines, quando morreu, contava com 38 anos), Ricci ressaltou o contexto bíblico em que situava tais sofrimentos.[75] Esse contexto bíblico era reforçado pelos atos de memória exigidos de todos os jesuítas por Inácio de Loyola, em seus *Exercícios Espirituais.* Vários exercícios se destinavam a levar os crentes à presença dos atos da vida e paixão de Cristo, de modo que viam e sentiam cada golpe dos soldados no corpo de Cristo quando o interrogavam, viam sua patética nudez e sentiam sua vergonha, encolhiam-se sob as chacotas, sentiam o ar gelado do inverno em que ocorreu o suplício, viam o sangue encharcar o pano leve com que Cristo tentava se cobrir novamente. Para que o adorador pudesse se aproximar mais do mistério do desígnio de Deus de suportar tal sofrimento através do próprio filho, Ludolfo da Saxônia, em cuja obra Inácio de Loyola muito se inspirou para suas meditações pessoais, insistia que o devoto "desviasse os olhos por um momento de Sua Divindade e o considerasse simplesmente um homem". Não se deve evitar nenhum detalhe violento, dizia Ludolfo, atenuar nenhuma parcela de dor e humilhação sob os golpes: "Amontoados um sobre o outro, repetidos e repetidos novamente, juntos um atrás do outro, golpe sobre golpe, contusão sobre contusão, ferimento sobre ferimento, sangue sobre sangue, até que torturadores e espectadores se cansassem".[76]

Os missionários na China conheciam tudo sobre as multidões que se pressionavam constantemente sobre eles, rodeando seus alojamentos, espiando pelas portas, dia e noite, às vezes simplesmente curiosos, mas mais usualmente zombeteiros ou hostis.[77] Estar na China significava, para os ocidentais e também para os convertidos chineses, aprender a ser odiado, e o perigo podia vir tanto dos fortíssimos choques entre as nações como de pequenas disputas por algumas moedas. Quando, em 1587, o general japonês Hideyoshi Toyotomi anunciou sua decisão de conquistar a Coréia e, a seguir, esmagar o próprio imperador chinês, não surpreende que quaisquer estrangeiros que vivessem na China fossem suspeitos aos olhos dos burocratas chineses. Mas os padres católicos se sentiam sob suspeita especial porque, entre as tropas mais temidas de Hideyoshi, havia mais de quinze mil japoneses cristãos, comandados pelo general convertido Konishi Yukinaga, que travou batalhas importantes na Coréia em 1592, em 1597 e 1598.[78] Nesses anos, quando eram constantes os alarmas de guerra e éditos imperiais fulminavam os estrangeiros, Ricci depararia com cidades inteiras aflitas com sua chegada e ninguém disposto a dar-lhe alojamento ou a anunciar as mensagens onde apresentava seus apuros.[79]

Os alarmas de guerra continuaram até o século XVII, e Ricci escreveu que a morte de Francesco Martines, em 1606, devia-se principalmente ao fato de que provocadores em Macau haviam espalhado o boato de que se planejava uma aliança entre jesuítas, portugueses, holandeses e japoneses, para usar a cidade como trampolim para a invasão da China; antes da invasão, advertiam eles, todos os chineses que viviam em Macau seriam massacrados. Com efeito, muitos chineses fugiram de Macau em 1606, visto que, por improvável que agora soe a ameaça de tal aliança entre religiões e nações ocidentais, em 1603 efetivamente ocorrera um massacre de chineses nas Filipinas. Em outubro daquele ano, após uma prolongada série de argumentos quanto à ingerência de eunucos e dinheiro na política exterior, as autoridades espanholas se apavoraram com a ameaça de um violento levante dos chineses reunidos em Manila e, num ataque antecipado de selvageria espantosa, mataram cerca de vinte mil colonos e comerciantes chineses.[80]

A realidade das dezenas de milhares de cadáveres em Manila mostra que os chineses em Macau não alimentavam paranóias quando refletiam sobre as intenções dos ocidentais em relação a eles, e o temor naturalmente aumentava quando outros ocidentais deliberadamente jogavam com isso. Parece ter sido um frade agostiniano, Michele dos Santos — antes fora jesuíta, e depois mudou de ordem e chegou a ser o administrador ativo da igreja em Macau, após a morte do bispo de lá —, quem espalhou o alarma entre os chineses de Macau, quanto às intenções bélicas de seus antigos mentores. Por trás das acusações selvagens de dos Santos encontram-se muitos anos de lutas complexas entre os jesuítas e outras ordens religiosas. O papel predominante desempenhado pelos jesuítas no final do século XVI e início do século XVII não nos deve fazer esquecer que os pioneiros na exploração da China foram os agostinianos, dominicanos e franciscanos, e geralmente pouca afeição havia entre os grupos. Em uma de suas obras religiosas, Ricci elogiou a santidade pessoal de Francisco de Assis e seus seguidores, mas em outro lugar não expressou nenhuma admiração pela tática missionária impetuosa dos próprios franciscanos — na verdade, parece que os considerava quase como inimigos, visto que sua abordagem impositiva na pregação aos pobres irritou tanto os chineses que os jesuítas inevitavelmente sentiram o recuo.[81] Os sentimentos de Ricci quanto aos agostinianos podem ser aferidos pela sua descrição dos pecadilhos de dos Santos. Segundo sua *História*, era um caso complicado que envolvia a acrimônia de dos Santos em relação aos seus antigos confrades e, pelo menos, duas discussões públicas com os jesuítas, uma sobre sua decisão de confiscar uma grande soma de prata ilegalmente levada do Japão para Macau, e outra sobre um caso de pretenso abuso clerical por parte de um dos padres de Macau. Essas disputas levaram os ocidentais em Macau a lutar nas ruas com armas e espadas, o que Ricci chamou de "um grande escândalo para os gentios e igualmente para os cristãos-novos".[82] Sem conhecimento das brigas financeiras e eclesiásticas por trás das acusações, as autoridades chinesas só podiam avaliá-las pelo seu valor declarado. Quando centenas de chineses de Macau fugiram pela fronteira, as forças armadas de Cantão se puseram em pé de guerra: as casas dos pobres, amontoadas ao longo dos muros da cidade, foram destruídas para se ter um campo aberto de fogo; impôs-se a proibição de vendas de alimentos para Macau, e foi proibido todo comércio com os portugueses.[83]

Não é de surpreender que as autoridades chinesas não conseguissem distinguir claramente os estrangeiros amigos dos inimigos, e devia haver um certo azedume na observação trocista de um alto funcionário chinês ao jesuíta Cattaneo: "Então você já se tornou rei da China?".[84] Consideremos os três elementos da equação de dos Santos. Os protestantes holandeses, inimigos dos portugueses católicos, estavam dispostos a quebrar o império oriental de Portugal e deter para si o controle do comércio de especiarias, determinados a manter uma oferta limitada de provisões a altos preços, enquanto simultaneamente dedicavam-se a uma violência calculada contra os habitantes chineses do sudeste da Ásia e dos Pescadores, tão brutal quanto qualquer outra perpetrada pelos espanhóis ou portugueses.[85] Em contrapartida, os japoneses não só haviam firmado a paz com a China a respeito da Coréia após a morte de Hideyoshi, mas também tinham dado indicações de que logo poderiam extirpar o cristianismo de todos os seus domínios, se é que isso se pode deduzir da crucificação de 26 cristãos, japoneses e ocidentais, nas proximidades de Nagasáqui em 1597 — ato cruel que obteve o máximo de publicidade, visto que os corpos ficaram suspensos durante meses, constituindo um espetáculo inevitável para visitantes contemporâneos do próspe porto e motivo popular na decoração de tecidos da década segui te.[86] Mas, ao mesmo tempo, devido aos longos anos em que pirat japoneses atacaram as costas da China, os cantoneses ainda ma tinham o sentimento (e o inscreveram na pedra, em sua cidade de que, "enquanto o sol e a lua derem luz, os chineses e japo neses não poderão viver sob o mesmo céu, e nem beber da mesma água".[87] Além disso, cristãos japoneses que tinham fugido às perseguições em seu país ou haviam sido trazidos anteriormente para Macau, para receber aprendizagem jesuíta, agora estavam sólida, ainda que ilegalmente abrigados numa ilha perto da cidade, e mostravam disposição de defender sua "propriedade" face às tentativas chinesas de expulsá-los.[88]

Quanto aos portugueses, os chineses achavam que tinham os jesuítas em suas mãos. Ricci experimentara isso em 1593, quando vivia em Shaozhou, e um grupo de chineses locais firmou uma declaração juramentada escrita afirmando que Ricci e seus companheiros "vieram de Macau, e têm tido muitos contatos com países estrangeiros, contra as leis da China. Construíram aqui uma casa com muros, como um castelo, onde abrigam cerca de quarenta pessoas que também vieram de Macau".[89] Se os chineses em Shaozhou se preocuparam com o fato de que a pequena casa jesuíta nova fosse um castelo fortificado, não é de espantar o que tenham pensado acerca da nova e espaçosa igreja de pedra que os jesuítas construíram dez anos depois, ao preço de 700 onças de prata, numa colina em Macau, depois que sua primeira igreja foi destruída pelo fogo. Os oficiais chineses do distrito de Xiangshan, que tecnicamente ainda tinham a jurisdição sobre a cidade de Macau, tentaram impedir essa construção: conforme Ricci analisou suas razões, eles assim agiam "ou porque temiam que fosse uma fortaleza disfarçada de igreja, ou porque tentavam conseguir o máximo possível de *scudi* * antes de concederem a permissão".[90] A "suntuosa" igreja (o termo é de Ricci), de 50 x 28 m, três naves e colunas de 18 m, podia realmente ter uma estrutura religiosa, mas dificilmente se poderia esperar que os chineses diferenciassem suas funções das do colégio jesuíta igualmente portentoso, usado por todos os portugueses ricos para abrigar sua prata e famílias, tão logo avistavam os navios holandeses.[91] Além do mais, os portugueses haviam ainda desafiado as proibições chinesas, construindo o que Ricci candidamente chamou de "um trechinho de muralha e uma espécie de fortaleza", em resposta ao perigo mais intenso de ataques holandeses em 1604.[92]

No final da vida, Ricci aprendera o suficiente para desistir de uma definição operatória das motivações e atitudes chinesas, como escreveu numa carta ao seu antigo professor Fabio de Fabii, que vira pela última vez trinta anos antes:

> *Ainda nos é difícil acreditar como um reino tão imenso, com tantos soldados, pode viver em temor contínuo de outros Estados que são muito menores, a ponto de, todos os anos, recearem alguma enorme catástrofe e não pouparem esforços em se proteger dos vizinhos, seja com tropas ou uma amizade fingida e ilusória: os chineses não confiam absolutamente, de modo algum, em nenhum país estrangeiro, e portanto não permitem que ninguém entre e resida aqui, a menos que a pessoa se comprometa a nunca mais retornar ao seu país, como é o nosso caso.*[93]

Nesta pena de prisão perpétua ao serviço na China, Ricci só podia observar e esperar, extraindo o consolo possível do fundador de sua ordem, Inácio de Loyola, cujas metáforas em apêndice aos

(*) Ricci usa "ducados" e "escudos" indistintamente em seus escritos. Cada ducado possui cerca de 29 gramas (aproximadamente uma onça) de prata, o que equivalia à unidade chinesa denominada "tael". Um "giulio" era 1/10 de ducado, enquanto um *baiocco* e um *bolignino* correspondiam cada um a 1/100 de ducado. A razão básica ouro : prata nos anos 1570 na Europa estava em torno de 1:11. Mais detalhes sobre moedas e razões de câmbio nesse período são dadas em Jean Delumeau, *Vie Économique et Sociale de Rome dans la Seconde Moitié du XVI° siècle*, 2/657-65.

Exercícios Espirituais sobre as formas de assédio do demônio vinham revestidas de expressões apropriadamente militares. O inimigo de Cristo, escreveu Inácio, age "como um líder com a intenção de apreender e saquear a posição que ele deseja. Um comandante e líder de um exército acampará, explorará as fortificações e defesas do baluarte, e atacará no ponto mais frágil".[94] Ricci podia julgar que as novas formulações teológicas do Concílio de Trento ofereciam as "fortificações" que animariam e preparariam a pessoa para um tal ataque. Mas o inimigo era também "como uma mulher", escreveu Inácio, certamente submisso à conquista, mas cheio de "ódio, desejo de vingança e raiva" se o homem começasse a falhar: "Se a pessoa começa a sentir medo e a perder a coragem frente às tentações, nenhum animal selvagem na Terra será mais audacioso que o inimigo de nossa natureza humana. Ele realizará suas intenções perversas com uma malícia consumada".[95]

Essa batalha só podia ser mais solitária e prolongada que os grandes cercos efetuados em verdadeiras campanhas; podemos apenas nos indagar quais terão sido os graus de resistência necessários a Ricci, nessa prolongada guerra de desgaste espiritual, em que tantas vezes os chineses em massa devem ter representado o inimigo. Ele nos conta como ficava a observar os passageiros e tripulantes chineses reunidos a atirar sua bagagem para a margem, porque seus documentos de viagem não estavam em ordem; [96] conta-nos do som de uma interminável chuva de pedras sobre o telhado de sua casa de Zhaoqing, atiradas por escolares do alto de uma torre próxima; [97] do desânimo que sentiu depois que uma multidão de chineses com instrumentos musicais e aos gritos de vitória quebrou portas, janelas e móveis de sua casa e despedaçou a cerca recém-construída do seu jardim.[98] Era com essas pequenas amolações que o demônio mostrava aquela "malícia consumada" de que falava Inácio? Se assim era, o desafio seria o de colocar as prioridades pessoais no contexto de toda a comunidade, como afirmara Tomás de Aquino, com seu costumeiro bom-senso e metáforas escolhidas acuradamente, em *A Perfeição da Vida Espiritual*: "O bem comum é, segundo a reta razão, preferível ao bem pessoal próprio. Por conseguinte, cada membro do corpo está orientado para o bem do todo por um instinto natural. Uma prova disso é que uma pessoa usa sua mão para deter uma pancada, a fim de proteger seu coração ou sua cabeça, do que pode depender toda sua vida".[99]

Isso também era claro e exato enquanto os instintos naturais realmente convergissem para um objetivo comum aceito por todos. O que era preocupante eram a divisão e a incerteza, e embora Ricci não permitisse que a linguagem do tranqüilo desespero desfigurasse a linguagem polida de sua *História*, ela irrompe em algumas cartas para sua família, professores e amigos. "Esta terra estéril" (*questa sterilita*), era como se referia ele à China para Giulio Fuligatti; para outros amigos, descrevia a China como *"questa rocca"* ou *"un deserto si lontano"*, e os chineses como *"questa remotissima gente"* entre os quais se sentia "abandonado" ou "excluído" (*bottato*). Os chineses se espantavam, contou ao seu irmão Orazio, com o seu cabelo branco e, embora "ainda não muito entrado em anos, já devo parecer muito velho". "Eles não sabem", acrescentava, "que são a causa desses cabelos brancos".[100] Numa carta de agosto de 1595 para seu superior em Macau, o português Edoardo de Sande, Ricci comentava que Deus lhe destinara doze anos de miséria e humilhação.[101]

A maior parte da linguagem e imagens aí utilizadas tinha conotações bíblicas evidentes que devem ter sido captadas por todos os correspondentes de Ricci. Ludolfo da Saxônia muitas vezes escrevera sobre cristãos que viviam em desertos ou terras inóspitas, "separados de casa", e tomara os três exemplos centrais do Novo Testamento sobre a fuga ou a retirada — a Família Santa para o Egito, João Batista para o deserto e Cristo pra a solidão erma — como temas modelares de contemplação que deviam ser buscados com todos os elementos intelectuais disponíveis. As dificuldades haviam sido corajosamente suportadas pela "mãe muito terna e jovem" de Cristo e pelo "muito idoso José", por "um caminho cheio de árvores, escuro, coberto de moitas, desabitado, um caminho realmente muito longo".[102] O cristão contemporâneo não podia deixar por menos. Gian Pietro Maffei, que ensinava retórica no colégio romano durante os anos 1560, antes de se mudar para Lisboa, onde estaria no centro da vida marítima européia, enquanto preparava sua história sobre os portugueses na Índia, escreveu com uma veia semelhante. Na introdução à sua extensa história, da qual enviou um rascunho para Ricci, com quem se correspondia, Maffei escreveu sobre os missionários perdidos entre "moitas estéreis e florestas arrasadas".[103] Ricci, que muito admirava Maffei, não teve falsa modéstia em traçar paralelos semelhantes, e numa carta ao geral Acquaviva foi bastante audacioso em repetir a famosa lamentação de Paulo aos coríntios, referindo-se às dificuldades que vivia na China: "Em jornadas freqüentes, em perigos das águas, em perigos de ladrões, em perigos pelos meus próprios conterrâneos, em perigos pelos gentios, em perigos na cidade, em perigos na solidão, em perigos no mar, em perigos entre falsos irmãos".[104]

Sobrepondo relatos que aparecem tanto em suas cartas pessoais como na *História*, podemos esmiuçar uma das rápidas conjunções, com a duração de poucos minutos, que deixam entrever os níveis de violência na vida chinesa de Ricci. Em julho de 1592, por volta da meia-noite, alguns rapazes que perambulavam pelos subúrbios de Shaozhou, perto da ponte que ligava o centro da cidade à área rural a oeste, onde viviam os jesuítas, decidiram atacar a residência destes. Parecem ter sido incitados a isso pelos monges de um mosteiro budista das vizinhanças, que lhes forneceram armas destras e grosseiras, mas os budistas não precisam ficar com toda a culpa. Na região de Shaozhou, havia muitos rumores e insatisfação, desde que os ataques de bandidos liderados por um autodenominado "mágico" haviam coincidido com uma grande seca em 1589, e os jesuítas bem podem ter sido considerados como os arautos de um destino maléfico.[105] O bando de rapazes atravessou a ponte, reuniu-se do lado de fora dos muros da casa de Ricci, e lançou cordas por sobre o muro para o pátio. Alguns galgaram o muro, chegaram ao pátio e abriram por dentro o portão principal, deixando entrar cerca de vinte companheiros. A maioria dos desordeiros trazia bastões, alguns portavam tochas apagadas, outros machadinhas. Dois criados de Ricci, que desciam as escadas para verificar as origens daquele barulho, toparam com o grupo no escuro e foram seriamente feridos. O padre Francesco de Petris, que correra em auxílio, foi atingido na cabeça. Quando Ricci saiu de seu quarto, os invasores acenderam as tochas, talvez se preparando para explorar ou saquear a residência; à luz das chamas, Ricci viu-os surgir pelas portas externas da casa, que os criados e Petris tinham deixado entreabertas, quando foram ver o que estava acontecendo. Ele chamou seu grupo de volta para dentro da casa e tentou fechar a porta, mas os atacantes forçaram-na com seus bastões. Gritando e empurrando o bando, Ricci manteve-os afastados por alguns momentos até que um golpe de machadinha atingiu-o na mão; então ordenou que todos os membros de seu grupo se retirassem para seus quartos e travassem suas portas. Um dos criados trepou pelo telhado e começou a atirar telhas nas cabeças dos desordeiros; Ricci travou sua porta e pulou pela janela para o jardim, para buscar ajuda. Torceu o tornozelo e ficou no chão, desamparado, incapaz de se mover, mas ainda gritando por auxílio. Os atacantes, contundidos pelas telhas e, devido aos gritos, acreditando que Ricci alcançara a estrada e buscava socorro, dispersaram-se e fugiram. Na sua pressa, não levaram nada da casa, e um deles deixou seu chapéu no pátio.[106]

Esse chapéu, mais tarde, seria importante, uma peça central da prova contra um dos rapazes que haviam instigado o ataque contra a residência dos jesuítas. Quanto a Ricci, sua mão se curou muito rapidamente, mas seu pé nunca se recompôs totalmente; embora tenha viajado especialmente a Macau para ver se os médicos portugueses de lá podiam ajudá-lo, estes desaconselharam operações que só piorariam as coisas. Nos dezoito anos de vida subseqüentes, sempre que tinha de percorrer longas distâncias, a dor voltava, fazendo-o deter-se e obrigando-o a mancar.[107]

TRÊS

A PRIMEIRA GRAVURA: O APÓSTOLO SOBRE AS ÁGUAS

A primeira gravura que Ricci oferece a Cheng Dayue, para ser publicada no *Jardim de Tinta*, é a do apóstolo Pedro debatendo-se no mar da Galiléia. Em sua mente, Ricci traz a passagem do Evangelho segundo Mateus, capítulo 14, que descreve o que acontece depois que Cristo alimentou a multidão com cinco pães e dois peixes, e então se retirou sozinho para as montanhas, para rezar, enviando à frente seus discípulos, por barco, pelo mar:

Quando veio a noite, ali estava só, mas o barco nesse momento estava muito distante da terra, batido pelas ondas, pois o vento era contrário.

E na quarta vigília da noite, ele veio ter com eles, caminhando sobre o mar.

Mas quando os discípulos viram-no caminhando sobre o mar, ficaram aterrorizados, dizendo: "É um fantasma!". E gritaram de medo. Mas imediatamente ele lhes falou, dizendo: "Tende confiança, sou eu; não temais".

E Pedro respondeu-lhe: "Senhor, se és tu, deixa-me ir até ti sobre a água". Ele disse: "Vem". Assim Pedro saiu do barco e andou sobre a água e veio a Jesus, mas quando ele viu o vento, teve medo e, começando a afundar, gritou: "Senhor, salva-me". Jesus imediatamente estendeu-lhe a mão e segurou-o, dizendo-lhe: "Ó homem de pouca fé, por que duvidaste?". E quando entraram no barco, o vento cessou. E os que estavam no barco adoraram-no, dizendo: "És realmente o Filho de Deus".[1]

[illegible]

Nos limites da discrição, Ricci é livre para contar essa história como quiser, pois até então não existe tradução da Bíblia para o chinês. Embora muitos chineses pedissem-lhe para empreender tal tradução, ele sempre se recusou, alegando as pressões do trabalho, a dificuldade da tarefa e a necessidade de autorização papal antes de começá-la.[2] Mas, visto que Cheng Dayue quer um texto escrito em chinês para acompanhar cada estampa, Ricci começa com a história da Bíblia e adapta-a segundo a sua noção pessoal sobre o melhor apelo às idéias chinesas de moralidade e destino. (Para traduzir o nome de Pedro, ele escolhe os ideogramas que se pronunciam "Bo-do-lo", o mais próximo ao som de Pietro, Pedro ou Petrus.) Ricci intitula seu breve ensaio "Se você crê, você andará sobre o mar, mas, se duvidar, afundará".

Depois que o Senhor do Céu nasceu na Terra, e assumiu forma humana para difundir seu ensinamento pelo mundo, primeiro partilhou seus ensinamentos com doze seguidores santos. O primeiro deles se chamava Bo-do-lo. Um dia, Bo-do-lo estava num barco, quando viu a figura distante do Senhor do Céu de pé sobre a orla do mar, então ele lhe disse: "Se você é o Senhor, deixe-me andar sobre a água e não afundar". O Senhor assim lhe permitiu. Mas quando ele começou a andar, viu o vento forte levantando as ondas, seu coração se encheu de dúvidas, e ele começou a afundar. O Senhor estendeu sua mão para ele, dizendo: "Sua fé é pequena, por que você duvidou?".

Um homem que tem uma fé firme no Caminho pode andar sobre as águas dóceis como sobre rocha firme, mas se ele recua na dúvida, a água voltará à sua verdadeira natureza, e como ele pode manter a coragem? Quando o sábio segue os desígnios do céu, o fogo não o queima, a espada não o corta, ele não afunda na água. Por que o vento ou as ondas o preocupariam? Esse primeiro seguidor duvidou, de modo que podemos acreditar; um momento de dúvida de uma pessoa pode servir para eliminar as dúvidas de todos os milhões que vêm depois dele. Se ele não tivesse duvidado, nossa fé não teria fundamento. Portanto, damos graças à sua fé e damos graças às suas dúvidas.[3]

O segundo parágrafo dessa passagem é de inteira criação de Ricci. O "sábio" de Ricci parece-se aqui com os sábios da tradição filosófica chinesa que estavam tão purificados pela sua contemplação do Caminho que podiam enfrentar as forças da água e do fogo. Mas o uso que faz Ricci dessa interpretação não explica as diferenças entre seu primeiro parágrafo e as palavras exatas da história do evangelho. O Cristo chinês de Ricci está "de pé sobre a orla do mar" e "estende sua mão" para Pedro; o Cristo no evangelho de Mateus está "caminhando sobre o mar" e "segura" Pedro quando este afunda. Num universo que disputa sutis diferenças de doutrina, isto poderia ter um significado interpretativo; mas, para Ricci, é uma questão não de interpretação, mas de necessidade, requerida pelas exigências de precisão visual nas ilustrações com finalidades mnemônicas. Se tivesse em mãos a ilustração que mais desejava, quando Cheng Dayue deu-lhe a oportunidade de fazer suas estampas, não teria de proceder a tais alterações. A ilustração estava nas *Imagens dos Evangelhos,* de Nadal, livro que Ricci entesourou e carregou consigo durante muitos anos na China. Como escreveu em maio de 1605 ao assistente do geral Acquaviva, Alvarez: "Este livro é de uso ainda maior que a Bíblia, no sentido de que, quando estamos em meio à conversação, também podemos colocar frente aos olhos deles coisas que não tornaríamos claras apenas com palavras".[4] Era a estampa n.º 44 do livro de Nadal que Ricci teria dado a Cheng Dayue, para ilustrar a história de Pedro: mostrava os discípulos atemorizados, alguns forçando os remos, alguns puxando as velas dobradas, outros levantando as mãos ou gritando de medo diante das ondas que se quebravam e da figura de Cristo, que julgavam ser um fantasma. Na ponta do barco estava Pedro, preparado para sair, seu manto enrolado nos joelhos e, no primeiro plano, outra vez Pedro, desta vez com o rosto assustado, afundando nas águas. A figura de Cristo dominava a cena, andando sobre as ondas com passo firme e uniforme; ele era pintado segurando gentilmente o punho direito de Pedro com sua mão esquerda, enquanto levantava sua mão direita aberta em sinal de bênção.[5]

Infelizmente, quando Cheng Dayue fez-lhe o oferecimento, Ricci não tinha mais o volume de Nadal. Ele o emprestara ao seu confrade jesuíta padre Emmanuel Diaz, e Diaz o levara para Nanchang, para lá usá-lo em seu trabalho missionário. Ricci fizera um trato com Diaz, e ficaria com uma bela Bíblia poliglota em oito volumes, de Plantin (que havia acabado de chegar à China), na sua residência em Pequim, enquanto o livro de Nadal seguia para o sul. Ele logo se arrependeu da decisão, e enviou uma carta para a Europa, pedindo outros exemplares, mas ainda não chegara nenhum.[6]

Com o convite de Cheng, muito precioso para não ser atendido, Ricci escolhe fazer um malabarismo com as imagens. Na residência em Pequim, tinha um conjunto de vinte e uma xilogravuras da Paixão de Cristo, entalhadas pelo mesmo Anthony Wierix que realizara muitas das estampas de Nadal. Essa segunda série de estampas começa com a entrada de Cristo em Jerusalém e termina com a Ascensão; não ilustra eventos anteriores da vida de Cristo, como o episódio sobre as ondas. Mas Ricci nota que o n.º 19 da série representa Cristo aparecendo aos discípulos após a ressurreição, quando pescavam no mar da Galiléia. Na história do evento no Evangelho de João, capítulo 21, é o apóstolo João que reconhece Cristo, mas Pedro, impetuoso como sempre, é quem pula na água (primeiro se vestindo, pois estava pescando desnudo), apressando-se para o lado do seu senhor. Embora a imagem de Wierix apresente ondas pequenas e os apóstolos dedicados à sua tarefa com redes, e não apavorados à noite num mar tempestuoso, pelo menos Pedro está na água e Cristo com a mão estendida para ele. Se se emenda o texto original de Mateus, de modo a que Cristo fique à beira-mar e não nas águas — e talvez mais acenando do que segurando Pedro —, a imaginação se encarrega do resto. E rapidamente se remedia o fato de a estampa original de Wierix mostrar claramente as marcas dos pregos nos pés e mãos estigmatizados de Cristo e o ferimento causado pela lança de um soldado romano no seu lado direito. Ricci faz com que o artista chinês que copia a estampa cubra os sinais que indicam que o Cristo ali retratado já sofrera sua crucificação.[7]

Assim Ricci adapta o evangelho, para que a imagem errada faça o trabalho certo. Quando se reúnem texto e imagem, como logo se reunirão na superfície dos dispendiosos impressos que Cheng Dayue prepara e vende aos letrados ricos da China, ou no livro que Cheng editará para conseguir maiores rendimentos, eles se reforçarão mutuamente. Mas quando a estampa está isolada, evocando a fé chinesa pela memória, antes do emprego da razão e da vontade, é grande a responsabilidade que recai sobre ela. A imagem visual terá de invocar o texto ausente, e para isso todos os detalhes são importantes. Eis a cidade, de onde saíram os esfomeados que vão ser alimentados. Eis a montanha para onde se retirou Cristo, para rezar. Eis o barco de pesca, com toda a tripulação em atividade. Ou melhor, toda a tripulação menos um, todos menos Bo-do-lo, que deixa a relativa segurança do barco para se debater com seu pesado manto entre as ondas e contemplar ansiosamente a figura calma de Cristo na orla marítima.

O mundo de Ricci era margeado e limitado pela água. Quando navegou de Portugal para a Índia em 1578, os grandes dias das primeiras explorações marítimas de Colombo, Vasco da Gama e Magalhães já repousavam há mais de setenta anos no passado, e as novas rotas marítimas de Sevilha a Veracruz, de Acapulco a Manila, de Lisboa a Goa e Macau já faziam parte da vida mundial. Mas o conhecimento dos oceanos ainda era incerto, e a maior parte ainda não fora mapeada; mesmo na versão revista do seu grande mapa-múndi, elaborada em Pequim em 1602, que trazia as mais recentes descobertas geográficas e as técnicas cartográficas mais refinadas, Ricci apresentava toda a parte inferior do Hemisfério Sul como um único subcontinente gigantesco. Os que navegavam poucas milhas ao sul do cabo da Boa Esperança ou do estreito de Magalhães certamente esperavam se despedaçar contra as rochas de costas inóspitas e desabitadas. Ricci de fato nunca utilizou o novo eufemismo "cabo da Boa Esperança" em seus escritos; preferia o termo mais antigo e preciso "cabo das Tormentas".[8]

Na época de Ricci, o hábito e a experiência tinham estabelecido certos procedimentos comuns aos que viajavam para a Índia ou Extremo Oriente. Visto que o mundo estava nominalmente dividido em duas grandes partes, segundo estabelecera o papa em 1494 pelo Tratado de Tordesilhas, cada qual controlada por uma das grandes potências marítimas católicas, os que navegavam a Ocidente, para a América Latina, Pacífico ou Filipinas, deviam tomar navios espanhóis, ao passo que os que viajavam para o Oriente, para a Índia, as ilhas das Especiarias das Molucas, Macau ou Japão, deviam utilizar os navios portugueses. (As forças navais da Inglaterra, Países Baixos e França estavam começando a contestar esses monopólios, mas ainda não haviam conseguido rompê-los em nenhum sentido importante.) Para terem maiores chances de ventos favoráveis, os navios com destino a Goa tentavam sair de Lisboa em março (embora antes o Oriente fosse considerado completamente seguro) e rumavam para o sul, pela costa ocidental da África, antes de guinarem a sudoeste, depois de passarem a costa do Brasil; ao atingir 30º latitude sul, rumariam a leste, passando por Tristão da Cunha e pelo cabo da Boa Esperança, de onde as monções de sudoeste os levariam em setembro até Goa. Se esperavam voltar em um ano, tinham de sair de Goa no Natal, para aproveitar as monções de nordeste e dar a volta pelo cabo antes de maio do ano seguinte.[9]

Havia longos atrasos em todos os portos, à espera do mês correto para se iniciar cada trecho da viagem, com datas naturalmente ditadas pelas monções ou ventos alísios predominantes. Alguns dos melhores navios portugueses, com popas altas — ou "carracas", como eram chamados —, podiam chegar a 2 000 toneladas e assestar 28 canhões, embora a maioria tivesse geralmente cerca de quatrocentas toneladas, com cerca de vinte canhões e 120 tripulantes; eram usualmente construídos com teca indiana nos estaleiros de Cochin e Goa, em parte devido à grave escassez de madeira para construção naval no sul da Europa, no final do século XVI.[10] Mas, exceto as alterações no tamanho, não havia grandes desenvolvimentos desde a época dos primeiros exploradores do século XVI, e as grandes carracas portuguesas eram menos confiáveis que seus antecessores menores; ainda não havia nenhuma vinculação precisa entre a ciência e a navegação, e ainda não se aplicara a esta nenhum dos benefícios oriundos da investigação astronômica inaugurada por Copérnico. A contagem do tempo no mar era incerta, e as bússolas magnéticas muitas vezes caprichosas; as latitudes podiam ser determinadas com precisão, mas a avaliação das longitudes muitas vezes parecia um trabalho de adivinhação.[11] E embora certos mercadores valorosos, como o italiano Francesco Carletti, conseguissem se basear em suas experiências e sonhar, no final do século, com a abertura de rotas mercantis que permitissem aos mercadores cobrir todo o planeta em dois anos ou menos, o próprio Carletti levou oito anos (1594-1602) para completar sua viagem de Sevilha à

Zelândia, nos Países Baixos, através do México e Nagasáqui, e poucos se surpreenderiam com o tempo dispendido.

Os jesuítas na China conheciam suficientemente os perigos dos mares e enviavam duas cópias de cada carta sua para a Europa — uma pelo México, nos galeões espanhóis que saíam de Manila, e uma por Goa, nas carracas portuguesas que partiam de Macau. O superior de Ricci, Valignano, pode ter ficado surpreso com o fato de que uma de suas cartas de Macau para Roma tivesse demorado dezessete anos para chegar,[13] mas Ricci considerava normal o prazo de seis a sete anos para a resposta a uma carta determinada. Como escreveu de Shaozhou para um amigo, em 1594, esse grande intervalo de tempo significava não só que as situações apresentadas na carta original haviam se alterado drasticamente, "mas também que as pessoas já tinham passado da vida na Terra para uma outra esfera: e muitas vezes, quando lembro o número de extensas cartas que escrevi a respeito deste lugar para pessoas que já estavam mortas, perco a força e a disposição de escrever qualquer outra".[14] Em poucos casos isso foi mais comovente para Ricci do que com seu pai, o rico farmacêutico maceratano Giovanni Battista Ricci. Como escreveu Ricci a seu pai em 1593, visto que não tinha nenhuma notícia de seus pais desde uma carta que lhe enviaram logo antes de sua partida de Lisboa, cinco anos antes, "se não for muito trabalho, muito me alegraria saber como está a família e se todos estão vivos".[15] Três anos depois, Matteo soube por um amigo íntimo da Itália que seu pai falecera, e celebrou o evento com uma série de missas solenes.[16] Finalmente avisado em 1605 pela notícia de que afinal seu pai não morrera, Matteo escreveu a única carta familiar realmente calorosa da sua vida (pelos menos, a única que chegou até nós), resumindo as principais realizações de sua carreira na China e finalizando: "Não sei se esta minha carta os encontrará na Terra ou no Céu: de qualquer forma, eu queria escrever-lhes".[17] Entretanto, quando a carta chegou a Macerata, Giovanni Battista já falecera; e também Matteo morrera antes que a notícia — desta vez verdadeira — pudesse chegar a ele.[18]

Os pressentimentos gerais de Matteo Ricci não eram deslocados. Catástrofes marítimas foram freqüentes durante todo o período de sua vida no Oriente, e não apenas devido a rochedos, mares encalpelados ou tempestades súbitas. Eram numerosíssimos os atrasos nas partidas devido a problemas burocráticos ou reparos nos navios, e freqüentemente os navios tinham de partir sob todas as terríveis intempéries de vento e chuva contra eles. Apesar da fama justificada da navegação portuguesa, as tripulações muitas vezes eram ineptas ou ignorantes, e houve o caso de um capitão que descobriu que sua tripulação — havia pouco recrutada no campo — não sabia dizer de que lado do navio ficavam o bombordo e o estibordo, até que ele amarrou cabeças de alho de um lado e uma trança de cebola do outro. As listas dos novos marinheiros incluíam "alfaiates, sapateiros, lacaios, aradores e rapazes ignorantes", segundo o arrolamento de um historiador — e muitos oficiais superiores eram fidalgos inexperientes.[19] Água e alimento eram escassos desde a partida e logo se tornavam insalubres, e a escassez piorava ainda mais devido aos passageiros clandestinos, extraordinários ou semilegais, incluindo às vezes prostitutas com destino à Índia ou as amantes dos oficiais do navio.[20] Havia ainda as doenças que se alastravam pelos navios com horrível freqüência, principalmente entre os dois ou três mil portugueses desesperadamente pobres que todos os anos embarcavam, de forma que em algumas viagens, mesmo quando o tempo se mantinha bom, podia perecer metade da população do navio. Os homens que desciam sob o tombadilho muitas vezes desmaiavam ou vomitavam com os terríveis fedores que subiam dos refugos de lá, uma fetidez composta pela má vontade da maioria dos passageiros em utilizar as comodidades usuais dos banheiros, poleiros mal-ajambrados e ordinários pendurados instavelmente nas laterais dos navios, que deviam ser bastante apavorantes em águas calmas, para não falar das tempestades.

Mas uma causa mais importante para as catástrofes era a louca sobrecarga que caracterizava essas viagens irregulares que, se tudo o mais corresse bem, garantiriam enormes lucros: grandes volumes de mercadorias se amontoavam confusamente sobre o convés, em pilhas oscilantes, tripulantes e passageiros mais pobres trocavam por dinheiro seus valiosos espaços nas cabines e dormiam no convés entre as mercadorias, em bom e mau tempo, aumentando o caos já reinante.[21] E como se tudo isso não bastasse, muitos barcos eram construídos com madeira mal-curada e mal-conservada, de modo que os pregos e a calafetagem pulavam fora da madeira amolecida e a própria madeira da quilha podia se partir com o golpe de um bambu, como uma vez demonstrou, para sua satisfação, um oficial português desgostoso que perdera a maior parte dos seus bens num naufrágio. Alguns navios atravessavam esses terríveis mares amarrados com cordas apressadamente eslingadas em torno da popa e do bojo, apertadas com um cabrestante.[22] Ricci observou em sua *História* que, quando os jesuítas em 1587 receberam a ameaça de expulsão da China por oficiais hostis, implorou misericórdia aos chineses, com lágrimas nos olhos, afirmando que de "jeito nenhum" atravessariam novamente "todos aqueles mares que se estendem entre a China e sua terra natal".[23] Seu amigo Nicholas Spinola, a salvo em terra firme em Goa, juntamente com Ricci, em setembro de 1578, escreveu aos seus superiores em Roma: "Os que desejam viajar até a Índia não podem ter muito apego à vida, mas estar sempre preparados para a morte, com grande fé em Nosso Senhor e grande vontade de sofrer, prontos para mortificar todos os seus sentidos, pois aqui a pessoa aprende a se conhecer pela experiência, e não pela reflexão teórica".[24]

Os corsários representavam um outro tipo de casualidade, não menos perigosa. A frota em que Ricci e seus colegas jesuítas partiram do porto de Lisboa, em 24 de março de 1578, foi assombrada durante dias por dois vasos franceses bem equipados (possivelmente navios huguenotes aliados das forças protestantes holandesas dissidentes), que tentavam apanhar qualquer navio desgarrado das frotas mercantes, com vasos de menores dimensões. Estes, com destino principalmente para o Brasil, navegaram juntos às três grandes carracas da frota da Índia, neste trecho da viagem até as ilhas Canárias. Os capitães das carracas ordenaram o assestamento dos canhões, enquanto os jesuítas (embora sofrendo de graves enjôos) permaneciam no convés, segurando seus crucifixos e preparados para exortar a tripulação à batalha. Pouco dispostos a enfrentar uma luta a canhonaços com três navios assim tão bem armados, os franceses finalmente recuaram, com uma estranha história de que não eram franceses, mas navios flamengos de cereais que haviam se extraviado de suas rotas.[25]

Outros navios muitas vezes não tinham tanta sorte, e no final do século XVI corsários ingleses e holandeses se juntaram aos franceses, acrescendo a acrimônia da guerra religiosa aos seus ataques ousados em pontos tão distantes como Havana, Moçambique e Macau. Em muitas ocasiões, os portugueses em especial bateram seus atacantes com uma coragem incrível, sofrendo grandes baixas e mesmo preferindo ir ao fundo com suas carracas, a maioria das pessoas e todo o carregamento, do que entregar qualquer coisa aos inimigos japoneses ou protestantes.[26] Mas inevitavelmente os navios corsários altamente manobráveis e fortemente armados registravam alguns êxitos marcantes: os ingleses capturaram o imenso galeão espanhol com tesouros, *Sta. Ana,* em Acapulco em 1587, e os holandeses apreenderam duas carracas portuguesas no espaço de poucas semanas, em Malaca e Macau, no ano de 1603, para mencionar apenas os dois maiores golpes. Estes renderam um prêmio em dinheiro estimado em quinhentas mil coroas no primeiro caso, e mais de 3,5 milhões de florins no segundo.[27]

Fazia parte da natureza da prática naval do século XVI atribuir uma extraordinária responsabilidade à figura única do piloto; no caso dos navios espanhóis e portugueses, regulamentos reais davam ao piloto responsabilidade exclusiva sobre o curso do navio. Assim, armados com a experiência que tinham sobre os ventos e as correntes, movimentos dos peixes e vôos dos pássaros, contando com mapas simples e as narrativas de viajantes anteriores, quando existiam, com bússola, astrolábio e quadrante, os pilotos assumiam a responsabilidade de navios de mil ou mais toneladas, com mais de mil passageiros e tripulantes amontoados a bordo.[28] Os pilotos recebiam a culpa por tudo que corresse mal numa certa viagem e eram condenados pelos relatos contemporâneos. Tomás de Aquino, em sua famosa análise sobre os quatro tipos de causalidade, que constituía uma leitura-padrão para qualquer eclesiástico católico educado, observara: "Não é impossível para uma mesma coisa ser a causa de efeitos contrários. Por exemplo, um piloto pode ser a causa de salvar ou afundar um navio: pelo primeiro, com a sua presença, pelo segundo, com a sua ausência".[29] Mas isso fora redigido no século XIII, antes do advento das viagens marítimas de longa extensão, e a maioria dos contemporâneos de Ricci teria corrigido Aquino, acrescentando uma terceira causa, o piloto que afunda o navio graças à sua presença. O suave jesuíta inglês Thomas Stevens, geralmente apreciador constante das habilidades das pessoas e grato por ter chegado incólume a Goa em 1579, não conseguiu resistir a censurar o piloto pelo seu único quase desastre, ocorrido ao dar a volta pelo cabo da Boa Esperança, com sua terrível fama de tempestades:

Mas lá não encontramos tempestades, apenas ondas imensas, onde nosso piloto mostrou sinais culpáveis de omissão; pois, ao passo que geralmente todos os navegantes nunca entram no campo de visão da costa, mas, contentando-se com sinais e descobrindo o fundo, seguem seu curso a salvo e em segurança, ele, achando que tinha os ventos ao seu dispor, seguiu próximo à terra; quando o vento, mudando para sul, e auxiliado pelas ondas montanhosas, nos empurrou para tão perto da terra que ficamos a menos de catorze braças, a apenas seis milhas do Capo das Agulias, *e nos consideramos irremediavelmente perdidos. Sob nós havia rochedos imensos, tão agudos e cortantes que nenhuma âncora conseguiria segurar o navio, e a costa era tão péssima que nada conseguiria atingir a terra, que ademais está cheia de* tigres *e gente selvagem, que matam todos os estrangeiros, de modo que não tínhamos nenhuma esperança ou consolo, a não ser em Deus e numa boa consciência.*[30]

Coerente com seu tema geral, Stevens atribuiu mais a Deus do que ao piloto a sobrevivência do navio e o término feliz de sua viagem.

Muitos viajantes tinham histórias a contar mais dramáticas do que essa, e no século XVI eram temas sempre populares os relatos dos sobreviventes de espetaculares desastres navais, publicados como panfletos ou livros após cada nova catástrofe. Ricci e os jesuítas no colégio de Coimbra, que esperaram dez longos meses, de 1577 ao início de 1578, para que se preparasse a última frota para a viagem a Goa, devem ter lido detalhadamente o papel do piloto no destino do *S. Paulo,* publicado em Lisboa em 1565. O navio *S. Paulo* saíra de Lisboa com destino a Goa por volta do final de abril de 1560, com um total de quinhentas pessoas — entre as quais contavam-se cem tripulantes, 33 mulheres, trinta meninos com menos de doze anos de idade, dois padres jesuítas, e os demais eram oficiais do navio, vários passageiros homens e escravos variados. A data de partida era tardia, em relação à segurança, como tripulantes e passageiros deviam saber a partir das experiências de terceiros, e embora o *S. Paulo* fosse um dos navios construídos na Índia, "muito forte e como um sólido rochedo contra todos os ventos que sopraram", nas palavras do cronista do seu destino, o farmacêutico Henrique Dias que nele embarcou para Goa com todos os seus haveres medicinais, "era como um marinheiro doente quando próximo dos ventos, e de manobra difícil e custosa".[31] Primeiro batido por uma tempestade furiosa, e mal-conduzido pelo piloto, que "era um novato nessa viagem para a Índia", o navio pegou uma calmaria de dois meses, em que ficou bordejando aflitamente a costa guineense da África; tripulantes e passageiros se sentiam doentes, com delírios e virilhas inchadas, sem nenhum socorro médico para suas dores além de sangrias, pois os medicamentos de Henrique Dias logo se esgotaram. Os cordames apodreceram com as chuvas incessantes, e certa vez, das quinhentas pessoas a bordo, 350 adoeceram ao mesmo tempo.[32]

Apenas no final de julho o navio cruzou o Equador e atingiu Salvador, depois de quatro meses de horror; lá, foi consertado e reaparelhado. Mas, tendo a companhia se esvaziado ainda mais, com a perda de cem homens que preferiram buscar ouro no Brasil, e tenteando em mares tormentosos até encontrar a rota de Madagáscar, em meio a "grandes discussões entre o capitão, o piloto e o contramestre, e outros que entendiam de assuntos de navegação", o *S. Paulo* se perdeu totalmente da Índia e se despedaçou nas costas de Sumatra, em janeiro de 1561, apesar das ardentes súplicas finais a Deus, com estandartes e relíquias sagradas desfraldados no convés superior e todos ajoelhados em preces.[33] Vários sobreviventes dessa viagem e da desesperada jornada posterior em busca de segurança atingiram Goa e lá se estabeleceram, refazendo suas vidas de várias formas, quando Ricci chegou à Índia em 1578. Entre eles estava Francisco Paes, que seria o capitão-chefe de uma viagem China-Japão em 1585 (e em 1601 ainda vivia como auditor-geral em Goa); Antonio da Fonseca, que se casou e formou família e, após a morte da esposa, entrou posteriormente para a ordem jesuíta; Francisco Fernandes, um jovem grumete na época do naufrágio, que cresceu e se tornou apregoador no mercado de leilões de Goa; e o apagado cavalheiro Pero Barbosa, sacristão na igreja de Goa, tão carente que todos os dias ele pedia donativos às ordens religiosas e às famílias ricas da cidade.[34]

Na falta de qualquer registro restante de Ricci sobre sua viagem a Goa, em 1578, não podemos ter certeza quanto às suas idéias pessoais sobre assuntos de navegação, embora tenhamos duas séries de indicações. Do lado positivo, sabemos que, em seus escritos teológicos redigidos em chinês, ele usou a imagem do piloto do navio (ao lado da do arqueiro, do construtor de globos, do arquiteto e do impressor) como exemplo de homem cujas habilidades residiam para além de fenômenos aparentemente casuais, mas isso pode ser apenas um eco de suas leituras tomistas. Ricci sustentava que a forma como era conduzido um navio por mares bravios, nas mãos de um piloto cuja presença era ignorada pelo observador externo à distância, podia ser usada como analogia à forma como Deus, apesar de invisível para a humanidade, dirigia os destinos humanos.[35] Sabemos também que ele aproveitou as duas ocasiões em que o navio que o levava a Índia cruzou o Equador, para fazer alguns trabalhos de observação que posteriormente o ajudaram: numa nota anexada ao seu mapa-múndi chinês, ele escreveu: "Quando vim do Ocidente para a China e cheguei ao Equador, vi com meus próprios olhos que os pólos norte e sul eram idênticos no horizonte, sem a menor diferença de altitude".[36] Do lado negativo, sabemos por terceiros que seu navio, o *S. Luís,* encalhou à entrada do porto de Moçambique, o que ocasionou a entrada de grande quantidade de água a bordo e o risco de danos mais sérios; deve ter sido um choque considerável, acrescido pela própria extensão dos perigos já superados.[37] E há certamente um tom literal sincero em outra passagem de sua obra teológica chinesa, em que Ricci escreve que os homens do século XVI eram como "os que viram seu navio se despedaçar após um naufrágio; encontram-se no vasto oceano entre as ondas esmagadoras. Ora afundados sob as águas, ora subindo de repente, são jogados aqui e ali à mercê do vento. Cada um pensa em seus apuros pessoais e ninguém cogita salvar seus companheiros. Agarram o que lhes vier às mãos — tábuas, velas, cordas, fragmentos —, seguram-no, apertam-no contra si, só soltarão quando perderem a vida".[38]

Os contemporâneos de Ricci estavam sintonizados com os altos e baixos da vida marítima, e ridicularizavam os pilotos mesmo quando estavam conscientes da dificuldade técnica dos seus afazeres e dos perigos a que se expunham. Cervantes e Shakespeare mostram isso. Cervantes deu a Dom Quixote — quando navegava por um riozinho, numa pequena barca, convencido de que cruzava poderosos oceanos — a oportunidade de ralhar com Sancho Pança, pela sua ignorância quanto aos "coluros, linhas, paralelos, zodíacos, eclípticas, pólos, solstícios, equinócios, planetas, signos e pontos, que são as medidas de que se compõem as esferas celeste e terrestre".[39] Incapacitado de avaliar a distância exata que tinham percorrido, visto que não trouxera seus instrumentos consigo, Dom Quixote se contenta com o palpite de que viajaram cerca de duas mil milhas (o palpite de Sancho é que andaram quinhentos metros). Dom Quixote continua:

"Se eu tivesse aqui um astrolábio para tomar a altura do pólo, eu te diria a quantas andamos, ainda que, ou pouco sei, ou já passamos, ou estaremos quase a passar a linha equinocial, que divide e corta os dois contrapostos pólos em igual distância.

"— E, quando chegarmos a essa linha que Vossa Mercê diz — perguntou Sancho —, quanto teremos andado?

"— Muito — replicou Dom Quixote; — porque, de trezentos e sessenta graus que o globo contém de água e de terra, segundo o cômputo de Ptolomeu, que foi o maior cosmógrafo, teremos andado metade desses trezentos e sessenta graus, em chegando à linha que eu te disse.

"— Por Deus — disse Sancho —, que Vossa Mercê me traz para testemunha uma fresca pessoa, a quem chama 'puto e tolo meu', e de quem diz que faz mofa!" [40] *

A pintura de Shakespeare é ao mesmo tempo mais específica e mais alegórica. No ato de abertura de *Macbeth,* uma das feiticeiras se refere a uma mulher cujo "marido para Alepo partiu, contramestre do *Tigre*", alusão que muitos entre um público do início do século XVII saberiam aplicar ao destino do mercador inglês Ralph Fitch, que navegara para Alepo, cidade comercial no Mediterrâneo oriental, a bordo do navio *Tigre,* antes de ser preso em Ormuz como espião, em 1583, e levado de navio à famosa e eficiente prisão de Goa, história registrada detalhadamente no segundo volume das *Viagens* de Hakluyt, aparecido em 1599.[41] A continuação do discurso da feiticeira, onde fala da desorientação dos navegantes ao tentarem manter seus rumos em ventanias furiosas, seria certa e amargamente reconhecida por qualquer um que tivesse via-

(*) Transcrevo aqui a bela tradução de Viscondes de Castilho e Azevedo, São Paulo, Abril Cultural, 1981, p. 430 (NT).

jado com as frotas indianas, o mesmo ocorrendo com o epílogo cru e rematado do mesmo discurso:

O sono nem de noite nem de dia
Pairará sobre o toldo do seu beliche:
Viverá como um homem perseguido.
Nove vezes nove sete amargas noites
Ficará pálido, langue, acabrunhado;
Seu barco não afundará,
Mas será açoitado pela tempestade.
Vejam o que tenho.
Segunda Feiticeira: Mostre-me, mostre-me.
Primeira Feiticeira: Tenho aqui o polegar de um piloto,
Naufragado ao voltar para casa.[42] *

É algo curioso, mas não impossível, que a literatura de viagens da época tenha dado a Shakespeare a idéia de apresentar Macbeth ao público com o mesmo ar de um piloto corajoso mas atormentado: tais pilotos, como Macbeth, são homens obrigados pela vida a tomar decisões de grande importância sob um céu opaco que pouca ajuda lhes oferecia, levados por um orgulho obstinado a atos desesperados que destruíam a eles e àqueles sob sua responsabilidade. A Europa da Contra-Reforma era ávida por tais contos, e a vida os proporcionava em abundância. Encontramos o historiador Gian Pietro Maffei — cuja obra histórica eletrizou Ricci, quando a leu pela primeira vez em 1581 — não só a devorar os mesmos contos catastróficos portugueses, mas também incorporando as experiências do grupo de jesuítas que viajaram com Ricci aos rascunhos cada vez maiores de sua história abrangente das Índias.[43]

Ricci partiu de Lisboa para Goa no início de 1578, com uma pequena frota que consistia de três navios, o *S. Gregório,* o *Bom Jesus* e o *S. Luís.* Os catorze jesuítas foram divididos entre os três navios, em grupos de quatro ou cinco: Ricci, junto com Michele Ruggieri e outros três companheiros, ficou no *S. Luís.* Era a nau capitânia, comandada pelo capitão-chefe da frota, mas nem por isso a alternativa era encorajadora. Dois anos antes, o *S. Luís,* a despeito do bom tempo, fizera uma viagem de pesadelo, sendo que, das

(*) Tradução literal (NT).

1 140 pessoas apertadas a bordo, morreram cerca de quinhentas, por febre e outras doenças provocadas pela imundície e superlotação, sem contar os que sucumbiram mais tarde, depois de desembarcarem em Goa.[44] Mas Ricci e seus amigos tiveram a sorte de viajar num período em que o rei Sebastião de Portugal ordenara que as carracas não fossem tão imensas a ponto de se tornarem ingovernáveis, nem tão apinhadas de gente, de modo a prevenir o alastramento de doenças, e talvez devam suas vidas a essas ordens prudentes — esquecidas pelos sucessores de Sebastião.[45] Mas o espaço, como sempre, custava caro, e quando os jesuítas chegaram a bordo, na noite de 23 de março, muitos marinheiros e soldados dos três navios já tinham vendido seus lugares nas cabines a comerciantes que ali estocavam suas mercadorias ou a passageiros ricos que procuravam um quarto extra.[46]

Embora o relato de Ricci sobre essa viagem não tenha subsistido, por sorte foram preservadas as narrativas de três companheiros de viagem no *Bom Jesus* e no *S. Gregório*; assim sabemos que os padres no *Bom Jesus* suportaram condições terríveis, numa minúscula cabine mal-construída com tábuas grosseiras no convés superior, onde os quatro mal podiam encontrar espaço para se deitarem ao mesmo tempo, com um minúsculo armário para guardar água e outras provisões, como suas reservas de óleo, vinagre, vinho, queijo e biscoitos da ração de bordo. Os no *S. Gregório* estavam em condições melhores, numa cabina na popa que se projetava sobre o leme, com três janelas e uma abertura diretamente sobre as águas, que servia como latrina improvisada, pela qual podiam ouvir os golpes repetidos das ondas.[47]

Todos os três relatos concordam que foi na aurora do dia 24 de março que os três navios seguiram para o mar, à frente de um vento favorável, deixando para trás o alarido das docas, onde se executava a lenta construção de uma armada — que ao final totalizaria mais de oitocentos navios —, para o ataque planejado pelo rei Sebastião à costa do norte da África.[48] Uma multidão de embarcações de recreio deslizava em torno deles, animando-os em seu curso, enquanto do porto chegava o som dos sinos dobrando na Igreja das Chagas de Cristo, a patrona dos pilotos e mestres da frota indiana.[49]

Foi nessa viagem marítima, com seis meses de duração, cruzando duas vezes o Equador, que Ricci pela primeira vez atuou no mundo como praticante religioso, embora não tivesse ainda recebido as ordens sagradas e, portanto, ainda fosse registrado nos documentos jesuítas de viagem como "Irmão Ricci", "estudante de teologia".[50] O navio constituía um microcosmo da vida lá fora, com sua mescla de perigos, relações sociais até então desconhecidas, desconfortos físicos e oportunidades de prática devota pública ou recolhida. O período de aprendizagem de Ricci no colégio jesuíta em Roma preparara seu corpo para rigores físicos, mas, como seu colega missionário jesuíta Nicholas Spinola escreveu a bordo do *Bom Jesus,* todos os padrões e comportamentos da pessoa se alteravam sob as condições estritas de confinamento e o calor equatorial. O próprio ato de dormir era impossível, pois tudo o que a pessoa podia fazer era "suar durante toda a noite, estendida numa tábua coberta por um colchão fino, com um fedor terrível e montes de piolhos e percevejos". Tudo apodrecia ou cheirava mal sob o calor e a umidade constantes: a tinta se apagava dos livros, as facas e colheres de metal se enferrujavam, as roupas cheiravam a lã podre, a água potável se tornava pútrida e os alimentos insípidos, enquanto as gengivas inchavam, os dentes e maxilares doíam intoleravelmente, e a cabeça latejava de dor.[51]

Os marinheiros eram companhia rude e grosseira, e os padres jesuítas tentavam controlar seu péssimo comportamento: intervinham como mediadores nas brigas que torvelinhavam entre grupos enfastiados, principalmente nas noites quentes de verão, ou combatiam suas incessantes pragas com um sistema engenhoso de multas, que se acumulavam num fundo que seria utilizado mais tarde, por acordo comum, em algum propósito devoto em benefício de todos. Quando os marinheiros resolveram se confessar, surgiu um novo problema, pois os padres muitas vezes procuravam inutilmente um lugar solitário onde pudessem ouvir suas histórias escabrosas — parecia que, em navios tão pequenos e atulhados, cada cabine e sacada tinha ouvidos.[52] Mas o tédio entre os tripulantes possivelmente aumentou com outras atividades dos padres, que diligentemente recolhiam e atiravam borda afora os baralhos e confiscavam os vários livros, numa babel de idiomas e muitas vezes ilustrados, que consideravam obscenos e pareciam ser característica constante da vida marítima nos navios.[53]

O passatempo favorito que restou parece ter sido a caça ao tubarão: alguns marinheiros, com grande engenhosidade, confeccionavam exemplares de pano do onipresente peixe-voador, decorando os modelos com duas longas penas de galinha, enchendo-os de pesados ganchos de metal e então faziam-nos deslizar acima e abaixo das ondas, até que um tubarão saltasse e fisgasse a isca.[54] Outros marinheiros apanhavam o tubarão com um anzol e isca grosseira numa corda resistente e, depois de ferroar os olhos do peixe, rasgavam sua garganta e lançavam-no de volta para o mar; então, todos a bordo com tempo disponível se alinhavam nas amuradas do navio e ficavam observando, com gritos excitados, os outros tubarões que convergiam para devorar a vítima, até que, saciados e sem conseguirem mais comer, os banqueteados nadavam em círculos preguiçosos em torno do navio até, por sua vez, poderem ser mortos. Levados pelo esporte, certa vez quatro marinheiros caíram ao mar quando um sólido peixe despedaçou a tábua suspensa na lateral, onde estavam os homens de pé, mas foram salvos antes de serem, eles próprios, devorados.[55]

Aos grupos, cada qual no seu navio, os jesuítas conseguiam realizar seus rituais próprios de devoção: uma hora de prece ao alvorecer, confissão a cada oito dias, leitura dos *Exercícios Espirituais* e poemas devotos de Jacopone da Todi, ou atos de penitência em suas minúsculas cabines, realizando os dois "exames de consciência" diários[56] que Inácio de Loyola considerara tão importantes para o crescimento da vida espiritual, recitando a litania pelo menos uma vez ao dia, e cantando em duas vozes o ofício à noite, com os tripulantes ajoelhados na escuridão.[57] Nos dias santos, havia procissões completas pelos navios, os padres com os paramentos e os jovens acólitos com velas na mão, carregando as relíquias e a hóstia.[58] Na festa de *Corpus Domini* (29 de maio de 1578), dezessete membros da tripulação, vestidos com roupas variadas, representaram um drama de duas horas sobre a batalha entre o devoto e os demônios na tentação de Antonio de Pádua, santo de origem portuguesa a cujo nome os tripulantes respondiam fervorosamente.[59] Os dias santos davam um tal ritmo particular à vida marítima que, quando os ventos contrários encalharam o navio de Ricci dentro do porto de Moçambique, fazendo com que os viajantes temessem perder as datas favoráveis de partida para Goa, e mesmo uma nova procissão solene com a exibição amorosa da cabeça de Santa Gerasina, em 12 de agosto, não conseguiu contudo alterar a direção do vento, muitos membros da população do navio raciocinaram que Deus não via razões para que eles celebrassem a Assunção da Virgem (15 de agosto) no mar, pois já tinham feito suas oferendas marítimas no dia de sua Anunciação (25 de março), sua Visitação (2 de julho) e seguramente ainda estariam no mar, próximos de Goa, na festa da Natividade (14 de setembro).[60]

Nos dias calmos de bom tempo, havia outras tarefas para os jesuítas: o rei Sebastião, quando deixaram Lisboa, havia-os presenteado com ervas e vegetais, que coziam em panelas para os doentes a bordo.[61] Alguns marinheiros se sentiam estranhamente doentes, como se estivessem possuídos, e, assim, às preces rituais podiam se seguir exorcismos mais radicais.[62] Mas se o navio estava em calmaria, principalmente nas perigosas águas equatoriais, as solenidades se compunham de novas procissões pelo convés, com o desfile de relíquias preciosas como as cabeças de mártires virginais ou a de Bonifácio (que uma vez comandou um exército de onze mil virgens), por entre os marinheiros ajoelhados, com velas bruxuleantes em mãos devotas e a liturgia cantada se elevando dos altares erguidos no tombadilho, decorados com imagens devotas da Virgem e seu Filho. Os padres intercediam diretamente em favor dos ventos, para que os navios pudessem prosseguir, acrescentando às suas orações o cuidado eficaz de convencer cada marinheiro a prometer parte do seu pagamento ou ração de óleo para ser queimado nas lâmpadas do altar de Nossa Senhora do Baluarte, na pequena igreja mantida pelos dominicanos na ilha de Moçambique.[63] E, em mares tormentosos, como os que alagavam os navios perto do cabo, espancando-os furiosamente durante horas e horas na escuridão cada vez mais espessa, os padres receberam confissões constantes (agora, desaparecia qualquer vergonha de que os companheiros de navio ouvissem os pecados de cada um), e lançaram ao mar o pequeno *Agnus Dei* de cera, para acalmar as ondas — lutando contra seu cansaço e doença. Francis Pasio, um dos jesuítas que viajaram com Ricci, listou entre os critérios para a sobrevivência nessas longas viagens a presença de, pelo menos, quatro padres por navio, para ajudarem a cada vez que as coisas se mostrassem desesperadas.[64]

Numa carta escrita em outubro de 1578, após sua chegada a Goa, Pasio acrescentou, de modo totalmente casual, que em seu navio, o *S. Gregório,* embarcaram em Moçambique "trezentos ou quatrocentos negros",[65] e é inteiramente provável que no *S. Luís,* de Ricci, tenham embarcado muitos mais. Havia "uma infinidade de escravos para venda, muçulmanos e gentios, capturados por um e outro lado em suas guerras", transportados do continente até Moçambique, e lá vendidos pelos portugueses, para serem empregados na Índia, num equivalente africano oriental do tráfico na África Ocidental que alimentava as minas e plantações do Caribe, Peru e Brasil. Convencer esses escravos a abraçar o cristianismo, mesmo quando o barco atravessava o Oceano Índico, foi uma tarefa prazerosa para os padres, e a maioria dos escravos aceitou a fé depois de verem morrer seus primeiros camaradas; em muitos casos, os escravos muçulmanos eram batizados desde que concordassem em cuspir ao ouvir o nome do profeta Maomé. Alguns recebiam uma absolvição rápida, no momento da morte, pois mesmo na viagem de um mês de Moçambique a Goa, em condições que parecem ter sido ideais para a época, com água fresca e provisões abundantes a bordo, dezoito escravos morreram no *S. Gregório,* ao passo que, em todo o percurso, dos quinhentos passageiros brancos morreram apenas três — um grumete e um marinheiro que caíram borda afora e se afogaram, e um marinheiro que embarcou em Lisboa com uma febre que não conseguiu curar.[66]

Moçambique foi a primeira experiência de Ricci quanto ao conjunto de bases que constituíam o império ultramarino de Portugal e que marcariam as etapas de sua jornada — Goa, Malaca e finalmente Macau. Ainda que estéril e inóspita, a ilha era o primeiro pedaço de terra que passageiros, padres e tripulantes viam desde as ilhas Canárias, quatro meses antes, e muitos se desesperaram com o adiamento para o desembarque. A ilha não possuía água fresca e praticamente nenhum alimento, e tudo tinha de ser trazido do continente; mas havia estoques de vinho e biscoitos secos, conservas de frutas, arroz, painço e aves, e o mais saboroso porco selvagem já provado pelos viajantes. Deve ter sido uma grande alegria, além da oportunidade para esticar as pernas, que haviam perdido a facilidade de locomoção, tudo isso regado com adorações na igreja que se encontrava sob a proteção dos canhões da fortaleza, com oportunidades para orações silenciosas ou serviços no enorme hospital, um dos pontos de referência da ilha.[67] Mas esses prazeres recuaram para um segundo plano quando os navios chegaram a Goa. Assim como um padre no *S. Gregório* escrevera que a alegria de ver um vago trecho de costa perigosa, depois de meses no mar, levara todos os passageiros ao tombadilho em paroxismos de excitação, gritando "Terra, terra!", só comparável em termos de alegria humana à "alegria que sentiremos quando nossas almas chegarem ao paraíso",[68] também um outro escreveu que as colinas de Goa, de um verde escuro lavado pelas chuvas de inverno, as palmeiras e casas elegantes no sopé das montanhas eram "como nada menos que uma tapeçaria onde o artesão traçara todos os aspectos de frescor que se possam imaginar".[69] E quem poderia descrever a alegria, depois de cinco meses em meio à água salobra e racionada, de banhar todo o corpo e lavar todas as roupas, espadanando, espadanando, espadanando, espadanando na água gelada que jorrava das fontes e nascentes no colégio jesuíta em Goa? [70]

As outras viagens marítimas longas da vida de Ricci, em 1582, de Goa a Malaca, e de Malaca a Macau, não foram de modo algum tão dramáticas quanto esta primeira, embora estivesse bastante doente na última etapa do percurso até Macau, a ponto de julgar o fato digno de menção em suas cartas para o lar.[71] (Logo depois que desembarcou, os poucos sobreviventes do terrível naufrágio, naquele ano, da carraca portuguesa que comerciava com Nagasáqui voltaram a Macau, com histórias angustiosas sobre as semanas que passaram perdidos na ilha até então inexplorada de Formosa).[72] A experiência de êxtase que Ricci viveu mais próxima aos primeiros momentos em Goa ocorreu em duas ocasiões na China, cerca de vinte anos depois. A primeira deu-se em 1595, depois de finalmente conseguir autorização dos chineses para viajar de Shaozhou para Nanchang, ao norte, e sentiu ondas de nostalgia ao ver gelo e neve, depois de muitos anos, conforme contou a seu irmão numa rara carta familiar para Macerata.[73] A segunda foi no verão de 1598. Ricci recebera autorização para viajar até a capital subsidiária da China, a grande cidade de Nanjing, junto ao rio Yangzi, algo que há muito tempo desejava, mas, ao lá chegar por barco, no início de julho, a guerra com o Japão acabara de entrar em sua segunda fase. Visto que a corte imperial da China lançara éditos para a prisão de todos os estrangeiros suspeitos, ninguém se atreveu a convidar Ricci ou mesmo a alugar-lhe acomodações, e ele tampouco ousou viajar por terra, a não ser em breves percursos numa cadeirinha coberta. Ao invés disso, foi obrigado a passar os meses de verão sob o sol causticante da China central, num barco estreito e sufocante sobre as águas, "com o máximo desconforto", como escreveu em sua *História*, "visto que o barco não só era pequeno, como oferecia poucas comodidades".[74] Mas logo que cederam as tensões militares, um rico oficial chinês, Zhao Kehuai, convidou-o a passar oito ou dez dias como seu hóspede na sua residência de campo em Juyong, a um dia de distância de Nanjing. Aqui Ricci ficou instalado num cenário que descreveria posteriormente com um lirismo que retrata algumas alegrias do momento: seus alojamentos ficavam no andar superior do palácio, um quarto "lindamente construído, ornamentado e pintado, com três portas, uma para o sul, as outras duas para o ocidente e oriente; estas conduziam a uma passarela coberta com balaustradas primorosas, além da qual encontrava-se um jardim com muitas árvores de sombra". Neste cenário encantador, num altar destinado a deuses pagãos, mas tornado seu pelo espaço de poucos e preciosos dias, Ricci pôde colocar o tríptico pintado de Cristo que trouxera consigo num estojo tampado, acender incensos ao seu lado e "lá ficar durante todo o dia, recitando seu ofício e se recomendando a Deus".[75]

A intensidade dessas experiências pode ter alguma relação com o fato de que o sonho mais significativo da vida de Ricci — ou, pelo menos, o único que considerou digno de menção em suas cartas e *História* — ocorreu em sua viagem por rio entre Nanjing e Nanchang, as cidades que para ele representavam os dois extremos de calor e frio. O barco de Ricci estava perto de Nanchang, mas fez um ligeiro desvio diante de um forte vento contrário que soprava do lago Boyang, e, meditando sobre as dificuldades de sua missão, cochilou. Descreveu a experiência que então se seguiu numa carta ao seu amigo de infância de Macerata, Girolamo Costa:

> *Não posso me esquecer de lhe contar um sonho, que tive poucos dias depois de chegar a este lugar. Eu estava parado de pé, melancólico com o triste resultado dos meus esforços e pelas lides da viagem, quando me pareceu encontrar um homem que não reconheci, que me disse: "Então é você que tem viajado por essa terra, tentando destruir suas antigas leis e substituí-las pela lei de Deus?". E eu, espantado que essa pessoa conseguisse penetrar tão profundamente em meu coração, perguntei-lhe por minha vez: "É Deus ou o demônio?". E ele respondeu: "Não o demônio, mas Deus". Assim me arrojei a seus pés, chorando, e disse: "Se você, meu Senhor, sabe disso, por que até agora não me deu nenhuma ajuda?". E ele res-*

pondeu: "Vá até aquela cidade" — e aqui me pareceu que ele mostrava Pequim — "e lá eu o ajudarei". Entrei na cidade cheio de fé, e passei por ela sem nenhuma dificuldade. E foi este o meu sonho.[76]

A instrução de "ir até aquela cidade" trazia alguns ecos da experiência mística de Paulo na estrada para Damasco e da visão de Cristo, o Salvador, vivida por Inácio de Loyola na capela em La Storta, em 1537, como certamente bem sabia Ricci.[77] Ele conta que despertou, com os olhos ainda cheios de lágrimas, e relatou o sonho ao seu único companheiro no barco, seu amigo e professor de chinês, Zhong Ming-ren, um chinês convertido, candidato a ingressar na Companhia de Jesus, batizado como Sebastião, que fizera com ele a desafortunada viagem de ida e volta a Nanjing.[78]

Boa parte do conhecimento de Ricci sobre a China proveio de suas viagens por rios, lagos e canais do país. Cedo aprendera que os chineses, em sua maioria, não se aventurariam em alto mar, pois viagens marítimas e mesmo a vida próximo à costa haviam se tornado demasiado perigosas. Como citou Ricci, "Dois ou três barcos japoneses podiam desembarcar na costa da China, penetrar no território e capturar vilas e grandes cidades, saqueá-las todas e incendiá-las, sem que ninguém resistisse a eles".[79] Certamente isso valera para os anos 1550, mas a Ricci parecia difícil aceitar tais receios predominantes quase meio século depois: "É algo surpreendente para nós", observou ele, "que, muito embora a viagem por mar seja mais curta e mais conveniente, tão grande é o medo que têm os chineses em relação ao mar e aos piratas que não se dispõem a transportar seus bens por mar — embora vários tivessem sugerido tal coisa ao seu rei e antigamente todos costumassem sempre viajar por mar". Ao invés disso, concentraram suas energias nas vias fluviais internas, que não se pareciam com nada que Ricci conhecera na Europa. Citou a crença corrente entre os ocidentais de que, na China, tantos viviam na água quantos na terra; e "mesmo que isso não seja verdade", acrescentou cuidadosamente, "é contudo algo que parece verdadeiro àqueles que viajam apenas pelos seus rios".[80]

Ricci tinha o suficiente de estrategista europeu para manter os olhos abertos a detalhes técnicos que mais tarde poderiam ser úteis, e assim, na *História* escrita no final de sua vida, vemo-lo observar, em relação ao rio Yangzi, na altura da sua junção com o lago Boyang, que, apesar de sua correnteza rápida e o perigo de afundar, "parece-me que galeras e navios com velas de mezena podem chegar a uma área tão distante do mar como esta".[81] Por vezes, ele e outros jesuítas apresentavam detalhes tão minuciosos de suas viagens por rios e canais que seus relatos poderiam servir — como os chineses avessos aos estrangeiros sempre advertiram — como base para planos militares de um exército inimigo que preparasse a sua invasão.[82] Mas, na maioria das vezes, os olhos de Ricci se dirigiam para a majestosidade dos próprios barcos ou para a magnífica animação da vida fluvial. Escrevendo ao seu amigo de escola em Roma, Giulio Fuligatti, Ricci apresentou as coisas numa perspectiva italiana familiar: esses rios eram maiores que o Pó, dizia, e alguns dos barcos eram tão imensos que suas cabines centrais — com suas altas cobertas, dez ou mais janelas, pinturas e decorações, dezenas de mesas e cadeiras — eram do tamanho da capela no colégio romano. Tais barcos tinham outros quartos para repouso, e até cozinhas e despensas: "se estivessem em terra, podiam ser tomados por casas refinadas". O barco especialmente construído para o famoso eunuco Ma Tang, para navegar no Grande Canal que ligava Pequim a Suzhou, era ainda mais magnificente, com o madeiramento interno laqueado e revestido de ouro e com estores trelissados nas janelas.[83]

As enormes quantidades de barcos mal cabiam na principal rota interna da China Oriental, o Grande Canal. Cobriam sua superfície de costa a costa, amontoando-se durante dias até que se abrissem as sólidas comportas que controlavam os níveis do fluxo no canal; às vezes afastavam-se apressadamente, para dar passagem ao barco de alguém importante ou de um eunuco da corte, que passava rapidamente, com prioridade especial; às vezes emborcavam, quando desprevenidos para a súbita enxurrada de água liberada por uma das comportas. Nas margens, milhares de cules apressavam-se em rebocar os barcos carregados, enquanto outros milhares ali ficavam à disposição, à espera de serviço.[84] Previsivelmente, miséria e fartura se entrelaçavam: Ricci viu ao longo do canal grandes depósitos de gelo, que mantinham frescos os peixes e frutos vindos do sul, durante toda a longa viagem até Pequim; viu também mais de mil trabalhadores de corvéia a puxar, num bloco gemente, balsas feitas de troncos de madeiras preciosas, algumas de árvores mais raras, segundo lhe disseram, valendo três mil ducados cada; as balsas, tão imensas e pesadas que só se moviam sete ou oito quilômetros por dia, destinavam-se à reconstrução de diversos palácios imperiais recentemente destruídos pelo fogo e à gigantesca tumba do imperador Wanli.[85] Os contemporâneos chineses concordariam quanto ao sofrimento dos bateleiros: como um deles escreveu na época, depois de terem trabalhado dia após dia no canal, sob o sol esbraseante sem roupas adequadas para protegêlos, os cules ficavam com "suas costas gretadas como as escamas de um peixe".[86]

Durante o longo reinado do imperador Wanli, de 1573 a 1620, que incluiu o período inteiro que Ricci viveu e trabalhou na China, devido à recusa do imperador em se envolver em assuntos mundanos administrativos e políticos, os eunucos que atuavam como seus intermediários junto aos burocratas contavam com um poder absolutamente extraordinário.[87] Ricci logo aprendeu que os eunucos controlavam o lucrativo transporte pelo Grande Canal, e assim, sempre que podia, viajava com eles — um eunuco influente podia apressar a passagem de comporta em comporta, ao passo que normalmente uma pessoa podia dar grandes gratificações e, ainda assim, ter de esperar quatro ou cinco dias. Ricci contou como ele e um companheiro jesuíta uma vez alugaram uma cabine de um eunuco numa embarcação que transportava um carregamento de frutas até a capital. Os jesuítas negociaram uma taxa de dezesseis ducados com o piloto, pela viagem desde Nanjing, metade adiantada e metade na chegada. O eunuco então ameaçou lançar fora malas e bagagens, a menos que lhes pagassem uma taxa adicional de oito ducados; com uma negociação cuidadosa, os jesuítas conseguiram satisfazê-lo pagando simplesmente em adiantado o restante que seria pago em Pequim.[88] Temperado pela experiência e com pouco dinheiro para a viagem de volta, Ricci tentou economizar tomando um barquinho que voltava vazio da capital. O preço era bastante baixo, mas o barco era tão decrépito e o piloto tão pobre que não podia pagar nenhum cule que os ajudasse a avançar. Assim, percorriam poucos quilômetros por dia, e acabaram por ficarem presos no gelo, no porto fluvial de Linqing, ao norte. Depois de várias semanas de inação forçada, Ricci, sempre incansável, deixou seus companheiros com a bagagem no barco e viajou sozinho, deslizando rapidamente para o sul, até Suzhou, num riquixá que seguia paralelamente ao canal — forma de transporte que nunca experimentara antes e que lhe pareceu rápida e conveniente.[89]

Os imensos rios da China eram perigosos, como também sabia Ricci. Conhecera inundações catastróficas quando estudava em Roma, nos anos em que chuvas torrenciais elevavam o Tibre para além de suas margens, destruindo casas e campos de lavoura, fazendo duplicar os preços dos cereais e provocando distúrbios nas ruas.[90] Mas ele estava na China há apenas três anos quando presenciou uma enchente muito mais terrível: as águas do rio Ocidental alagaram as áreas da prefeitura de Zhaoqing, onde vivia, causando danos que foram ainda intensificados por um terremoto ocorrido na mesma época. Os registros chineses locais relatam que foram afetadas noventa comunidades diferentes, 21 759 casas foram destruídas ou danificadas, perderam-se as culturas de mais de cem mil acres de terra e 31 pessoas se afogaram.[91]

Sobre o rio Amarelo, Ricci mais tarde escreveu: "Este rio traz muito dano para as partes da China por onde passa, tanto devido às suas enchentes como às suas freqüentes alterações de curso. Por essas razões, os mandarins oferecem-lhe sacrifícios, como se fosse um espírito vivo, com muitos ritos supersticiosos".[92] Ricci não comenta o que conhecia a respeito desses "ritos supersticiosos", mas à medida que foi conhecendo mais profundamente o budismo, nos anos seguintes de sua vida, pode ter formado uma vaga idéia das muitas lendas supersticiosas dos chineses sobre os homens e a água.

A última grande era da exploração naval Ming (sob o comando do almirante eunuco Cheng He, no início do século XV) apresentava a história de um marinheiro que caiu no mar e foi milagrosamente salvo, por acreditar devotamente em Guanyin, a deusa da clemência.[93] Outras histórias chinesas descreviam acontecimentos mais familiares, como o caso do mercador de frutas Shen Jihuan, budista devoto. Shen viajava pelo lago Tai no inverno de 1593, com um carregamento de laranjas, dizia a história, quando seu barco foi apanhado por uma súbita tempestade que escureceu as águas e levantou ondas tão grandes como casas. Perderam-se os remos, e o barco começou a afundar. Shen gritou alto por socorro, e para a surpresa dos observadores à margem, duas figuras douradas retiraram seu barco das ondas e trouxeram a tripulação, Shen e o carregamento em segurança até o ancoradouro. As duas figuras douradas eram espíritos guardiães, comovidos pela conhecida devoção de Shen, que recitava todas as manhãs o Sutra do Diamante, antes de partir para o trabalho, e sempre trazia consigo uma cópia do mesmo sutra. Desde então, na área do lago Tai, onde Ricci tinha muitos amigos — na verdade, foi por essas mesmas costas que ele passou em seu riquixá, cinco anos depois —, Shen era conhecido como "Fruteiro Shen, o Budista".[94]

Mais comovente ainda, talvez, embora ocorrido em lugares e tempos distantes, era o caso do monge budista Dongji: não podendo nadar, Dongji estava impedido, pela forte correnteza de um rio durante uma enchente de primavera, de visitar um amigo doente a quem pretendia levar assistência. Mas, com grande ousadia e fé em Buda, enrolou o sutra em seu manto, pôs seu fardo na cabeça e entrou na correnteza. Facilmente a atravessou, como se a água tivesse apenas poucos centímetros de profundidade e atingiu são e salvo a outra margem. Mas, quando chegou à terra firme, descobriu que o sutra e os embrulhos haviam desaparecido. Lamentando a perda na casa do seu amigo doente, para a qual se dirigira apressadamente, viu o fardo lá colocado sobre uma mesa. Apanhando-o com alegria, descobriu que os embrulhos estavam encharcados como se tivessem enfrentado uma tempestade; mas o texto do sutra estava limpo e reluzente.[95]

Ricci conhecia a dor de tal perda de textos sagrados e a alegria da sua redescoberta. Durante muitos anos de sua missão na China, sonhara em ter a coleção da magnífica Bíblia de Plantin, que vira pela primeira vez quando fora trazida à Índia em 1580, como presente — e esperado instrumento de conversão — para o imperador muçulmano Akbar.[96] Não era apenas a meticulosa erudição dos vários idiomas e tampouco seu conteúdo religioso que tornavam tão precioso o livro. Era antes sua aparência, o peso mesmo dos volumes, a finura do papel, a delicadeza da encadernação em couro, o fato de comporem oito volumes, impressos de ponta a ponta. Os convertidos na China se queixavam constantemente do pequeno montante de obras cristãs disponíveis a eles, e perguntavam aos jesuítas como podiam responder aos eruditos chineses que deles zombavam, afirmando que toda a sua sabedoria cristã podia caber em pequenos tratados de poucas páginas. Aflitos, alguns padres jesuítas imprimiram livros de orações, ainda em latim, mas com caracteres chineses acrescidos ao texto, montando pelo menos livros transliterados que ainda não estavam habilitados para traduzir. Esses textos eram incompreensíveis para seus leitores, mas foram bem recebidos como um avanço na direção certa, visto que adicionavam algum peso às pretensões da cristandade.[97]

A Bíblia de Plantin, portanto, oferecia tudo com o que sonhavam. Os oito imensos volumes in-fólio dessa Bíblia, impressa em grego, latim, hebreu e caldeu, e ilustrada com soberbas gravuras em cobre feitas pelos grandes mestres dos Países Baixos, representava o auge do dispêndio, determinação e devoção da Contra-Reforma. A Bíblia fora elaborada entre 1568 e 1572 por Christopher Plaintin, na Antuérpia, por contrato com o rei Filipe II da Espanha; a execução do projeto custara-lhe mais de 20 000 florins e ocupara até dez impressoras e mais de trinta trabalhadores especializados de Plantin, durante a maior parte da execução. Demandara a acumulação esmerada de diferentes fontes tipográficas, o esclarecimento do texto pelos especialistas doutrinais de Roma e da Inquisição, a contratação de revisores poliglotas das provas e muitos encadernadores, coloristas e forradores especializados. Foram necessárias peles de oito mil carneiros para suprir pergaminho para as treze coleções mais luxuosas, destinadas a mãos reais, e foram necessárias 1 900 000 folhas de papel fino para imprimir os outros 1 200 exemplares da edição.[98]

Finalmente, nos últimos meses de 1603 chegou a Macau uma cópia dos preciosos volumes, doada à missão chinesa pelo cardeal Santa Severina, e em fevereiro de 1604 o padre Gaspar Ferreira foi indicado para levar a Bíblia a Pequim, com mais outras provisões e presentes. Chegou a Nanjing em abril e, no início de agosto, estava nos arredores de Pequim.[99] Mas ali, como Ricci escreveu numa carta ao assistente do geral Acquaviva, Alvarez, os padres de Pequim sofreram o seu próprio "naufrágio": Ferreira chegou justamente quando chuvas catastróficas encheram todos os rios do norte da China, e nas furiosas enchentes do Beihe, que já haviam varrido centenas de casas nos limites da cidade e desalojado milhares de famílias, o barco de Ferreira se destruiu, lançando sua carga para a torrente. Setenta ducados de vinho para missas afundaram imediatamente e não puderam ser recuperados. Pinturas, relicários e outros artigos religiosos foram carregados pelas águas. E, o mais angustiante de tudo, a Bíblia poliglota, bem no final de sua viagem por meio mundo, rolou pela enchente.[100]

Mas a Bíblia de Plantin não se afundou. Os oito volumes flutuaram em sua embalagem de madeira e foram resgatados da água por alguns chineses de um barco próximo. O irmão Sebastião Fernandez, um jesuíta chinês de Macau, que estivera com Ricci em muitas emergências anteriores, viu os barqueiros abrirem a caixa e olharem sem compreender a mistura dos tipos; negociou com eles enquanto sua decepção estava fresca e comprou-lhes de volta os volumes por um punhado de moedas de cobre que valiam 0,3 ducados, ou três *giulii*, no equivalente italiano do dinheiro chinês pela taxa de câmbio corrente. A Bíblia valia pelo menos 300 ducados, ao preço corrente, disse Ricci a Alvarez, e "foi por vontade de Deus que conseguimos recuperar nosso livro por três *giulii*", cerca de um milésimo do seu valor real. Os volumes não foram danificados — ficaram apenas "um pouco úmidos", como disse Ricci —, suas douraduras estavam no lugar e as costuras não se desfizeram.[101] Com um certo olho teatral, Ricci exibiu os oito volumes pela primeira vez à sua congregação de Pequim depois da missa na manhã da Festa da Assunção da Virgem Maria, e tiveram o efeito desejado: "A bela impressão e a majestosidade do livro encheram [a congregação] de admiração, e puderam formar uma idéia da bela doutrina ali contida, mesmo que não se pudesse ler as palavras".[102]

Inundações e mortes faziam parte da vida fluvial, e os jesuítas sempre tiveram consciência dos perigos. Mesmo a primeira casa que Ricci construiu na China, em Zhaoqing, fora severamente alagada, e um dos primeiros ataques sérios efetuados contra as propriedades missionárias foi conduzido por aldeães raivosos que pretendiam que os jesuítas doassem material para escorarem suas barragens contra as águas invasoras.[103] Ricci muitas vezes comentou em suas cartas os horrores de tais enchentes e o paradoxo de que "estes rios que tornam a China tão bela e fértil trazem também danos tão grandes". Também vira, como contou ao geral Acquaviva, o efeito das inundações que se seguiam às tempestades selvagens: "um vasto número de casas tombadas ou totalmente esmagadas, bens perdidos, multidões sufocadas em casa ou no rio transbordado".[104] De pouco vale indagar se, por um momento ao menos, Ricci se lembrou, ao orar com sua congregação ao lado da Bíblia de Plantin recuperada, de que os três *giulii* que pagara para reobtê-la eram também o preço de um menino de dez anos, em períodos de catástrofe natural. Ele devia conhecer o preço exato, pelo fato de que um eunuco amigável que uma vez encontrara no Grande Canal fez-lhe presente de uma criança que custara exatamente isso.[105]

Por vezes, a beleza do cenário natural, as conveniências da viagem fluvial, sua turbulência e seu poder fatal fluíam em conjunto. "Contrastes nunca faltam e nunca faltarão", escreveu Ricci a Girolamo Costa de Pequim, em 1605, "mas com esses ventos o barco de São Pedro prossegue seu curso".[106] E assim foi na primavera de 1595. Ricci trabalhava na época em Shaozhou, quando recebeu um convite para visitar um importante oficial militar que passava pela cidade, a caminho do posto militar que lhe fora designado em Pequim, relacionado com o planejamento logístico da campanha contra a Coréia. Esse oficial — sabemos seu nome apenas pela transcrição de Ricci, como "Scielou" — tinha um filho de vinte anos de idade, que caíra doente. Scielou, tendo ouvido muitos elogios acerca das habilidades científicas de Ricci, procurou os seus serviços médicos para curar o jovem; Ricci, por sua vez, protelou, negociando seu conhecimento médico por um passe de trânsito até Pequim. Scielou concordou com o negócio e concedeu as autorizações necessárias. Podemos ter praticamente certeza de que a causa da doença do rapaz — descrita como "mágoa e vergonha" devido ao seu fracasso nos exames do Estado — deu a Ricci a idéia de treiná-lo nos métodos mnemônicos ocidentais, e assim ele recuperaria sua disposição moral e poderia repetir os exames, desta vez com êxito. Pois Ricci não tinha praticamente nenhum conhecimento médico, e seria realmente perigoso assumir tal responsabilidade sem esperanças de sucesso.[107]

Scielou, com seu séquito de embarcações repletas de bens preciosos, família, consortes, criados e guardas, dirigia-se para o norte, dizendo a Ricci que se reunisse a eles o mais rapidamente possível. Ricci aproveitou com transportes de alegria essa esplêndida oportunidade de sair do mórbido e hostil ambiente de Shaozhou, resolvendo num dia e meio os assuntos de sua estada de cinco anos em Shaozhou. Deixou a missão a cargo do seu associado mais jovem, Cartaneo — novato na China, e praticamente sem nenhum conhecimento da língua —, e de dois irmãos chineses da Companhia de Jesus. Ricci mesmo levou consigo dois noviços chineses mais jovens e dois dos seus empregados mais confiáveis, e contratou um barco para levá-los ao norte. Mas, ainda que viajassem rapidamente, não conseguiriam alcançar o séquito oficial, pois, devido ao escalão de Scielou, aquele podia contar com quantidades ilimitadas de trabalho gratuito para puxar seus imensos barcos correnteza acima.[108]

Ricci ainda não conseguira um encontro pessoal quando atingiu a cidade nortista de Nanxiong, que visitara três anos antes e onde fizera algumas conversões entre ricos mercadores chineses. Era o ponto terminal do setor navegável do rio Bei, que seguia para o sul. Tripulantes e passageiros tinham de descer ali e transportar seus bens pelos íngremes degraus encravados no alto da montanha Meilin, seguindo a crista da serra, até os embarcadouros de um segundo rio, o Gan, que os levaria ao norte, até o centro da China. Densas multidões de viajantes e mercadores caminhavam pesadamente e se acotovelavam pelo estreito caminho de pedras, mas vários convertidos cristãos chineses vieram ajudar Ricci no transporte, e ele próprio passou pelas multidões numa cadeirinha, ao lado de estalagens, lojas e equipes de guardas que permaneciam vívidas em sua memória dez anos depois. Chegado ao cume, Ricci saboreou a imensa vista desde a província de Guangdong, atrás de si, até o sul e, ao norte, até a ainda inexplorada Jiangxi. Na cidade ribeirinha de Nanan, fez um novo translado, pois Scielou deixara um barco à sua espera, e os dois iniciaram o longo percurso, rio abaixo, até Ganzhou. Nos dias tranqüilos, Ricci era convidado a se reunir a Scielou em seu barco oficial, e conversavam sobre ciência e religião, deixando para mais tarde os problemas do filho de Scielou. Entraram em Ganzhou ao rugido exuberante de salvas militares de arcabuzes e mosquetes, disparadas por guardas de honra, com um número de soldados que Ricci calculou em torno de três mil, distribuídos ao longo de cinco quilômetros pelas margens do rio; aqui, Ricci alugou barco e tripulação para si, de modo a ficar mais independente na descida perigosa pelos rápidos que se estendiam à frente, onde dois rios mais largos se encontravam numa garganta rochosa com rajadas de vento, correntes velozes e torvelinhos. Os locais chamavam-no "Lugar das Dezoito Correntes".[109]

O primeiro barco que sofreu um pequeno acidente foi o que transportava as esposas e filhos de Scielou, que bateu numa rocha e começou a afundar, mas como esta era uma área de baixios e o barco era alto, ele se assentou no fundo do rio, enquanto a família subia para a superestrutura e era resgatada, com relativa facilidade, por Ricci e seus tripulantes, que seguiam logo atrás. Ricci, por essa generosidade, ficou privado do seu barco, pois Scielou proibiu que suas esposas se transladassem novamente, à luz penetrante do dia, ordenando-lhes que se mantivessem onde estavam até que o anoitecer decorosamente encobrisse seus movimentos; em troca dele, Ricci recebeu alojamento num dos barcos de bagagem de Scielou e assim continuaram viagem.[110]

Ele agora estava sozinho com os tripulantes contratados por Scielou, com exceção da companhia que lhe fazia um dos jovens noviços chineses, que, por ser filho de uma família chinesa convertida, estudara em escolas jesuítas em Macau, antes de ser enviado até Ricci, na missão de Shaozhou, em 1592. Esse rapaz era sempre chamado pelo seu nome português de João Barradas, e tinha o afeto e a confiança de Ricci, que se sentia pessoalmente responsável pelo seu bem-estar.[111] A angústia dos poucos minutos seguintes atravessa as palavras apressadas de uma carta que Ricci escreveu posteriormente, no mesmo ano, ao seu superior Edoardo de Sande, em Macau:

> *Atingimos o lugar chamado Tien Chutan, onde a correnteza é veloz e a água muito profunda, no sopé de uma alta montanha, e o trovejar da água era tão intenso que, quando a vi, comecei a orar fervorosamente para que se acalmasse. Pois os barcos nos rios [de Jiangxi] têm mastros altos e sem quilhas, e percebi quão facilmente podiam emborcar na água trovejante; mas por mais que eu os advertisse, o piloto e os marinheiros eram tão descuidados que conduziam os barcos pelos rápidos a toda vela, e num instante nosso barco virou e rodopiou, com mais dois outros onde estavam os bens do mandarim. Assim eu e João Barradas, como viajávamos juntos, fomos para o fundo. Mas Deus me ajudou pois, ao me virar, agarrei algumas cordas que oscilavam para fora do barco e, pela divina providência, vieram ter às minhas mãos, e pude me arrastar até uma tábua do mesmo barco. E ao ver meu estojo de escrita e minha cama flutuando na superfície da água, pude esticar o braço e puxá-los até onde estava, depois do que alguns marinheiros, nadando de volta para o barco e o desvirando, ajudaram-me a subir de volta. Mas João Barradas*

foi ao fundo de tal forma que a correnteza o levou e nunca mais apareceu.[112]

Scielou, desconsolado com a perda de seus bens, e Ricci, desesperado com a perda do seu amigo, enviaram barqueiros para pesquisar o rio. Os mergulhadores trouxeram muitíssimos objetos encharcados ao exame de Scielou, mas não acharam nenhum vestígio do corpo de Barradas. Scielou deu a Ricci o dinheiro necessário "para os ritos funerários" mas, visto que pouco se podia fazer na ausência do corpo, o dinheiro acabou ficando para a compensação dos jesuítas.[113] Quando outra borrasca atingiu os poucos barcos de Scielou que haviam chegado à parte inferior do rio, resolveu continuar sua viagem por terra, visto que os destinos se punham claramente contra ele na água. Ricci também pensou seriamente em abandonar toda a viagem, mas no último momento decidiu continuar até Nanjing, com alguns membros do pessoal de Scielou que lá iam tratar de assuntos do seu senhor. Seu principal sentimento, além do choque, foi de surpresa: nunca esperara, como escreveu ao geral Acquaviva, "que Deus pudesse escolher que eu naufragasse num rio, nunca tendo naufragado nos tantos mares que atravessei".[114]

QUATRO

A SEGUNDA IMAGEM: A HUIHUI

Como seu segundo exemplo de como construir uma imagem da memória, Ricci escolhe o ideograma chinês *yao.*[1] É um ideograma de fácil redação mas difícil tradução: pode significar, variadamente, desejar ou precisar de alguma coisa, ou que algo é importante, ou que algo precisa ser feito. O leitor precisa sempre se orientar pelo contexto. Assim, na primeira tradução dos Dez Mandamentos, realizada por Ruggieri e Ricci em 1584, *yao* é a primeira palavra do primeiro mandamento, assumindo a força do imperativo em "Não *terás* outros deuses além de mim".[2] Numa coletânea de orações e dogmas básicos da fé católica, publicada por Ricci (com permissão da Inquisição de Goa) por volta de 1605, com o título *Ensinamentos Cristãos Fundamentais, yao* é usado para traduzir a palavra "fundamentais".[3]

Para apresentar essas idéias multifacetadas sob forma de uma imagem da memória que o leitor possa lembrar, primeiro Ricci corta horizontalmente o ideograma em duas partes. Isso lhe dá dois ideogramas separados, o superior significando "Ocidente" e o inferior "uma mulher". Ricci, porém, não cria simplesmente a imagem mnemônica de uma mulher do Ocidente, pois isso não teria as ressonâncias por ele desejadas. Faz algo mais complexo, criando uma imagem cuja descrição pode ser entendida de duas formas completamente diferentes.

Na primeira, interpretação a que a maioria dos chineses seria levada, Ricci descreve a imagem de *yao* como "uma mulher dos territórios Xixia que é muçulmana". Chega a essa formulação associando sons e idéias, e jogando com as palavras conforme lhe fora

ensinado pelos seus mestres de memorização: a metade superior do ideograma *yao* significa "Ocidente" e se pronuncia *xi*; *xi* forma a primeira metade do nome *Xixia* (que designa um antigo reino que outrora florescera nas regiões ocidentais da China); a metade inferior do ideograma significa "mulher"; a área outrora ocupada pelo reino Xixia é agora o centro da maioria dos muçulmanos (*huihui*) na China, que lá chegaram pelas longas rotas das caravanas que se estendiam pela Ásia central. Esta é, pelo menos, uma interpretação, e podemos supor que aos olhos de Ricci essa mulher devia ter uma aparência exótica, evocando o mundo dos nômades nos próprios limites das fronteiras chinesas estabelecidas; usaria as roupas vivas, as botas de feltro e as tranças comuns aos que viviam naquele árido território.

Mas há outras ressonâncias mais complexas nessa imagem do *yao*, e Ricci deixa aberta a possibilidade de assim se traduzir a definição da imagem: "uma mulher do noroeste, que é uma *huihui*". Segundo essa interpretação, Xixia simplesmente oferece uma localização geográfica grosseira, e a palavra *huihui* não se restringe aos muçulmanos. Ricci bem sabe, pelas conversas com eruditos chineses e por seus próprios estudos e observações, que o termo *huihui* também se aplica às comunidades dispersas de judeus na China e aos descendentes dos cristãos nestorianos que ainda podem lá se encontrar. Os judeus da China de Ming distinguiam-se pelo termo "*huihui* que rejeita os músculos" (em referência à luta de Jacó com o anjo), enquanto os nestorianos eram chamados "*huihui* da cruz".[4] Portanto, para Ricci, "a mulher da tribo que é uma *huihui*" sugere uma ligação mais forte com as idéias de crença ou obrigação fundamental, inerentes à palavra *yao*. Ela lembra-lhe que, se os sistemas tríplices do confucionismo, taoísmo e budismo foram internalizados na China, os sistemas tríplices do islamismo, cristianismo e judaísmo são tolerados mas não possuem identidades distintas. E não residiria aí uma verdade fundamental, visto que estas três religiões partilham uma aceitação subjacente do único Deus verdadeiro?

No canto sudeste do salão de entrada, os dois guerreiros ainda estão travados em combate. Ricci toma a mulher tribal que significa necessidade e a coloca no canto nordeste, próxima dos dois homens o suficiente para não se perder de vista, mas não tão perto a ponto de se confundir visualmente com eles. Ela lá ficará, à luz tranqüila que banha o palácio da memória, calma e imóvel, pelo tempo que ele ali a deixar.

Em 1584, enquanto residia em Zhaoqing, Ricci desenhou um mapa-múndi, com os nomes dos países escritos em equivalentes fonéticos chineses, e o expôs em sua casa missionária. Zhaoqing era uma cidade grande e próspera — três vezes maior que Sevilha, segundo um visitante ocidental —, e os muitos habitantes ricos locais que vinham visitar Ricci se surpreendiam e se interessavam ao ver seu próprio país num contexto mundial. Um deles, sem a permissão de Ricci, copiou o mapa e imprimiu-o em madeira; essas xilogravuras circularam tão amplamente e se mostraram tão populares que Ricci decidiu elaborar uma versão mais completa e precisa, visto que o primeiro esboço fora feito às pressas.[5] Trabalhou intermitentemente nesses aperfeiçoamentos entre 1584 e 1602, quando imprimiu sua própria versão do mapa, preenchendo-o com as informações mais recentes das novas descobertas, elaborando várias divisões e acrescentando ensaios elogiosos, escritos em homenagem ao seu conhecimento por eruditos locais que haviam visto e admirado sua obra cartográfica. As curtas notas explicativas de Ricci a respeito de vários países, escritas em caracteres chineses miúdos mas nítidos, serviam para introduzir sua civilização aos curiosos, mesmo em sua ausência. Na edição de 1602 do mapa, pregueada no espaço externo da costa ocidental da Itália, entre a península e a ilha da Sicília, ele anexou a informação de que o território pertencia ao "Santo Padre, que é celibatário, e se preocupa apenas com a religião católica, residindo em Roma. Todos os europeus que estão no Império Romano reverenciam-no".[6] E no Oceano Atlântico, ao lado da costa européia ocidental, Ricci escreveu:

Aqui existem mais de trinta reinos que seguem todos a administração dos antigos reis. Aqui não se permite nenhuma superstição, mas todos seguem a religião do Senhor do Céu, o governante supremo. Há três classes de autoridade: os mais altos se ocupam com a religião, a seguir vêm os que julgam os negócios temporais, e finalmente os que se dedicam às armas. Esses países têm todos os cereais, metais, frutos e vinho feito de uvas. Estudam astronomia e filosofia e acreditam nas cinco relações. Rei e povo são ricos e poderosos: em todas as estações, têm relações com outras terras, e seus viajantes e mercadores viajam para todos os países do mundo.[7]

Numa anotação colocada na extremidade oriental do Mediterrâneo, ele identificava a Palestina como a "Terra Santa", onde "o Senhor do Céu nasceu". Constantinopla, Medina e Meca vinham citadas, mas sem nenhum comentário; uma pequena área no nordeste da Pérsia, exatamente ao sul do mar Cáspio, era designada como território *huihui*, mas igualmente sem outros comentários.[8]

A reticência de Ricci, evidentemente, era deliberada: seria improvável que os chineses se sentissem atraídos pela religião por ele pregada, se soubessem das profundas divisões que existiam no mundo ocidental e das quais derivava o catolicismo. O próprio Ricci sabia muito bem que a fé católica vinha sofrendo ataques na Europa, pois crescera em meio a constantes disputas religiosas. Principalmente na Roma dos anos 1570, quando era noviço, as lutas eclesiais eram mantidas com pregações incessantes. Os pregadores não se encontravam apenas nas grandes igrejas — embora aqui o pregador particular do papa, padre Toledo, o jesuíta padre Benedito, o franciscano Panicharella, o capuchinho Lupus falassem todos com uma eloqüência especial e tivessem seus seguidores públicos próprios —, mas também nas ruas e mercados, nas praças, nos parques públicos repletos de gente na época do verão, e entre as multidões turbilhonantes dos trabalhadores de fora da cidade que vinham trabalhar nos vinhedos e outras ocupações. Alguns jesuítas vagueavam pelas ruas e pelo campo, acompanhados de cantores de coro, e usavam "canções agradáveis" para inspirar os trabalhadores e "aliviavam sua labuta com esses cantares". Pregadores trabalhavam também entre as prostitutas nas regiões de bordéis e em frente das casas de usurários conhecidos. Os jesuítas eram particularmente ativos nesses ministérios de rua: um observador mencionou tê-los visto em cômodas tendas de mercado ou em parapeitos de janelas para dirigir-se aos seus auditórios, comovendo a multidão com suas palavras e atirando prendas de látegos trançados, para que os devotos depois pudessem se mortificar privadamente.[9]

Na própria Basílica de São Pedro, os jesuítas eram indicados para ouvir as confissões, não só dos cidadãos de Roma e outros italianos, mas de todos os peregrinos que visitavam a cidade santa. Estabeleceram um sistema de rodízio de confessores bilíngües, com fluência no italiano e algum outro idioma — inglês, polonês, francês, espanhol, flamengo —, e o nome do segundo idioma ficava exposto num placar sobre o confessionário, onde se sentava o padre com o bastão branco do ofício. Se um peregrino não conseguisse encontrar um confessor que entendesse seu idioma, podia-se buscar alguém na casa próxima à Penitenciária, onde doze jesuítas estavam sempre à disposição; se fosse necessário um especialista em grego, sírio ou árabe, chamavam o padre Baptista Romanus, um judeu recém-convertido, cuja fé cristã recém-descoberta era comparável ao seu fenomenal talento lingüístico. Nos anos 1590, os jesuítas podiam contar com padres que falavam qualquer uma das 27 línguas diferentes.[10]

A animação dessa atmosfera poliglota era sustentada pela presença de livros estrangeiros. As bibliotecas em todos os colégios jesuítas de Roma já eram excelentes no final dos anos 1570, "cheias dos melhores livros sobre todos os assuntos", como notou o exilado católico inglês Gregory Martin, acrescentando surpreso que os jesuítas tinham até fontes tipográficas estrangeiras.[11] Esses recursos eram complementados pela considerável biblioteca do Vaticano, que se mantinha aberta três dias por semana para os leitores em geral (às segundas, quartas e sextas-feiras), com lareiras sempre acesas nos dias de inverno, para manter as salas confortáveis. Montaigne, ao visitá-la em março de 1581, deliciou-se com o acesso generoso que teve aos livros e espantou-se ao ver — entre os papiros e manuscritos gregos, edições raras de Virgílio, Sêneca e Plutarco, obras manuscritas de Tomás de Aquino e uma cópia autografada do ataque de Henrique VIII contra Lutero — "um livro da China, de natureza incomum (*le caractère sauvage*), com folhas feitas de um material muito mais delicado e translúcido que o nosso papel, e dado que não pode absorver muito bem a tinta, a redação se faz apenas em um lado de cada folha, as folhas então sendo dobradas em dois".[12]

O fervor missionário era onipresente, constantemente renovando antigas idéias de uma cruzada espiritual. Por decisão expressa de Inácio de Loyola, em suas *Constituições* para a ordem jesuíta, ampliadas pelo papa Júlio III, em sua bula de 1550, todos os jesuítas se empenhavam no seguinte: "Somos obrigados por um voto especial a executar o que quer que o pontífice atual e os futuros pontífices romanos possam ordenar para o progresso das almas e a propagação da fé; e a nos dirigir, sem subterfúgios ou desculpas em relação ao que couber a nós, para quaisquer províncias que possam escolher para nos enviar — quer lhes agrade nos mandar para entre os turcos ou quaisquer outros infiéis, mesmo os que vivem na região a que chamam Índias, ou entre quaisquer heréticos, sejam os cismáticos ou outros de qualquer crença". Essa concepção era partilhada com a mesma intensidade pelo geral Acquaviva.[13] Gregory Martin, plenamente consciente dos efeitos desses votos nas mentes dos jesuítas, descreveu o estado de ânimo entre eles em Roma, durante os anos 1577 e 1578, o mesmo período em que Ricci se preparava para receber sua indicação:

> *Alguns deles Deus faz sofrer a morte, a maioria para declarar sua caridade, quando a coisa é muito perigosa: o resto ele preserva, para mostrar seu poder misericordioso, e que aceita sua boa vontade, e poupa seus servos porque usará seus serviços por mais tempo. Não é menor caridade ou zelo, ou talvez ainda maior (o fruto, sem dúvida, é incomparavelmente maior), que tantos deles com o espírito franco e afeição ardente desejem ser enviados como se fosse para um outro mundo, para os infiéis bárbaros de ambas as Índia, para convertê-los à fé, coisa cujas muitas formas de grande perigo e pequena probabilidade (como poderia um homem pensar) de realizar algum grande bem poderiam com justiça fazer vacilarem homens muito bons.*[14]

Ricci deu apenas um indício, e tardio em sua vida, de como se sentira naquela época — à parte, evidentemente, o exemplo de sua própria vida. Numa carta de Nanchang, em 12 de outubro de 1596, dirigida a seu amigo de escola Giulio Fuligatti, que permanecera na Itália, Ricci recordava como ambos haviam sonhado em participar juntos das missões nas Índias, em se tornar parte dos "exércitos poderosos" que viajavam para "florestas agrestes": mas assegurava a Fuligatti que a vida piedosa na Itália era tão dramática como na China, visto "que não é preciso nenhuma estocada de aço para a pessoa ser mártir, nem embarcar numa longa viagem para ser peregrino".[15]

Os jesuítas na época eram provavelmente tão bem preparados como qualquer outra pessoa no mundo para serviços missionários no ultramar. A um rigoroso currículo com teologia, estudos clássicos, matemática e ciência, acrescentava-se o treino metodológico em "disputas". Estas, geralmente realizadas aos domingos após o jantar, eram conduzidas de duas formas: numa, um estudante apresentava um determinado ponto da teologia e a seguir o defendia contra uma série cerrada de contra-argumentos por parte de seus colegas — que dispunham de 24 horas para aprimorar seus argumentos, noutra, um professor apresentava uma posição herética, deixando aos estudantes a tarefa de minar esse "advogado do diabo" com a força dos seus talentos. Embora houvesse o risco de tais sessões se tornarem meras recitações de fórmulas, quando eram rigorosamente conduzidas davam uma preparação extraordinária aos jovens para estruturar os argumentos, analisar sua fé e aprimorar suas técnicas de memorização. Isso se conseguia com a adaptação das metodologias ensinadas por Quintiliano e Cícero — originalmente utilizadas em contextos legais e retóricos — ao domínio da teologia.[16]

Essas disputas vinham respaldadas por apresentações impressionantes, destinadas a enfatizar a importância simbólica da luta empreendida. Nos serviços especiais na capela do papa, o evangelho e a epístola do dia eram recitados em latim e grego, para lembrar a todos os ouvintes que havia duas partes da mesma Igreja Católica e que o papa era o senhor de ambas; mas, para mostrar o estado enfraquecido da igreja grega, as luzes eram atenuadas e dispensava-se o ritual durante a leitura em grego, e as luzes voltavam à sua plena glória apenas quando se voltava novamente ao texto latino. E nas duas leituras diárias da Bíblia, às refeições, nos seminários jesuítas, as variantes gregas (juntamente com as judaicas) eram sempre discutidas juntamente com as latinas, caso se fizessem necessárias para a exegese que desmontaria um argumento herético.[17]

Entretanto, esses vários procedimentos, com toda sua engenhosidade e peso simbólico, não chegavam a ser uma aprendizagem formal da doutrina do adversário. Muito antes, no final do século XIII, um cortesão e erudito chamado Ramon Lull tomara suas experiências na vida comunitária heterogeneamente religiosa — onde católicos recém-vitoriosos controlavam uma população que contava com muitos judeus e muçulmanos — da ilha de Maiorca, para sugerir que a Igreja devia assumir seriamente a tarefa de aprender línguas estrangeiras e sustentar debates públicos com representantes destacados das crenças rivais, para melhor combatê-los. Lull sugeria que se traduzissem seus próprios livros para os idiomas heréticos; "os homens deviam ir até os tártaros e pregar e mostrar a eles; e devia haver tártaros em Paris que pudessem aprender nossa escrita e idioma antes de voltar com esse conhecimento para seu país".[18] Na sua importante obra mais antiga, *O Livro dos Gentios e os Três Sábios*, Lull apresentava uma longa "conversação" onde um gentio inicialmente interrogava um judeu, a seguir um cristão e finalmente um muçulmano, sobre questões como Deus, o criador, Moisés como profeta, o Messias, a Ressurreição, o significado do Céu e da Terra, Maomé e o Corão. Lull deixava em aberto a opção final do gentio entre as três crenças, encerrando o livro com uma cena de requintada cortesia, onde o judeu, o cristão e o muçulmano pediam-se mutuamente desculpas pelas observações que pudessem ter causado ofensas não-intencionais.[19] Mas anos depois, de fato, Lull tomou uma posição de antagonismo público extremado contra o islamismo, e rapidamente desapareceu qualquer noção de verdadeira tolerância. Coincidentemente, foi no mesmo período do século XIII que os pregadores franciscanos, que haviam sido bem recebidos pelos regimes mongóis da Ásia central, trouxeram para a Europa seus relatórios iniciais sobre o budismo. Estes incluíam relatos preliminares da oração, meditação, textos e santos budistas, muito acurados sob vários aspectos, mas essas informações pouco interesse suscitaram na Europa e não eram apresentadas nas escolas européias sob nenhuma forma consistente.[20]

A idéia do paralelismo entre judaísmo, catolicismo e islamismo, entretanto, recebeu um destaque ulterior, em meados do século XIV, por Giovanni Boccaccio, que empregou tal idéia em uma das primeiras histórias do *Decamerão*. A história se refere a um judeu sutil interrogado pelo sultão Saladino, que está atrás do dinheiro do judeu. Tentando engodar o judeu e levá-lo a uma indiscrição que pudesse explorar, Saladino pergunta ao judeu qual das três religiões é "verdadeiramente autêntica". O judeu contorna a questão com um conto alegórico sobre três anéis: um homem rico, ao morrer, quer seguir a tradição da família e deixar um lindo anel ao filho que mais agrade ao pai e possa por sua vez dirigir a família. Mas essa geração dinástica específica ama igualmente três dos seus filhos e os considera igualmente talentosos. Assim, ele secretamente faz duas cópias perfeitas do anel, e dá um a cada um dos filhos. Apenas depois da sua morte é que os filhos descobrem que todos têm o anel, e são, portanto, levados a dividir entre si o comando da família e a herança. "A questão de qual dos filhos era o verdadeiro herdeiro pleno ficou em suspenso, e nunca foi colocada", escreveu Boccaccio. "O mesmo se aplica às três leis que Deus, nosso Pai, outorgou aos Seus três povos, e que constituía o tema da sua pergunta. Cada um se considera o herdeiro legítimo da Sua propriedade, cada um acredita possuir Sua única lei verdadeira e seguir Seus mandamentos. Mas, como com os anéis, a questão de quem está certo permanece em suspenso".[21]

Esse tipo de aceitação do Islão parece ainda difundida na Itália em meados do século XVI, apesar do rigor da Contra-Reforma. O moleiro Menocchio, interrogado pela primeira vez em 1584, um ano depois da chegada de Ricci à China, acreditava que o Espírito Santo fora concedido "aos heréticos, turcos e judeus: e considera todos estimáveis e salvos da mesma maneira".[22] É possível, pelas descrições do paraíso e algumas outras crenças de Menocchio, que tenha visto ou pelo menos discutido uma cópia do Corão, visto que uma tradução italiana começara a circular em 1547.[23]

Algumas idéias de Ramon Lull — principalmente a "arte" complexa por ele desenvolvida, combinando técnicas mnemônicas, mágicas e organizativas para dominar e organizar as forças do mundo — estiveram em voga considerável na França e Itália, no século XVI, mas ainda não havia nenhum aperfeiçoamento consistente na aprendizagem do árabe, para não falar dos idiomas da Índia, China ou Japão, e Ricci não teve nenhuma oportunidade de aprendê-los na escola.[24] Excetuados os alarmas otomanos em sua infância em Macerata, no final dos anos 1550, a primeira experiência de Ricci em relação ao poder do islamismo ocorreu sem dúvida em final de 1578, quando chegou a Goa. Goa era possessão portuguesa desde que fora capturada do sultão muçulmano de Bijapur por Afonso de Albuquerque, em 1510, e não era surpreendente que tivesse se convertido em centro tão dinâmico de religião, comércio e guerra. A cidade era a base do vice-rei, designado pela Coroa, que supervisionava as possessões indianas de Portugal, e era administrada por um conselho municipal de nobres, mercadores e dirigentes portugueses de associações comerciais. Esses homens verificavam as defesas da cidade, supervisionavam sua vida econômica, dirigiam as obras públicas e fixavam os preços dos alimentos para a população local de três ou quatro mil portugueses, grupos de clérigos católicos de diferentes nacionalidades e talvez dez mil residentes indianos na cidade, bem como os hindus em mais de trinta comunidades fora dos muros da cidade, na ilha de Goa.[25] Contudo, se Goa era o maior bastião de Portugal no Oriente, era também vulnerável, com dificuldades de provisões e armamentos, e muitas vezes com ligação apenas tênue com os postos-chave em Moçambique e Ormuz.

O poder muçulmano era maior, em comparação com a condição dos hindus residentes na ilha de Goa e no território vizinho de Salsette, pois estes haviam sido submetidos pelos cristãos dominantes, seus templos totalmente destruídos, muitos de seus ritos e festas proibidos, e bramas recalcitrantes condenados ao confisco de bens e prisão nas galés. Outros regulamentos proibiam que não-cristãos dirigissem as associações comerciais e obrigavam muitos a trabalhar sem remuneração nos navios portugueses nos ancoradouros.[26] Leis complexas destinavam quase todos os órfãos hindus aos padres jesuítas de São Paulo em Goa, para serem criados e educados "até que tenham idade suficiente para escolherem por si sua religião", processo que levava a previsíveis pressões para sua conversão.[27] Relatos da época da residência de Ricci em Goa falam por prazer da visão oferecida pelas crianças do colégio de Goa, algumas com cinco anos e todos com menos de dezesseis, quando dançavam em frente ao altar da igreja, com sinos nas pernas, e depois se alinhavam como fileiras de um pequeno "exército de crianças", passadas em revista na ampla quadra em frente da igreja, disparando para o ar mosquetes de verdade, em salvas de júbilo ao Senhor. Grupos de meninos, muitos deles cantores de coro órfãos trazidos de Lisboa, corriam pelas ruas cantando as canções religiosas que os jesuítas lhes ensinavam. Na escola missionária vizinha, Ricci e os outros jesuítas recém-chegados observavam a reunião de mais de quatrocentas crianças locais, meninos numa fila, meninas em outra, ouviam-nos cantar alto, primeiro no dialeto local e depois em português, o pai-nosso, a ave-maria e os Dez Mandamentos, e então viam-nos, a um sinal do padre, cuspir em uníssono ao chão, à menção dos seus antigos deuses.[28]

Contrastando com essa sujeição dos hindus, o poder muçulmano estava em ascensão. Em meados do século XVI, um grupo de dirigentes hindus muçulmanos diminuíra constantemente o poder do último grande reinado hindu de Vijayanagar na península do Decão, e o sultão de Bijapur, Estado vizinho a Goa, era ameaça constante à comunidade portuguesa. Alguns registros mostram como embarcações muçulmanas obrigaram padres cristão a desembarcar e se esconder na costa, enquanto outros descrevem como oficiais muçulmanos de alfândega exigiam grandes taxas dos padres em trânsito, atacando-os e aos seus acólitos se se recusavam a pagar.[29] Em algumas ocasiões, portugueses convertidos ao islamismo comandavam ataques às vizinhanças de Goa, e durante o cerco de Goa pelo sultão de Bijapur, em 1570-1571, morreu tanta gente que seus cadáveres poluíram para sempre o que antes fora um lugar belo e saudável: "Daquela época em diante aqui não é mais tão saudável", escreveu Pasio, companheiro de viagem de Ricci, "evidentemente devido ao grande número de mouros que foram mortos então, e que devem ter corrompido a atmosfera".[30]

O imenso império que se forjava no norte da Índia, pelo dirigente mongol Akbar, eclipsava todos os outros perigos. Ricci partilhava das suposições correntes na época acerca do poderio de Akbar, escrevendo que o governante tinha "setenta reinos, e podia pôr em campo trezentos mil cavaleiros e vinte mil elefantes", e a carta mais antiga que nos resta — para um amigo em Coimbra, em 1580 — discute animadamente a perspectiva da rejeição do Islão por Akbar e sua provável conversão ao cristianismo.[31] Ricci fora levado a esse otimismo infundado pela recepção favorável que Akbar dispensara a certos padres e conselheiros portugueses, e pelo envio do cortesão Said Abdullah Khan em missão diplomática a Goa em 1579. O embaixador trouxe uma carta solicitando que fossem enviados dois missionários católicos para a capital de Fatehpur

Sikri, com "os principais livros da Lei e o Evangelho", para poderem discutir sua religião com Akbar; era um desenvolvimento promissor, "vendo-se como era comum dizer-se entre os mouros que os cristãos pareciam animais selvagens quanto ao entendimento", conforme comentou um jesuíta.[32] Para mostrar sua sinceridade, Akbar até enviou duas mulas para que os missionários pudessem viajar confortavelmente. Ricci descreveu a cena resplandescente em que o vice-rei e as figuras civis, militares e religiosas mais importantes de Goa, ao som de música, deram as boas-vindas ao embaixador. Ricci não pôde conter seu entusiasmo com a visita do embaixador ao colégio, biblioteca, farmácia, igreja e refeitório dos jesuítas, sua profunda veneração frente à pintura da Virgem Maria, sua atenta audição do coro da igreja, e sua participação num debate sobre teologia, realizado em sua homenagem, por dezesseis ou mais padres jesuítas. "Esperemos nada menos que a conversão de toda a Índia", escreveu Ricci, descrevendo a partida de três padres, levando a Bíblia poliglota de Plantin em oito volumes, recém-chegada a Goa, como presente para Akbar; embora, com certa clarividência, Ricci acrescentasse: "Ao dizer que são muçulmanos, estou também dizendo quais são as dificuldades que podemos esperar que o demônio coloque em nosso caminho, como fez no passado".[33]

Na ocasião, embora Akbar examinasse a Bíblia poliglota com certo cuidado (beijando reverentemente cada volume, segundo os relatos jesuítas), convidasse os padres católicos a manter longos debates sobre religião com altos clérigos muçulmanos, prometesse ensinar português ao seu filho e assistisse à celebração de uma missa, mostrou pouco interesse pelo cristianismo.[34] Akbar muitas vezes parecia atordoado demais em seus encontros, para perceber os pontos mais sutis do que diziam, observaram os missionários em Fatehpur Sikri, pois estava "cheio de ópio e uma certa bebida feita da casca de ópio, almíscar, noz-moscada, haxixe e outras coisas do gênero, que atordoam tanto um homem que nos faz pensar que dorme o sono de Endimião".[35] Resumindo esses vários relatórios, Ricci finalmente concluía que Akbar nunca fora sincero em seu desejo de conversão, mas fora motivado a convidar os jesuítas para sua capital seja por "uma certa curiosidade natural de conhecer algumas coisas novas sobre outras religiões", seja porque tinha alguns objetivos políticos cuja realização poderia ser facilitada com o auxílio português.[36]

Embora os jesuítas se mostrassem equivocados em sua esperança de que "o dito rei mongol está desiludido e entendeu bem que Maomé está errado e que a lei por ele dada é falsa e muito falsa", alguns deles continuaram a retirar algum consolo do fato de que, pelo menos, "este rei é grande inimigo dos judeus".[37] Certamente, sob esse aspecto, Akbar estava em consonância com a política da Inquisição de Goa. Ricci estava atormentado pelas atividades da Inquisição contra os judeus conhecidos como "Cristãos-Novos" ou *Conversos* — membros de famílias de origem judaica que, nos anos após a expulsão dos judeus de Portugal em 1497, tinham se convertido à força ao cristianismo —, e teve a coragem de comentar isso ao geral Acquaviva, na primeira carta que lhe escreveu em 1581.[38]

De modo bastante curioso, a apreensão da Inquisição quanto aos perigos de judeus ou antigos judeus provavelmente foi mais válida nos anos 1578-1582, quando Ricci estava em Goa, do que em qualquer outra época, antes ou depois. Pois, após a derrota do rei Sebastião em Alcaçarquibir, em 1578, quando o nervosismo em Portugal e seus domínios atingiu um nível febricitante, visto que a morte do monarca tornava duvidoso todo o futuro do país, o temor aos judeus ressurgiu dramaticamente. Como que em resposta aos judeus do Marrocos, que receavam que a vitória do rei Sebastião os obrigasse a se converter ao cristianismo e exultaram abertamente com sua morte, desde então comemorando-a anualmente como uma segunda libertação, quase imediatamente após o fim da batalha, começaram a correr rumores por Portugal de que o rei Sebastião não estava morto — ninguém o vira morrer — e fugira para a Europa. Surgiram pretendentes ao seu nome, e nasceu o culto do *sebastianismo,* a crença de que um dia ele retornaria e conduziria seu povo à liberdade. O sebastianismo misturou-se imperceptivelmente com uma corrente subterrânea diferente e igualmente perigosa, derivada dos escritos de um tal Gonçalo Anes, conhecido como "O Profeta", um sapateiro português que, no começo do século, escrevera textos visionários sobre a vinda de um novo messias. Sua obra falava em termos fortes, mas vagas, de um "Encoberto", um príncipe que formaria uma monarquia universal utópica sob governo português. Esses escritos receberam uma popularidade tão ampla entre os cristãos-novos judeus que a Inquisição os proibiu em 1541, e o próprio Anes foi levado a julgamento e retratação.[39]

Quando os espanhóis, nos anos 1580, tomaram Portugal, os escritos de Anes serviram para atiçar o ânimo exaltado de portugueses patrióticos que acreditavam no sebastianismo, fossem eles novos ou antigos cristãos. Em 1581, a Inquisição novamente promulgou uma ordem que proibia a leitura de suas obras. Além disso, o outro grande rival do rei Filipe nas pretensões ao trono português — além do espectro do rei Sebastião — era o popular Dom Antonio, filho de um príncipe português de sangue real e de uma judia convertida chamada Violante Gomes. Embora as tropas espanholas obrigassem Dom Antonio a fugir de Portugal em 1581, recebeu apoio moral e certo respaldo militar de vários inimigos da Espanha, e em 1582 ainda estava escondido nos Açores, apesar da derrota de uma pequena frota francesa enviada para ajudá-lo. (Os franceses apoiavam Dom Antonio, pois este lhes prometera entregar o Brasil, caso reobtivesse seu reino.) Apenas no verão de 1583 os Açores foram tomados pelos espanhóis, e foi removida essa ameaça potencialmente perigosa ao império marítimo de Filipe.[40]

Ricci devia conhecer um bocado dos sofrimentos dos judeus na Europa, presenciando-os em primeira mão. Quando criança, com oito anos de idade, houve ataques violentos à prática judaica da usura e agiotagem em Macerata, e em 1564, quando tinha doze anos, deu-se muita publicidade local a uma tentativa de se proibir um judeu que dirigia o matadouro de Macerata de vender carne durante a Quaresma, a não ser em casos especiais.[41] Ancona fora, pelo menos por um certo tempo, refúgio para os judeus expulsos de Espanha e Portugal, e Ricci pode ter conhecido algumas de suas atividades nessa região, principalmente depois que as perseguições aos judeus de Ancona pela Inquisição levaram a um boicote comercial contra a cidade, por parte dos judeus do Oriente Médio, e católicos de Ancona, preocupados, tentaram transferir as atividades da Inquisição para Macerata.[42] Mas era sobretudo em Roma que os judeus eram conspícuos, seja como representantes ou inimigos de uma política de conversão. Quando Ricci era noviço em Roma, os judeus lá viviam sob as leis repressivas de 1555, que os obrigavam a viver num gueto restrito e os trancavam à noite (e durante a Semana da Paixão) em suas ruas apinhadas. A cada sábado, às duas horas da tarde, tinham de assistir ao ofício na igreja da Companhia da Santíssima Trindade — os homens reunidos em bancos em frente do púlpito, as mulheres fora de vista, num dos balcões superiores —, onde ficavam rodeados de romanos curiosos e visitantes da cidade. Com os dispostos à conversão (conhecidos como catecúmenos) com mantos brancos, e os recém-batizados (chamados neófitos) com mantos negros, sentados entre os cristãos, os judeus ouviam o padre jesuíta Passevino (ou às vezes o capuchinho Lupus ou o padre Francisco Maria) e um judeu convertido (mais comumente, um chamado Andreas) a pregar sobre o Messias, o cativeiro e o verdadeiro significado da glória de Salomão, usando os mesmos textos que tinham ouvido, com uma interpretação tão diferente, nas suas sinagogas, na parte da manhã. Depois de 1578, os judeus batizados eram admitidos ao novo Seminário Hebraico, sustentado pelo papa Gregório XIII com 100 coroas mensais, para aprender latim e hebraico, além do seu italiano natal. O número deles aumentou ainda mais, um ano depois, com a chegada de jovens trazidos do Oriente Médio, de volta para Roma, pelo ex-rabino recém-convertido Baptista Romanus.[43] Esses judeus dispostos a se batizar, muitas vezes "afastados de seus irmãos que agora não podem aceitá-los", como disse Gregory Martin, eram ensinados por professores especiais, na casa dos catecúmenos; quando considerados preparados, reuniam-se num dos batismos em massa dos recém-convertidos, realizados duas vezes por ano, nas vésperas da Páscoa e do Pentecostes, na fonte de Constantino em São João Laterano, sob a direção, na época de Ricci, de Thomas Goldwell, bispo de Santo Asaf, ele mesmo um exilado de sua Gales natal.[44]

Os judeus de Roma também desempenhavam um papel importante na vida econômica da cidade. Como a igreja continuava a proibir os cristãos a emprestar dinheiro com juros altos, os judeus dominavam a agiotagem, como no passado. Destacavam-se também no comércio de roupas e, mesmo depois da aprovação das leis do gueto, eram autorizados a vir uma vez por semana à Piazza Navona, onde a exibição colorida de roupas, cortinas e tecidos constituía uma das vistas da cidade. Os empresários judeus eram ativos e tentavam trazer a Roma novas especulações industriais: experimentaram a produção de tecidos — as ruínas do Coliseu foram por pouco tempo o local de funcionamento — e a manufatura de seda. O interesse romano pelo comércio de seda aumentou por algum tempo, com a notícia de que um judeu veneziano desenvolvera uma criação bianual de bichos-da-seda. Um inventor no ramo de móveis desenvolveu um conjunto dobrável de cama e mesa (fracassou nas vendas), ao passo que outro antecipava a metralhadora com uma fileira reunida de cinqüenta arcabuzes.[45] Quer prosperassem ou não nos negócios, os judeus tinham de se submeter à exploração econômica fortuita das forças civis e eclesiásticas. E principalmente os conversos precisavam estar continuamente em guarda, no caso de serem acusados de voltar atrás, acusação que lhes traria o interrogatório da Inquisição, com todos os seus temíveis rigores. Gregory Martin descreveu a Inquisição dos anos 1570, atuando "contra heréticos, apóstatas, feiticeiros, conjuradores: onde todos os meios são usados para salvar suas almas, e toda absolvição e dispensa pela corte são dadas aos que se corrigirão". Para reforçar essas palavras, havia as cinzas de uma dúzia de judeus, só em Ancona, queimados na fogueira.[46]

Ao longo de todo o século XVI, os portugueses estavam totalmente a par das fugas dos judeus do país, seja para Ancona (onde o papado inicialmente lhes prometera refúgio) ou para Goa e Cochin. Em Goa, a Inquisição foi formalmente inaugurada com seu grande inquisidor próprio em 1560, mas bem antes disso (para ser exato, em 1543), ela anunciara sua primeira vítima, um médico cristão-novo chamado Jerônimo Dias, queimado na fogueira presumivelmente por praticar cerimônias judaicas secretas.[47] Nos anos 1560, o número de judeus estabelecidos ao sul de Goa, no domínio de Cochin, era tão elevado que o clero católico ironicamente se referia ao dirigente hindu local, a quem os cristãos-novos às vezes serviam, como "O Rei dos Judeus".[48] Depois que foram expressamente enviados padres para o sul para erradicar essa "perfídia judaica", alguns judeus foram presos e enviados a Goa para julgamento.[49] Os agentes da Inquisição vigiavam principalmente os "judeus brancos" — portugueses que tinham ouvido falar de Cochin como refúgio judeu e conseguiram alcançar Goa, pela Turquia e Ormuz; pareciam ser considerados mais perigosos que os "judeus negros", que se casavam com a população indígena do sul da Índia ou com nativos convertidos ao judaísmo em alguma época anterior.[50]

A vida para os judeus se tornou ainda mais difícil depois que Bartolomeu da Fonseca, um favorito do rei Sebastião, foi indicado como Inquisidor em Goa, em 1571. Com menos de trinta anos na época de sua indicação, Fonseca assumiu o posto com prazer fanático. Via a Índia "solapada" pelos cristãos-novos — ou *"mata-Deus"*, como preferia chamá-los — e freqüentemente se vangloriava do número de julgamentos que realizara, das cadeias que enchera, das pessoas "cujos pais e avós queimei, e cujos ossos exumei".[51] Dois meses depois da chegada de Ricci a Goa, em setembro de 1578, encontramos Fonseca escrevendo triunfante que tinha "coberto a terra com fogo e cinzas dos corpos mortos dos heréticos e apóstatas".[52] Por uma de suas primeiras cartas, sabemos que Ricci se sentia pouco à vontade com o predomínio desses autos-de-fé fatais na Índia. Seu desconforto deve ter aumentado com os dois grandes autos-de-fé de 1575 e 1578 em Goa — no primeiro, foram queimadas dezenove pessoas, duas por luteranismo e dezessete por judaísmo; no segundo, foram mortas mais dezessete, desta vez todas por "heresia judaica".[53]

A posição dos jesuítas em relação a tudo isso era delicada. Os autos-de-fé não eram apenas exercícios de terror, mas também reuniões sociais elaboradas, ocasiões de rituais esplêndidos nas igrejas, onde se realizavam os interrogatórios, e nas ruas, por onde passavam longas procissões decoradas com vítimas e juízes (os muitos que se retratavam ou confessavam, e eram perdoados, reuniam-se à procissão, junto com os menos numerosos que enfrentavam a morte). Os autos-de-fé também eram — com o confisco dos bens dos julgados culpados — fontes importantes de dinheiro para a Igreja e o pessoal da Inquisição.[54] Os jesuítas geralmente serviam de confessores para os julgados culpados e condenados à morte na fogueira, e desempenhavam papel oficial como assessores nos julgamentos e co-signatários das sentenças de culpa.[55] Por outro lado, a ordem jesuíta, em parte graças à busca intensiva de novos recrutas, os mais inteligentes possíveis, realizada pelo geral Mercurian nos anos 1570, contava com muitos cristãos-novos de origem judaica em suas próprias fileiras, dos quais vários (inclusive um padre que viajou com Ricci no *S. Luís*) ficaram na Índia, ocupando postos de responsabilidade.[56]

Os jesuítas na Índia dirigiam boa parte de suas energias, não aos muçulmanos ou judeus, mas às comunidades ligeiramente mais receptivas de cristãos indígenas, numerosos no sul de Goa. Aqui novamente, como podemos notar a partir de suas cartas, o jovem Matteo Ricci era um observador atento. Esses "cristãos de S. Tomé", como eram geralmente conhecidos, ofereciam aos padres católicos tanto problemas como oportunidades. Segundo relatos tradicionais da igreja, o apóstolo Tomé seguira as rotas comerciais pela Ásia Menor, descendo até a costa ocidental da Índia, fazendo várias conversões em Cochin, antes de seguir até a atual Madras, onde foi martirizado.[57] Os europeus há muito tempo tinham um conhecimento genérico sobre esses cristãos de Malabar, como também eram chamados, e depois de uma certa confusão inicial (em que os primeiros navegadores portugueses que atingiram o sul da Índia adoraram imagens da deusa hindu Kali, pensando serem imagens da Virgem Maria) estabeleceram contato com os verdadeiros cristãos do sul da Índia. Esses cristãos recompensaram seus "descobridores" solicitando proteção portuguesa contra os rajás muçulmanos locais; prontos a tirar o maior proveito de tal oportunidade, os portugueses prometeram proteção, em troca de um virtual monopólio comercial sobre toda a produção de pimenta de Cochin, cotada a alto preço.[58]

Um exame mais cuidadoso das doutrinas dos cristãos de Malabar mostrou que eles acreditavam em Maria antes como mãe de Cristo do que mãe de Deus — uma distinção que os caracterizava como nestorianos, grupo dissidente da Igreja primitiva que fora declarado herético — e ainda retiravam claramente sua inspiração e condução pastoral da Igreja síria.

Os católicos do século XVI ficaram divididos quanto ao procedimento em relação a essas novas acusações, e essas divisões levaram a extraordinários embaraços. Assim, um dos bispos da igreja de Cochin foi condenado como herético pelos eclesiásticos reunidos no Concílio de Goa, ao passo que, ao mesmo tempo, convencia os dirigentes de Portugal e o papa da ortodoxia de sua doutrina, e, aparentemente, até se cogitou em lhe oferecer o grau de cardeal.[59] Na época em que Ricci chegava à Índia, os papas tinham decidido atribuir a jurisdição sobre os cristãos de Cochin a dois bispos rivais, ambos com ligações com os patriarcas nestorianos sírios, mas declarando total ortodoxia dentro da Igreja romana. Os portugueses suspeitavam de ambos, pois pretendiam candidatos leais aos seus interesses. Um dos bispos, Simão, tinha maior apoio dos franciscanos, e o outro, Abraão, dos jesuítas. O bispo apoiado pelos jesuítas, Abraão, teve maior vantagem e ainda fortaleceu sua posição, montando um grande seminário com auxílio dos jesuítas; ali, cerca de cinqüenta estudantes estudavam teologia e liturgia latina e caldaica, e celebravam seus serviços em siríaco. Mas a situação permanecia tão frouxa que, quando em novembro de 1579 Ricci foi enviado a Cochin para se recuperar de uma grave doença — um tipo de febre que se mostrou quase fatal para ele, e levou à morte vários de seus colegas jesuítas em Goa, naquele mesmo mês —, ainda lhe pareceu difícil distinguir nitidamente as reivindicações dos dois bispos.[60]

O que era claro para Ricci, apesar do emaranhamento das questões de jurisdição, era que certas irregularidades litúrgicas tinham sido corrigidas. Observadores anteriores dos padres de Malabar tinham notado que:

> *Usam suas tonsuras invertidas, o cabelo no lugar de tonsura, e o crânio em torno raspado. Vestem blusas brancas e turbantes na cabeça, andam descalços e têm barbas longas. São extremamente devotos e dizem a Missa no altar, como nós fazemos aqui, com uma cruz voltada para eles. O padre que reza a missa caminha entre dois homens, que o ajudam, um de cada lado. Comungam com pão salgado em vez de hóstia, e consagram pão para todos os presentes na igreja; distribuem todo ele como se fosse pão bento, e cada homem vem ao pé do altar para recebê-lo das mãos do padre.*[61]

Entretanto, Ricci pôde ver que ocorrera uma alteração gratificante e que agora não havia "nenhuma diferença entre nossas duas Igrejas, exceto quanto à língua". Mesmo isso podia ser rapidamente remediado, se Roma enviasse uma impressora para Cochin, para que as palavras exatas do missal e breviário romanos pudessem ser transcritas num novo texto bilíngüe.[62]

Sabemos, por outros escritos, que Ricci estava transtornado com o fato de que os estudantes hindus mais dotados eram impedidos de receber formação em teologia avançada, devido a padres ocidentais invejosos ou inquietos da comunidade de Goa, e que os hindus locais, "por mais que conheçam, raramente recebem muito crédito em comparação com outros homens brancos".[63] Disso podemos supor que ele era simpático aos jesuítas que tentaram impedir a aplicação dos rigores da Inquisição aos cristãos nativos, pelo menos até disporem de um período de vinte anos para acertar e ajustar suas diferenças com Roma. Mas essa posição tolerante não prevaleceu, pois, nos dez anos que antecederam a chegada de Ricci, cerca de 320 cristãos hindus locais foram submetidos a "exame" pela Inquisição de Goa.[64] Ricci obviamente sentia que as alterações nos rituais e vestimentas dos cristãos hindus eram completas e satisfatórias. Escreveu em 18 de janeiro de 1580 a Emanuele de Goes, seu professor de teologia em Coimbra, de quem se podia esperar um interesse agudo por tais detalhes:

> *Eles agora se vestem ao estilo do clero português (e rasparam suas barbas), dizem a missa trajando vestimentas feitas do mesmo modo que as nossas, e apresentam a hóstia, e não os pãezinhos que costumavam usar; fazem a comunhão para as pessoas "sob a aparência de uma substância"* [sub una tantum specie], *estão usando todo o conjunto de sacramentos muito mais vezes, e agora acrescentaram o da confirmação e da extrema-unção, que nunca haviam praticado anteriormente. Constroem suas igrejas ao nosso estilo.*[65]

Menos de quatro anos depois de escrever essas linhas, o próprio Ricci se assentava, com cabelo e barba raspado, envolto nos mantos de um monge budista, na cidade sulista chinesa de Zhaoqing. Crendo ser assim que os religiosos na China deviam se vestir para serem considerados santos, abandonou o luxo de se manter como observador exterior e entrou no ambíguo mundo da adaptação cultural. Sua decisão era deliberada: os chineses suficientemente intrigados com seus prismas, relógios e livros estrangeiros viriam aos magotes visitar sua casinha, e então poderia encetar conversas sobre assuntos religiosos. A pintura da Virgem e do Menino, expostas num altar em sua pequena capela, daria um estímulo visual adicional a suas palavras.[66]

Ricci podia se convencer de ter dado o salto certo. Escreveu em novembro de 1585 ao seu amigo de escola, Fuligatti, sobre o pequeno grupo de ocidentais reunidos em Zhaoqing: "Quisera que você pudesse me ver como estou agora: tornei-me um homem da China. Em nossas vestes, em nossas aparências, em nossas maneiras e em todos os aspectos exteriores, fizemo-nos chineses".[67] Como muitos europeus antes dele, vira um evidente paralelismo entre muitas das manifestações exteriores do budismo e do cristianismo: as vestes dos padres, o cantochão (*canto fermo*) em seus serviços, a opção pelo celibato e pela pobreza, os templos, estátuas, torres, sinos e até algumas das imagens pintadas ou entalhadas. Assim, ele podia comentar brincalhão que, simplesmente sendo em parte italiana (cortando o cabelo muito curto), em parte portuguesa (raspando a barba) e seguindo os rituais cristãos básicos, uma pessoa podia ser tida pelos chineses como um monge budista.[68]

Demoraram vários anos até que Ricci entendesse que desenvolvera a imagem exterior errada. A semelhança não traz prestígio e, quando Ricci começou a perceber o *status* social baixo da maioria do clero budista, afastou-se de sua orientação anterior. Em 1592, escrevia apologeticamente ao geral Acquaviva: "Para obter maior *status,* não andamos pelas ruas a pé, mas somos transportados em cadeirinhas nos ombros dos homens, tal como é costume entre os homens de nível. Pois temos grande necessidade desse tipo de prestígio nessa região, e sem isso não realizaríamos avanços entre esses gentios: pois o nome de estrangeiro e de padre é considerado tão vil na China que precisamos desses e de outros expedientes semelhantes para lhes mostrar que não somos padres tão vis como os deles".[69] Reforçado em sua convicção de abandonar as vestes e a aparência dos monges chineses tanto por influentes eruditos chineses como pelo seu próprio superior, Valignano, Ricci, realizou o rompimento final no verão de 1595. Escreveu ao seu amigo Edoardo de Sande, em Macau:

> *Deixamos nossas barbas crescerem e o cabelo vai até as orelhas; ao mesmo tempo, adotamos os trajes especiais que os letrados usam em suas visitas sociais (ao invés dos de bonzos que usávamos antes). Saí pela primeira vez com minha barba, e com as vestes de seda púrpura que os mandarins usam em suas visitas, a fímbria da roupa e a gola e as pontas tem um acabamento de seda azul, da largura de quase um palmo; o mesmo enfeite segue as extremidades das mangas que pendem abertas, um pouco no estilo usual em Veneza. Tem uma banda larga de seda púrpura enfeitada de azul, que é enrolada em torno da mesma roupa e deixa o manto confortavelmente amplo.*[70]

Nessa indumentária, com seus sapatos de seda ornados de brocados, Ricci deve ter feito uma figura mais requintada do que nunca, desde a época em que se vestia como estudante em Roma: os estudantes italianos no colégio romano (que estavam sob custeio e proteção papal especiais) vestiam mantos azul ou violeta até os pés; os outros estudantes, que pagavam seus estudos por conta própria, vinham de outros países ou recebiam estipêndios um pouco menores, tinham de se contentar com simples batas negras, como a maioria dos estudantes em escolas menos prestigiosas.[71]

Essa importante alteração nas percepções de Ricci quanto ao *status* social relativo na China tardou um pouco a chegar. Em sua primeira avaliação, feita depois de um ano na China, ele concluía que havia três religiões mais significativas na China, a dos letrados confucianos, a dos budistas e a dos taoístas. A dos letrados era a mais importante, sentia ele, embora não acreditassem no paraíso nem na imortalidade da alma, e julgassem que aquilo que os outros diziam sobre demônios e vida após a morte era "uma brincadeira" (*una burla*).[72] Um ano depois, em outubro de 1585, como escreveu ao geral Acquaviva, compreendera que a questão era mais complexa: em essência, podia-se dizer que os letrados chineses sustentavam uma série de crenças semelhantes às dos epicuristas no mundo grego antigo; em contrapartida, as classes baixas podiam ser genericamente vinculadas aos "pitagóricos", visto que sua crença na imortalidade da alma se complementava com uma crença mais ampla na transmigração das almas tanto no mundo humano como no reino animal.[73]

Essa análise, por sua vez, lentamente originava uma outra, em que Ricci via que, dentro de cada um dos corpos doutrinários gerais que se podiam chamar de budismo e taoísmo, havia semelhanças próximas à trindade cristã, na qual três deidades separadas se fundiam numa única. A crença de que uma espécie de falsa trindade estava embutida na religião islâmica foi por longo tempo uma tradição entre os cristãos da Europa medieval; a descoberta de falsas trindades semelhantes na China dispôs Ricci a observar que ali estava um exemplo perfeito da obra do demônio, "mostrando claramente como o pai de todas as mentiras, que é o autor de tudo isso, ainda não abandonou suas incríveis pretensões de tentar se assemelhar ao seu próprio Criador".[74] Ricci também adquiriu uma capacidade de apreciação mais sutil dos valores éticos em relação ao Estado e à família que se encontravam no coração do confucionismo, e do significado de suas cerimônias em honra aos antepassados e a Confúcio, e a escola confuciana servindo, em certo sentido, como "o verdadeiro templo dos letrados"; mas ele agora via que, justamente porque o confucionismo mantinha uma posição estritamente neutra em relação à existência ou não de uma vida após a morte, muitos confucianos "pertenciam a uma das duas outras seitas, além da sua própria".[75] Assim Ricci chegou a uma avaliação muitíssimo acurada da nova síntese das três principais escolas religiosas da China, síntese que, por sua vez, levou à ampliação do sincretismo Ming tardio: "A opinião mais comum sustentada aqui entre os que se consideram os mais sábios é a de que as três seitas se reúnem numa só, e que você pode sustentá-las todas ao mesmo tempo; com isso enganam a si mesmos e aos outros, e levam a uma grande desordem, parecendo-lhes que, no que concerne à religião, quanto mais formas de se falar dela houver, maior será o benefício que isso trará ao reino".[76]

À medida que Ricci obtinha um retrato mais preciso dessas três escolas básicas de pensamento ético e religioso na China, também descobria uma imagem reflexa distorcida dos três grupos que conhecera na Europa: o islamismo, o catolicismo e o judaísmo. Mesmo antes de chegar à China, provavelmente lera algo sobre o predomínio do islamismo no país, visto que tanto Galeota Pereira como Gaspar da Cruz mencionavam o fato em seus relatos publicados, e especulavam — um tanto grosseiramente — sobre as formas como os muçulmanos tinham chegado ao Extremo Oriente e propagado sua religião.[77] Depois de um ano na China, pouco mais aprendera, e embora notasse a presença de "mouros", acrescentava que "não tinha idéia" de como tinham chegado lá.[78] Então, à medida que conhecia melhor os padrões de comércio que levavam os comerciantes muçulmanos por rotas terrestres, desde a Pérsia até a China ocidental, passando pela Ásia central, em busca de produtos como jade, almíscar e ruibarbo, Ricci começou a ter uma noção mais clara da força dessas centenas de milhares de "sarracenos", "mouros" ou "seguidores da seita turca", conforme os denominou em diferentes ocasiões.[79] Na primeira vez que visitou Pequim, em 1598, ficou intrigado ao ouvir que dois muçulmanos da Arábia, que tinham trazido leões de presente para a corte Ming, permaneceram na capital, cumulados de honrarias, e enviou um dos cristãos chineses para se encontrar com eles e conhecer melhor suas experiências e formação.[80]

Devido à natureza das rotas comerciais, a maioria dos muçulmanos na China se estabelecia no noroeste, nas áreas da província de Gansu e Shanxi, que outrora constituíam o domínio do antigo reino Xixia, destruído em 1227 pelos mongóis. Ricci não poderia conhecer os detalhes da ruína do Império de Timur, das correntes migratórias muçulmanas que se seguiram na Ásia central, e do fato de que, como o Estado iraniano se convertera às crenças xiitas, a maioria dos chegados à China eram sunitas, que então reforçaram muitos dos seus antigos laços econômicos e políticos com as terras islâmicas ocidentais. Mas não estava há muito tempo na China quando percebeu o quanto se difundira a religião do Islão. Registrou que o funcionário erudito Zhu Shilu (que fora originalmente quem apresentara Ricci ao fabricante de tintas e editor Cheng Dayue) tentara convencê-lo a se estabelecer em Nanjing em 1599, pelo fato de ser uma área tolerante para com os estrangeiros, "havendo um enorme número de sarracenos que seguiam a religião de Maomé, já vivendo lá".[81] Ricci também registrou que havia numerosos muçulmanos na cidade portuária de Cantão, onde, conforme acreditava, deliberadamente divulgaram os boatos sobre as iniqüidades dos portugueses, para poderem desbaratar o comércio ocidental crescente que lá se efetuava.[82] Mas Ricci também afirmava que, apesar do seu número, os muçulmanos chineses eram relativamente fracos na sua fé:

> *Muitos seguidores da religião maometana entraram na China pelas regiões do extremo ocidente das fronteiras com a Pérsia em várias épocas, e seu filhos e descendentes se multiplicaram em tal número que se espraiaram por toda a China, com milhares de famílias. Residem em praticamente todas as províncias, onde têm mesquitas suntuosas, recitam suas orações, são circuncidados e praticam suas cerimônias. Mas pelo que pudemos saber, não atuam como missionários, nem tentam difundir sua religião, e vivem submetidos às leis chinesas e com profunda ignorância de sua própria seita, e são tidos em baixo conceito pelos chineses.*
>
> *Por essas razões, são tratados como chineses nativos e, como não são suspeitos de armar rebeliões, estão autorizados a estudar e a entrar nas fileiras da burocracia. Muitos deles, recebendo postos oficiais, abandonam suas antigas crenças, con-*

servando apenas a proibição de comer carne de porco, com a qual nunca se acostumaram.[83]

Os muçulmanos chineses do período Ming realizaram algumas modificações importantes em suas práticas anteriores, construindo mesquitas com o formato de pagodes, por exemplo, abandonando os minaretes, e o chamado do *muezzin* para as orações dos fiéis vindo de um lugar logo atrás da porta de sua mesquita.[84] Mas a tenaz sobrevivência do Islão na China neste período, atestado por evidências tais como a difusão pela Ásia central de textos chineses em traduções árabes, o lento mas impressionante crescimento de uma literatura muçulmana em língua chinesa e o desenvolvimento de bases regionais de poder no Ocidente, que finalmente ameaçariam a estabilidade do próprio Estado chinês, tudo indica um certo grau de criação ilusória de fato na análise de Ricci.[85]

O mesmo não era válido de forma alguma para as duas outras religiões deste grupo, o judaísmo e o cristianismo nestoriano. Ricci ficara surpreso ao encontrar bolsões de cristãos em Nanjing e em outros lugares da China central, mas somavam apenas "cinco ou seis famílias", e pareciam ter perdido quase todas as suas crenças mais antigas, transformando suas igrejas em templos e, em muitos casos, até se convertendo ao islamismo. Os únicos traços de cristianismo entre a maioria deles era um certo conhecimento do Livro dos Salmos e o consumo de carne de porco, sobre a qual faziam o sinal da cruz.[86] Eruditos chineses locais também sabiam — por observação própria ou contos populares — que os cristãos nestorianos usavam os cabelos longos, e utilizaram essa informação para convencer Ricci a abandonar a cabeça raspada de monge budista.[87] A partir de evidências lingüísticas, Ricci supôs que os primeiros nestorianos na China provieram originalmente da Armênia; a idéia de derivarem de algum ramo da Igreja oriental lhe foi posteriormente sugerida por um sino antigo que viu em Pequim, que trazia inscritas uma igreja, uma cruz e algumas letras gregas. Diversos informantes contaram a Ricci as perseguições do início do século — ou as mentiras deliberadamente fabricadas por muçulmanos chineses sobre futuras perseguições —, que afastaram os cristãos de sua própria fé.[88] Em 1608, quando Ricci finalmente enviou a Kaifeng um irmão leigo jesuíta chinês e um recém-convertido, residente naquela cidade, em Henan, para tentar desvendar o mistério, estes conseguiram localizar vários cristãos, mas consideraram-nos totalmente insensíveis: "Não admitiam ao irmão que descendiam [dos cristãos], seja por temerem que ele os interrogava com a intenção de prejudicá-los, seja porque esses filhos [da Igreja] desejavam ser tomados por chineses, e se envergonhavam do fato de terem origens estrangeiras — coisa que pouca honra traz em qualquer nação e particularmente humilhante entre os chineses".[89]

Ainda mais aflitivas foram as notícias dadas a Ricci em 1602 por um certo "mouro" sobre a existência, naquelas mesmas regiões ao extremo noroeste do antigo reino Xixia, onde os muçulmanos eram agora tão numerosos, de "certos homens brancos com barbas flutuantes que tinham igrejas com campanários, comiam porco, adoravam Maria e Isa (como chamavam Cristo, nosso Senhor) e veneravam a Cruz".[90] Ricci naturalmente queria se certificar da veracidade dessa história, que sugeria que aqueles cristãos se mantinham apegados solidamente à sua fé e indicava um vínculo importante com a Igreja primitiva; mas as distâncias eram imensas e, como escreveu desconsoladamente ao geral Acquaviva em julho de 1605, "por falta dos poucos *scudi* que precisamos para a viagem, não pudemos enviar ninguém para descobrir quantos são e de onde vieram". Caberia aos jesuítas sucessores de Ricci a descoberta de que esses cristãos também eram nestorianos, como os da Índia.[91]

Boa parte das informações iniciais de Ricci sobre esses cristãos procedia dos judeus chineses, e o próprio Ricci indicava a ironia de que os judeus chineses eram muito mais próximos de sua fé do que os cristãos.[92] A descoberta de judeus na China surpreendeu Ricci mais que as evidências sobre os muçulmanos (que, afinal, eram fortes no sudeste da Ásia e na Índia, como ele bem sabia) ou cristãos, sobre cuja existência no Oriente eram há muito tempo abundantes os rumores. Tanto em suas cartas como em sua *História*, Ricci se estendia sobre o momento fascinante em que um homem de sessenta anos de idade, chamado Ai Tian, veio visitá-lo em sua casa em Pequim, num dia de verão de 1605. Após um certo mal-entendido inicial — Ai confundiu uma pintura da Virgem, do Menino Jesus e João Batista com uma de Rebeca com Esaú e Jacó, concluindo portanto que Ricci era judeu —, ele contou a Ricci de sete ou oito famílias judias em Kaifeng, de sua sinagoga, que custara dez mil *scudi,* de seus dois irmãos que conheciam o hebraico, e da comunidade judaica maior em Hangzhou. Ricci mostrou a Ai as partes hebraicas da sua Bíblia poliglota de Plantin, que Ai reconheceu mas não conseguiu ler.[93] Tentando desemaranhar a história dos judeus na China — relatos conflitantes situavam sua chegada em qualquer momento entre os séculos I e VII d.C. —, Ricci enviou um jesuíta à sinagoga de Kaifeng. Foi cortesmente recebido e pôde observar que o Pentateuco hebraico da sinagoga era realmente semelhante aos mesmos livros do Velho Testamento, e que a antiguidade dessa comunidade era comprovada pelo fato de seus textos hebraicos serem "sem pontuação, como antigamente". Embora poucos membros da comunidade judaica soubessem ler então o hebraico, a maioria continuava a praticar a circuncisão e evitar a carne de porco; os que viviam em Pequim negligenciavam as normas alimentares, alegando que morreriam de fome se aderissem à letra da lei.[94] Ricci encontrou vários judeus descontentes com a religião e seus rabinos ignorantes, e tinha plena confiança de que era uma boa oportunidade de convertê-los aos cristianismo; apenas a falta de tempo, escreveu ele, o impedia de pôr sua teoria em prática. Também afirmou em sua *História* que, devido à sua fama de homem erudito e religioso, um grupo de Kaifeng convidou-o a se abster da carne de porco e vir morar entre eles como seu rabino.[95]

Ai disse uma vez a Ricci que, visto que os judeus não comiam porco, os chineses se referiam simplesmente a eles como *huihui*, vinculando-os aos muçulmanos, embora os seguidores das duas religiões tivessem mútua aversão entre si. Ai acrescentou que, tendo lido sobre Ricci num livro chinês que circulava em Kaifeng, que comentava o seu monoteísmo, e sabendo que ele não era muçulmano, julgou imediatamente que devia ser judeu.[96] De modo semelhante, amigos chineses insistiam que Ricci assumisse cargos burocráticos oficiais, como outrora faziam os muçulmanos, e Ricci ficou suficientemente intrigado a ponto de pedir a opinião de Valignano, visto que a existência de mesquitas e a circulação aberta do Corão davam ao islamismo uma vantagem que faltava ao cristianismo.[97] O próprio Ricci entendia (como Ramon Lull e Boccaccio, séculos antes) que os traços comuns de monoteísmo e aceitação dos mesmos antigos profetas davam uma certa afinidade ao cristianismo, islamismo e judaísmo. Quando publicou seu primeiro livro detalhado em chinês sobre a doutrina cristã, falando de Cristo como profeta e mestre, mas sem detalhes sobre a crucificação, descobriu que "muitas cópias foram compradas por sarracenos que o consideram parecido com sua doutrina".[98] Disse a Acquaviva em agosto de 1608 que seu livros eram comprados "por seguidores da religião moura", pois "eles pensavam que falava de Deus de uma forma melhor que qualquer outro livro na China". Assim letrados confucianos da área de Nanchang acusaram os jesuítas de "distribuir certas imagens de um tártaro ou sarraceno que eles dizem que é seu Deus, vindo a esta terra, que pode dar aos homens riqueza e prosperidade".[99]

Embora deixasse o manto de monge budista, Ricci não conseguiu obter a nova identidade confuciana que pretendia. Quando, em 1602, finalmente foi autorizado a se prostrar diante do trono vazio do dragão, numa audiência matutina — vazio porque o imperador Wanli não recebia mais visitas cerimoniais —, aprendeu a etiqueta da corte com três muçulmanos chineses que também o acompanharam nas cerimônias, visto que os cortesãos chineses simplesmente assumiam que Ricci e os muçulmanos eram "colegas conterrâneos". Na hospedaria Pensão dos Ritos, alojou-se com "sarracenos" que conversavam à vontade com ele sobre os mundos de Veneza e Espanha, Portugal, Ormuz e Índia.[100] O imperador, a quem agradaram os presentes de Ricci à corte, intrigado o suficiente pelo que ouvira sobre os jesuítas para querer conhecê-los, embora não se encontrassem pessoalmente, encarregou pintores da corte de fazer um retrato de corpo inteiro dos jesuítas em Pequim. Segundo os informantes eunucos de Ricci que presenciaram a cena, o imperador olhou por um momento para o retrato pronto e disse: "São *huihui*".[101] Não era uma questão de barbas e trajes, mas a serena indiferença da China em relação aos estrangeiros. A imensa e cósmica luta que se encontrava no centro da história européia foi reduzida na China, como saube Ricci, a uma frasezinha semidepreciativa.

Isso não quer dizer que Ricci perdera para sempre o sentido de sua vocação missionária básica, e, quando seu ânimo estava baixo, sempre havia algo que o animava. Durante seu período mais deprimente na Índia, por exemplo, recebeu do historiador jesuíta Gian Pietro Maffei uma cópia do prefácio da história abrangente da expansão portuguesa na Ásia, de sua autoria. Inicialmente, Ricci não fora particularmente sensível as perguntas de Maffei sobre política e geografia hindus, e observou um tanto mordazmente que Maffei faria melhor se buscasse suas informações com "um honorável mouro ou um brama extremamente inteligente".[102] Mas, quando leu a nova introdução de Maffei, seu ânimo se modificou completamente. O que Maffei fazia, nessas poucas páginas, era apresentar as explorações do mundo conduzidas pelos espanhóis e portugueses do século anterior como equivalentes, em força e importância, ao papel de Abraão e seus descendentes na preservação da palavra divina, ou ao de Roma no desenvolvimento do papado. A exploração mundial, o comércio internacional e a evangelização agora convergiam juntas num único grandioso empreendimento. O conhecimento desse processo, escreveu Maffei, era precioso: podia trazer alegria à vista da difusão do cristianismo, tristeza com a força dos males que encontrou, ou temor agridoce ao pensamento de que Deus poderia acabar com o mundo, pois seu propósito fora cumprido. Ele próprio, escreveu Maffei, nada temia a não ser despertar dúvidas e descrenças, devido à natureza assombrosa da história que tinha a contar.[103]

Maffei defendia ousadamente a ligação engrenada entre os destinos humanos específicos e os planos gerais de Deus para a humanidade, e (depois de negativas polidas) afirmava com igual ousadia sua determinação de explorar o desígnio de Deus:

> *Os sábios estão certos ao dizer que faríamos melhor em adorar o Ser Eterno, que em todos os tempos rege todas as coisas, em simplicidade tranqüila e silêncio respeitoso, do que tentar temerária ou inutilmente penetrar seus segredos e desígnios. Pois, embora não exista nada mais maravilhoso em si mesmo do que a ordem celestial, tão constante e regular em todos os seus aspectos, ao mesmo tempo não há nada mais insondável para a fraqueza humana. Contudo, na medida em que a mente do homem é dotada de razão, e o peso da mortalidade permite-lhe elevar-se a si mesmo e julgar os acontecimentos como eles são, parece que a divina providência coloca os fundamentos de tudo o que planeja para realizar avanços, e que ela conduz à perfeição dos seus objetivos por vias secretas e movimentos desapercebidos.*[104]

Ricci ficou nitidamente surpreso com a metodologia e linguagem utilizadas por Maffei em seu curto ensaio introdutório: "Fiquei inteiramente entusiasmado com a introdução da sua história", respondeu a Maffei, "e os outros que a lêem se regozijarão também. Embora não possa ser um bom juiz de todo o seu material — em parte por ignorância, não menos que pelo amor que tenho por você, que me torna incapaz de não ficar feliz com tudo que você faça — não posso deixar de dizer que, se 'alguém pode conhecer o leão pelas suas garras', cheguei a formar uma grande concepção da história apenas com a leitura dessa introdução, como acontecerá com os outros depois de mim".[105]

O geral da ordem jesuíta, Claudio Acquaviva, estimulou habilidosamente esses sentimento de excitação — composto do serviço a Deus e de um sentido de participação na história — nas cartas que enviava aos missionários em campo. As missões de Extremo Oriente, dizia-lhes, ofereciam "oportunidades preciosas" no então "estado perturbado da Igreja", e constituíam uma realização triunfante da grande profecia do Senhor registrada em Isaías 41:18:

Abrirei rios nas elevações desnudas,
E fontes em meio aos vales:
Converterei o deserto num poço de água,
E a terra árida em nascente de água.[106]

A notícia de milhares de conversões cristãs no Japão foi bastante inspiradora, escreveu ele a Ricci e seus companheiros em maio de 1586, mas "agora, entretanto, é da China que chegam a nós as boas novidades; pois aqui a bênção de Deus também coroou os nossos esforços e levantamos a aurora brilhante da fé sobre esse vasto império". Como resposta às possibilidades da missão chinesa, acrescentou, o papa Sisto V autorizara um jubileu especial.[107] Por vezes ele também se enfraquecia, escreveu Acquaviva em 1590, preocupado com que tantos homens capazes fossem afastados de áreas problemáticas igualmente importantes na Europa, e se sentia esmagado por ter de "organizar essas empresas perigosas e distantes, escolher líderes para elas, dirigir seus trabalhos"; mas em tais momentos bastava lembrar as palavras de Santo Ambrósio, que dizia que "o corpo de Cristo é a Igreja, e somos o doce perfume que exala do seu corpo", ou ainda as de São Paulo, na Primeira Epístola aos Coríntios (1:23), que os "judeus exigem milagres e os gregos procuram a sabedoria, mas nós pregamos Cristo crucificado, o que é um escândalo para os judeus e loucura para os gentios".[108]

Para Ricci, ninguém exemplificava melhor esse espírito de aventura e fé num mundo hostil que o irmão jesuíta Benedetto de Goís e, embora nunca tivessem se encontrado, Ricci pedia avidamente aos companheiros de Goís informações sobre sua notável viagem, e mais tarde escreveria sobre ele com mais detalhes do que fizera em relação a qualquer outra pessoa, chinesa ou ocidental. Numa viagem de quatro anos, entre 1602 e 1605, Goís andou e cavalgou da cidade de Agra, de Akbar, pelo Afeganistão e Turquestão, até a fronteira noroeste da China, logo adiante da Grande Muralha. Ex-soldado, nascido nos Açores, que falava fluentemente o persa, viajou disfarçado de mercador armênio, acompanhado de um cristão armênio convertido, chamado Isaac, entre quatrocentos ou mais mercadores e peregrinos islâmicos, que viajavam reunidos para maior segurança. Sua viagem em parte se destinava a abrir uma rota entre a Europa e a China mais curta que as vias marítimas longas e perigosas, então usuais, onde atacantes protestantes agora investiam contra expedições católicas. Mas o objetivo mais importante era descobrir, de uma vez por todas, se havia uma "Catai" diferente da China, uma comunidade isolada de cristãos em algum lugar nos recônditos da Ásia central, onde outrora reinara o Grande Cã de Kambaluc; pois mercadores viajantes continuavam a trazer histórias de povos que lá adoravam a cruz e a Virgem Maria em igrejas, tocavam suas cabeças com água benta, partilhavam o pão e o vinho em seus serviços e eram dirigidos nas orações por padres celibatários vestidos de negro.[109]

Em Cabul, escreveu Ricci, Goís fez amizade com uma nobre de Kashgar, muçulmana devota que voltava da peregrinagem à Meca. Como ela ficara sem dinheiro para as despesas da última etapa de sua viagem, Goís vendeu seiscentos *scudi* de índigo que levava consigo para comerciar na China e emprestou-os a ela. Ela lhe retribuiu a confiança dando-lhe, quando finalmente chegaram a Kashgar, uma quantidade de finíssimo jade que valia quatro vezes mais.[110] Mas por uma dessas voltas do destino que marcaram toda sua viagem, sua mesma prosperidade agora suscitou a hostilidade e cobiça dos outros mercadores. Enquanto Goís se demorava por quase um ano e meio em Xuzhou, na fronteira de Gansu, ignorando a língua chinesa e tentando alcançar por carta os padres em Pequim, ou ainda obter permissão das autoridades para viajar com uma caravana de mercadores, foi sistematicamente defraudado de tudo que possuía e abandonado por todos, a não ser por seu companheiro Isaac. Onze dias depois que finalmente um dos jesuítas de Pequim o alcançou, em março de 1607, com dinheiro para levá-lo à capital, Goís morreu.[111]

Agora o piedoso Isaac seguia o caminho de volta para a Índia, escreveu Ricci ao seu amigo íntimo Girolamo Costa, em março de 1608, e assim "toda a exaustiva viagem não foi feita em vão". Algumas questões de fé e geografia haviam sido esclarecidas para sempre:

> *Agora ficará claro para o vice-rei da Índia e para todos os jesuítas que não existe uma outra Catai, e nunca existiu, além desta mesma China. E esta cidade de Pequim é Kambaluc, e o rei da China é o Grão-Cã. Quanto aos cristãos que as pessoas diziam existir em Catal, não são outros senão os que aqui chegaram no passado, e que conservaram para si o termo "adoradores da cruz", sem saber o que aquela cruz realmente representa. Esses povos são, em tudo, gentios: mas como seus templos se parecem com os cristãos e têm velas e altares, e como seus padres usam capas e rezam em cantochão, os mouros, portanto, pensaram que deviam ser realmente cristãos, e trouxeram a notícia para os jesuítas de que havia aqui uma grande comunidade cristã.*[112]

Assim, pelo menos, Ricci respondeu aos seus amigos na Europa, embora não saibamos o quanto conversou sobre esses acontecimentos dramáticos, ou suas ambigüidades, com seus conhecidos chineses. A notícia da morte de Goís, evidentemente, não chegou muito antes da morte do próprio Ricci, e isso deve ter agudizado certas idéias conflitantes e desnorteantes sobre crenças religiosas comparadas que Ricci não tinha a liberdade de articular diretamente. Como para ressaltar as ambigüidades, Ricci intitulara o livro onde comentava mais claramente as tragédias da vida *Dez Discursos de um Homem Paradoxal (Jiren Shipian)*. Ricci se referia em italiano a esse livro como *Os Paradoxos*, mas o título chinês seria muito mais expressivo para seus leitores chineses. Pois o termo "homem paradoxal", *Jiren* no título chinês, fora retirado por Ricci do antigo clássico taoísta conhecido como *Zhuangzi*, escrito no século III a.C. Ele aparece no sexto capítulo, onde o filósofo taoísta explica aos seus leitores como eram diversos os costumes do mundo, e como se comportava o Homem Verdadeiro de antigamente.

> *O Homem Verdadeiro dos tempos antigos não sabia nada do amor à vida, não sabia nada do ódio à morte. Ele surgia sem prazer; ia embora sem alvoroço. Chegava rapidamente, ia rapidamente, e isso era tudo. Não esquecia onde começara; não tentava descobrir onde iria terminar. Recebia alguma coisa e sentia prazer nisso; esquecia-a e a estendia de volta. Isto é o que chamo não usar a mente para afastar o Caminho, não usar o homem para auxiliar o Céu. É o que chamo o Homem Verdadeiro.*[113]

Esses homens verdadeiros não precisavam de nenhum costume cerimonial humano convencional, escrevia o taoísta, e as leis desta terra pouca relevância tinham para eles, pois "se uniram ao Criador como homens que seguiam a respiração única do Céu e da Terra". Na passagem seguinte, cuja primeira frase Ricci escolheu como título do seu livro, um discípulo pergunta a Confúcio quem ou o que é o "homem paradoxal", e como se pode defini-lo. Confúcio replica: "O homem paradoxal parece paradoxal em comparação com outros homens, mas é um companheiro do Céu".[114] Era um homem paradoxal no sentido de que Ricci, o cristão, podia aceitar seu rótulo como Ricci, o *huihui*, e colocar a mulher do clã dos Xixia sob o mesmo rótulo em seu palácio da memória. Pois ele sabia que seu Deus veria através das ambigüidades aparentes da sua situação e o chamaria, quando viesse a morrer, como companheiro em seu reino celestial, tal como dissera daqueles homens verdadeiros de antigamente.

CINCO

A SEGUNDA GRAVURA: O CAMINHO DE EMAÚS

Como gravura para o *Jardim de Tinta* de Cheng Dayue, Ricci escolhe a que ilustra como Cristo, depois da Ressurreição, encontra dois discípulos no caminho de Emaús. Ricci tem em mente o texto do Evangelho de Lucas, capítulo 24:

Naquele mesmo dia, dois deles se dirigiam para uma aldeia chamada Emaús, a cerca de sete milhas de Jerusalém, e conversavam sobre todas as coisas que tinham acontecido. Enquanto falavam e discutiam, o próprio Jesus aproximou-se e seguiu com eles. Mas seus olhos não puderam reconhecê-lo. E ele perguntou a eles: "Que conversa é essa que vocês mantêm pelo caminho?". E eles ficaram quietos, parecendo tristes.

Então um deles, chamado Cleofas, perguntou-lhe: "Você é o único visitante de Jerusalém que desconhece as coisas que lá aconteceram nesses dias?". E ele lhes disse: "Que coisas?". E eles lhe responderam: "Sobre Jesus de Nazaré, que era um profeta poderoso em obras e palavras frente a Deus e a todas as gentes, e nossos sumos sacerdotes e governantes o entregaram para ser condenado à morte, e o crucificaram. Mas nós esperávamos que fosse o único a redimir Israel..."

E ele lhes disse: "Ó homens tolos e lentos de coração para acreditar em tudo que os profetas falaram. Não era necessário que Cristo sofresse tais coisas e entrasse em sua glória?". E começando com Moisés e todos os profetas, interpretou para eles as coisas que lhe diziam respeito em todas as escrituras.

Assim eles se aproximaram da aldeia para onde estavam

Murmuli ȹ uos imieu tor. Edun. sus ob noeswuielcci excudit.

indo. Ele pareceu seguir adiante, mas eles o seguraram dizendo: "Fique conosco, pois anoitece e o dia já se foi". Assim ele entrou para ficar com eles. Quando estava à mesa com eles, tomou o pão e o abençoou, partiu-o e deu a eles. E seus olhos se abriram e o reconheceram; e ele desapareceu de suas vistas. Disseram um para o outro: "Nossos corações não se incendiaram dentro de nós enquanto ele falava conosco no caminho, enquanto ele nos apresentava as escrituras?".

É uma passagem plena de ambigüidades e significados ocultos, e os padres da Igreja discutiram durante séculos cada detalhe com uma atenção extasiada: por que "sete" milhas? Porque os discípulos ainda estavam presos no ciclo da Paixão de Cristo e *se* encaminhavam para o sétimo dia, que traria a compreensão da sua Ressurreição, mas ainda não o tinham atingido. "Aldeia" era a palavra correta para Emaús, ou não seria antes um forte ou um castelo? Por que apenas *um* discípulo apresentou seu nome? Talvez porque o outro fosse o próprio evangelista Lucas, que ocultou sua presença por modéstia inata. Terá Cristo modificado sua aparência, e assim não o reconheceram, ou seriam simplesmente seus olhos que ainda não conseguiam ver claramente sua verdadeira natureza? Por que os discípulos disseram que "tinham esperado" que Cristo fosse seu salvador? Tinham perdido sua fé tão rápida e cabalmente? Por que Cristo "pareceu seguir adiante" quando alcançaram a aldeia? Ele enganou deliberadamente os discípulos? Caso positivo, como tal logro pode ser compatível com sua natureza divina? E quando sentaram para comer, em quantos pedaços partiu ele o pão, e qual era o significado de cada um deles? [1]

Ricci não pode amontoar todos esses pensamentos, detalhes, exegeses, no espaço a ele concedido por Cheng Dayue. Como com a história de Pedro sobre as águas, ele cria sua própria versão bíblica, que intitula: "Dois discípulos, depois de ouvirem a verdade, rejeitam toda vaidade". Não tenta oferecer uma tradução chinesa da palavra "Emaús". O interesse da história reside no percurso, não no destino:

Na época em que o Senhor do Céu, para salvar o mundo, sofreu sua dor aqui na Terra, dois dos seus discípulos fugiam juntos pela estrada. E falando sobre o que tinha acontecido, estavam tristes. O Senhor do Céu mudou sua forma e, sem aviso, juntou-se a eles. Perguntou a razão da sua tristeza. Então explicou as palavras das Sagradas Escrituras, que tinham profetizado como o Senhor do Céu suportaria dor e sofrimento para salvar o mundo, e depois disso retornaria ao seu reino celestial.

Isso mostra que não devemos nos apegar às alegrias deste mundo, nem evitar seus sofrimentos. Quando o Senhor do Céu desceu à Terra, se quisesse felicidade, teria felicidade, se quisesse sofrimento, teria sofrimento — e não há dúvida que foi o sofrimento que ele escolheu. Nos sofrimentos deste mundo está contida uma grande alegria, nas alegrias deste mundo está contido um grande sofrimento. Pode alguém negar que esta é a mais alta sabedoria? Despertados para o entendimento, aqueles dois discípulos se entregaram a uma vida de dor amarga, como as pessoas comuns se entregam à busca de jóias e dinheiro. Suas dores amargas há muito tempo se acabaram, e a recompensa pelo seu amor ao sofrimento é a eternidade na terra celestial.[2]

Assim Ricci converte a viagem a Emaús numa história sobre razões e explicações, de um lado, e de outro sobre a aceitação estóica do sofrimento. A aceitação prolongada daquele sofrimento conduzirá finalmente à bem-aventurança.

Se tivesse consigo o exemplar de Nadal, Ricci provavelmente teria escolhido para entregar a Cheng Dayeu a ilustração n.º 41: mostra Cristo sentado à mesa com os dois discípulos em Emaús, estendendo o pão para o discípulo à sua esquerda com sua mão direita, enquanto empregados se azafamam com outros pratos de comida e o anfitrião e a anfitriã olham reverentemente. Mas como ele não dispõe de Nadal, escolhe uma outra gravura de Wierix, referente ao ciclo da Paixão, ciclo do qual extraíra a gravura errônea de Pedro. Essas duas gravuras contrastam muito bem entre si. A ilustração dos discípulos no barco mostra pessoas pobres entregues à dura labuta nas águas, empenhados em suas redes; a ilustração de Emaús mostra cavalheiros ociosos — calçados para uma longa marcha, é verdade, e portando bastões sólidos, mas nitidamente trajados com elegância —, mergulhados em conversação defronte um grande palácio ou castelo.

O artista chinês que trabalha para Cheng Dayue não pode absolutamente apreender a sutileza dos sombreados e dos gestos com que Wierix mostra Cristo apontando numa direção, ao passo que seus discípulos insistem com ele para a outra direção, e tampouco pode reproduzir claramente a cena do fundo onde, transposto no tempo dentro da mesma ilustração, Wierix nos deixa ver, num quarto da mansão onde finalmente concorda em ir, Cristo partindo o pão para os dois discípulos sentados ao seu lado.[3]

Mas não importa. O jantar desapareceu inteiramente da história, e qualquer chinês que percorra o livro de Cheng poderá ver a intensidade da conversação em que se empenham as três figuras, e apreender a forma em que três homens, embora preparados para se mover, parecem por um instante congelados em sua fixidez. Se o espectador chinês também conseguir ler o texto que acompanha a gravura, compreenderá que as duas figuras que flanqueam o Senhor do Céu não estão mais fugindo do que quer que tenha acontecido, mas estão aprendendo a aceitá-lo. E entenderá que Cristo ao centro, uma mão semilevantada em suave advertência, com seus sofrimentos terminados, prepara-se para voltar uma vez mais ao seu reino celestial.

Em 1559, Ricci tinha sete anos em Macerata, e mal iniciara o estudo do latim, quando os jesuítas em Roma publicaram seu primeiro livro importante, uma edição expurgada dos *Epigramas* de Marcial. A montagem de uma oficina impressora, de propriedade dos jesuítas e operada por eles mesmos, era um projeto caro ao coração de Inácio de Loyola, nos anos anteriores à sua morte em 1556, e em pessoa participara ativamente da busca de uma fonte tipográfica adequada — primeiro tentando recebê-la como presente do duque Cosimo de Médici de Florença, e a seguir, quando o duque se recusou, tentando comprá-la de intermediários em Veneza pelo que parecia o preço muito bom de quarenta ducados. Inácio considerou o tipo veneziano muito pequeno e antiquado, e recusou o negócio; já falecera quando encontraram uma fonte satisfatória à venda em Roma mesmo, com trinta mil letras em corpos grandes e pequenos, tipos romanos e itálicos, por apenas vinte ducados.[4]

Essa procura da apresentação tipográfica ideal e a publicação dos clássicos latinos marcaram as últimas etapas da entrada formal dos jesuítas no mundo do humanismo renascentista tardio. A escolha dos *Epigramas* de Marcial, como sua primeira publicação importante, expressava bem seus objetivos: muitos dos seus epigramas eram sexualmente explícitos, de forma agradável e até selvagem, mas esse material ofensivo não podia obscurecer — na verdade pode ter contribuído para — o fato de se considerar Marcial um dos estilistas latinos supremos da idade clássica. Como os jesuítas concorriam num mundo onde a pureza da expressão ciceriana se tornava a nova norma, eliminando o latim coloquial rude e rápido do final da Idade Média, acharam que não podiam se permitir deixar de estudar Marcial apenas por ser obsceno.[5]

A questão inaciana, portanto, era encorajar os eruditos jesuítas a produzir edições de grandes obras, removidos todos os traços de material ofensivo, mas ainda mantendo a grandeza das lições morais que poderiam conter e ensinando adequadamente o estilo empregado. Inácio confiou essa tarefa ao erudito e músico Andreus Frusius, e embora Frusius também morresse em 1556, já completara sua edição expurgada de Marcial, e a tipografia jesuíta em Roma podia prosseguir e publicá-la. Frusius executara a mesma tarefa em relação ao poeta Horácio, e a tipografia jesuíta em Viena publicou uma edição dessa obra.[6] A concepção inaciana de "remover dos clássicos tudo o que possa ofender a inocência dos jovens" não desapareceu com a morte de Frusius. A imprensa jesuíta continuou a se expandir sob a direção de um mestre tipógrafo alemão, que empregava estudantes jesuítas na revisão das provas, e começou a realizar o objetivo de Inácio fornecendo não só textos expurgados, mas também edições baratas de textos clássicos e devotos acessíveis até para os estudantes mais pobres, inclusive os *Exercícios Espirituais* e as *Constituições* da Companhia. Em 1564, acrescentou-se uma fonte árabe, sob a direção do judeu convertido Baptista Romanus, e a impressora lançou como suas primeiras obras árabes uma tradução dos documentos cruciais do Concílio de Trento, uma gramática árabe e uma tradução árabe do Novo Testamento. Uma fonte de tipos hebraicos foi adquirida em 1577 e usada também para gramáticas e materiais de ensino nesta língua.[7]

As pinceladas amplas, mas inevitavelmente gerais com que Inácio esboçara seus planos para os colégios jesuítas haviam se refinado muito na época em que Ricci freqüentou o colégio romano, nos anos 1570. Embora as escolas de Macerata tivessem-no preparado a um nível em que poderia pensar, e de início realmente pensou, em seguir diretamente o estudo do direito, sua decisão de entrar na ordem jesuíta trouxe-o de volta a um currículo mais restrito que se desenvolvera a partir da década anterior, formulado com grande precisão segundo as linhas diretrizes de 1566.[8] O ensino formal de "letras humanas", nível básico do ensino na universidade jesuíta, era oferecido na faculdade de línguas. Ricci, nessa altura, tinha 21 anos, mas alguns alunos chegavam a ter apenas dez anos de idade. Ali os jovens aprendiam em detalhe a gramática do latim que já começavam a falar — o ensino era feito em latim, e os meninos deviam conversar em latim durante as horas de escola; começaram com o grego, e tinham cursos intensivos de retórica, poética e história. Terminados esses cursos — levavam de dois a quatro anos, dependendo da escola e da qualidade do aluno —, os rapazes seguiam para a faculdade superior de artes, entendendo-se por "artes" as ciências naturais aprendidas a partir do raciocínio — lógica, física, metafísica, filosofia moral e matemática. A esses cursos, por sua vez, podia-se seguir o ensino do direito, medicina ou teologia. No caso da opção por teologia, podia-se seguir um dos três cursos: teologia escolástica, com a aplicação da razão aos dados da revelação divina segundo Tomás de Aquino; teologia histórica, com um exame cuidadoso dos decretos e leis canônicas da Igreja; e o estudo detalhado das Sagradas Escrituras.[9]

A sucinta instrução de Inácio de que os estudantes "deviam confiar à memória o que seus mestres indicassem" era tomada ao pé da letra e repetida por outros orientadores jesuítas nos anos de aprendizagem de Ricci. Inácio também introduzira um certo ar de desafio na atmosfera da escola, ao sugerir que o estudo fosse vinculado ao instinto competitivo inato dos jovens: "Para o maior progresso dos estudantes, seria sensato colocar juntos alguns de igual capacidade que, provavelmente, se incitarão mutuamente em santa rivalidade".[10] Possivelmente foi um pouco dessa mesma "santa rivalidade" que motivou Ricci e seu amigo Lelio Passionei, de Urbino, a desenvolverem seu sistema particular próprio de "lugares da memória" quando estudavam juntos em Roma, empreendimento este que Ricci recordou com nostalgia vinte anos depois, na China.[11]

Enquanto Ricci estudava em Roma, havia uma série de livros disponíveis que podem tê-lo capacitado a ampliar sua formidável memória, mesmo para além dos limites sugeridos por *Ad Herennium* e os escritos de Quintiliano e Soarez, embora não saibamos quais ele realmente leu. Sua capacidade, mais tarde em sua vida, de memorizar rapidamente listas de quatrocentos ou quinhentos ideogramas chineses deveu-se em parte às técnicas desenvolvidas por teóricos como Host von Romberch, cujo livro apareceu pela primeira vez em Veneza em 1533. Romberch apresentava esquemas elaborados para a identificação de espaços de armazenamento em cidades da memória segundo categorias profissionais — lojas, bibliotecas, abatedouros, escolas etc. —, e desenvolvia "alfabetos mnemônicos" complexos, baseados em figuras vegetais, animais e humanas ou em seqüências de objetos logicamente interligados.[12] Ao mesmo tempo, a escolha efetiva de imagens de memória a serem fixadas nos locais mnemônicos se sofisticara e refinara. O grau a que podiam chegar esses especialistas da memória na elaboração de imagens mnemônicas vívidas inesquecíveis ficou bem manifesto na obra de Guglielmo Grataroli, alquimista e médico também interessado na elaboração de regimes dietéticos destinados a fortalecer a memória humana. O livro de Grataroli sobre os sistemas de locais mnemônicos, inicialmente publicado em Zurique, em 1553, tornou-se disponível em 1555 numa edição romana. Reconhecendo a teoria predominante de que as imagens da memória deviam "levar a pessoa ao riso, à compaixão ou à admiração", Grataroli desenvolveu um sistema tríplice de lugar, objeto e figura. Depois de projetar uma localização mnemônica em linhas convencionais, colocou em cada lugar um objeto — um urinol, uma caixa de ungüento, uma tigela de gesso foram seus três primeiros exemplos — e a seguir figuras separadas, cada uma baseada em indivíduos bem conhecidos e cuidadosamente denominada, moviam os cenários em ação mnemônica. Assim, Grataroli apresentava, numa rápida seqüência, seu amigo Pedro levantando o urinol cheio e despejando-o sobre James, Martin pondo o dedo na caixa de ungüento e esfregando-o no ânus de Henry, Andrew pegando um pouco de gesso da tigela e esfregando-o no rosto de Francis. Se a pessoa conseguisse ligar essas vinhetas, por trocadilho, analogia ou associação de idéias, a determinados conceitos, podia estar certa de nunca esquecê-los.[13]

Foi a capacidade magistral de Ricci de combinar esses dois tipos diferentes de técnicas mnemônicas — imagens vivas e seqüências longas — que o levou ao seu entusiasmo inicial pela China e a alguns dos seus maiores êxitos públicos naquele país. A qualidade de sua destreza mnemônica garantia que, quando teve de começar a aprender o chinês, após a sua chegada em Macau no final de 1582, longe de se desalentar com a dificuldade do idioma, ficasse entusiasmado, quase triunfante, com o "salto", como dizia, que fizera, conforme escreveu ao seu antigo professor de retórica, Martino de Fornari, em fevereiro do ano seguinte:

> *Recentemente me entreguei ao estudo da língua chinesa e posso assegurar-lhe que é algo completamente diferente do grego ou do alemão. Na língua falada, há tanta ambigüidade que existem muitas palavras que podem significar mais de mil coisas, e muitas vezes a única diferença entre uma palavra e outra é a forma como você dá a entonação alta ou baixa, em quatro diferentes tons. Assim, quando [os chineses] falam entre si, escrevem por extenso as palavras que querem dizer, para poderem ter a certeza de se entender — pois todas as letras escritas diferem umas das outras. Quanto a essas letras escritas, você não acreditaria sem vê-las e usá-las, como fiz. Eles têm tantas letras quantas são as palavras e as coisas, de modo que existem mais de setenta mil delas, cada uma totalmente diferente e complexa. Se você quiser ver exemplos, posso lhe enviar um dos seus livros, com uma explicação em anexo.*[14]

Ricci descrevia a seguir o que ele considerava como a estrutura monossilábica do chinês, e indicou os atributos universalistas de uma escrita ideogramática, onde "se encontra a vantagem de que todos os países que utilizam esse tipo de escritura podem entender a correspondência e os livros uns dos outros, mesmo que as linguagens faladas sejam diferentes, coisa que não é absolutamente o caso com nossas letras". Ricci estudou cuidadosamente a formação dos ideogramas individuais, de modo que, depois de apenas cinco meses em Macau, sentia-se capaz de escrever corretamente qualquer ideograma que lhe fosse apresentado. Acrescentava (numa linguagem que seu antigo professor de retórica certamente apreciaria), "já coloquei em minha cabeça um bom número deles".[15]

Pode-se encontrar uma razão para a animação subjacente à linguagem emotiva de Ricci: se os chineses tinham "tantas letras [i.é, ideogramas] quantas são as palavras e as coisas", e se a pessoa podia aprender muito rapidamente a subdividir cada ideograma em suas partes componentes, cada qual também com um significado próprio, seria fácil, para alguém bem treinado em artes mnemônicas, transformar cada ideograma numa imagem da memória. Esse processo era acelerado pelo fato de que o chinês compunha um contraste estimulante com a gramática grega, a qual Ricci por alguns anos tentara sem êxito ensinar na Índia. Ao contrário das sentenças gregas, que tinham de ser lembradas em toda sua complexidade minuciosa, uma sentença chinesa podia ser acuradamente apresentada como uma seqüência de imagens: como observou Ricci, "o que ajuda em tudo isso é que suas palavras não têm artigos, caso, número, gênero, tempo, modo; simplesmente resolvem seus problemas com certas formas adverbiais que podem ser muito facilmente explicáveis".[16]

Foram necessários outros doze anos para Ricci atingir o ponto em que aprendera tão bem o chinês com seus métodos pessoais que estava pronto para explicá-los *em* chinês. Das suas cartas que chegaram até nós, podemos mapear alguns passos do seu árduo avanço. Em meados de 1584, tendo já recebido no final do ano anterior autorização dos chineses em se estabelecer na cidade de Zhaoqing, Ricci fez algumas pregações em chinês e recebeu algumas confissões ocasionais. Em outubro desse ano, começou a falar sem intérprete e sentiu que podia ler e escrever bastante bem (*mediocremente*); em novembro de 1585, melhorara sua fluência na conversação e podia ler quase tudo, com alguma ajuda de um assistente chinês. Aí se deteve por algum tempo, sobrecarregado de trabalho e dificuldades. Em 1592, ainda o encontramos sem poder ler muitos livros devido "à falta de um professor, que parecemos não conseguir nunca manter por mais de um ou dois anos, por várias razões", até que, pressionado pelos seus superiores, fez um último esforço, bem-sucedido. Em dezembro de 1592 anunciou um rumo a todo vapor pelos "Quatro Livros" — a coletânea introdutória dos clássicos de Confúcio conhecidos como *Os Analetos, O Mêncio, A Doutrina do Sentido* e o *Grande Ensinamento,* usados nas escolas chinesas —, e estava experimentando traduzi-los para o latim. Tomara um professor experiente e conhecedor, de modo que "na minha idade avançada [ele tinha 41 anos!], me torno novamente um menino de escola". Em outubro de 1594, depois de dez meses com duas longas aulas por dia, veio a ruptura: "Reuni coragem suficiente e, de agora em diante, serei capaz de compor por conta própria".[17]

Ricci descreveu numa carta detalhada ao seu superior em Macau, Edoardo de Sande, transbordante da alegria da realização, como conseguira fazer convergir as correntes desses estudos em Nanchang, em 1595, tanto reunindo sua confiança recém-adquirida no seu conhecimento do chinês com seu próprio treinamento mnemônico rigoroso, como jogando espertamente com a vontade de memorizar livros por parte dos seus conhecidos chineses:

> *Um dia, quando fui convidado a uma festa dos graduandos do primeiro grau de letras, aconteceu uma coisa que me deu grande fama entre eles e todos os outros letrados da cidade. Foi que eu tinha construído um Sistema de Lugares da Memória para muitos ideogramas chineses, e estando em boas relações com esses letrados e desejando ganhar algum crédito entre eles e mostrar um pouco do que eu conhecia das letras chinesas, entendendo o quanto isso serviria para o serviço e a glória de Nosso Senhor e para o que pretendíamos, disse-lhes que escrevessem numa folha de papel grande número de letras chinesas, da maneira que quisessem, sem nenhuma ordem entre elas, e que, depois de lê-las apenas uma vez, eu seria capaz de dizê-las todas de cor, na mesma forma e ordem em que foram escritas. Assim fizeram, escrevendo muitas letras sem ordem alguma, e pude, depois de lê-las uma vez, repeti-las todas de memória, da maneira que estavam escritas: de tal forma que ficaram todos atônitos, parecendo ser uma grande coisa para eles. E eu, para aumentar o seu espanto maravilhado, comecei a recitá-las todas de memória, de trás para a frente da mesma maneira, começando com a última até chegar à primeira. Com isso, ficaram todos profundamente estupefatos e como que fora de si mesmos. E ao mesmo tempo começaram a me suplicar que consentisse em ensiná-los essa regra divina que produzia tal memória. E imediatamente mi-*

nha fama começou a se espalhar tão rapidamente entre os letrados que não poderia nem contar o número de todos os graduandos e outras pessoas importantes que vieram me perguntar se eu estava disposto a ensinar essa ciência e me tomaram como seu mestre, e me fizeram cortesias como fazem a um mestre, e também me ofereceram dinheiro como fariam a seus mestres.

Respondi a eles que não aceito dinheiro por ensinar minha doutrina, e que agora, não estando ainda totalmente instalado, não tendo um amigo comigo, não contando com uma casa pronta e estando tão terrivelmente ocupado com essas visitas sociais — simplesmente não podia aceitar. Mas quando finalmente me instalasse e montasse uma casa, tentaria satisfazê-los. Pois, na verdade, esse Sistema dos Lugares da Memória parece ter sido inventado para caracteres chineses, em relação aos quais é particularmente útil e eficiente, pois cada letra é uma figura que significa uma coisa.[18]

Apesar de Ricci afirmar a de Sande que não estava ensinando o método mnemônico, sabemos por uma carta ao geral Acquaviva que o *fazia* em novembro de 1595. E embora dissesse negar vigorosamente os boatos chineses de que podia lembrar qualquer livro que lera de passagem apenas uma vez, uma carta ao seu amigo Lelio Passionei (agora vivendo em Modena) mostra que de fato vinha deliberadamente atiçando a chama do entusiasmo chinês: "Eles dizem que não preciso ler um livro mais que uma vez para retê-lo para sempre na memória. E, embora jurasse o contrário, eles não se dispuseram a me acreditar — especialmente porque, discutindo com eles sobre alguns dos seus livros [filosóficos], em algumas vezes por divertimento [*per ricreazone*] tirei da minha memória uma de suas composições e recitei-a de uma vez só, palavra por palavra, e de trás para a frente".[20] A memorização dessas obras clássicas era evidentemente importantíssima para os jovens chineses ambiciosos que enfrentavam os exames para os cargos burocráticos; como Ricci manhosamente observou: "Grande é o regozijo que se tem na cidade com os magistrados e os parentes de todos os que obtêm o grau de aprovação, pois como são pagãos acham que essa é a sua glória e o seu paraíso".[21] Ricci já encontrara um oficial superior (o mandarim militar Scielou, que quase o levou ao túmulo no fundo de um rio) cujo filho sofrera um colapso físico e mental depois de reprovado nos exames do Estado, e quando redigiu seus pensamentos no livro sobre o método mnemônico, explorou essa questão afirmando que, "se um estudante tentasse lembrar o que lera dos *Clássicos;* tal e tal capítulo, tal e tal página, tal e tal linha seriam tão vívidos como se estivessem em frente aos seus olhos".[22]

Ao impressionar os chineses com suas habilidades mnemônicas, Ricci esperava interessá-los em sua cultura; interessando-os em sua cultura, esperava levá-los ao interesse pelo seu Deus. A cultura que levara à China e lentamente aprendia a traduzir e a reinterpretar consistia basicamente no corpo de conhecimentos que aprendera durante um ano no colégio jesuíta de Florença — do final de 1572 a outubro de 1573 — e, posteriormente, na faculdade de artes do colégio romano, onde estudou desde o final de 1573 até 1577.[23] Em termos muito gerais, consistia de um lado em filosofia moral e, de outro, em ciências matemáticas; ambas, nos anos 1570, expandiam-se fantasticamente, e o imenso material tinha de ser organizado com o máximo cuidado. No âmbito da filosofia moral, a decisão de Inácio e seus sucessores de tentar educar os jovens jesuítas como as pontas de lança intelectuais da vida cultural do seu tempo aumentou incomensuravelmente a tarefa a ser empreendida por cada estudante e o montante de obras literárias que tinha de conhecer e absorver. A intensificação do gosto pelo estilo latino levou à necessidade de memorizar clássicos fundamentais como as orações de Cícero, a retórica de Quintiliano, os epigramas de Marcial, e longos trechos escolhidos de Horácio, Ovídio e Virgílio, além das famosas "peças de coleção" como a versão por Livy da oração de Aníbal a suas tropas; ao passo que o interesse crescente pelo grego significava que a pessoa tinha de percorrer desde Esopo até as odes de Píndaro, Hesíodo e Xenofonte, os diálogos de Platão, *As Rãs* de Aristófanes e longas seções de Homero. De todos esses exemplos a pessoa tinha de extrair não só o estilo e o conteúdo, mas os modos de enunciação e os tipos de argumentação, de modo a desenvolver as suas declamações segundo a forma reconhecida.[24]

Simultaneamente, a pessoa tinha de ser profundamente versada sobre as complexas inter-relações existentes entre a antigüidade pagã e cristã e os textos correspondentes a ambas as tradições, visto que o período da Contra-Reforma presenciava um ressurgimento da doutrina eclética conhecida como neo-estoicismo, onde elementos do pensamento grego tardio e romano primitivo se misturavam com correntes cristãs de pensamento, criando uma variante do humanismo cristão. Aqui novamente, era essencial a memorização de um amplo leque de textos, mais pelo conteúdo moral do que pela força estilística. Assim Sêneca, com suas idéias firmes e calmas sobre a velhice e a morte, e o antigo escravo Epiteto, com suas prescrições para a defesa da integridade pessoal do indivíduo numa sociedade áspera e imprevisível, tornaram-se partes componentes do mundo mental de Ricci.[25]

Quando Ricci escreveu de Pequim para seu amigo Girolae Costa na primavera de 1608, perto do fim de sua vida, que "me encontro tão totalmente carente de livros que a maior parte do que agora imprimo são coisas que mantenho em minha memória", possivelmente se referia mais explicitamente a essas obras estóicas ou humanistas: o livro que publicara em chinês naquele ano, sob o título *Dez Discursos de um Homem Paradoxal,* continha uma transcrição quase literal da vida de Esopo por Planudes, junto com extensas paráfrases de Epiteto. Visto que os eruditos chineses contemporâneos rapidamente extraíam longas citações de tais exóticas obras ocidentais e faziam-nas circular em suas próprias coletâneas de ensaios, era imperiosa a necessidade de clareza e precisão.[26] Um uso semelhante da memória sem dúvida se fizera presente num trabalho anterior: em *Sobre a Amizade,* que Ricci publicou em 1595, usou livremente citações de dezenas de autores clássicos reunidos na antologia de mesmo título de Andrea de Resende. Embora não possamos ter certeza, é improvável que Ricci tenha trazido consigo para a China a obra de Resende. É mais provável que tenha aprendido na escola numerosas passagens do livro, trazendo-as de memória, suposição ainda mais provável pelo fato de Ricci ter ampliado aos poucos as suas observações sobre a amizade, passando de 76 para 100, como se se fosse lembrando lentamente de outras e acrescentando-as ao seu depósito.[27] Um processo um tanto semelhante pode ter ocorrido com as seleções de Epiteto que Ricci publicou em chinês em 1605, sob o título *Vinte e Cinco Sentenças (Ershiwu yan)*; embora rearranjadas e alteradas, todas as passagens provieram do *Encheiridion,* o chamado *Manual,* destilado das maiores obras filosóficas de Epiteto. Ricci também pode ter trazido esse livro consigo; mas, novamente, é mais provável que tenha memorizado em aula as seleções de Epiteto e as invocado de sua memória quando encontrou um uso para elas, no contexto chinês de trinta anos depois.[28] Na edição da coletânea de canções que o imperador Wanli em 1601 ordenou a Ricci, para que os eunucos tivessem algo para cantar quando tocavam o cravo que Ricci presenteara à corte, certamente este se inspirou em memórias da juventude sobre poemas de Horácio e ensaios de Sêneca e Petrarca, que então entreteceu engenhosamente.[29]

É um pouco mais difícil ver como as técnicas convencionais de memorização se aplicavam à outra subdivisão principal dos ensinamentos que absorvera Ricci: as ciências matemáticas. O professor de Ricci no colégio romano tinha sido Christopher Clavius, cuja importante reelaboração e análise dos *Elementos de Geometria* de Euclides apareceu em latim em 1574, precisamente quando Ricci passava para um grau mais avançado de estudos na faculdade de artes. Clavius era um professor brilhante e um homem que acreditava fervorosamente no valor do conhecimento científico, numa época em que o mesmo não ocorria com muitos professores jesuítas, que tentavam ativamente dissuadir seus alunos de se dedicarem a estudos matemáticos.[30] Clavius ressaltava como a exploração cuidadosa dos fenômenos naturais contribuía para as reflexões pessoais sobre o mundo espiritual. Sendo ele mesmo matemático e astrônomo destacado, que se tornaria amigo de Galileu, costumava dizer aos jovens jesuítas do colégio romano que "era essencial que os estudantes entendessem que as ciências eram úteis e necessárias para a compreensão correta do resto da filosofia", e lembrava-lhes o triste exemplo daqueles professores que cometiam erros absurdos na interpretação de Aristóteles e Platão por carecerem de um conhecimento básico de matemática.[31]

Clavius tinha uma idéia clara do que seus estudantes deviam aprender no colégio: "O número e o movimento das esferas celestes, a multiplicidade das observações, os efeitos das estrelas — que variam segundo suas várias conjunções, oposições e distâncias relativas entre si —, a divisão sem fim da matéria, a vazante e a enchente do mar, os ventos, os cometas, os arco-íris, os vapores e outros assuntos meteorológicos, bem como aquelas proporções entre movimento, qualidade, ação, distância, reação etc., sobre as quais tanto escreveram os matemáticos".[32] Os professores tinham de estar acima da média, escreveu Clavius, para apresentarem eficientemente a disciplina da matemática; ao passo que os estudantes teriam de trabalhar com especial intensidade, para atravessar o material que julgava essencial para eles. Os estudantes do primeiro ano (*los lógicos*) podiam aprender os primeiros quatro livros de Euclides em quatro meses, aritmética prática em um mês e meio, as esferas planetárias em dois meses e meio, geografia em dois meses e — se sobrasse tempo letivo — podiam terminar com o quinto e sexto livros de Euclides. Os estudantes do segundo ano (*los philósophos*) estudariam o astrolábio (para calcular o movimento dos planetas e estrelas) por dois meses, a teoria planetária em quatro, a perspectiva em três, e as teorias do cálculo do tempo e os cômputos eclesiásticos pelo tempo que restasse. Uns poucos estudantes destacados seriam autorizados a um curso de leituras por conta própria no terceiro ano, onde investigariam teorias mais avançadas sobre as esferas e estudariam a elaboração de calendários perpétuos, tabelas planetárias, uso de quadrantes, e coisas do gênero.[33]

Ricci, que teve Clavius como professor de matemática durante quatro anos no colégio romano, provavelmente fez parte desse grupo que recebia apoio mais avançado. Seu aprendizado de teologia pode até se ter retardado pelas exigências do trabalho matemático, visto que só terminou os cursos teológicos em 1580, quando morava na Índia.[34] Como a maioria dos outros ocidentais cultos, teria tido experiência de primeira mão dos efeitos do fascínio de Clavius pelos "cômputos eclesiásticos" recomendado para os estudantes de segundo ano, pois o famoso calendário reformado de Clavius — que foi denominado "gregoriano" em homenagem ao papa da época, Gregório XIII — foi estabelecido na Europa em outubro de 1582, e no ano seguinte no Extremo Oriente, logo depois de Ricci entrar na China com Ruggieri e se instalar em Zhaoqing.[35]

Durante toda a vida, Ricci manteve uma relação afeiçoada com Clavius. Trocavam livros e correspondência, e Ricci apresentou seu professor aos leitores chineses como o maior matemático desde Euclides, e seu verdadeiro sucessor. Ricci, em seus escritos chineses sobre a matemática, simplesmente romanizava o nome de Euclides com a aproximação grosseira "Oujili" — sem deixar de dizer que Euclides nascera "há cerca de mil anos atrás", o que podia levar qualquer chinês interessado no assunto a pensar que Euclides fora um matemático cristão, ao invés (como na realidade) de um pagão grego que vivera em 500 a.C. Mas a Clavius deu o nome chinês Ding, que era um trocadilho divertido, semelhante aos utilizados na construção do palácio da memória, onde o nome Clavius era transformado na palavra latina *clavus*, isto é, "prego", então traduzida corretamente para o chinês como *ding*. *Ding* era um dos ideogramas chineses de mais fácil redação, quase idêntico à maiúscula européia *T*; os chineses, naturalmente, tinham consciência de que esse ideograma era de muito mais fácil escrita que a maioria dos outros, e costumavam se referir a um homem estúpido dizendo: "Ele é incapaz mesmo de reconhecer o ideograma *ding*". Esse dito deve ter parecido distorcidamente adequado a Ricci, quando começou a tentar introduzir a matemática ocidental aos letrados chineses.[36]

O papel central da matemática no pensamento da Igreja Católica foi enunciado por Tomás de Aquino no século XIII. Via-a como um admirável tópico inicial de estudos para os jovens devido à sua metodologia, procedendo de uma coisa a suas propriedades, de forma direta, sendo assim "a mais fácil e exata das ciências humanas". Simultaneamente, o conhecimento matemático adaptava-se bem às premissas básicas da teoria mnemônica, pois a mente, fixando o que fosse bem ordenado, via na ordem harmoniosa da matemática algo de lembrança particularmente fácil — um bom exemplo era a disposição das proposições geométricas de Euclides.[37] A imaginação e o intelecto se combinavam para tornar possível a geometria; essa ciência mostrava tanto a força como os limites do homem na ordem natural dos seres; alcançar o conhecimento matemático era um triunfo, mas também prova da fraqueza do homem, por ser ainda necessária a ele. Deus e os anjos, afirmava Aquino, não tinham nenhuma necessidade de tabelas e gráficos matemáticos, pois podiam ver todas as coisas numa visão única e unificada.[38] A matemática, portanto, parecia oferecer um tipo específico de precisão: "Intermediária entre a ciência natural e a divina, é mais exata que ambas". Ao mesmo tempo, era independente da parte emocional: "Posto que um geômetra faz uma demonstração verdadeira, não importa a maneira como esteja situado em relação à parte dos seus apetites, se está contente ou irritado".[39]

Em sua rede de escolas que se difundia pela Europa no século XVI, os jesuítas enfatizavam as ciências, não apenas por concorrência com as escolas protestantes que faziam o mesmo, mas também para agradar à elite e à nobreza que valorizavam esses estudos acima de todos os outros. Colocando a ênfase sobre os talentos matemáticos, os jesuítas mostravam que se mantinham nas fronteiras do conhecimento moderno e herdavam o impulso dominante do humanismo renascentista italiano tardio. Se rejeitaram a teoria heliocêntrica de Copérnico e continuaram a ensinar uma astronomia baseada numa Terra imóvel cercada por sete esferas cristalinas, foi por valorizarem a antiguidade e correção religiosa desse sistema e considerarem inadequadas as evidências que o refutavam.[40] A descoberta de uma nova estrela em 1572 e o aparecimento de um grande cometa em 1577, eventos ocorridos quando Ricci estava na escola em Roma, suscitaram um amplo debate entre eruditos e astrônomos ocidentais e levaram Clavius a reexaminar algumas de suas asserções, mas em última análise suas concepções se mantiveram inalteradas.[41]

Após se familiarizar com a linguagem e erudição chinesas, Ricci dificilmente poderia tratar seu conhecimento científico da mesma forma que fizera com suas práticas religiosas. A astronomia observacional na China, por exemplo, era excelente, e tanto a supernova de 1572 como o cometa de 1577 foram cuidadosa e detalhadamente registrados pelos chineses, no que concerne à data exata do surgimento, tamanho e brilho aparentes e curso do movimento.[42] Mas podia tentar convencer os chineses que a base teórica de sua metodologia ainda era infundada; como colocou em seu prefácio à versão chinesa dos *Elementos de Geometria* de Euclides: "Desde a primeira vez que cheguei à China, era minha humilde opinião que, embora os estudiosos de geometria tivessem plena confiança em seus livros-texto, não havia nenhuma discussão sobre os princípios fundamentais. Mas sem bases ou boas raízes, é difícil construir solidamente algo, e, em conseqüência, mesmo os mais refinados eruditos não poderiam explicar as razões de suas conclusões".[43] Ricci anunciava um talento específico para sanar essa falta. Não só se apresentava firmemente como o pupilo de Clavius, e Clavius como o herdeiro intelectual de Euclides, mas também se apresentava confiantemente como representante de uma tradição intelectual italiana específica:

> *Meu distante país ocidental, embora pequeno, é único entre todas as outras nações no rigor analítico com que suas escolas examinam os fenômenos naturais. Por essa razão, temos mui-*

tos livros que investigam tais fenômenos nos mais completos detalhes. Nossos eruditos tomam como premissa básica de suas discussões a busca de provas segundo a razão, e não aceitam as opiniões inconsistentes de outras pessoas. Dizem que a investigação segundo a razão pode conduzir ao conhecimento científico, ao passo que as opiniões de outrem só podem conduzir as minhas próprias novas opiniões. Um conhecimento científico é isento de dúvida; a opinião sempre é acompanhada pela dúvida.[44]

Ricci prosseguiu resumindo para seus leitores chineses muito do que lhe ensinara Clavius. O grande rio da matemática tinha quatro braços principais: aritmética, geometria, música e astronomia-*plus*-cronologia. Ricci elaborou essa idéia geral num hino aos múltiplos subcomponentes da matemática:

Esses quatro braços principais se subdividem numa centena de correntes. Uma mede a magnitude do universo; o mesmo com a espessura das sucessivas esferas celestiais superpostas, a distância da Terra em relação ao Sol, Lua e estrelas, e suas magnitudes relativas, o diâmetro da Terra e as distâncias de sua superfície; também a altitude das montanhas e colinas, grandiosas edificações de todas as espécies, a profundidade dos vales e depressões, a distância mútua entre dois lugares, a área e limite dos campos, muros das cidades e palácios, o volume dos armazéns ou de grandes depósitos. Outra subdivisão calcula os raios do Sol, para explicar a seqüência das estações, a duração variável do dia e da noite, e as horas do nascer e pôr do sol; daí deduzindo a latitude e a longitude; o momento exato em que começam os anos, meses e dias; os equinócios e solstícios, os anos com um mês a mais, ou o mês com um dia a mais.

Outra subdivisão constrói instrumentos tais como esferas para a observação dos céus e da Terra, e os movimentos do Sol, da Lua e dos cinco planetas; para a afinação das oito classes de instrumentos musicais, e para a marcação da passagem do tempo por relógios, para ajudar a vida cotidiana do povo e regular os sacrifícios ao Senhor Supremo. Ainda uma outra subdivisão regula as artes que trabalham com a água,

> *terra, madeira e pedra; constrói cidades, levanta torres, terraços e palácios, da base ao teto; abre canais, forma reservatórios e constrói pontes. E tudo isso não para fazê-las simplesmente bonitas e ornamentais, mas tão fortes que não se farão em ruínas mesmo depois de milhares de anos.*

Este era só o começo, prosseguia Ricci. A matemática também subsumia todo o âmbito dos inventos mecânicos para levantamento de pesos ou transporte de bens; recobria os mecanismos de irrigação e drenagem para os desertos e brejos, comportas para as vias fluviais, a ciência da óptica, o conhecimento da curvatura dos planos, as técnicas de perspectiva e do claro-escuro. Por fim em sua lista vinha a geografia, a ciência de representar a Terra — montanhas, mares, reinos, continentes, ilhas e distritos, "tudo posto em miniatura", cada detalhe "respondendo aos pontos da bússola", e tudo em escalas proporcionais, "para evitar erro e confusão".[45]

Enquanto estava na China, Ricci executou alguns trabalhos em praticamente todas as subdivisões do conhecimento: horologia, óptica, astronomia observacional, levantamentos topográficos, música, geografia, geometria. Na maioria dessas áreas, a memória do que aprendera na escola podia se complementar com informações extraídas dos poucos livros que trouxera consigo. Calcular as eclipses, medir as latitudes, construir quadrantes solares integrados desmontáveis e precisos em qualquer posição, mesmo fazer o mapamúndi de grande escala que lhe traria tanta fama na China, não eram tarefas tão imensamente difíceis com o auxílio das cópias, que tinha consigo, do mapa de Mercator de 1569 e de Ortelius de 1570, as tabelas minuciosamente detalhadas para o cálculo das latitudes apresentadas na *Esfera* de Clavius e na *Esfera do Mundo* de Alessandro Piccolomini, e que Ricci sempre levava em suas viagens.[46] Os livros de Clavius, principalmente, não eram apenas teóricos; vinham acompanhados de desenhos e notas operativas muitíssimo meticulosas, que mostravam ao estudante não só o uso, mas a construção do equipamento, até o mínimo encaixe na madeira e o último pino da armação.[47]

Especialmente depois de 1596, quando Ricci recebeu de presente um exemplar do novo livro de Clavius sobre o astrolábio (publicado em Roma em 1593), com suas séries de tabelas e mapas pormenorizados, passou a contar com um novo e potente instrumento para o cálculo astronômico; mais uma vez, a precisão e a completa operacionalidade de Clavius se combinavam, oferecendo a Ricci um meio de cálculo que levou os eruditos europeus a chamar o astrolábio de "o rei dos instrumentos" e a escrever diálogos apaixonadamente elogiosos em sua homenagem.[48]

Não podemos dizer se Ricci achava que para ele fluíam outros tipos de poder, graças ao seu domínio da matemática e da astronomia, embora certamente em parte da Europa naquela época os livros de Euclides, agora disponíveis para as novas gerações graças à tradução e anotações qualificadas de Clavius, fossem candidatos tanto a um uso mágico como a um uso que agora poderia ser chamado de "científico". No prefácio da versão inglesa do Euclides de Clavius, editada em Londres em 1570, o mago John Dee lançava um desafio aos seus "conterrâneos Loucos, Irrefletidos, Despeitados e Desdenhosos" e tentava fazê-los entender como as leis recém-demonstradas da matemática sustentavam a astrologia, essa "Arte matemática que demonstra racionalmente as operações e efeitos das radiações naturais, da luz e a influência secreta das Estrelas e Planetas"; [49] Dee tentava ainda provar que a precisão de Euclides reforçava sua própria estimada ciência da "antropografia", que utilizava o homem como a medida matemática sagrada de todas as coisas, e até conduzia à grande e última ciência que seria a "arquimestria", a "realização de Experiências completas" e único meio de "trazer à experiência sensível efetiva todas as valiosas conclusões das Artes Matemáticas".[50] Ricci pode não ter empregado essa linguagem, mas sua natureza e conteúdo não o surpreenderiam.

A geografia era a última da lista das subáreas da matemática, segundo Ricci, mas as suas realizações neste campo foram imensas. Executou a grande façanha de construir um mapa-múndi preciso com todos os nomes dos lugares transcritos para o chinês — mapa que passou por uma série de impressões não-autorizadas, e terminou numa versão gigantesca em seis painéis separados, cada um com 1,80 m de largura, nos aposentos internos do palácio do imperador Wanli em Pequim. Isso não significa que Ricci não recebeu auxílio em sua composição: o trabalho de eruditos pacientes tem mostrado que Ricci extraiu muitos dos seus breves ensaios descritivos sobre as Américas e a Europa do norte diretamente do mapa de Plancius de 1592, que lhe fora enviado para a China, enquanto as passagens sobre a Ásia central nem sequer foram extraídas, mas simplesmente transcritas da enciclopédia do erudito chinês Ma Duanlin, do século XII, a *Wenxian tongkao*. Em ambos os casos de Plancius e Ma Duanlin, Ricci extraiu indiscriminadamente muito material totalmente fantasista que desvirtuou o evidente rigor científico da sua obra.[51]

De qualquer forma, o que importava para Ricci em tudo isso era envolver os chineses em suas realizações científicas, para se tornarem mais receptivos à fé cristã. Foi com esse espírito, conforme disse a Clavius, que entalhou mensagens em chinês nas bases de seus quadrantes desmontáveis, apontando a fragilidade da conduta humana se não viesse acompanhada de alguma compreensão da graça de Deus, e advertindo aos que olhavam o tempo passar pela face do quadrante solar que não poderiam recapturar o passado nem antever o futuro, mas deviam fazer o bem no presente, quando tinham oportunidade para tal.[52]

No campo das relações pessoais, Ricci reforçava essas mensagens com sua análise sobre a amizade. O pequeno livro que publicara sobre o tema, em 1595, para um nobre Ming em Nanchang (e reeditado numa versão ampliada em 1601, com vários prefácios elogiosos de seus amigos chineses) lhe trouxe, segundo seus próprios relatos, mais prestígio e admiração entre a elite chinesa do que qualquer outro texto seu, idéia que foi fortalecida por comentários sobre o livro expressos pelos principais eruditos Ming.[53] Ricci apresentava a amizade como algo além de vantagens financeiras e outras considerações materiais, um elo que unia num só coração dois corpos separados. Os amigos verdadeiros se reconheciam nos tempos difíceis — quando as coisas iam bem, era tão fácil manter as amizades que isso lhes tirava qualquer significado mais profundo.[54] Ricci citava Sêneca, com o pensamento de que não lamentava os amigos mortos, pois antecipara sua perda enquanto vivos e, depois de mortos, lembrava-os ainda em vida; de Cícero, tomou a idéia de que a pessoa que não procura ajudar seu amigo em todos momentos não é um verdadeiro amigo, mas um comerciante; de Marcial, citou o epigrama irônico que, se eram poucos os amigos da pessoa, ela teria menos alegria mas, ao mesmo tempo, menos tristeza; de Plutarco veio o conceito de que um homem que escolhe seus amigos entre os indignos é como alguém que entra numa tinturaria e inevitavelmente sairá respingado.[55] Todos esses sentimentos caberiam bem entre os leitores chineses de Ricci, e nada os surpreenderia na sentença 24 de *Sobre a Amizade*: "O dano causado pelo elogio excessivo dos meus amigos é ainda maior que o dano causado pela censura dos meus inimigos". O que nos espanta agora é que essa frase vem de Erasmo, que fora severamente criticado por Inácio de Loyola, e que no final do século XVI não era normalmente considerado um autor adequado para leitores jesuítas.[56] Que Ricci ficasse satisfeito em citar Erasmo sugere que buscava o leque mais amplo possível de citações significativas, e não apenas as estreitamente ortodoxas.

Ricci recorreu a seus amigos chineses para fazerem circular *Sobre a Amizade* e outras obras suas, confiante em que a mensagem moral brilharia através deles. Como ele não acentuava o lado mais intransigente dos ensinamentos cristãos, foi fácil ser aceito como um igual pelos eruditos chineses mais graduados. Para tomar um simples exemplo, como Ricci se tornara amigo do famoso erudito confuciano Guo Zhengyu, recorreu a este para transmitir seus textos para o igualmente importante Zou Yuanbiao. Zou leu as obras por cortesia, e pouca discordância encontrou na apresentação de Ricci. Como a carta de Zou para Ricci felizmente sobreviveu, podemos traçar com alguns detalhes a natureza da resposta desse intelectual Ming aos jesuítas:

> *Recebi uma carta do meu respeitado amigo Guo, que excedeu todas as minhas expectativas; e com ela veio sua nota manuscrita. Realmente me senti como uma daquelas pessoas que viajaram muito longe pelas ilhas e puderam se encontrar com uma pessoa extraordinária, com a minha alegria estampada em meu rosto. Você e dois ou três colegas seus estavam ansiosos para difundir na China seus ensinamentos sobre o Senhor do Céu — esta intenção parece digna, e quando examinei a mensagem dela não apareceu nenhuma diferença com a que nossos próprios sábios ensinaram.*
>
> *As obras de nossos sábios, e dos eruditos confucianos que os seguiram, foram todas registradas completamente e com os mínimos detalhes; você concordaria comigo que não há nenhuma diferença importante? Se há lugares em que as coisas não são idênticas, é porque os aspectos da prática não são os mesmos. Se você examinar uma cópia do* Livro das Mutações, *verá que o hexagrama* qian *se refere ao "governo do céu".*

O povo da nossa humilde terra sempre compreendeu o céu; você concordaria comigo quanto a isso? [57]

Ricci não concordaria inteiramente, mas certamente usaria o hexagrama *qian* para sustentar seus argumentos de que os chineses, em seus mais antigos textos clássicos, tinham um conceito de poder divino não muito distante do cristão. Esse hexagrama, composto de seis linhas inteiras, era definido pelos chineses como o poder do "criativo", e conduzia ao "sucesso sublime, prosseguindo pela perseverança". Um antigo comentário sobre o mesmo hexagrama notava que "grande na verdade é a natureza sublime do criativo, ao qual todos os seres devem sua origem e que atravessa todo o céu", e o comentador acrescentava que o "homem sagrado" que entendesse esse processo "tem clareza quanto ao fim e ao começo", e compreendia como "cada coisa recebe sua verdadeira natureza e destino e entra em acordo permanente com a Grande Harmonia".[58]

As relações pessoais e a aprendizagem científica se reuniam na metodologia da conversão que Ricci desenvolveu no final dos anos 1590; e podemos dizer com certeza que sua esperança de que alguns eruditos chineses importantes chegassem à fé cristã pela discussão séria de assuntos científicos mostrou-se justificada. Um dos primeiros amigos de Ricci na China, Qu Rukuei, embora tivesse procurado inicialmente Ricci pensando que este tinha poderes alquimistas, deteve-se no estudo da *Esfera* de Clavius e fez uma tradução preliminar do primeiro livro de Euclides, e foi convertido em 1605. Essa tradução, ainda que experimental e desigual, atraiu a atenção de vários matemáticos talentosos do sul da China.[59] Se não podemos estar seguros de que foi Euclides que inicialmente trouxe em 1600 o erudito de Shangai Xu Guangqi para a órbita de Ricci, seguramente foi o cimento da amizade entre eles, depois que Xu se converteu ao cristianismo, foi aprovado em 1604 nos níveis mais altos dos exames civis, conhecidos como *jinshi,* e recebeu um cargo na Academia Hanlin da elite de Pequim. Durante um ano, ele e Ricci trabalharam todas as manhãs, passando linha por linha pela edição interpretativa de Euclides por Clavius, até concluírem uma refinada tradução conjunta integral dos primeiros seis livros, que publicaram em 1607.[60] Essa tradução, por sua vez, impressionou profundamente o alto burocrata Li Zhizao, que fora atraído a Ricci pela admiração que lhe suscitara a sua cartografia; depois de longas conversas sobre o significado dessa geometria e uma colaboração conjunta em várias obras matemáticas, Li finalmente se converteu em 1610, pouco antes da morte de Ricci.[61]

A receptividade desses eruditos chineses à ciência ocidental apresentada por Ricci é digna de lembrança. Não eram elementos inferiores da sociedade que tentavam adquirir prestígio com a adoção do pensamento ocidental. Qu Rukuei provinha de uma família importante: seu pai, Qu Jingchun, fora um dos eruditos com a mais alta classificação nos exames *jinshi* de 1544, servira como editor responsável por um dos grandes projetos enciclopédicos Ming e encerrara uma importante carreira burocrática como presidente do Conselho dos Ritos.[62] Li Zhizao vinha de uma família militar da área de Hangzhou e fora aprovado em 1598 nos exames *jinshi;* quando encontrou Ricci, já iniciara carreira no Conselho de Obras Públicas.[63] Xu Guangoi vinha de uma família comerciante e passara um período nos anos 1580 como professor peripatético — às vezes sinal de uma carreira trôpega na China Ming —, mas, em 1597, conseguiu ser aprovado com distinção no nível intermediário dos exames e, como vimos, depois de prestar os exames *jinshi* em 1604, foi nomeado para a Academia Hanlin, o cargo intelectual mais cobiçado de todo o país.[64]

Mas uma doutrinação completa segundo as normas tradicionais da doutrina confuciana não impedia a nenhum deles a compreensão da ciência ocidental: vale a pena enfatizar que, em cada um dos campos que mais interessavam esses homens — química para Qu, cartografia para Li e geometria para Xu —, havia uma longa e sofisticada história de experimentos e realizações chinesas próprias, mesmo que os jesuítas raramente a mencionassem.[65] O que Ricci podia lhes oferecer eram, em parte, novos dados, mas também novas perspectivas para julgar seu conhecimento existente e um sentido intencional derivado da crença de que, com sua ajuda, recapturariam um passado chinês perdido. Esse sentimento foi bem expresso por Xu Guangqi, em sua introdução à tradução de Euclides, que redigiu e poliu a partir do que lhe ditava Ricci. Os antigos dirigentes e eruditos chineses outrora tiveram total domínio do cálculo, música e invenções mecânicas, escreveu ele. Foi apenas na época do imperador Qinshi Huangdi (no final do século III a.C.) que essas qualificações se deterioraram com a destruição dos livros eruditos pelo imperador, e em conseqüência os sábios chineses se tornarem "homens cegos atirando ao acaso sem nunca acertar, ou como aqueles que conseguiam apenas uma noção enevoada da forma, ao examinar um elefante à luz de um pirilampo, perdendo de vista a cauda ao se concentrarem na cabeça".[66] Li Zhizao foi ainda mais claro sobre as realizações passadas da China num prefácio que escreveu para o mapa-múndi de Ricci, impressos em conjunto; ele ressaltava que o conhecimento geográfico da China fizera importantes avanços durante a dinastia Yuan, e que mesmo o mapa de Ricci não era tão detalhado a ponto de mostrar todos os países que pagaram tributo à China no passado. O próprio Ricci observava que Li devotara "todo um ano" a uma análise cuidadosa dos princípios matemáticos que norteavam seus cálculos quanto às dimensões de um grau terrestre de latitude. Só depois de se contentar com que representassem uma "lei imutável" é que Li recomendou que Ricci fizesse uma nova versão ampliada do mapa, ao qual ele daria o seu *imprimatur* pessoal.[67]

Ricci partilhava com todos esses homens o amor aos livros e à imprensa. Tinha uma noção exagerada quanto à extensão da alfabetização chinesa — "poucos são entre eles os que não conhecem alguma coisa sobre livros" —, mas observou corretamente que todos os agrupamentos religiosos tendiam a difundir sua mensagem através de livros, de preferência a pregações ou discursos públicos.[68] Com seu interesse habitual por tais detalhes, estudou a confecção dos pincéis chineses usados por todos os eruditos e o modo de produção dos papéis e de encadernação dos livros. Notou que os livros chineses rasgavam facilmente e não duravam muito devido à excessiva finura do papel; oferecia papel ocidental de boa qualidade, poucas folhas por vez, para que os eruditos pudessem ver a diferença, assim como apresentava as encadernações e dourações na pequena biblioteca que tinha consigo.[69] Também se interessou pelos calígrafos que pareciam florescer em todas as cidades chinesas, onde recebiam dinheiro para redigir memoriais importantes para mandarins menos qualificados, ou simplesmente vendiam seu trabalho; ficou espantado que a elegante transcrição de um memorial podia custar oito ducados, e que mesmo poucas linhas caligrafadas eram vendidas por 1/10 ducados;[70] ficou menos impressionado com os eruditos profissionais, muitas vezes qualificados em assuntos matemáticos, que se prontificavam a escrever livros para terceiros e literalmente desistiam do direito à autoria.[71]

Sempre alerta aos aspectos da sociedade chinesa que podiam ajudar as missões, Ricci passou a se dedicar à impressão, operando em escala maciça. A primeira versão de uma obra devota cristã em chinês, que preparava com Ruggieri em 1584 (a partir de uma versão latina anterior, provavelmente esboçada na Índia), após aprovação do prefeito de Zhaoqing, Wang Pan, foi então impressa numa edição de 1 200 exemplares, na própria residência dos jesuítas.[72] É de se indagar se Ricci estava entre aqueles estudantes de Roma indicados para auxiliar o mestre tipógrafo alemão na confecção de livros no colégio romano, pois se movia inteiramente à vontade entre os detalhes técnicos da impressão. Ele observava cuidadosamente como os artesãos chineses conseguiam entalhar uma página caligrafada invertida inteira em seus blocos de madeira de macieira ou pereira, tão rapidamente quanto os tipógrafos europeus conseguiam compor uma página in-fólio com tipos de metal, e ressaltou que a grande vantagem do sistema chinês era a de que a pessoa podia lançar uma pequena edição e guardar os blocos para uma reimpressão posterior, podendo-se fazer pequenas alterações de modo rápido e econômico.[73] Embora achasse que o número e a complexidade dos ideogramas chineses fossem uma espécie de "obstáculo à ciência" e os chineses imprimissem dessa forma muito material inútil ou prejudicial — dificilmente Ricci poderia dizer menos, dado o imenso volume de material budista e taoísta impresso anualmente —, não obstante julgava que essa vazão de energia literária impedia que muitos jovens e adultos chineses "caíssem naqueles vícios aos quais se inclinam as naturezas dos homens".[74]

Num certo ponto, Ricci também observou que os chineses se lembravam do que liam e repetiam-no aos outros, e que os missionários podiam se beneficiar com essa característica, mas infelizmente não fez acompanhar essa observação de nenhuma análise da prática chinesa de memorização. Ao apresentar o caso do seu próprio sistema mnemônico, Ricci obviamente tentou impressionar os chineses com o fato de que o sistema fora utilizado com êxito por realezas do passado remoto: escreveu sobre "o rei de Bando", que aprendera os idiomas de 22 países que governava (referindo-se a Mitridates do Ponto); sobre "o rei de Balaxi", que sabia os nomes de todas as centenas de milhares de soldados do seu exército (referindo-se a Ciro da Pérsia); e sobre "o rei de Liweiya", que mandou um enviado a Roma, o qual se lembrava dos nomes dos milhares de oficiais que lá encontrou (referindo-se a Cinéas, o enviado de Pirro). Nenhum desses nomes tinha qualquer significado específico para os leitores chineses — serviam simplesmente como fórmulas encantatórias imponentes.

O que é surpreendente nesta lista de exemplos é a sua quase total inaplicabilidade às preocupações da elite culta chinesa, fato que graficamente realça as deficiências de tal literalidade na tradução de um texto europeu para a China Ming. Os três exemplos estavam muito distantes do contexto chinês. Ir em embaixadas a cortes estrangeiras não constituía nenhum sinal de respeitabilidade — na verdade, os chineses praticamente nunca o faziam —, e se alguém *fosse* numa embaixada, não teria nenhuma razão para querer lembrar os nomes dos estrangeiros; os idiomas estrangeiros não ofereciam nenhum interesse para um letrado confuciano, que esperava que os estrangeiros dispostos a se comunicar com ele aprendessem o chinês, como fizera Ricci; e poucos oficiais pretendiam algum tipo de carreira militar — na verdade, o serviço militar mesmo em seu grau superior era amplamente considerado como uma ocupação inferior, como sabia Ricci.[76]

É de se perguntar se, em conversas ociosas com alguns dos seus amigos chineses eruditos, Ricci foi além desses três exemplos, que provavelmente retirou da breve seção da *História Natural* de Plínio referente à memória, onde vêm citados os três exemplos ocidentais usados por Ricci.[77] Os escritores estóicos e humanistas latinos da sua formação, como Cícero, Quintiliano e Sêneca, fornecem, todos eles, bons exemplos que os chineses poderiam apreciar de pronto, pois tinham atributos valorizados por estes. Por exemplo, Sêneca, ao lembrar dois mil nomes em seguida ou duzentos versos ao acaso, tocaria uma corda sensível aos chineses, como Teodetes o faria com sua capacidade de lembrar qualquer número de poemas após uma única leitura, e Charmadas, que conseguia lembrar todo o conteúdo dos livros das bibliotecas que visitara.[78] Tais figuras do passado ocidental podiam anunciar uma espécie de igualdade com os eruditos chineses do passado famosos por proezas semelhantes: sem dúvida, algum dos amigos chineses cultos de Ricci deve ter lhe falado de Ni Heng, do Han oriental, que se lembrava de todas as inscrições dos túmulos de pedra, ao voltar de uma longa viagem; ou Xing Shao, que lembrava cinco dias depois toda a história da dinastia Han e sempre podia recordar todos os poemas escritos numa festa; ou Lu Jiangdao do Tang, que após uma só leitura podia recitar livros de trás para a frente e de frente para trás; e o formidável Zhang Andao que, tendo sido criado em reclusão, sempre pensara que *todos* recordavam os livros depois de lê-los uma vez, até ser gentilmente esclarecido.[79]

É interessante ao menos especular como as duas tradições, a confuciana e a romana clássica, poderiam se apresentar num discurso com a mediação cristã de Ricci, tendo em comum os diferentes atos de memória. Uma conversa sobre esses exemplos forneceria o meio ideal para levantar questões sobre o poder humano oposto ao divino e analisar o lugar da razão nos afazeres humanos. Os paralelos que se podem encontrar, que estariam todos nas mentes conscientes de Ricci e seus amigos chineses, são de fato notáveis. Se Júlio César, nas palavras de Plínio, podia "ditar ou ouvir simultaneamente, ditando aos seus secretários quatro cartas ao mesmo tempo sobre seus importantes assuntos — ou, se não ocupado de outra forma, sete cartas de uma só vez", Liu Xuan, da dinastia Sui, não ouvia e retinha cinco tipos de informações apresentadas a ele ao mesmo tempo?[80] Se Lúcio Cipião conseguia nomear os cidadãos de Roma e Temístocles os cidadãos de Atenas, Su Song, servindo na área de Nanjing, não era capaz de reter na memória todos os registros da população da região? Da mesma forma ele desenvolvera uma espécie de sistema de "localização" cronológica, baseado nas *Histórias* dinásticas tradicionais.[81] Os exemplos para comparação podiam ser encontrados também em diferentes esferas comerciais ou recreativas. Hortênsio lembrava o preço de cada artigo vendido em leilão, enquanto Chen Jian recordava cada detalhe dos seus livros de contabilidade e a produção dos seus teares;[82] Scaevola, cavalgando de volta para sua casa no campo, podia repetir em sua mente cada movimento das peças no jogo de tabuleiro que perdera, ao passo que Wang Can podia fazer o mesmo com um jogo de xadrez chinês (*weiqi*) a que assistira apenas como espectador.[83]

Argumentos sobre a memória, análises de geometria, humanismo dos estóicos — a pessoa podia usá-los quando necessário para impelir a um estágio superior uma discussão sobre religião. O converso Xu Guangqi uma vez contou a Ricci que seu maior medo era o de que seu filho morresse, e é difícil não imaginar a mente de Ricci correndo até o aposento da memória onde estava depositado Epiteto, pois este medo também o obsedava. "Quando você gosta de alguma coisa", Epiteto escrevera em grego e Ricci traduzira para o chinês, "lembre de se perguntar: 'Qual é sua natureza?'. Se você gosta de um vaso, diga 'Eu gosto de um vaso', e quando ele se quebrar você não ficará transtornado. Se você beija sua mulher ou filho, diga para si mesmo: 'Estou beijando um ser humano'; então, quando eles morrerem, você não ficará transtornado".[84] Ou, novamente, como Epiteto escreveu em outra passagem traduzida por Ricci: "Nunca diga de coisa alguma: 'Eu a perdi', mas apenas: 'Eu a devolvi'. Seu filho morreu? Ele foi devolvido. Sua mulher morreu? Ela foi devolvida".[85] Em todos esses casos, dizia o argumento estóico parafraseado por Epiteto, "Se você quer que seus filhos e sua mulher e seus amigos vivam para sempre, você é tolo; pois você está querendo que as coisas que não estão sob seu controle fiquem sob seu controle, e que o que não é seu seja seu".[86]

Depois que essas mensagens e ensinamentos foram absorvidos por Xu ou Li, Ricci podia conduzi-los a argumentos mais profundos contidos no interior da própria fé cristã; argumentos que ele mesmo redigira e imprimira em seu *Verdadeiro Significado do Senhor do Céu* (*Tianzhu shiyi*), um sumário da doutrina cristã apresentado sob a forma de um diálogo entre um chinês e um erudito cristão. Mas mesmo num tal livro Ricci conduzia o sábio chinês ao seu argumento central através da tradição clássica, como numa passagem fundamental do capítulo 3. Aqui Ricci começava descrevendo "dois famosos filósofos do Ocidente, um chamado Demócrito, que estava sempre rindo, e outro Heráclito, que chorava sem parar. Suas condutas radicalmente diferentes de fato procediam da mesma causa, pois ambos viam como os homens do seu tempo corriam atrás dos falsos bens desse mundo. Demócrito, com seu riso, ridicularizava sua loucura; Heráclito, com suas lágrimas, mostrava sua compaixão por eles".[87] Desse baluarte grego Ricci avançava, esperando trazer consigo seus leitores chineses:

> *Deus apenas nos pôs neste mundo para nos testar e nos permitir praticar a virtude. Assim, essa vida para nós é apenas uma jornada, não estamos aqui para sempre, e tampouco nosso objetivo final se encontra aqui embaixo. Só depois de nossa*

morte é que o atingiremos. Nossa verdadeira terra natal não está neste mundo, mas no céu, e é nessa direção que devemos voltar nossos olhos. O tempo presente é tudo que os animais têm para a felicidade, e é por isso que são feitos para olhar para o chão. O homem é criado para o céu, e sua cabeça e olhos são elevados para que ele possa sempre ver até que ponto está preso. Colocar a felicidade da pessoa em coisas mundanas é descer ao nível dos animais.[88]

Mesmo que Ricci lutasse para apresentar aos chineses suas razões referentes a Deus e à alma e em desempenhar quatro papéis sobrepostos, como missionário, professor, amigo e guia, sempre persistia para si como pupilo e aluno, lutando para explicar o inexplicável, escapando de Epiteto apenas para voltar a Platão. Em uma de suas passagens mais vigorosas do *Verdadeiro Significado do Senhor do Céu,* ele visava a todos os letrados chineses conhecidos e desconhecidos com essas palavras:

A religião cristã nos instrui perfeitamente sobre essas regras, mas os homens não entendem o que está na frente dos seus olhos. Tudo o que não enxergam lhes parece opaco. Se uma mulher grávida é lançada a uma prisão, e dá à luz numa masmorra, seu filho crescerá sem conhecer o sol e a lua, ignorando que existem coisas como montanhas e rios, uma raça humana, um universo. Uma vela grande lhe serve de sol, e uma pequena de lua. As poucas pessoas que vê na prisão são para ele a raça humana. Não pode pensar em nada melhor. Não tem consciência da miséria de sua prisão, ali se encontra pacificamente, não pensa em deixá-la. Mas se sua mãe lhe fala do esplendor das estrelas, dos objetos finos possuídos pelos ricos, da grande extensão e maravilha do mundo, do encanto e das alturas do céu, ele chegará a compreender que só viu alguns pálidos reflexos do sol, que sua prisão é de fato estreita, suja, malcheirosa. Daí por diante não deixará de querer fazer dela sua casa? Não pensará, dia e noite, em se libertar e ir viver em alegria entre seus parentes e amigos?[89]

Não só a passagem tece mais habilidosamente ecos de Clavius no argumento, juntamente com a *República* de Platão (livro 7), mas a imagem final foi belamente escolhida, pois as alegrias da companhia e da sociedade faziam parte fundamental da vida da classe superior Ming, como muito bem sabia Ricci. Com efeito, é possível mapear as fases de sua jornada física e espiritual pelas mesas a que se sentou, pois, como disse uma vez, tudo na China, inclusive a religião, era discutido à mesa, durante as refeições ou com uma xícara de chá nas mãos.[90] No sul da China, nos anos 1580, Ricci fez jornadas cautelosas até as casas pobres do campo, onde as famílias se reuniam em torno de um altar provisório, ofereciam sacrifícios cuidadosos num chinês trôpego, e a refeição, como disse Ricci, "nos agradava mais pela boa vontade demonstrada do que pela variedade dos pratos, embora fossem numerosos e, ao seu jeito, muito bons".[91] Na China central, no início dos anos 1590, encontramos Ricci na casa de um mercador recém-convertido ao cristianismo, desfrutando ociosamente de banquetes, agora que o converso abandonara suas práticas dietéticas budistas, enquanto prosseguiam com suas discussões sobre o desígnio de Deus.[92]

No final do século, em Nanjing, começavam a ser usuais os prolongados jantares nas casas de altos funcionários, e os eruditos confucianos convidavam o clero budista elegante da região, para vir discutir com Ricci. Ele deixou um registro cuidadoso do que falara sobre os cursos da natureza humana e a bondade de Deus, e como se esforçara em reter cada detalhe dos argumentos e contra-argumentos, para uma eventual publicação em seus escritos antibudistas.[93] E a seguir veio o mundo de Pequim, depois de 1601, uma sucessão infindável de jantares, muitas vezes três ou mais no mesmo dia. Para Ricci, terminara o esforço para se fazer aceito, mas a exaustão aumentou com a pressão dos compromissos sociais e exegeses intelectuais constantes.[94] Um contemporâneo chinês observou que o jesuíta "comia e bebia exuberantemente" nessas ocasiões, e há pouca dúvida de que as rotinas sociais incessantes cobraram seu tributo.[95]

Em Pequim, eram piores as pressões sobre Ricci a cada três anos, quando candidatos de toda a China convergiam para a cidade para os exames trienais *jinshi,* muitos trazendo apresentações a Ricci ou cartas e cumprimentos de amigos que não poderia ignorar. Não surpreende que a vida de Ricci tenha terminado num ano *jinshi,* 1610; voltou de uma série de visitas num dia do começo de maio e se deitou em sua cama na missão jesuíta, exausto e com dor de cabeça. Quando lhe disseram que provavelmente logo melhoraria, Ricci replicou: "Longe disso. Essa doença é causada pelo excesso de coisas a serem feitas, e se mostrará fatal".[96] A preocupação que seu estado despertou em seus colegas jesuítas e amigos chineses fez com que fosse examinado por sete médicos diferentes que, entre eles, prescreveram três tipos diferentes de tratamento.

Em 8 de maio, ao anoitecer, fez sua confissão completa ao padre de Ursis. Na tarde seguinte, entrou num delírio que durou toda a noite e boa parte do dia 10 de maio. Nesse tempo balbuciou incessantemente seu desejo de converter os chineses e seu imperador. Ao fim da tarde recebeu a extrema-unção. Quanto aos seus escritos, a questão se encerrara; já queimara suas cartas pessoais, organizara seus outros manuscritos e terminara uma última nota para o geral Acquaviva. Subitamente, porém, voltou-se para seus companheiros e, com voz fraca mas audível, disse: "Tenho o maior amor pelo padre Coton, que está vivendo na corte do rei da França; embora não o conheça pessoalmente, este ano decidira escrever a ele e oferecer-lhe minhas congratulações pela glória que rendeu a Deus, e fazê-lo saber pessoalmente como vão as coisas nesta missão. Apresentem minhas desculpas a ele pois agora tal tarefa é absolutamente impossível para mim". No contexto do delírio de Ricci, suas frases têm uma lógica bastante clara, pois, depois que o rei Henrique IV abjurara do protestantismo, o jesuíta Pierre Coton se tornara seu confessor, papel que desempenhou com grande habilidade em circunstâncias difíceis. É provável que, nessas suas últimas horas, Ricci sonhasse ser o confessor do duradouro imperador da China Wanli. Coton parece ter sido o último nome pronunciado por Ricci. Em 11 de maio, ao anoitecer, sentou-se ereto em sua cama, fechou os olhos e morreu.[97]

SEIS

A TERCEIRA IMAGEM: PROVEITO E COLHEITA

O palácio da memória permanece na sua elevação, banhado por uma luz límpida. O salão de entrada ainda está silencioso, mas no interior há mais espaço a ser povoado pela mente. No ângulo sudeste estão os dois guerreiros, travados em combate; no ângulo nordeste aguarda a mulher Xixia, que é uma *huihui*.

Como sua terceira imagem da memória, Ricci escolhe o caracter chinês *li*, que significa proveito.* Para compor uma imagem que os chineses possam recordar, divide o ideograma *li* verticalmente pelo meio, assim formando dois novos ideogramas, um significando "cereal" e o outro "lâmina" ou "faca". Desses dois componentes Ricci elabora sua imagem de memória, "um agricultor segurando uma foice, prestes a ceifar as culturas no campo".[1]

Como sempre, há mais na imagem da memória do que parece à primeira vista. Neste caso, a ressonância é dada pelo fato de que este ideograma *li* é o mesmo que Ricci escolheu para seu próprio nome chinês, embora empregue a forma *ly*, que adotou como pronúncia em seu sistema pessoal de romanização. A um nível, este *ly* é apenas uma aproximação fonética da primeira sílaba, "*ri*", do seu nome, e, dada a ausência do *r* rolado em chinês, *ly* é um equivalente suficientemente satisfatório. Mas há uma série de palavras

(*) *Profit*, no original, significa tanto "proveito" em sentido amplo, como "lucro" em sentido comercial mais restrito. Nesse capítulo, o autor prossegue com a divisão temática adotada na obra e se dedica basicamente ao comércio na época de Ricci. Contudo, mantive no título, início e fim do capítulo o termo "proveito" em acepção ampla, adotando o termo "lucro" nas outras passagens. Portanto, o leitor deve ter em mente que a palavra empregada pelo autor é sempre a mesma, *profit* (NT).

que se pronunciam *ly* em chinês, e muitas seriam adequadas. É como se Ricci sentisse as ambigüidades da palavra no contexto de seu próprio trabalho missionário ("Qual será o proveito se ganharmos todo o mundo e perdermos nossas almas?", Marcos 8:36) e nos contextos de troca e sobrevivência locais ("Qual será o proveito se matarmos nosso irmão e ocultarmos seu sangue?", como indagou Judá aos seus irmãos, antes que estes, concordando com ele, tirassem José do poço onde o haviam deixado e o vendessem aos ismaelitas por vinte peças de prata, Gênesis, 37:26-28). Dez anos depois, Ricci deixa uma pequena pista para as gerações posteriores sobre sua consciência acerca dessas implicações transculturais. Ao usar letras ocidentais para transcrever a versão chinesa do seu nome, que anexa aos colofons das ilustrações que entrega a Cheng Dayue, Ricci por duas vezes se identifica como "Um homem da Europa" e a seguir soletra seu nome "Ri"; por duas vezes se identifica pela sua filiação jesuíta missionária, e nessas ocasiões romaniza seu nome "Ly".[2]

Ricci toma essa nova figura compósita que representa o proveito, sob forma de um agricultor na colheita que leva o seu próprio nome, e o coloca no ângulo noroeste do salão de entrada, à esquerda da mulher Xixia que é uma *huihui* e na diagonal dos dois guerreiros atracados. Ele lá ficará, pronto a colher suas culturas, pelo tempo que Ricci lhe ordenar.

Na época de Ricci, a busca de lucro financeiro recobria e atravessava as diferenças de credo religioso. As trocas podiam ser desoladoras.

Por exemplo, os judeus conversos de Portugal, multados tão impiedosamente pela Inquisição que iam à ruína total e começavam a embarcar suas propriedades para Flandres e Itália, chegaram finalmente a um acordo, em 1577, com o rei Sebastião, pelo qual ficariam isentos por dez anos de todas as multas por heresia e forneceriam ao rei 250 mil ducados para sua campanha militar na África. Eles entregaram o dinheiro, o rei Sebastião foi morto e seus

利

sucessores revogaram o trato, vendo na morte de Sebastião a retribuição divina por tal barganha corrupta.[3]

Quando o príncipe de Parma avançou com suas tropas espanholas católicas para atacar a Antuérpia protestante, o líder protestante, Guilherme de Orange, advertiu os cidadãos de que deviam romper o grande dique marítimo de Blauwgarendijk e inundar as planícies em torno da Antuérpia, assegurando dessa forma o suprimento por mar de provisões para a cidade, caso Parma conseguisse bloquear o rio Scheldt. A associação dos açougueiros da Antuérpia impediu que se seguisse o conselho de Guilherme, alegando que a inundação arruinaria as pastagens de doze mil cabeças de gado na terra recuperada entre a Antuérpia e o dique. Como Parma realmente bloqueou o Scheldt, e não conseguiam obter provisões, em agosto de 1585 a cidade se rendeu ao exército espanhol, os pastores protestantes foram expulsos e a Antuérpia voltou ao rebanho católico.[4]

Enquanto Ricci morava na China, embora o correio fosse sempre lento e inseguro, os carteiros geralmente chegavam bem, vindo de Macau até Shaozhou ou Pequim, e a vida das missões podia se coordenar com os desenvolvimentos do mundo exterior. Mas em 1609 o jovem carteiro cristão chinês encarregado de levar o correio de Macau decidiu que chegara a hora de poupar o dinheiro costumeiramente oferecido aos guardas na fronteira entre Macau e China, em Xiangshan. Privados das moedas, os guardas prenderam o carteiro como espião e o levaram ao magistrado local. O magistrado o interrogou e o enviou ao prefeito. O prefeito o interrogou novamente e o enviou ao intendente, que o espancou selvagemente e condenou-o à prisão perpétua. Com uma fina atenção aos detalhes, o intendente também ordenou que as vinte e cinco cartas em poder do carteiro fossem traduzidas, linha por linha, para o chinês (com o auxílio forçado dos portugueses que casualmente ali estavam em Cantão, em assuntos comerciais) e a seguir guardou-as em depósito permanente nos arquivos cantonenses. Como as cartas continham material que os chineses consideraram suspeito — como detalhes sobre o funcionamento de escolas jesuítas em Macau e problemas de defesa ligados a um temido ataque holandês —, as autoridades chinesas ordenaram aos jesuítas em Shaozhou, destinatários das cartas, que abandonassem o país.[5]

A atitude da Igreja Católica em relação ao dinheiro e à acumulação de propriedades nunca fora definida; suas reações variavam desde votos de pobreza perpétua até construções de torres de catedrais. Inácio de Loyola apresentou suas concepções acerca da necessária pobreza jesuíta nas reflexões sobre "Cristo o Rei", que anexou ao final da primeira semana dos *Exercícios Espirituais*. Os praticantes deviam ouvir em suas mentes estas palavras de Cristo: "É minha vontade conquistar todas as terras dos infiéis. Portanto, quem quiser se unir a mim neste empreendimento deve se contentar com a mesma comida, bebida, roupas etc., que uso. Assim, também, deve trabalhar comigo de dia, e vigiar comigo de noite".[6] Mas, como que consciente da impraticabilidade dessas instruções para os homens comuns do mundo, Inácio pedia aos praticantes que assumissem uma visão mais ampla das escolhas humanas, nas suas meditações do quarto dia da segunda semana; colocou essa meditação no mesmo dia — mas logo após — da vigorosa meditação sobre os "Dois Modelos", onde os homens tinham de refletir sobre a escolha entre Lúcifer e Cristo, entre riquezas, honrarias e orgulho de um lado, e de outro pobreza, humildade e disposição para ser desrespeitado. Nas palavras de Inácio:

> *Esta é a história das Três Classes de Homens. Cada um adquiriu dez mil ducados, mas não totalmente como deveriam, pelo amor de Deus. Todos desejam salvar suas almas e encontrar a paz em Deus nosso Senhor, libertando-se do peso derivado do apego que têm à soma obtida, que impede que atinjam esse fim...*
>
> A Primeira Classe. *Gostariam de se libertar do apego à soma adquirida, a fim de encontrar a paz em Deus nosso Senhor e assegurar sua salvação, mas chega a hora da morte e eles não recorreram a nenhum meio.*
>
> A Segunda Classe. *Querem se libertar do apego, mas de forma tal que conservem o que obtiveram, de modo que é Deus que deve vir ao encontro do que desejam, e não se decidem a desistir da soma de dinheiro para irem a Deus, embora fosse o melhor para eles.*
>
> A Terceira Classe. *Estes querem se libertar do apego, mas de forma tal que não desejam nem conservar nem abandonar a soma adquirida. Buscam apenas querer e não querer o que Deus*

nosso Senhor lhes inspira, e parece ser o melhor para o serviço e a honra da Divina Majestade. Enquanto isso, eles se esforçarão em se comportar como se todo o apego tivesse sido rompido. Não se empenharão nem em querer isso nem outra coisa qualquer, a menos que o serviço de Deus nosso Senhor por si só o leve a tal. Em conseqüência, o desejo de ser mais capaz de servir a Deus nosso Senhor será a causa de aceitarem ou renunciarem a qualquer coisa.[7]

Essas meditações devem ter mostrado uma ressonância literal para alguém como Ricci, pois crescera num mundo que apreciava o dinheiro e suas aplicações. Mesmo que sua cidade natal de Macerata não fosse um grande lugar (segundo Montaigne, que a visitou na primavera de 1581, no caminho entre Roma e Ancona) e tivesse poucos edifícios realmente belos, era, porém, bastante bonita, inclinada no topo de uma colina cônica com férteis campos, com um novo e imponente portão de entrada com a inscrição dourada "*Porta Buoncompagno*", que a assinalava como terminal da estrada de Roma através dos marcos papais e sede nuncial da região.[8] A grande praça central, com sua catedral e o campanário, o palácio do núncio papal, o espaço dos mercadores, a estreita rua de pedra que descia lentamente até a praça secundária onde ficava a escola dos jesuítas, as outras ruas que faziam suas curvas pelos contornos da colina, seguindo as linhas dos muros, ou às vezes se precipitavam colina abaixo, quebrando-se em lances irregulares de degraus, tudo devia ser conhecido para ele, quase passo a passo, e bem pode ter proporcionado o plano básico para os lugares da memória que fixava em sua mente. E o vinho local era bom, que se evaporava à metade com o calor, para tornar-se mais forte, vendido ao longo das estradas onde o movimento constante de viajantes a pé, com mantos de peregrinos, portando bandeiras e crucifixos, mostrava que a pessoa estava se aproximando do santuário de Loreto.[9]

Ricci também conhecia bem Florença, pois lá passara quase um ano entre 1572 e 1573, aos vinte anos de idade, depois de fazer seus primeiros votos.[10] Foi Florença que Ricci empregou como padrão para medir as cidades chinesas quando as visitou pela primeira vez: Nanxiong, o movimentado entreposto comercial na província nortista de Guangdong, onde ele converteu o comerciante "Giuseppe", era "do tamanho de Florença"; o centro administrativo de Ganzhou, que visitou com o mandarim Scielou, era "maior" que Florença; e Nanchang, descrita por Ricci como "repleta de alquimistas, pesquisadores de curiosidades, eruditos e aqueles interessados em estudar sistemas de localizações mnemônicas", tinha "o dobro do tamanho" — embora, numa carta posterior, a familiaridade tenha reduzida este último caso a "do mesmo tamanho".[11] Eram também amigos de Florença que Ricci rememorou para seu antigo professor de retórica, quando descreveu pela primeira vez suas tentativas de aprender chinês.[12]

Roma, embora Ricci não a mencionasse muito em suas cartas ou sua *História,* também estava muito presente em seus pensamentos. Um dos poucos livros que levara para a residência jesuíta perto da igreja do Quirinal de Santo André, quando lá ingressou como noviço em 1571, foi o *Mirabilia Urbis Romae,* com suas histórias sobre as glórias passadas da cidade imperial e ilustrações dos seus antigos esplendores.[13] Quando estava na China, pediu que lhe fossem enviados os livros ilustrados mais recentes e mais dispendiosos sobre a cidade, para poder dar alguma idéia aos chineses sobre a aparência de Roma. Como disse ao seu antigo colega de escola Fuligatti numa carta em 1596, se ele conseguisse que o geral da ordem ou alguns dos professores do colégio enviassem alguns desses livros, "aqui valeriam muitos *scudi* para nós, e nos fariam obter muitos créditos entre essas pessoas; e se as despesas forem excessivas para vocês, vamos combinar uma forma que você passa me escrever sobre os custos e eu daqui mandarei [o dinheiro] para vocês, ou algo que tenha um valor equivalente".[14] Treze anos depois, ele escreveu ao assistente do geral Acquaviva, Alvarez, um pouco mais petulantemente: "Pedi muitas vezes que enviassem da Europa um exemplar de *Antigüidade Romana,* com gravuras em cobre, para que possa mostrar a essa gente. Não sei se ninguém o enviou por minhas cartas nunca terem chegado ou porque não o encontraram à venda. Nesta altura, gostaria de lembrar a Vossa Reverência que é algo que teria aqui excelentes resultados, e peço-lhe que se dedique pessoalmente ao assunto com alguma diligência, e envie-o para mim, aqui na corte de Pequim".[15]

Ricci deixara Roma antes que a imensa enxurrada de reformas sob o papa Sisto V, no final dos anos 1580, transformasse a face da cidade e finalmente concluísse o domo da Basílica de São Pedro, tal como Michelangelo concebera trinta anos antes. Tampouco vira o novo colégio romano construído pelo papa Gregório, entre 1581 e 1585, a um custo estimado de quatrocentos mil ducados. Mas já pudera formar uma idéia da esplêndida igreja nova dos jesuítas, Gésu, iniciada em 1575 pelo cardeal Farneses, tio do príncipe de Parma, que já era utilizada para missas, pregações e confissões na época de estudante de Ricci, embora apenas semiconstruída.[16] E Ricci naturalmente presenciara a pompa com que Roma comemorava as datas festivas. Talvez o máximo fosse o dia de *Corpus Christi*, quando os dignitários da Igreja, reunidos em massa, desciam em procissão a longa avenida protegida do sol por lonas que se estendiam do palácio papal até os portões da Basílica. As laterais da arcada coberta eram sustentadas pelas mais finas tapeçarias e divisas heráldicas dos brasões de todos os cardeais, os postes que a sustinham eram enfeitados de guirlandas de flores e folhas verdes, enquanto das janelas ao longo do percurso os cidadãos estendiam tecidos brilhantes. Guardas suíços e cavalaria montada com uniformes de veludo vermelho marchavam ao lado dos coros e multidões de adoradores, cada um com duas velas brancas, e transportado em sua liteira vinha o próprio papa, enquanto as trombetas soavam em uníssono e os canhões rugiam no castelo de Santo Ângelo.[17]

Ricci estava como estudante em Roma no jubileu de 1575, quando dezenas de milhares de peregrinos dirigiram-se a Roma, vindos de todas as partes da Itália, em grupos de até mil pessoas, proporcionando um espetáculo que deslumbrou Angelo Pientini, ao recordar-se dele, como igualmente deslumbrou Gregory Martin, quando transcreveu o relato de Pientini para os leitores ingleses:

> *O que direi de outras Companhias de outras Cidades (algumas apenas de fidalgos e nobres) com sua variada multiplicidade casos notáveis de devoção e caridade, seu equipamento de Cruzes e Crucifixos de ouro e prata, de estandartes e flâmulas da seda e do veludo mais preciosos, com todos os tipos de figuras sagradas ali representadas, sua provisão de vestimentas, tecidos de Altar, vasos sacros, Instrumentos e aparatos para a solenidade das Missas durante toda a jornada e na Cidade santa; e principalmente seus emblemas heráldicos sagrados, apresentados santa e divinamente em todas as Companhias, alguns representando a morte e a danação, alguns alegrias*

celestiais, alguns outros a Igreja Militante, outros a Igreja Triunfante, as Ordens dos Anjos, a variedade de Mártires e Martírios com os respectivos instrumentos de dor; a diversidade de Santos, a pureza das Virgens, as histórias do Velho Testamento, o estado dos Penitentes; estes e uma quantidade de outros semelhantes capazes de comover um coração cristão.[18]

Ricci deparou com mostras não tão, mas ainda impressionantes dos esplendores da Igreja quando chegou a Goa em 1578. A igreja de São Paulo em Goa, com suas três naves e o magnífico altar principal, era enriquecida com uma imensa pintura sobre a conversão de São Paulo, executada nos anos 1560 pelo padre Emmanuel Alvares, e um tabernáculo construído pelo irmão João Gonçalves e dourado pelo padre Marcos Rodriguez. Lá assistiu a serviços de vésperas conduzidos por cinco padres acompanhados por um coro de cerca de cem órfãos e catecúmenos hindus nativos que se preparavam para o batismo, cantando ao som de muitos instrumentos, que incluíram pandeiros, trombetas, flautas, violas e um cravo. Lá adorou a cruz doada à igreja pelo antigo geral da ordem jesuíta, Francisco Borgia, cruz esta feita da madeira da própria cruz verdadeira de Cristo, conforme se dizia, e celebrou a missa entre multidões tão grandes que eram necessários mais de trinta padres para atender a todos.[19] Goa era um lugar cosmopolita, e na residência jesuíta Ricci descobriu que participava de um grupo que incluía o noviço inglês Stephen Cudner, que trabalhava como bibliotecário; os padres portugueses Martin da Silva, o superior, que pregava todos os domingos, e Jorge Carvalhal, que ensinava teologia; o irmão Roger Berwouts, flamengo, que dirigia a despensa e o refeitório; a estes acrescentavam-se os italianos recém-chegados, padres Rodolfo Acquaviva e Francis Pasio, que foram destinados ao hospital.[20]

As cartas de Ricci também mostram que amava a estrutura da residência jesuíta, que se expandia sob suas vistas, com suas construções exteriores, capelas e dormitórios; o conjunto o impressionava como uma "máquina" totalmente integrada, embora ainda estivessem em construção a padaria, as lavanderias e os estábulos.[21] Na verdade, o conjunto era como "um jardim de muitas e adoráveis flores", escreveu um morador de longa data no mês em que chegou

Ricci. "É um paraíso de delícias, se me é permitida a expressão, porque em seu material, tamanho, estilo e aparência é a melhor de todas da Companhia, como concordam todos os que aqui chegaram vindos das outras províncias importantes da Ordem".[22] Um padre achava que, em tamanho e beleza, só era comparável à residência de Milão, e os jesuítas realmente podiam se sentir de volta à Europa, quando ouviam o canto do coro acompanhado pelo órgão e trombetas, e os doces sons que provinham dos jardins e pomares.[23] Francis Pasio, que viajara para Goa na mesma época de Ricci, ficou surpreso em encontrar um mundo de espantosa limpeza, onde até mesmo os mais pobres — escravos negros que se encontravam por toda a parte, baratos de se comprar e baratos de se alimentar — vestiam calças e calções de algodão limpo e fresco, e havia seda em abundância para os mais ricos. Ele encontrou porcelana em tal profusão que era utilizada não só para comer e guardar alimentos, mas até para urinóis mantidos sob a cama para uso noturno.[24]

Mas era muito mais difícil desenvolver essa magnificiência em Goa do que em Roma. Era bastante difícil encontrar artífices e artesãos talentosos. Os jesuítas não permitiam que os hindus pintassem temas cristãos, e o mesmo valia para devotos muçulmanos.[25] Até os artífices jesuítas sofriam restrições em seu trabalho. Há o caso documentado, mas inexplicado, de Marcos Rodriguez, natural de Bruges, Flandres, que viveu em Goa de 1563 a 1601, quis dedicar sua vida à arte, e ficou confinado à elaboração de obras de pequena escala; seus superiores confiscaram muitos dos seus instrumentos e equipamentos, proibiram-no de esculpir os crucifixos que muito gostava de fazer, e recusaram um pedido dos padres do Japão para que fosse autorizado a viajar até lá. Como o deprimido artista escreveu ao geral da ordem em 1591, "minha inspiração se desperdiça para nada".[26]

Essa escassez de talentos pode dar uma certa credibilidade aos relatos curiosos sobre o virtual rapto do pintor inglês James Storie (ou Story), em 1583, depois de aprisionado com três viajantes ingleses no cárcere de Goa. Inicialmente foi o padre Marcos Rodriguez que atuou como intérprete do grupo, pois os quatro prisioneiros não falavam o português, mas dois deles conheciam bem o holandês; o padre foi citado afetuosamente por um dos prisioneiros, Ralph Fitch, como "um flamengo chamado Marco. . . que se tornou nosso amigo". John Linschoten, um sagaz comerciante e navegador holandês que vivera por longo tempo em Goa, tinha uma visão menos otimista, declarando que Marcos fora secretamente informado de que os prisioneiros "tinham grandes somas de dinheiro, e pretendia tomá-las para a Ordem". Linschoten continuava com uma interessante análise do destino de Storie:

> *E embora os padres soubessem que ele não era um dos que possuíam o tesouro, mas, como era pintor, e poucos havia na Índia, e eles tinham grande necessidade de alguém para pintar sua igreja, e lhes custaria imensas somas trazer um pintor de Portugal, ficaram muito contentes com ele, e esperavam com o tempo conseguir todo o resto, com todo seu dinheiro, para dentro de sua irmandade.*
>
> *Para concluir, fizeram desse pintor um jesuíta, e ele continuou por algum tempo no colégio deles, onde lhe deram muitíssimo trabalho para executar, e o entretiveram com todos os favores e amizade que podiam, tudo isso para conseguir que os restantes se tornassem presa de sua rapina. Mas os outros três continuaram na prisão, com muito medo, pois não entendiam ninguém que chegava até eles, e ninguém entendia o que diziam.*[27]

Fitch e outro amigo finalmente fugiram em segredo de Goa, perdendo as fianças que eles e alguns fiadores tinham entregues ao vice-rei. Mas Storie permaneceu em sua gaiola relativamente dourada até que, outra vez segundo Linschoten, obteve por fim sua liberdade:

> *Quando o pintor inglês, que se tornara jesuíta, soube que seus conterrâneos haviam partido, e descobriu que os jesuítas não o empregavam com tantos favores como de início, arrependeu-se; e não tendo feito nenhum voto solene, e sendo aconselhado a deixar a casa deles, disse-lhes que não tinha dúvida que obteria um meio de subsistência na cidade, e que eles não tinham nenhum direito de mantê-lo ali contra sua vontade, e como não podiam acusá-lo de crime algum, estava determinado a não permanecer com eles. Empregaram todos os meios que tinham para mantê-lo no colégio, mas ele não queria ficar; e alugando uma casa na cidade, abriu uma loja como pintor,*

onde conseguiu muitos contratos, e no final casou-se com a filha de um mestiço [mistura entre hindu e português], de modo que acertou suas coisas para ficar lá durante o resto da vida. Este inglês me instruiu sobre todo o caminho, rotas comerciais e viagens na região entre Alepo e Ormuz, e sobre todas as normas e costumes observados no percurso por terra, bem como sobre todas as cidades e lugares no trajeto.[28]

Goa era possessão portuguesa desde que fora tomada do sultão muçulmano de Bijapur por Afonso de Albuquerque em 1510, e assim não surpreende que tenha se tornado um centro tão dinâmico de religião, guerra e comércio. Mas a península de Macau também se tornara uma comunidade dinâmica na época em que lá chegou Ricci, no final de 1582, embora os portugueses lá residissem há menos de trinta anos. Macau estava numa situação curiosa, pois tecnicamente permanecia anexa ao distrito de Xiangshan e subordinada à jurisdição do magistrado distrital chinês. Os moradores de Macau estavam sujeitos a capturas e confiscos de bens, e estavam separados da China por uma muralha bem protegida, a qual os chineses só podiam atravessar duas vezes por semana e apenas com passes oficiais.[29] A população de Macau somava cerca de dez mil habitantes em 1582, entre os quais havia talvez quatrocentos ou quinhentos portugueses, e os outros eram seus cônjuges hindus ou chineses, os filhos mestiços dessas uniões, escravos negros, membros das várias ordens religiosas, e trezentas ou quatrocentas famílias chinesas residentes que serviam como intérpretes, lojistas e artesãos. Havia três igrejas, um grande hospital e uma instituição de caridade.[30] A igreja jesuíta era particularmente vistosa devido ao fato de que seu telhado original plano, de madeira, fora substituído por telhas em 1571 — como presente de um capitão-geral do comércio Macau-Japão, Antonio de Vilhena. Ricci até possuía uma casinha nos terrenos do conjunto jesuíta, construída antes de sua chegada pelo seu amigo Michele Ruggieri — que fora enviado de Goa para Macau em 1579 e a cuja insistência se devia a transferência também de Ricci —, ao custo de trinta ducados doados por residentes locais; ali Ricci podia mergulhar em seus estudos chineses, em paz e tranqüilidade, assistido por um grupo de cristãos chineses batizados que o auxiliavam como professores e intérpretes.[31]

Entretanto, qualquer sensação mais abrangente de isolamento do mundo que Ricci possa ter experimentado era ilusória, pois todos os detalhes dos sucessos ou fracassos comerciais dos negociantes de Macau afetavam o desejo de expansão dos jesuítas. As fortunas de Macau, por sua vez, dependiam basicamente das carracas portuguesas, ou "navios negros", que todos os anos partiam de Goa e iam até o Japão, via Macau. O direito de comandar essa flotilha, atribuído pela coroa portuguesa a membros da nobreza, figuras importantes do mundo financeiro e líderes militares, praticamente garantia enormes lucros (exceto em caso de naufrágio), devido a dois fenômenos da vida econômica do Extremo Oriente no final do século XVI. Um deles eram as diferentes proporções de ouro e prata na China e no Japão, pois naquela a prata era o metal de câmbio predominante, sendo escasso e de demanda constante, ao passo que no Japão a prata era menos popular como moeda corrente e extraída em grandes quantidades. Portanto, comprando seda na China com prata obtida no Japão e revendendo-a no Japão, comerciantes habilidosos conseguiam obter um retorno de 30 a 40% dos seus investimentos; se incluíssem cargas de ouro chinês a serem trocadas por prata no Japão, seus lucros subiriam a 60%.[32] O segundo fenômeno era a proibição de comércio direto com o Japão, imposta pelos imperadores Ming em conseqüência dos incessantes ataques a navios e cidades costeiras chinesas empreendidos por piratas japoneses. Embora alguns negociantes japoneses começassem a procurar novos mercados nas Filipinas e sudeste da Ásia e experimentassem comprar seda feita no Vietnã e mesmo em lugares tão distantes como Bengala ou Pérsia, a maioria se contentava em negociar com os portugueses. E eram os comerciantes portugueses de Macau que estavam na situação ideal para atuar como intermediários, sem temer uma concorrência da própria comunidade mercantil agressiva e habilidosa da China.[33]

Cuidando em manter seus lucros ao nível máximo, os comerciantes de Macau montaram um sistema pelo qual a compra de seda chinesa era supervisionada por três "procuradores" eleitos; estes três homens (freqüentemente um deles era jesuíta) asseguravam que as compras de seda realizadas nas feiras comerciais bienais em Cantão fossem divididas entre todos os cidadãos aptos, com a intenção de proporcionar a cada homem uma parcela tal que "os lucros provenientes sejam suficientes para sustentar sua família por um ano mantendo sua posição social".[34] Os procuradores fixavam a cota anual total de seda num máximo de 1 600 *piculs* para toda a comunidade de Macau (cada *picul* correspondendo aproximadamente a 65 quilos em peso ocidental). Essa seda era posteriormente enviada para o Japão, nas embarcações comandadas pelo capitão-mor do rei e vendida como peça única ao preço fixado por um consórcio de compradores negociantes japoneses — assim impedindo que os japoneses abaixassem o preço com o adiamento ou diminuição das compras. Todos os comerciantes tinham instruções estritas para não vender nenhuma peça de seda fora da cota fixada e nunca transportar a prata de investidores japoneses de volta para Macau para ser aplicada em seda, como solicitavam, não surpreendentemente, muitos japoneses. A Igreja e o Estado colaboravam na imposição dessas proibições: a pena para o embarque ilegal de prata japonesa era a excomunhão e o confisco do metal precioso, e eram aplicadas multas pesadas sobre os que vendiam seda no Japão fora do acordo monopolista — multas que chegavam a quatrocentas onças de prata, no caso documentado de um capitão ganancioso.[35]

Como a procura de seda era imensa, os lucros também eram altos para os japoneses, e durante os anos da guerra civil do final do século XVI, diversos nobres japoneses barganhavam arduamente pelo benefício de receberem os navios negros nos portos por eles controlados; o grande general japonês Hideyoshi em particular dedicava-se ativamente ao comércio, ordenando, em 1581, aos seus agentes que comprassem cerca de cinqüenta toneladas de seda crua em Nagasáqui, e no ano seguinte, a mesma quantidade em Satsuma. Nos anos 1560, os jesuítas tentaram impelir o comércio na direção de nobres japoneses que procurassem se converter à fé cristã: depois de 1571, os navios seguiam regularmente para o porto de Nagasáqui, em franca prosperidade, onde as famílias dirigentes eram cristãs. Por alguns anos no final do século, toda a cidade de Nagasáqui mesmo tecnicamente pertencia aos jesuítas, depois que um nobre japonês recém-convertido ofereceu a eles os títulos e escrituras da cidade.[36]

Um dos primeiros negociantes mais bem-sucedidos no comércio com o Japão, nos anos 1550, era o cirurgião Luís de Almeida, um generoso filantropo naquele país, onde fundou um abrigo para órfãos e um hospital para leprosos e sifilíticos. Em 1556, Almeida ingressou formalmente na ordem jesuíta, doando cerca de quatro mil ducados, que os jesuítas imediatamente investiram no comércio da seda. Os lucros eram altos, mas também incertos; no naufrágio catastrófico do "navio negro" de 1573, devido a um tufão na costa japonesa, afogaram-se quinhentas pessoas e perderam-se bens no valor de oitocentos mil ducados.[37] Foi o visitante das Índias e antigo professor de Ricci, Alessandro Valignano, quem elaborou em 1578 os detalhes de um novo tratado comercial, segundo o qual (exceto em casos de catástrofe) a missão jesuíta japonesa receberia parte dos rendimentos que precisasse. Valignano obteve autorização do conselho de Macau para que os jesuítas recebessem 50 fardos em cada carregamento anual de 1 600 fardos de seda chinesa; ele calculava que os jesuítas poderiam comprar a seda de negociantes chineses a 90 ducados o fardo, com uma despesa total de 4 500 ducados, e vendê-la ao Japão a 140 ducados o fardo, com um total de sete mil ducados. O lucro bruto de 2 500 ducados evidentemente se reduziria, com as tarifas de frete e outras taxas no valor de 13% sobre o carregamento total, mas podia-se esperar um lucro líquido anual de cerca de 1 600 ducados. Mas, com um astuto codicilo aditado a este acordo, Valignano fez com que o conselho de Macau concordasse que, em casos onde a seda não fosse inteiramente vendida no Japão, os jesuítas não participariam de nenhuma perda em que pudessem incorrer outros comerciantes; pelo contrário, os 50 fardos dos jesuítas sempre seriam considerados vendidos entre as primeiras parcelas de qualquer transação, de forma que seu retorno seria constante. Sabemos por outros documentos que os jesuítas residentes em Macau podiam também deixar a seda não-vendida com os padres japoneses, para negócios posteriores, com isso economizando o custo do retorno a Macau, e ainda mantendo em consignação no Japão grande volume de seda para outros comerciantes, depois da partida dos navios, procedimento que podia lhes fazer render em certos anos mais dois mil ducados.[38]

A moralidade do envolvimento jesuíta nesse comércio certamente era questionável. No Concílio de Trento, que se encerrara não muito antes da partida de Valignano para o Oriente, altos eclesiásticos defenderam a expulsão e mesmo a excomunhão dos religiosos indulgentes para com tal tipo de comércio.[39] Mas privados dos grandes latifúndios que garantiam preciosos rendimentos na América Latina, ou de uma base comercial importante respaldada pela construção de navios e pagamentos regulares, como ocorria em Goa, os jesuítas na China e no Japão sentiam que não tinham outra escolha senão investir em tal comércio, se quisessem prosseguir com suas obras missionárias e caridosas. Continuaram a pôr dinheiro nas carracas portuguesas na rota de Nagasáqui, como o faziam com os grandes galeões espanhóis que todos os anos iam de Acapulco a Manila. Muitas vezes, os argumentos utilizados tendiam ao especioso: aquilo não podia ser chamado de comércio se a pessoa não *tocasse* literalmente na seda embarcada, ou ainda, a pessoa não se envolvia num negócio se não pisasse pessoalmente num mercado chinês.[40] Bem no começo de sua missão no Extremo Oriente, nos anos 1570, Valignano considerou necessário fazer suas consultas junto ao geral jesuíta Mercurian, ressaltando que o comércio na verdade era tecnicamente empreendido sob inteira responsabilidade dos intermediários e justificava-se pela pobreza da missão. Antes de responder, Mercurian por sua vez recorreu ao papa Gregório XIII. Apenas quando o papa concedeu sua permissão é que o geral concordou formalmente com o procedimento de Valignano, embora naturalmente já tivessem se passado três anos ou mais, desde que fora tomada a decisão original, até que a permissão chegasse a Macau. Apesar da permissão papal, os jesuítas de Macau e Japão continuavam a ter problemas de consciência em relação a todo o assunto, e alguns fizeram petições solicitando que se proibisse o envolvimento jesuíta em tais negócios; foi apenas no final dos anos 1580 que o geral Acquaviva reafirmou a posição de Mercurian e instruiu os jesuítas no sentido de prosseguirem com seus investimentos financeiros.[41]

Quando Ricci chegou a Macau no final de 1582, soube que seu superior Valignano, sempre em busca de novas formas de obter respaldo financeiro para as missões orientais, tinha consigo na cidade quatro japoneses cristãos convertidos, oriundos de famílias nobres, que ele acompanharia à Europa para uma série de audiências reais. Os quatro jovens dedicavam-se arduamente em Macau a aprender latim, português e espanhol e a desenvolver o gosto pela música européia. Mas os acontecimentos daquele ano apenas realçaram a fragilidade de toda a estrutura financeira baseada no comércio marítimo, pois, das duas carracas que naquele julho seguiram para o Japão carregadas de seda, uma naufragou e afundou na costa de Formosa, com tripulantes e passageiros conseguindo se salvar; ao passo que, da pequena frota de três navios em que os quatro nobres japoneses finalmente embarcaram em dezembro, um naufragou em Singapura, e a própria embarcação dos embaixadores submergiu com seu peso e, para aliviá-lo, tiveram de lançar fora cargas no valor de centenas de milhares de ducados, e apesar disso, ainda encalhou perto de Malaca.[42]

A perda de navios e carregamentos na rota doméstica para Goa e Europa tinha importantes efeitos duradouros sobre as finanças jesuítas, especialmente se os navios afundavam antes de atingir Malaca, dominada pelos portugueses, onde tinham de pagar grandes tarifas de trânsito, que em parte chegariam às missões jesuítas, sob a forma de pagamentos a elas devolvidas pela coroa.[43] Mas um naufrágio como o de 1582, com a carraca a caminho do Japão, onde se perderam bens no valor de duzentos mil ducados, sendo oito mil correspondentes à parcela dos jesuítas, provocou uma crise imediata na missão novata da China, como observou Ricci. E não foi só porque os jesuítas perderam seu dinheiro; o dinheiro dos navios de seda "sustentavam toda a cidade" de Macau, e quando a cidade perdia tanto dinheiro, poucos se disporiam a ajudar os jesuítas com outros donativos; por assim dizer, os jesuítas sofriam em dobro. Isso era ainda mais grave porque, embora Ruggieri e outros jesuítas pudessem acompanhar os negociantes portugueses em suas visitas bienais às feiras comerciais de Cantão e mesmo alugassem acomodações em estalagens usadas por emissários fiscais que passavam por Cantão, não conseguiam obter autorização dos oficiais chineses locais para montarem residência permanente, e sempre tinham de voltar a Macau ao término da estação comercial.[44]

Foi nesse período politicamente febril e economicamente difícil que os jesuítas sediados em Macau conseguiram obter, em 1582, sua primeira autorização para se instalarem na China, assim tornando-se real o grande sonho de Francisco Xavier, que falecera na costa chinesa em 1552 (ano do nascimento de Ricci). Sua missão continuou economicamente precária nos anos seguintes, dilacerada pelas rixas que opunham espanhóis contra portugueses, e deixavam-na constantemente à mercê dos instáveis ventos do favor chinês. Não obstante, nesse contexto inóspito, os jesuítas conseguiram pequenos mas sólidos ganhos. Ao longo de toda a década de 1580, havia na China somente dois ou três padres jesuítas, acompanhados de apenas um ou dois noviços chineses e seis ou sete serviçais domésticos, na maioria desses anos restritos à missão de Zhaoqing.

O número de chineses convertidos ao cristianismo num certo ano chegava a quinze, dos quais muitos eram idosos e doentes; o número dos batizados parecia mais impressionante, mas os padres reconheciam que a maior parte deles eram crianças à beira da morte.[45] Nos anos 1590, embora a missão de Zhaoqing tivesse sido fechada pelos chineses, houve maiores êxitos nos três novos centros missionários em Shaozhou, Nanchang e Nanjing; agora, de seis a dez padres, com numerosos noviços, começavam a contar os convertidos às dúzias, alguns deles homens com experiência comercial ou erudita bem-sucedida.[46] Depois de 1601 e da inauguração de uma quarta missão em Pequim, o número dos padres jesuítas se elevou a dezessete, e as conversões a 150 ou mais por ano, muitos dos conversos oriundos de famílias ricas e influentes.[47] Parece ter se atingido um tal auge em 1605, quando juntos se converteram três membros de um ramo caçula da casa imperial Ming. Ao traduzir os títulos principescos desses homens como "reis" — com uma certa licença poética —, os jesuítas apropriadamente lhes deram como nomes de batismo Gaspar, Melquior e Baltasar.[48] Ricci, nessa época, alardeava que os sucessos jesuítas na China não só prometiam ser tão grandes como os ocorridos no Japão, mas na verdade rivalizariam com qualquer coisa "feita desde o início da pregação dos apóstolos até nossos dias".[49]

Cartas de Ricci e Ruggieri mostram o quanto estavam obcecados, desde o começo da missão, com a estratégia de obterem êxito oferecendo os presentes certos aos chineses, pois achavam que essa poderia ser a chave de todo o seu empreendimento. Numa lista preliminar de compras, enviada ao geral da ordem jesuíta em 1580, Ruggieri solicitou livros ilustrados que mostravam histórias do Velho Testamento e ilustravam os mistérios da Paixão de Cristo, um guia ilustrado das terras cristãs (para que os chineses pudessem começar a entender que a Europa era uma civilização, e não apenas um conjunto de comerciantes desregrados) e uma Bíblia ricamente ilustrada.[50] Um ano depois, Ruggieri perguntava se o papa não poderia lhes oferecer "donativos" de mil ducados, que seriam trazidos a Macau por comerciantes portugueses. Ele estava naqueles primeiros dias otimistas planejando uma possível conversão do próprio imperador Wanli, pois solicitou relicários religiosos, uma "Bíblia magnificente em quatro idiomas, rica e decorada" (numa referência óbvia à Bíblia poliglota de Plantin, em oito volumes, recém-ofertada ao imperador hindu Akbar), tapeçarias com cenas do Velho e do Novo Testamento, que seriam usadas "para decorar os aposentos do imperador chinês", e todos os equipamentos para uma luxuosa capela onde o imperador chinês pudesse assistir à missa. Ruggieri acrescentava que seus "amigos chineses" também tinham recomendado especificamente que ele desse ao monarca chinês dois relógios — um grande para o palácio, que tocaria as horas e seria ouvido a grande distância, um pequeno, de tamanho doméstico, como "aquele que o cardeal Orsino deu ao papa no ano que deixei Roma" (i.é, em 1577).[51]

Durante os anos seguintes, antes que realmente aprendessem chinês o suficiente para explicarem idéias científicas complexas naquela língua, os jesuítas utilizaram o relógio como um dos elementos-chave para a obtenção dos favores chineses. Essa decisão mostrou-se ainda mais prática devido ao empobrecimento relativo da China na tecnologia da fabricação relojoeira, pois as glórias do complexo mecanismo de escapo dos antigos relógios da dinastia Song, movidos a água e areia, e os engenhosos dispositivos mecânicos e decorativos que os acompanhavam nunca mais foram recuperados depois da substituição forçosa dos artesãos relojoeiros, após a queda da dinastia Song do norte em 1127. Entretanto, na Europa dos anos 1570 e 1580 ocorria uma revolução na ciência dos relógios, principalmente com o desenvolvimento de molas pequenas e resistentes de aço em espiral que compunham o mecanismo de movimento, permitindo a miniaturização dos relógios a uma velocidade espantosa nas fábricas européias. Isso por sua vez conduziu à expansão das vendas para as classes médias, ao invés de ficarem restritas apenas aos ricos ou às instituições públicas, até então os principais usuários. Com essa expansão, veio a especialização do trabalho do mundo tecnológico da produção relojoeira e maiores refinamentos no desenho, decoração e confecção.[52] Ruggieri tinha uma idéia geral desses desenvolvimentos tecnológicos e, em 1583, ao reiterar seu pedido de relógios ao novo geral da ordem, Claudio Acquaviva, pediu "um relógio de metal, com um palmo de altura, que tem no interior os contrapesos, visto que os que têm [os pesos] na parte externa não estão agradando aos fidalgos daqui".[53] Ruggieri já dera seu melhor relógio ao alto oficial militar de Cantão, a fim de obter seu apoio à missão, mas o presente, como se podia prever, simplesmente fez aumentar a pressão de outros oficiais por presentes semelhantes. A Ruggieri deve ter parecido providencial que Ricci chegasse a Macau, em agosto de 1582, trazendo um outro relógio parecido, que fora ofertado à missão chinesa pelo padre da província de Goa, Vincentino Rodrigo; pois o governador-geral das duas províncias do sudeste, Guangdong e Guangxi, vinha solicitando com certa insistência um relógio, apesar do fato de já ter recebido presentes no valor de mais de mil ducados, com os mais finos veludos, chamalotes e espelhos de cristal, além de um par de óculos. (Este último fora um presente especial do padre Ruggieri, que ficara preso à cama com um abcesso particularmente doloroso, provocado pela inabilidade de um médico local em encontrar adequadamente uma veia para a sangria, e ficara preocupado que sua ausência forçada pudesse irritar o mandarim.)[54]

Ruggieri, agora recuperado, e Francis Pasio (que viera a Macau no mesmo navio com Ricci) viajaram para Zhaoqing no final de 1582, levando seu relógio ao governador-geral; este recebeu-os a ambos e ao relógio em 30 de dezembro de 1582 — segundo o antigo calendário, e não conforme o novo gregoriano, que só começaria a ser empregado no Extremo Oriente no ano seguinte —, alojando-os num templo budista, e parecia disposto a lá deixá-los permanecer indefinidamente.[55] Mas, como os jesuítas na China aprenderam — e deviam continuar aprendendo —, o sistema burocrático chinês não oferecia muitas garantias a longo prazo em troca de tais presentes. O governador-geral foi retirado do cargo na primavera de 1583, e os jesuítas não tiveram outra alternativa senão abandonar sua residência e voltar para Macau. Desistindo de qualquer permanência mais prolongada na China, Valignano ordenou que Pasio fosse para o Japão; Pasio já embarcara quando o novo governador-geral autorizou os jesuítas a se instalarem mais uma vez em Zhaoqing. Desta vez foi Ricci quem acompanhou Ruggieri, e chegaram à cidade em 10 de setembro de 1583.

Essa primeira moradia na China inaugurou um novo tipo de luta financeira, na qual Ricci se empenharia até falecer em Pequim, na primavera de 1610. Realmente, Ricci estava tão absorvido pelos problemas de posse de terrenos, alojamentos e preços imobiliários que seus escritos oferecem informações detalhadas sobre esse aspecto da economia Ming tardia dificilmente encontráveis em qualquer outro lugar. Em sua primeira base em Zhaoqing, a oeste de Cantão, o prefeito local "atribuiu-lhes" um lote de terra no limite dos terrenos de um templo. O sítio ficava fora dos muros da cidade, às margens de um rio, numa área de pequenos chalés e praças de mercado, e era agradável, embora muito pequeno.[56] Ali os jesuítas decidiram construir uma casa de tijolos, com dois quartos de cada lado de um corredor central, com janelas dispostas à maneira ocidental, e uma varanda ao fundo, com vista para o rio, ao invés de construí-la em torno de um pátio central, ao estilo chinês. No final da última etapa da construção, os jesuítas tinham gasto em torno de 250 ducados.[57] Parte da soma traziam consigo, parte obtiveram com a venda de um prisma de cristal, parte receberam como doação de Gaspar Viegas, um rico habitante de Macau, e cem ducados foram emprestados por chineses de Macau. Mas como o terreno não oferecia espaço para uma igreja decente, Ricci e Ruggieri começaram a construir em pequenas parcelas de terrenos adjacentes — incluindo algumas "casas pequeninas" —, e assim puderam ter uma igreja e "um trecho de jardim". Estes investimentos custaram pelo menos vinte ducados, que podem ter levado a uma grande indignação local. Quando foram obrigados a abandonar Zhaoqing em 1589 por funcionários recém-indicados pouco simpáticos à missão, o vice-rei lhes ofereceu sessenta ducados pelas estruturas e, embora protestassem com certo vigor, sabendo que o vice-rei pretendia usar a casa para si mesmo e que a soma estava muito abaixo do preço de mercado, não tiveram outra alternativa senão aceitar.[58]

Em Shaozhou, a norte de Cantão, que foi sua base seguinte, Ricci estava disposto a pagar de oito a dez ducados por um terreno de aproximadamente 43 x 26 m, no limite da cidade e às margens do rio, mas, ao ouvir falar do seu interesse, o proprietário aumentou o preço para oitenta ducados. Neste caso, devido à ganância do proprietário, Ricci parece ter sido autorizado pelos funcionários locais a construir sem aumentar o preço de compra, o que presumivelmente também lhe trouxe uma considerável hostilidade por parte do proprietário original. Mais uma vez, o desejo de expansão levou os jesuítas a visar um terreno vizinho, região de campos com dois lagos que subia a cinqüenta ducados.[59] Esses investimentos foram feitos com remessas de Macau, mas quando Ricci se mudou ainda outra vez, para Nanchang, na província de Jiangxi, os fundos eram tão incertos que inicialmente decidiram alugar alguma coisa com os cinqüenta ducados que a Igreja lhes pusera à disposição; na ocasião, poucos chineses se resolveram a arrendar algo e os funcionários locais se recusaram a lhes autorizar formalmente a compra. Assim, Ricci finalmente comprou uma casinha por sessenta ducados, desta vez dentro dos muros da cidade, contentando-se com a autorização oral dos mandarins, utilizando o dinheiro do arrendamento e mais uma quantia adicional que conseguira vendendo seus elaborados quadrantes solares desmontáveis.[60] Essa casa nunca se mostrou adequada, pois era pequena e estava sujeita a constantes inundações; mas depois da saída de Ricci, quando os jesuítas sucessores decidiram pagar 1 200 ducados por uma maravilhosa casa que seria convertida em noviciado, foram impedidos por um protesto público, acabaram por vender a casinha por um baixo preço e tiveram de comprar uma nova, não muito maior, por quinhentos ducados; essa nova aquisição apresentou problemas sobre a disputa da sua propriedade e levou a negociações legais complexas.[61]

Na época em que Ricci começou a procurar casas em Nanjing e Pequim, a nível nacional, por assim dizer, tornara-se um negociante hábil e experimentado. Precisando de casas grandes para seus companheiros jesuítas, sua equipe numerosa, vários noviços, convertidos e visitantes, mas também sabendo que a compra de grandes residências por estrangeiros estava fadada a provocar raiva e indignação, adotou o expediente de procurar casas que os chineses consideravam mal-assombradas. Com este recurso, conseguiu uma casa em Nanjing com espaço "para oito ou dez missionários" por quatrocentos ducados, e poucos anos depois uma casa em Pequim com "cerca de quarenta cômodos, grandes e pequenos", por setecentos ducados.[62] Tanto em Nanjing como em Pequim, Ricci alugou as casas durante pelo menos um ano, antes de comprá-las, para afastar as suspeitas locais e ter uma noção melhor do que os corretores tinham a oferecer. Em ambas as cidades, também, tentou com que grandes somas de dinheiro fossem remetidas diretamente de Macau, por ordens de pagamento, mas em ambos os casos foi trapaceado, o que o levou a concluir "que podemos ver claramente que em assuntos de crédito não podemos confiar em nada dos chineses".[63] E em ambas as cidades Ricci lutou com êxito para escapar das responsabilidades básicas de taxas e impostos derivados da posse de tais terrenos: em Nanjing, persuadiu o magistrado a isentá-los do pagamento das patrulhas e vigias noturnos em sua área, e em Pequim obteve uma isenção permanente das taxas urbanas — uma economia considerável, pois os impostos eram calculados em cinco ducados anuais.[64]

O contraste entre essa sua habilidade econômica final e suas primeiras tentativas cambaleantes não podia ser maior. Na primavera de 1584, morando na China havia poucos meses, Ricci e Ruggieri, lutando para construir uma casa e uma igreja, ter comida para si e os que viviam com eles e pagar todas as despesas de seus intérpretes e famílias, gastaram todo o dinheiro que haviam trazido. Tem-se quase um sentido de inevitabilidade ao ler que, nesta altura, o prefeito de Zhaoqing, Wang Pan, disse-lhes que os ajudaria se lhe trouxessem um relógio de Macau, e evidentemente os jesuítas correram a executar a ordem.[65] Boa parte do seu trabalho na China iria depender desses caprichos variáveis e guinadas súbitas do humor dos mandarins. Com o respaldo de Wang Pan, Ruggieri, que de outra forma teria de atravessar humilhado o portão de volta para Macau, quebrado e desacreditado, chegou à cidade por água, na esplêndida embarcação do prefeito, impelida por mais de trinta remadores. E quando descobriu que os moradores de Macau, com pouco dinheiro vivo consigo e cheios de ansiedade com o atraso daquele ano no retorno dos navios idos ao Japão, pouco se dispunham a dar qualquer esmola adicional aos jesuítas para fabricarem relógios, Ruggieri simplesmente enviou o melhor relojoeiro de Macau para ir trabalhar com Ricci em Zhaoqing. Não se sabe onde ou como este homem aprendeu metalurgia e relojoaria; Ricci se referia a ele como "um ilhéu das Canárias que veio da Índia, com pele negra", mas não acrescentou outros detalhes, a não ser que era um artesão mestre em seu ofício. Wang Pan designou dois metalúrgicos chineses para trabalhar com o artesão negro, e a equipe poliglota se pôs a construir um relógio, aparentemente com sucesso e alguma participação do próprio Ricci. De forma bastante irônica, depois de todo o trabalho, ninguém na casa de Wang Pan sabia regular direito o relógio. Talvez tivessem dado corda erradamente ou estivesse fora de equilíbrio. Qualquer que fosse a razão, Wang devolveu-o a Ricci, sem rancor, e Ricci pendurou-o em sua própria casa.[66]

Durante esse período, enquanto Ruggieri continuava com seu levantamento de fundos em Macau, Ricci estava levando uma existência precária, até vendendo um dos seus prismas de cristal veneziano para obter dinheiro para as despesas cotidianas — vendendo-o de fato por vinte ducados, e sabendo muitíssimo bem que ele valia muitíssimo mais.[67] Ruggieri, por outro lado, que inicialmente apenas conseguira levantar um empréstimo de cem ducados, conheceu uma volta da fortuna no começo da primavera em 1584, quando finalmente chegaram os navios de 1583, que simplesmente tinham ficado retidos no Japão por mais tempo do que esperavam devido a um incêndio desastroso que destruíra boa parte de Nagasáqui. Ele agora podia se reencontrar com Ricci em Zhaoqing, trazendo consigo mais de quatrocentos ducados, parte deles doados outra vez por Gaspar Viegas, e o restante provavelmente oriundo da parcela jesuíta nos lucros dos navios comerciais, nessa viagem referida como inabitualmente lucrativa.[68] E como se essa já não fosse uma volta suficientemente boa da roda da fortuna, um ano depois o geral Acquaviva enviou mais quatro relógios, todos movidos a mola (*horiuoli di molla*); um, "de mesa", bastante convencional, tocava as horas e os quartos com uma série de notas diferentes, mas os outros três — refletindo os rápidos aperfeiçoamentos na horologia européia — eram tão pequenos que podiam ser usados com uma corrente em torno do pescoço. A essas preciosidades, o agente do rei Filipe em Manila acrescentou outro relógio, também de molas e da "mais primorosa execução".[69]

À luz dessas oscilações entre a quase bancarrota e súbita afluência de objetos raros ou grandes quantidades de lingotes de prata, pode-se entender por que tantos chineses achavam que Ricci devia ser uma espécie de alquimista. De forma que em absoluto causasse surpresa, ele negava constantemente que detivesse qualquer habilidade alquímica, mas nunca foi capaz de abafar totalmente as histórias a seu respeito. Na China Ming tardia, havia duas grandes áreas de experimentação alquímica, ambas vinculadas a crenças religiosas taoístas: uma se dedicava à confecção de elixires da imortalidade, a outra se baseava na transmutação de metais básicos em prata. Em ambas, o mercúrio — comumente chamado de argento-vivo no Ocidente e de cinábrio na China — era um ingrediente fundamental devido à cor, peso, consistência e notável capacidade de se amalgamar com outros metais.[70] Ricci supunha que os chineses achavam plausível acreditar que ele era um alquimista especializado na transformação dos metais, pois os comerciantes portugueses efetivamente compravam grandes quantidades de mercúrio em Cantão, que enviavam para a Índia e Japão em barcos que depois voltavam forrados de prata. Como os jesuítas não admitiam nenhuma outra fonte exterior de rendas, era lógico para os chineses pensar que literalmente criavam essa prata ou ainda tinham contato com alquimistas portugueses que a produziam.[71] Mas poucas dúvidas há de que as atitudes de Ricci reforçavam a convicção chinesa de que era um alquimista: não só realizava ativamente experiências de laboratório e construía aparatos científicos, mas era reticente sobre assuntos monetários. Pode até ter insinuado realmente possuir poderes especiais, pois sabemos que uma vez ele disse a um colega jesuíta que "considerava mal menor confessar ser um alquimista do que confessar que dependia financeiramente de Macau".[72]

De forma bastante intrigante, os chineses que juntavam os fatos e associavam o mercúrio à produção de prata estavam no caminho certo. As maciças minerações de prata dos espanhóis em Zacatecas no México e em Potosí no Peru — este último citado por Ricci em seu mapa-múndi como uma grande fonte mundial de prata — haviam começado a declinar no final do século XVI, após a exploração dos minérios mais ricos facilmente processáveis. Esse declínio se interrompeu, e iniciou-se um novo *boom* que teve efeitos importantes sobre a economia mundial, com a aplicação do processo de amálgama pelo mercúrio ao tratamento de minérios com baixo teor de prata. Essa técnica, inicialmente empregada em minas da Alemanha, foi aplicada em 1572 nas minas de Potosí e, a partir daí, a produção de prata latino-americana — e, portanto, o poder financeiro do império espanhol — se baseava numa correlação precisa com as provisões disponíveis de mercúrio.[73] Até as minas de mercúrio em Huancavelica, no Peru, começarem a ser exploradas no início do século XVII, os espanhóis dependiam principalmente de transportes maciços de mercúrio pelo Atlântico, desde seus depósitos em Almadén, complementados pelos de Idria. Os corsários ingleses conheciam muito bem a importância desse comércio, e se empenhavam arduamente em interceptar tanto os navios espanhóis de transporte de mercúrio destinados ao exterior, quanto os galeões que retornavam carregados de prata. Como notou o capitão Thomas White em 1592, depois que seu navio *Amizade* capturara duas embarcações espanholas que transportavam 1 400 caixas de mercúrio entre si, "com essa captura de argento-vivo, o rei da Espanha perdeu para cada quintal um quintal de prata, que lhe seriam entregues pelos patrões das minas no Peru, subindo a um valor de seiscentas mil libras esterlinas".[74] Ricci tinha um amigo íntimo jesuíta no Peru, seu colega maceratano Battista Ferro, e sabemos que não só mantinham contato, como também Ricci esperava que Ferro fosse transferido para a missão chinesa, plano do qual só desistiu em 1599, quando as tensões entre espanhóis e portugueses se tornaram tão agudas que praticamente se interrompeu o intercâmbio entre as missões.[75]

Ricci também estudou detalhes tais como o transporte de âmbargris do sudeste da Ásia para Cantão pelos portugueses e o desejo apaixonado da corte imperial Ming em obter esse produto, considerado revitalizante quando adicionado ao mercúrio, na fabricação de elixires.[76] É lógico supor que tivesse algum conhecimento do comércio de pequenas viagens de leva-e-traz que floresceu brevemente após a unificação, em 1580, entre Espanha e Portugal, até ressurgirem as diferenças nacionais: esse comércio levou muito mercúrio chinês ao Japão, e a promessa de embarques diretos da China para Manila foi levada suficientemente a sério, a ponto de haver uma correspondência entre o governador de Manila e o arcebispo do México. Numa passagem pouco habitual de análise econômica, Ricci escreveu muito lucidamente sobre essas possibilidades comerciais, dizendo que o desejo dos espanhóis de comerciar diretamente com a China fora deliberadamente sabotado pelos portugueses de Macau, que temiam que os espanhóis lançassem prata latino-americana em excesso no mercado de Cantão, abaixando violentamente os preços e destruindo seus lucrativos acordos financeiros. Como os portugueses tinham sido generosos em seus donativos para os jesuítas, os jesuítas deviam apoiá-los em seu desejo de preservar sua independência.[77]

Durante toda sua vida na China, Ricci nunca desfez essa associação com a alquimia. Nos primeiros dias da missão em Zhaoqing, os missionários passaram por uma séria crise quando um converso desonesto declarou ter provas de que os jesuítas tinham poderes alquímicos; alegando seus contatos com Ricci, obteve mulheres e dinheiro, até ser finalmente desmascarado.[78] Para complicar o assunto, havia minas de prata abandonadas nas colinas dos arredores de Zhaoqing; nessas minas moravam grupos de desabrigados que muitas vezes praticavam suas rapinas contra os aldeões locais, e assim logo se difundiu a idéia de que a fabricação de prata e a ilegalidade de alguma forma andavam juntas.[79] Um boato de que os jesuítas haviam sido expulsos de Zhaoqing em 1589, por terem empregado seus segredos alquímicos para produzirem prata a partir do mercúrio, não só teve difusão local como foi posteriormente publicado num livro chinês, de ampla circulação durante a vida do próprio Ricci.[80]

A fama de Ricci como alquimista o antecipou em Nanchang, cidade ela mesma famosa por abrigar praticantes de artes alquímicas, e não havia nenhuma forma de desmentir os boatos. Como deturpadamente ele escreveu a um de seus amigos mais íntimos, Girolamo Costa, em outubro de 1595, essa "fama" nunca desapareceria, pois "quanto mais eu lhes asseguro que nada conheço sobre esses assuntos, menos eles me acreditam".[81] Quando da primeira rápida visita de Ricci a Pequim, em 1598, um importante eunuco da corte enviou seus funcionários para receber Ricci e sondá-lo acerca de suas habilidades alquímicas; quando soube que Ricci não conseguia transformar mercúrio em prata, o eunuco ordenou-lhe que abandonasse a cidade.[82] Já no fim da vida, Ricci ainda era perseguido por esta reputação, como mostrou numa carta exasperada a Pasio, em 1609. No mesmo ano, seu amigo íntimo Qu Rukuei, que outrora procurara Ricci para estudar alquimia e então se tornara cristão, havia mergulhado de volta tão profundamente em seus estudos de alquimia que teve de ser pressionado a fazer uma confissão geral e seguir os *Exercícios Espirituais* de Loyola, para ser reconduzido de volta ao caminho certo.[83] O erudito chinês Shen Defu, que vivera perto de Ricci nos últimos anos em Pequim e chegou a conhecê-lo bem, escreveu em suas recordações do reinado do imperador Wanli: "Como Ricci não praticava a usura, e contudo parecia ter em abundância tudo de que precisava e nunca passava dificuldades, as pessoas suspeitavam que devia ter dominado as artes da forja e do fogo", em outras palavras, que ele podia criar seu próprio dinheiro por meios mágicos. Shen acrescentava que pessoalmente não acreditava que Ricci fosse alquimista.[84]

O mesmo tipo de ambigüidade percorria as relações dos jesuítas com os chineses em geral, principalmente no setor de serviços, onde muitas vezes era tênue a linha divisória entre independência e servilismo. Quase desde o primeiro momento, tanto Matteo Ricci como Michele Ruggieri se viram executando pequenas incumbências e recados para os chineses. Assim, no verão de 1585, Ricci foi a Macau, a cargo do governo da província de Guangdong, para comprar plumas encomendadas pela corte em Pequim. Essas plumas, principalmente as mais luxuosas, eram muito procuradas entre os chineses, que já haviam-nas pedido antes a Ruggieri, seja por quererem presenteá-las à corte, seja por se maravilharem e se deliciarem com as pinturas e desenhos feitos com diferentes penas coloridas — "apresentadas tão bem que pareciam ser pintadas a mão" —, trazidos por um certo frade franciscano de Manila para a área de Cantão, no final dos anos 1570.[85] Em um de seus momentos mais líricos, Ruggieri pensou em tentar obter uma avestruz viva para o imperador Wanli: "Uma avestruz viva seria um presente maravilhoso para o rei da China", escreveu ao geral Acquaviva, "porque ele valoriza muitíssimo suas penas, e qualquer animal ou pássaro vivo que não seja nativo é altamente cotado".[86] Embora os jesuítas nunca viessem a se enredar nas minúcias logísticas envolvidas num embarque de avestruzes vivas para Pequim, no entanto levavam a sério as suas plumas: artigos de penas vinham discriminados num catálogo de presentes para uma projetada missão diplomática espanhola ao imperador Wanli nos anos 1580 e, numa presumível referência ao costume asteca de usar vestes emplumadas nos rituais e mesmo nas guerras, Ricci identificou vários países latino-americanos do primeiro mapa-múndi, que criara para os olhos chineses em 1584, em termos de sua produção de plumas.[87]

O próprio Ricci recebeu um pedido de Pequim, entregue a ele por funcionários de Zhaoqing em 1589, de várias peças de tecidos europeus de lã fina vermelha, e fez a viagem até Macau num barco fornecido pelos mandarins. Em Macau, recorreu aos seus contatos com mercadores portugueses locais, para comprar tudo o que os chineses queriam e, além do mais, "a um preço muito bom".[88] Uma mescla ainda mais forte de comércio bilateral e política missionária ocorreu em 1585, quando o irmão do antigo prefeito de Zhaoqing veio do seu distante distrito natal do norte, na província de Zhejiang, com um carregamento de seda fina que pretendia vender na feira comercial de Cantão. Não conseguindo vender os bens como pretendera, voltou-se para os jesuítas e, em troca do seu compromisso em deixá-los acompanhar sua viagem de volta a Zhejiang e lá abrir uma nova missão, os jesuítas conseguiram que comerciantes portugueses comprassem imediatamente este lote específico de seda, por um preço razoável.[89]

Em cada um desses casos, havia um claro propósito missionário ao lado da manipulação financeira: no primeiro deles, depois de realizar suas compras de plumas, Ruggieri pôde trazer de volta consigo para a China o missionário Edoardo de Sande; no segundo, depois de comprar os tecidos escarlate, Ricci teve a oportunidade de conferenciar longamente com Valignano; no terceiro, a negociação da seda por Ruggieri permitiu-lhe explorar as possibilidades missionárias numa nova província.

De modo semelhante, embora os jesuítas não constituíssem uma ordem mendicante, desde seus primeiros dias na China mostraram-se dispostos a aceitar todos os donativos possíveis. Ruggieri aceitou alojamento gratuito e mesmo um pouco de comida e peixe fresco, oferecidos por funcionários de Cantão, nos albores da missão; Ricci aceitou incenso para os incensórios da sua primeira capela e óleo para as lâmpadas do seu altar, da parte de doadores chineses devotos; ele e Ruggieri juntos aceitaram empréstimos dos chineses de Macau para ajudá-los a terminar a construção de sua primeira casa em Zhaoqing.[90] Em outras vezes, havia presentes em dinheiro dos chineses, oferecidos gentilmente com os cartões de visitas, quando vinham à casa de Ricci por cortesia ou curiosidade, ora até dez ducados, ora cinco, ora apenas um punhado de moedas de cobre.[91] Alguns funcionários deixavam presentes consideráveis depois de apreciar pinturas religiosas como o pequeno tríptico de Cristo, que Ricci transportava numa caixa protetora de vidro, ou quando ganhavam textos religiosos cristãos: o comandante do exército local de Zhaoqing deixou três ducados depois de receber uma versão do primeiro comentário sobre o cristianismo que Ricci e Ruggieri transcreveram em seu chinês ainda experimental, e os embaixadores da Cochinchina, passando por Zhaoqing a caminho de Pequim, deixaram prata e incenso em troca de vários exemplares do mesmo livrinho. Outros eruditos chineses ofertavam cadeiras e mesas, ou artigos decorativos para as várias residências alugadas que os jesuítas ocuparam em diferentes ocasiões.[92]

Sempre era um problema delicado o quanto aceitar, embora a maioria dos presentes se justificasse de uma ou outra forma. Ricci quase sempre aceitava recursos para viagens, pois estas eram muito caras, e os altos funcionários que podiam oferecê-los normalmente recebiam de graça os seus transportes do Estado. Portanto, mesmo quando tinha pouco dinheiro vivo, Ricci podia viajar em grande estilo, em luxuosas embarcações de junco puxadas corrente acima por cules apressados, em barcos escoltados por soldados e guardiães, na garupa de um cavalo para um piquenique, ou em cadeirinhas cobertas carregadas por grupos de até oito homens, com animais de carga para sua bagagem.[93] Mesmo quando saía para jantar, os anfitriões chineses ricos pagavam os carregadores de sua cadeirinha e davam gorjetas aos serventes que o acompanhavam. Em outras ocasiões, amigos chineses simplesmente ofereciam grandes somas de prata para facilitar as dificuldades da viagem, principalmente depois de Ricci se tornar bastante conhecido, ou pagavam suas despesas adiantadas de uma determinada viagem, sem nada lhe dizer, de modo que um Ricci deleitado, pronto para pedir a conta por duas cabines e mais o espaço de armazenagem de todo o equipamento de uma capela numa longa viagem de barco, descobria que não havia despesa nenhuma a pagar, pois um amigo já dera ao barqueiro o dobro do que possivelmente custaria a viagem.[94]

Essa fortuita generosidade chinesa facilitou momentos individuais da vida de Ricci, mas não sustentaria a obra de uma missão de nenhuma forma séria, e se reduziria a nada quando o clima político se voltasse contra os missionários. Em 1585, Valignano estabeleceu um acordo com o vice-rei da Índia, confirmado "em perpetuidade" pelo rei Filipe II, segundo o qual cada missionário da China receberia cem ducados anuais e alguns jarros de vinho para a missa. Essa soma viria dos pedágios recolhidos dos navios mercantes em Malaca e seria transferida para os jesuítas através dos portugueses que viajavam comercialmente nos meses de março e outubro de cada ano.[95] Além das rendas provenientes do comércio de seda japonesa e destas concessões reais, os jesuítas da China recebiam numerosos presentes dos portugueses de Macau, principalmente nos anos 1590 — uma doação de quinhentos ducados para o sustento de um clero chinês nativo, outra de dois cálices de prata para serem usados nos altares na China, outras de centenas de ducados em dinheiro vivo ou objetos domésticos.[96]

Não há dúvidas que muitos doadores eram realmente devotos e desejavam o bem dos jesuítas em sua obra missionária na China, não tendo nenhum motivo oculto além do bem de suas próprias almas e a salvação das almas chinesas. Mas outros podem ter agido por gratidão aos jesuítas, pela ajuda num difícil problema financeiro-legal, a saber, o retorno de escravos fugitivos. O próprio Ricci estava envolvido nessas transações e escreveu abertamente sobre elas; poucos motivos teria para ocultar tais assuntos num mundo onde cada família portuguesa em Macau tinha uma média de cinco ou seis escravos negros (sem contar mulheres e filhos), e os próprios jesuítas na China tinham vários criados e guardiães negros "cafres" e "indianos" que seguramente não eram trabalhadores livres assalariados.[97] Muitos escravos fugiam dos seus patrões em Macau e vinham para a China, escreveu Ricci, aí sendo contratados pelos comandantes militares chineses locais. Os chineses recebiam bem esses escravos, "homens corajosos e dinâmicos", principalmente os que os portugueses haviam ensinado a carregar armas; alguns dos escravos eram japoneses, "os quais todos os chineses temem na guerra", ao passo que outros eram cafres, negros e javaneses que, mesmo sendo menos temidos, ainda "levavam o terror ao inimigo".[98]

A tática jesuíta era tentar identificar os escravos fugitivos batizados como cristãos e persuadi-los que seria melhor, a longo prazo, voltar para seus patrões e reassumir suas vidas no ambiente cristão de Macau, ao invés de passarem suas vidas entre os chineses pagãos, principalmente porque os chineses, de qualquer forma, também "os tratavam exatamente como escravos". Quando os escravos expressavam disposição de voltar, os jesuítas negociavam com seus proprietários e com o bispo de Macau, para obter perdão integral; a seguir ajudavam os escravos a voltar pela fronteira. "Isso não só ajudava as almas de muitos que poderiam se perder entre os gentios", como colocou Ricci, "mas também significava um lucro de muitos milhares de ducados para seus proprietários que, assim, recuperavam escravos geralmente de grande valor".[99]

Se os chineses estavam cientes de tais acordos, isso só aumentaria as suspeitas que geralmente alimentavam contra as atividades jesuítas. O desprezo por Macau era amplamente difundido entre os chineses Ming, como observou Ricci numa de suas cartas ao geral Acquaviva, e aplicava-se por extensão a qualquer chinês que decidisse lá viver:

> *Como Macau está na fronteira mais exterior da China, todos os que vêm de lá são considerados como estrangeiros e pessoas prejudiciais à China, e são vistos com suspeita. E qualquer um que tenha negócios com o lugar é considerado como pessoa mesquinha, suspeita em todos os lugares. Tanto é assim que*

nas acusações que podem fazer uns aos outros, os chineses, ao quererem falar mal de seus adversários, dirão: "Ele é um homem que tem o hábito de ir a Macau". E isso vi por mim mesmo.[100]

Esta passagem sugere que os chineses Ming tinham começado a compreender que Macau se convertera num enclave estrangeiro independente, e portanto estendiam a mesma hostilidade aos chineses de Macau, como faziam com qualquer chinês que se instalasse no ultramar e assim abandonasse seus valores tradicionais, isto é, a visão confuciana. Ricci podia ter sido ainda mais decidido em se diferenciar dos portugueses, se tivesse visto a descrição que deles se fazia no guia do erudito Ming Zhang Xie, sobre os estrangeiros e viagens ao exterior: "Os portugueses têm mais de dois metros de altura, olhos de gato e bocas de papa-figos: seus rostos são como cinza branca. Suas barbas são muito aneladas, como gaze branca, enquanto os cabelos de suas cabeças são quase vermelhos". Zhang acrescentava à sua análise algumas considerações sobre o poderio dos padres católicos que acompanhavam os portugueses: pareciam numerosos e poderosos, tinham grande influência sobre a política nacional e cantavam os seus livros sacros quando os criminosos eram levados a execução.[101]

Tais modelos de medo e desprezo perseguiram a missão desde o início em 1583, quando Ricci, instalando-se em Zhaoqing, teve de prometer aos funcionários chineses — violentamente pressionados pelos habitantes de sua própria cidade — que não traria mais ninguém de Macau para aquela área. Ricci tentou desmontar as críticas dizendo às autoridades de Zhaoqing que ele pretendia se instalar em sua pacífica cidade *justamente porque* ficava "tão distante da gritaria do comércio e de outras coisas mundanas de Macau", mas os graduados confucianos locais acharam essa afirmação muito pouco convincente. Advertiram que Ruggieri e Ricci eram para Zhaoqing o que os primeiros portugueses tinham sido para Macau — um grupinho aparentemente inocente que cresceria em número cada vez maior até que fosse impossível expulsá-los.[102] Quando as pressões populares finalmente obrigaram à expulsão dos jesuítas de Zhaoqing, em 1589, uma das razões apresentadas foi a de que a casa recém-construída dos jesuítas ficava à beira de um rio, e que, viajando em rápidos botes ilegais, eles podiam descer pelo rio de tempos em tempos até Macau, para contar aos portugleses de lá todos os segredos da China.[103]

Para ver o modelo final da solução que Ricci deu ao problema do comércio e lucros na China, é preciso recuar até o papel atribuído aos presentes. A avestruz de Ruggieri fora apenas um exemplo incomum e imaginativo num drama interminável — em parte sonho, em parte realidade — sobre o que se deveria e o que não se deveria dar aos chineses, para atingir o máximo de sucesso para a obra da Igreja. Ao nível mais grandioso, o agente de Filipe II nas Filipinas, Juan Battista Roman, tentando abrir um porto na China para o comércio espanhol, no início dos anos 1580, sugeriu que a Espanha enviasse uma embaixada real à corte do imperador Wanli, oferecendo a ele presentes no valor de sessenta a setenta mil ducados: estes incluiriam uma dúzia ou mais de cavalos da Nova Espanha; veludo, brocados e tecidos de ouro; tapetes flamengos, prismas e espelhos venezianos, grandes relógios, pinturas a óleo e objetos de cristal; vinho tinto e vinho branco; espadas e outras armas de ouro.[104] Os jesuítas recuaram à idéia de tal embaixada, e depois que a idéia inicial fracassou por falta de apoio espanhol, Valignano manteve vivas as esperanças de uma embaixada papal de Roma a Pequim, sugerindo que presentes no valor de quatro a seis mil ducados fossem enviados do papa para o imperador, transportados por quatro padres jesuítas.[105] Por fim, os presentes que tornariam possível a instalação dos jesuítas numa residência em Pequim por mais de um século foram obtidos por um pouco menos que os novecentos ducados que o reitor do estabelecimento jesuíta de Macau pôde juntar com tanta dificuldade, depois da perda da carraca em 1599, e mais quaisquer objetos que Ricci trazia consigo na época.[106] Não obstante, para carregar esses presentes até Pequim, num dia de janeiro de 1601, como orgulhosamente observou Ricci, foram necessários oito cavalos de carga e mais de trinta carregadores: havia três pinturas religiosas, uma das quais o tríptico de Cristo em seu estojo de cristal, outra a Virgem Maria e o Menino Jesus, com João Batista a observá-los, e outra a Virgem e o Menino Jesus juntos. (Esta última se partiu nas três telas em que fora pintada, ao cair por descuido de carregadores desajeitados e, como Ricci ironicamente observou, pouco valor teria aos olhos de conhecedores europeus; mas suas rachaduras fizeram-na parecer muito mais antiga aos olhos dos chineses, assim realçando seu valor.) Havia um relógio grande, com pesos suspensos, e um relógio menor de mesa, movido a mola; um breviário dourado e uma bela edição da obra-prima cartográfica de Abraham Ortelius, *Theatrum Orbis Terrarum.* Havia prismas e ampulhetas, cintos coloridos e peças de tecidos, moedas européias de prata, um chifre de rinoceronte (mercadoria valiosa para a medicina chinesa tradicional) e um pequeno cravo que era tocado não com o teclado, mas com uma palheta que puxava as cordas. (Deveria haver também um pequeno órgão manual, feito por encomenda de Ricci em Macau, mas este só chegou a Nanjing depois da partida do jesuíta para o norte.) [107]

O cuidadoso arrolamento desses presentes pelos jesuítas mostra a importância que atribuíam a eles, mesmo sabendo que tinham custado pouco em comparação com os planos anteriores mais grandiosos. Crendo que era dessa forma que as potências européias deviam mostrar suas riquezas e qualidades ao imperador recluso, mas poderoso, da China, Ricci ficou chocado ao ver com que descaso algumas outras embaixadas tributárias estrangeiras tratavam essa oferenda ritual de presentes: na hospedagem de Pequim para visitantes estrangeiros, onde ficou inicialmente alojado, ele tanto observou a pouca importância que os chineses atribuíam aos seus visitantes, que colocavam em cubículos mínimos sem móveis e "como estábulos de gado", quanto viu como os estrangeiros por sua vez mostravam seu desdém, oferecendo espadas de metal barato com punhos de madeira, "peitos de armas" que não eram nada mais que finas placas de ferro calafetadas com estopa, ou cavalos descuidados que pareciam prestes a desmaiar — todas as coisas "certamente para fazer você rir", disse Ricci.[108]

Mas a oferenda de presentes e o alojamento na hospedaria para estrangeiros trouxeram aos jesuítas uma concessão governamental do Conselho dos Ritos, que consistia de carne e arroz, sal, vegetais, vinho e lenha suficientes para cinco pessoas, e um empregado de tempo integral para servi-los. Uma vez fora da hospedaria, após incessantes petições, os jesuítas conseguiram autorização oral da corte, transmitida por eunucos, para alugar uma casa em Pequim; a concessão de alimentos pelo Estado continuou, e com ela veio a doação de oito ducados por mês. Poucas semanas mais tarde, um alto funcionário simpático a Ricci assegurou o dinheiro equivalente à concessão de alimentos, em caso de não-liberação da comida (coisa que ocorria demasiado freqüentemente para o gosto dos jesuítas), com mais seis ducados por mês.[109] Não eram somas suntuosas, mas eram reconfortantes, e vinham acompanhadas de outros presentes mais, tais como a oferta casual de quarenta ducados em prata, junto com peças de tecidos e peles, da parte do grande secretário Shen Yiguan, em 1602. Retribuindo como exigiam as convenções, Ricci deu ao filho de Shen um prisma de cristal veneziano. Como Ricci observou em outra parte, devido à limpidez da luz filtrada por eles, alguns chineses julgavam que tais prismas valessem de 200 a 500 ducados e chamavam-nos de "pedras preciosas além de qualquer preço", quando de fato qualquer um deles podia ser encontrado na Europa por oito *baiocchi* (um *baiocco* era uma moeda de cobre que valia menos de 1/1000 ducado na Itália).[110] Com estas várias fontes de renda agora disponíveis, os jesuítas podiam enfrentar as crises temporárias causadas pela perda dos navios de seda devido a tormentas ou piratas; sobretudo, o aberto apoio financeiro chinês oferecido a Ricci e colegas em Pequim — além da grande distância que separava Pequim das cidades do sul — deixou de lado, por um tempo, o humilhante problema de tentar provar que os jesuítas não tinham os pés e mãos amarrados aos portugueses de Macau.

A maioria dos êxitos de Ricci resultava de um cálculo cuidadoso, e não de um acaso, embora pudesse saudar as maravilhosas sortes inesperadas e ocasionais trazidas aos jesuítas por pessoas que buscavam seu proveito pessoal. Por exemplo, a Ricci agradou particularmente o fato de que chineses não-cristãos estavam tentando conseguir um pouco de dinheiro extra com a impressão de exemplares do seu *Verdadeiro Significado do Senhor do Céu* e outros livros religiosos, que vendiam nas províncias, assim fazendo a mensagem cristã circular mais amplamente do que os jesuítas sozinhos jamais conseguiriam.[111] Mas geralmente era rigoroso com as tarefas com que se defrontava a missão e planejava as atividades dentro de um amplo leque de contingências. As muitas exortações do Novo Testamento referentes aos trabalhadores nos campos, com seus feixes e colheitas douradas, estavam presentes em sua mente, mas ele era prudente e não anunciava — nem esperava — demasiado. "O tempo em que agora nos encontramos na China", disse a Girolamo Costa em 1599, "ainda não é o da colheita, nem o da semeadura, mas antes o do desbravamento dos bosques selvagens e de luta contra os animais ferozes e cobras venenosas que aí se escondem".[112] E nove anos mais tarde escrevia ao mesmo amigo, dizendo que, embora agora na China, com quatro bases jesuítas estabelecidas e uma vintena de padres e irmãos jesuítas em atividade, pudesse anunciar que realmente dispunham de uma grande "máquina" — termo de grande ressonância para Ricci, que utilizara para elogiar a residência de Goa quase trinta anos antes —, contudo ainda sentia que "o fruto aqui está na fase antes da semeadura que da colheita".[113]

É esclarecedor que tenha empregado a música para preparar aquela possível colheita. Embora Inácio de Loyola tivesse proibido expressamente a música coral nos serviços jesuítas, temendo que distraísse os padres de seus deveres sagrados e levasse à idéia entre os leigos de que os jesuítas eram parecidos com os monges de outras ordens religiosas, esta era uma área onde sua vontade não prevaleceu, e o uso de música — cantada e tocada — era generalizado e popular na ordem, na época de Ricci.[114] Um tanto surpreendentemente, em vista de suas muitas outras habilidades, Ricci não era músico e tinha pouco ouvido, apesar do extenso conhecimento sobre música que sem dúvida absorvera em Macerata e Roma. Não tinha muita simpatia pela música chinesa. Reconhecia sua eficácia em exibições marciais públicas e serviços religiosos, mas lhe parecia difícil traçar suas harmonias, e sentiu falta dos instrumentos de corda e quatro linhas vocais a que era acostumado na Europa.[115] Entretanto, um dos presentes que levou consigo através da China, e finalmente pôde ofertá-lo à corte em 1601, era um pequeno cravo. Esse presente seria mera curiosidade, talvez na verdade praticamente inútil, se Ricci não tivesse empregado algum tempo de lazer em Nanjing, em 1600, para o padre jesuíta Lazzaro Cattaneo — que era bom músico, mas não podia sair de Nanjing devido à sua responsabilidade pastoral — ensinar o jovem padre recém-chegado Diego Pantoja a tocar várias sonatas e a afinar o instrumento.[116] Ricci posteriormente levou Pantoja consigo para Pequim e, como esperara, quando o imperador ficou intrigado o suficiente com o cravo a ponto de ordenar que os jesuítas ensinassem quatro eunucos músicos a tocá-lo, Pantoja estava preparado para ensiná-los.

Novamente se evidenciavam o tato e a previsão de Ricci. Como dois dos eunucos eram jovens e capazes de aprender rapidamente a música ocidental, ao passo que um eunuco idoso, com setenta anos de idade, achou o andamento muito grosseiro, Ricci ensinou a cada um deles apenas uma peça, de modo que o eunuco mais velho, mesmo que tocasse mais lentamente — levou um mês para aprender sua peça —, não passaria vergonha perante a corte. Enquanto esperavam, Ricci e os eunucos mais jovens compuseram oito canções em chinês, que seriam cantadas com acompanhamento do cravo.[117]

A letra de Ricci, previsivelmente, tratava de temas morais e religiosos. Escreveu sobre o impulso do coração humano em direção a Deus, sobre a loucura do nosso desejo de uma longa vida, sobre como a graça de Deus preenche o mundo mais seguramente que as harmonias dos instrumentos musicais preenchem o salão onde são tocadas, sobre como a juventude passa antes que tenhamos tempo para pensar em levar uma vida moral, e como a morte não poupa ninguém, não ficando intimidada pelo palácio do rei nem compadecida pela palhoça do pobre. A linguagem não era particularmente elegante, mas fora elaborada para se adequar ao padrão de linhas curtas cantadas, enquanto apresentava seus pontos morais da forma mais clara possível. Esta é a segunda canção do ciclo:

Um pastorzinho um dia ficou triste,
Odiando a colina onde estava;
Achou uma colina longínqua que via
Mais bonita pela distância,
E que indo para lá eliminaria suas mágoas.

Assim ele partiu para aquela colina longe
Mas quando se aproximou dela
Pareceu menos bela do que a distância.

Ó pastorzinho, pastorzinho,
Como você pode esperar se transformar
Mudando de moradia?

Se você se move, você pode se deixar para trás?
A tristeza e a alegria germinam no coração.
Se o coração é tranqüilo, você será feliz em qualquer lugar,
Se o coração está agitado, todo lugar traz tristeza.
Um grão de areia no seu olho

Logo traz incômodo;
Como então você pode ignorar essa aguda sovela
Que perfura seu coração?

Se você anseia por coisas fora de si,
Nunca obterá o que procura.
Por que não pôr o próprio coração em ordem
E encontrar paz na sua colina?

Antigos e novos escritores dão este conselho:
Não há vantagem em perambular no exterior,
Mantenha o coração no interior, pois
É o que traz felicidade.[118]

O pequeno ciclo de oito canções de Ricci tornou-se imediatamente popular na China, entre a elite intelectual, segundo seu próprio relato, e rapidamente foram editadas e postas em circulação. Os burocratas chineses que ouviam as canções, ou liam as palavras do texto, observaram a ele que se sentiam muito satisfeitos que tais sentimentos agora estavam disponíveis à corte, onde havia certo espaço para o aperfeiçoamento moral.[119] Devido às inflexíveis leis que restringiam o acesso à corte interna apenas à família imperial, eunucos e concubinas, Ricci evidentemente nunca ouviria as palavras por ele escritas cantadas pelos músicos da corte, ao som da melodia de Pantoja, mas elaborara uma série de jogos de palavras nas mesmas canções que devem lhe ter dado uma tranqüila satisfação ao imaginar os eunucos — ou talvez as concubinas por eles ensinadas — cantando suas palavras no interior dos muros da Cidade Proibida. Por exemplo, na estrofe final da segunda canção do ciclo, acima citada, ele opunha as falhas da vida "exterior" ao mundo "interior". As palavras que empregara para "exterior" e "interior" (em chinês, *wai* e *nei*) representavam uma das grandes polaridades no pensamento moral e político tradicional chinês, e podiam-se aplicar não só às diferenças de estados mentais ou localizações, mas também às diferenças entre estrangeiros bárbaros e residentes no Reino do Centro, ou à diferença entre o mundo exterior às paredes do palácio interno e o mundo secreto e protegido do interior. Como a palavra para proveito, *li* ou *ly*, que encerrava a canção, também era a palavra que Ricci empregara para seu próprio nome, a cada vez que alguém na corte cantasse as palavras "Mantenha o coração no interior, pois / É o que traz proveito", de fato também estaria cantando "Vivendo dentro da corte, está Ricci". Isso ainda não era totalmente verdadeiro, é claro, mas ele esperava finalmente chegar lá; e nesse meio-tempo as vozes inaudíveis alçariam seus sonhos no ar calmo do entardecer.

SETE

A TERCEIRA GRAVURA: OS HOMENS DE SODOMA

Como terceira ilustração que será colocada no livro de Cheng Dayue, Ricci escolhe a de uma série de reproduções que relata a história da vida de Ló, feita em Antuérpia por Crispin de Pas, o Velho. De Pas ilustrou a vida de Ló com quatro imagens. Na primeira, o Senhor, tendo ouvido falar dos pecados de Sodoma, anuncia que destruirá a cidade. Na segunda, ele cega os homens de Sodoma quando forçam a entrada na casa de Ló para abusar dos homens (de fato, anjos) que lá haviam se abrigado. Na terceira, Ló, sua esposa e duas filhas fogem da cidade sob a proteção dos anjos, logo antes que a cidade seja destruída e a mulher de Ló, que se virou para olhar, se transforme numa estátua de sal. Na quarta, as duas filhas fazem o pai beber até a embriaguez e a seguir dormem com ele, para perpetuar a linhagem de sua família.[1]

Ricci quer que os chineses fiquem cientes do pecado de Sodoma e do destino da cidade, segundo as palavras de Gênesis 19:24-25: "Então o Senhor fez chover enxofre e fogo do céu sobre Sodoma e Gomorra; e destruiu aquelas cidades, e todo o vale, e todos os habitantes das cidades, e o que crescia no solo". Infelizmente, como ocorria com São Pedro sobre as águas, há o pequeno problema de que nenhuma das quatro ilustrações disponíveis se adequa plenamente ao que Ricci quer dizer. Na ocasião, ele escolhe a segunda ilustração do ciclo de de Pas, pois mostra melhor a agitação do momento: o anjo estendendo a mão para cegar os homens de Sodoma; Ló, apertando as mãos, implora-lhes que desistam; os homens caem ao chão ou ainda tentam pegar o estrangeiro, sob as distantes torres de sua orgulhosa cidade. Para atingir

Crispin de Pass fecit et excudit

seu objetivo, Ricci dá à história uma clareza que a versão bíblica não contém e, embora não tivesse citado os nomes do mar da Galiléia ou de Emaús em suas duas primeiras gravuras, nesta ele inclui a transcrição mais próxima que lhe é possível da palavra "Sodoma", de modo que os chineses terão um foco de futuras discussões com os padres jesuítas. Naturalmente toma cuidado para que a sílaba "ma" que utiliza para verter o som *ma* no final de Sodoma seja completamente diferente do "ma" do seu nome próprio chinês. Dá ao seu ensaio o título "Baixeza e sensualidade depravada atraem sobre si o fogo celestial":

> *Nos tempos de antigamente, o povo de So-do-ma se entregou à sensualidade depravada, e o Senhor do Céu se afastou deles. Entre eles vivia um homem puro chamado Lo, e o Senhor do Céu enviou seus anjos para fazer [Lo] abandonar a cidade e ir para as montanhas. Então, do céu choveu um grande fogo de chamas destruidoras, homens e animais e insetos foram todos queimados e nada restou, e mesmo as árvores e pedras se converteram em cinzas e caíram ao chão. Do lamaçal formou-se um lago de águas fétidas que ainda hoje serve de testemunha para mostra o quão profundamente o imperador do céu odeia a sensualidade desnaturada e luxúrias perversas.*
>
> *Lo pôde se manter puro em meio à perversidade, e portanto o céu o abençoou. A maioria das pessoas pode se comportar bem na presença do bem; mas permanecer puro e correto em meio a costumes desnaturados, isso sim exige verdadeiramente uma coragem rara de se encontrar. O homem sábio é feliz quando vive entre bons costumes, e os usa para se fortalecer; ele também é feliz entre práticas perniciosas, e as usa como uma pedra-de-amolar para seu próprio caráter. Ele pode confiar em sua própria orientação em quaisquer circunstâncias.*[2]

Quando se coloca este texto de Ricci ao lado da ilustração, tem-se um efeito ainda mais forte do que pretendera de Pas. Pois são essas pessoas cujos rostos podemos examinar, estes altos domos e torres tão agudamente gravados contra o céu tempestuoso que vão ser destruídos pelo fogo. E como a ilustração traz apenas Ló e o anjo, sem a mulher e filhas, podem-se evitar muitas exegeses embaraçosas. Por que a pessoa se transformou numa estátua de sal, ou por que as filhas dormiam com seu pai naqueles textos de muito tempo atrás — a explicação desses problemas pode ser deixada para outra hora e local.

Quando o papa Paulo IV morreu em agosto de 1559, com 83 anos de idade, a cidade de Roma se dissolveu em distúrbios e comemorações. Uma multidão precipitou-se contra a elegante sede da Inquisição e a saqueou, destruindo arquivos, libertando todos os prisioneiros que lá encontraram e finalmente incendiando os edifícios. A imponente estátua do papa, recentemente erguida no Capitólio, foi tombada ao chão. Alguém por brincadeira colocou um chapéu amarelo — do tipo que Paulo IV ordenara que os judeus de Roma usassem — na cabeça da estátua estendida na rua. Outros arrastaram a parte maior da estátua e a atiraram ao Tibre. O papa foi enterrado à noite, quase furtivamente, "tão fundo quanto possível", numa câmara mortuária da Basílica, e a tumba se manteve sob guarda; lá fora, as ruas estavam apinhadas de vendedores que apregoavam diatribes e sátiras sobre o pontífice morto e seus três famosos sobrinhos, os irmãos Carafa.[3]

A ironia dessa reação é que Paulo IV desejara ardentemente a reforma da Igreja e vivera uma vida espartana, dedicada e profundamente devota. Mas, ao seguir sua política reformista, suscitou hostilidade em todos os lados. Foi o seu ódio intransigente à Espanha, sua determinação em frear as pretensões de Filipe II e retomar o reino de Nápoles das mãos dos espanhóis que trouxeram as tropas do duque de Alva aos portões de Roma e as tropas do duque de Guise, na infeliz contra-intervenção da França, às ruas de Macerata. O papa Paulo seguira uma política impiedosa de suprimir todos os divertimentos públicos em nome da moralidade, prendendo homens encontrados com suas amantes nas fronteiras do Vaticano e condenando-os à prisão perpétua, proibindo qualquer caça e até qualquer dança, de modo que durante todo o ano em Roma, como escreveu um contemporâneo, era "como se estivéssemos no meio da Quaresma".[4] Ele lançara uma campanha impiedosa contra os judeus em Roma e Ancona, prendendo os cristãos que tinham mulheres judias, obrigando os judeus a viver em guetos fechados e proibindo-os de comerciar qualquer alimento com os cristãos ou de servir de médicos a eles; ao obrigar os judeus a vender a maior parte de suas propriedades no domínio papal, adquiriu vastos terrenos para a Igreja, por cerca de meio milhão de ducados — 1/5 do seu valor real. Assistia pontualmente às quintas-feiras aos importantes encontros políticos da Inquisição, e deu aos inquisidores poderes inteiramente inéditos, tais como o direito de perseguir os culpados de má conduta sexual e os culpados de heresia ou doutrinas erradas: os que abusavam sexualmente das mulheres ou procuravam prostitutas eram presos, os sodomitas convictos eram executados, alguns em fogueira em praça pública.[5] Neste último caso, era particularmente irônico para os cidadãos romanos que um dos três poderosos sobrinhos do papa, o cardeal Carlo Carafa — além de viver num estilo de esplendor quase inimaginável e tendo paixão pela caça e pelo jogo — era um notório "donjuan" cujos amores com amantes de ambos os sexos pareciam ser de conhecimento geral de todos, exceto do papa. Os poemas zombeteiros sobre o jovem amante do cardeal, com seus ecos dos poemas de amor de Ovídio e a descrição de Ganimedes por Textor, escritos pelo grande poeta francês Joachim du Bellay, que então vivia em Roma, eram simplesmente os mais elegantes entre os muitos escritos insultantes que circulavam na época. Carlo Carafa foi executado pelo sucessor do seu tio, Pio IV, em 1560 — morrendo com dores particularmente medonhas porque as cordas com que o carrasco tentava estrangulá-lo se romperam por duas vezes, bem no momento em que ele perdia a consciência.[6]

Ricci era apenas uma criança em Macerata quando se desenrolavam tais acontecimentos e pode ter pouco sabido a respeito deles, exceto pelos viajantes e talvez por sermões. Mas a moral da história era universal: referia-se às interligações entre poder e fragilidade, à sobreposição entre censuras moralistas e desdém público pelas normas convencionais. Adequava-se perfeitamente à visão bíblica, como se podia encontrar no livro do profeta Isaías, onde o destino de Sodoma aparecia como uma alegoria do destino do mundo, constantemente reiterada por um Deus irado. Para

Isaías, os mendigos em sua miséria, as mulheres deslumbrantes com sininhos retinindo nos pés, as concubinas, os bêbados em seu vômito, os eunucos, todos falavam de um mundo da Babilônia que podia destruir os outros tão rapidamente quanto ele próprio seria destruído. Aqui a sodomia era o castigo pela idolatria, assim como o fogo e o enxofre eram os castigos pela sodomia; aqui Isaías clamava ao bom rei Ezequias: "Dos teus filhos que sairão de ti, que tu criarás, eles partirão; e serão eunucos no palácio do rei da Babilônia".[7]

Não foi apenas dos boatos e dos profetas bíblicos que Ricci retirou um certo conhecimento sobre a poderosa presença do luxo, da miséria e do vício nas cidades do seu tempo. Macerata ressoara com escândalos durante sua infância, e estava repleta de histórias de assassinatos provocados por paixões sexuais ou problemas sociais provocados pelos nascidos fora dos vínculos matrimoniais.[8] Durante os anos de 1570, Macerata também se agitava com debates sobre onde colocar as casas das prostitutas, se todas agrupadas num só local ou não; em caso positivo, onde, e assim por diante; cada decisão das autoridades da cidade suscitava uma previsível oposição por parte dos moradores locais.[9]

As ruas de Roma, ademais, contavam com um espectro de nobreza e degradação humanas tão amplo como o que podia se encontrar em qualquer cidade da época. Quanto mais religiosa fosse a pessoa, na verdade, mais ela poderia presenciar, pois os miseráveis costumavam se apinhar em torno de cada igreja, conforme os serviços especiais que lá se celebravam. Havia "tantas e tão miseráveis pessoas", escreveu Gregory Martin, que "obstruíam o caminho de ambos os lados como nunca vi igual". Entre os aleijados, os loucos, os cegos, os surdos ou mudos, soube Martin, havia muitos que recusavam o abrigo dos hospitais de caridade da cidade, preferindo ficar pelas ruas e conseguir alguma coisa dos passantes que se dirigiam à igreja; pois esperavam receber da caridade casual algo mais que os sete cobres diários dispostos para seu sustento pelo papa Pio IV.[10] Ele provavelmente ignorava, tanto quanto Ricci, que muitos desses mendigos estavam cuidadosamente organizados por seus próprios líderes secretos em cerca de dezenove subgrupos ou "especialidades", encarregados de papéis tais como parecer doentes, mutilados, veteranos das guerras turcas ou possuídos pelo demônio, para obter o máximo da simpatia pública.[11] Mas ambos estariam plenamente cientes do outro lado da constante miséria social da cidade, pois as crianças rejeitadas por pais desesperadamente pobres ou por prostitutas mantinham-se na consciência da cidade, devido às grandes procissões em que desfilavam, às vezes em número de quatrocentas, para certas igrejas nos dias santos, manifestando a caridade recebida. Inácio de Loyola preocupara-se particularmente com o destino dessas crianças e ajudara a fundar instituições de caridade que as criavam.[12]

No final do século XVI, havia de seiscentas a novecentas prostitutas registradas em Roma, que cobravam em qualquer lugar doze ducados por pessoa, e muitas outras que ficavam reduzidas a esta forma de sobrevivência por preços ainda menores em épocas de carestia. As pessoas de alguma forma associadas à prostituição — alojamentos, serviços, obtenção de fregueses — talvez somassem um total dez vezes maior, e isso numa população que girava em torno de cem mil habitantes. As tentativas papais de limitar a prostituição a certos cantos estreitos da cidade fracassaram repetidas vezes, e os grandes bancos eram levados à insolvência se as mulheres decidiam atuar em conjunto e retirar simultaneamente todo o seu dinheiro.[13]

A forma de encarar o modelo de exploração social e miséria naturalmente dependia do ângulo de visão da pessoa. Gregory Martin ficou impressionado com a rigidez com que se controlava a prostituição em Roma nos anos 1570, embora reconhecesse que fracassara a tentativa papal de 1567 de expulsá-las da cidade. Descreveu como as prostitutas eram confinadas a certos bairros da cidade, e tão "atormentadas por leis e Ordenações" que se podia ver "quão pouco alívio conseguem com sua vida bestial". Obrigadas a usar curtos véus sobre o rosto e um estilo próprio de roupas, sem o direito de fazer testamentos, de receber um enterro cristão ou de andar em coches, eram mantidas em perpétua humilhação.[14] Mas Montaigne, quando esteve em Roma em 1581, ficou mais impressionado com a onipresença das prostitutas; contou que passear a pé ou andar de coche para ver as prostitutas era um grande passatempo entre os romanos, e as próprias prostitutas se exibiam em suas janelas ou balcões "com tais artes ilusórias que muitas vezes me surpreendi com o tanto que atraíam nossa atenção. E muitas vezes, tendo por impulso desmontado do meu cavalo, com a porta aberta para mim, enchia-me de admiração ao ver como elas pareciam muito mais bonitas do que realmente eram". Outros romanos podiam olhar para as mulheres por buracos especialmente destinados a isso, abertos nos tetos de suas carruagens, numa espécie de "contemplação das estrelas" descrita por um pregador romano, num divertido jogo de palavras apreciado por Montaigne, como "a transformação dos nossos coches em astrolábios".[15]

Quer Ricci abrisse ou fechasse os olhos à situação em Roma, a miséria e a prostituição, além da escravidão, seriam ainda mais evidentes para ele durante sua estada em Lisboa, entre 1577 e 1578. Cidade comercial internacional, sede do império ultramarino português, Lisboa estava lotada ao mesmo tempo de mercadores locais, trabalhadores destinados às Índias ou ao Brasil, viúvas de marinheiros mortos no mar, agricultores arruinados ou seus filhos que haviam fugido dos campos áridos.[16] Os escravos estavam por toda a parte em Lisboa, segundo o mercador florentino Filippo Sassetti, que também lá morava em 1578. Os escravos negros eram os mais numerosos, mas também havia entre eles grupos disseminados de chineses e japoneses. Podiam-se ver os potenciais compradores testando os escravos nas ruas antes de se decidirem ao negócio, fazendo-os correr e pular, abrindo suas bocas para examinar os dentes; custavam de trinta a sessenta ducados, por cabeça em qualquer lugar.[17] Em Goa encontravam-se os mesmos desamparados sociais, e mais um novo elemento, a população mista do cruzamento entre chineses e hindus, muitas vezes nascida do melancólico comércio de crianças raptadas que os portugueses — com o auxílio de bom-grado de pequenos criminosos chineses — haviam estabelecido em Macau.[18]

Os jesuítas possuíam escravos que trabalhavam para eles em Goa — esta não era uma sociedade onde os homens brancos fizessem qualquer tipo de trabalho físico — e a escravidão era corrente em Macau, onde os escravos ultrapassavam em número os homens livres, numa proporção de cinco para um.[19] Ricci discutiu abertamente em sua *História* o seu papel ativo na devolução de escravos fugidos para a China às autoridades portuguesas em Macau, e ele próprio tinha escravos negros — *"gente negra dell'India"* e um *"cafro assai negro"* — consigo na China, pelo menos durante os primeiros anos de sua missão, que trabalhavam na residência jesuíta como vigias e domésticos.[20] Outros negros serviam-lhe como intérpretes nos anos em que ainda não aprendera bem o chinês —

podiam ser os frutos de casamentos entre chineses residentes em Macau e escravos negros, cujos filhos eram educados como cristãos e falavam o chinês e o português, o que os tornava ideais para esse serviço. Ricci reconheceu numa ocasião que esses negros atemorizavam os chineses, e não há referências posteriores a eles na missão; provavelmente Ricci voltou-se aos poucos para empregados chineses, à medida que seu domínio da língua se aperfeiçoava.[21]

Como Ricci sabia, também havia um sólido comércio de escravos chineses no ultramar. Ele não oferecia nenhum juízo moral quanto a essa prática, e apenas observou que podia ser um dos caminhos de Deus para conduzir os chineses à conversão ao cristianismo, pois às vezes tais escravos eram comprados por espanhóis e portugueses, sendo posteriormente convertidos pelos seus patrões ou padres locais.[22] Muitos dos vendidos no ultramar não eram escravos na China, mas haviam sido raptados no sudeste do país e vendidos a compradores estrangeiros, a um preço surpreendentemente consistente de quinze a vinte ducados cada menina ou rapaz; alguns provinham de famílias educadas e terminaram como secretários ou assistentes de historiadores e militares portugueses. O tráfico continuou, apesar de um decreto que estipulava uma multa incrível de mil ducados para qualquer português considerado culpado de comprar ou vender escravos chineses, decreto este promulgado pelo vice-rei de Goa em 1595.[23]

Ricci culpava em boa parte os próprios chineses pela escravidão chinesa e atribuía a sua amplitude pela sociedade chinesa aos defeitos do caráter chinês, como por exemplo a sua mescla de luxúria e covardia.[24] Ao assumir esse ponto de vista, apresentava uma espécie de analogia com sua concepção da sociedade chinesa em geral. De forma alguma era um admirador acrítico da China, como é por vezes considerado; estava de fato profundamente dividido sobre as avaliações do país e do governo e nunca atingiu uma síntese. Simplesmente apresentou dois conjuntos de concepções irreconciliáveis que indubitavelmente lhe sugeriam, ambos, uma realidade aproximada.

Do lado positivo, havia muito a admirar a seu favor, e mesmo saía-se bem numa comparação com a Europa. O tamanho e a diversidade geográfica do país, a enorme variedade de culturas lá cultivadas (praticamente as únicas coisas de que sentiu falta foram as azeitonas e amêndoas), as pequenas praças do mercado, lindamente cuidadas, o gosto pelas flores, a porcelana de Jiangxi — "a coisa mais fina e mais adorável do mundo" —, o uso engenhoso do carvão para a culinária e calefação, o conhecimento especializado de bronzes antigos, pinturas a tinta e caligrafia, a sofisticação e baixo custo da impressão chinesa, tudo suscitava sua admiração.[25] Do sistema moral confuciano, ele tinha uma idéia favorável, ainda que idealizada, pois quis provar aos dirigentes de sua própria Igreja que os chineses eram convertidos naturais. Seus ritos funerários e cerimônias pelos antepassados não eram supersticiosos, concluiu ele, e as cerimônias confucianas dirigidas pelos magistrados não tinham significado religioso, embora queimassem incenso e oferecessem sacrifícios animais; ser um seguidor do confucionismo era como ser membro de uma academia, mais do que propriamente adepto de um credo teológico específico. Certamente os chineses tinham uma visão panteísta do universo, e os ricos se entregavam à poligamia, mas exceto isso — e se pudessem evitar o budismo e/ou o taoísmo — "certamente se tornariam cristãos, pois a essência de sua doutrina não contém nada contrário à essência da fé católica, e tampouco a fé católica os obstruiria sob nenhuma forma, mas na verdade ajudaria a atingir a tranqüilidade e a paz da república, anunciadas como seu objetivo segundo seus livros".[26]

Para ajudar a atingir essa moralidade, os chineses contavam com uma burocracia integrada, supervisionada por uma equipe de censores que Ricci comparava aos cinco magistrados que impunham a ordem na antiga Esparta. Assim, apesar do poder do imperador, a China tinha "muitos elementos de uma república", pois o imperador sempre respondia às iniciativas dos seus ministros, e esses mesmos ministros tinham a última palavra sobre a alocação das imensas rendas anuais de cento e cinqüenta milhões de onças de prata correspondentes a taxas e impostos.[27] Mesmo em suas práticas religiosas, os chineses quase não apresentavam um comportamento indecente em relação aos seus deuses, coisa tão usual entre romanos, gregos e egípcios. Na verdade, podia-se dizer que "nenhum dos gentios por nós conhecidos na Europa caiu em menos erros em relação a assuntos religiosos".[28]

Mas serpentes se ocultavam nesses jardins ideais. A um certo ponto no meio de sua *História*, Ricci monta uma elaborada estrutura retórica para apresentar a questão, ao descrever o templo budista fora de Shaozhou, ao qual foi convidado em sua primeira visita à cidade:

> *Lá encontramos um vale plano, ao fundo e em ambos os lados protegido por montanhas de altura média, cobertas de árvores frutíferas e ornamentais que se mantêm verdes durante todo o ano. A terra estava toda semeada de arroz e outros vegetais, irrigada por uma corrente que nunca secava, mas corria pelo meio do vale até as montanhas verdes ao fundo, um fluxo copioso de água pura que tudo banhava.*[29]

Mas este lugar aprazível, este verdadeiro Éden chinês, era o santuário de um monge que, oitocentos anos antes, fizera um arremedo de ascetismo, aos olhos de Ricci, deixando que os gusanos se alimentassem com sua própria carne rasgada. Os monges chineses que agora lá viviam tinham perdido até mesmo esse sentido de piedade distorcida e faziam um contraste apropriado com a lírica paisagem: "Vivem de forma verdadeiramente dissoluta, e não só muitos têm mulheres e filhos, o que é proibido segundo suas regras monásticas, mas são também ladrões e assassinos dos que passam pela estrada".[30] Assim, o povo e os governantes chineses desceram de um estado de pureza mais nobre e parcialmente esquecida para um ciclo de desonestidades e ganância, onde eram corriqueiros terríveis espancamentos e necessários vigilantes para vigiar os vigilantes, numa terra infestada de ladrões. A requintada cortesia exterior dos chineses ocultava uma situação onde ninguém podia confiar em ninguém — nem nos conterrâneos provinciais, nem nos amigos, nem nos parentes, nem mesmo nos próprios filhos. A vida econômica do país também era dividida, pois sempre havia dois preços para todos os objetos no mercado — "um para a gente local e outro, muito menor, para os funcionários que são numerosos em todos os lugares" e podiam comprar a esses falsos preços tudo o que quisessem dos artesãos e comerciantes, de modo que muitos trabalhadores honestos eram obrigados a partir.[31]

Numa carta a seu antigo companheiro do colégio romano, Giulio Fuligatti, logo depois que entrou na China em novembro de 1585, Ricci descreveu o pavor aos governantes em que viviam as pessoas simples: os magistrados realizavam suas audiências públicas com maior pompa e espetáculo do que o papa em Roma, escreveu ele, ao passo que o imperador se encerrava numa magnificência miserável entre seus palácios, mulheres, eunucos, rouxinóis e árvores floridas, como o déspota assírio Sardanápalo.[32] Ricci elaborou posteriormente essa idéia, observando que o imperador tinha tanto medo que não concedia mais audiências aos seus cortesãos e não ousava mais sair, a não ser incógnito numa carruagem entre uma procissão de carruagens idênticas; o governante parecia "como se estivesse na terra do seu maior inimigo que deseja matá-lo" e não em seus próprios domínios, e sua vida se tornara "como um reflexo do inferno".[33]

Esse reflexo do inferno, para Ricci, compunha-se de muitos elementos. Um deles era a amplidão em que vivia. Os grandes pátios do palácio da Cidade Proibida, onde Ricci foi em 1602 para se prostrar em gratidão defronte o trono vazio, podiam conter trinta mil pessoas, escreveu ele, e os elefantes do imperador, os três mil guardas reais e os muros imensos, tudo acentuava a sensação de majestosidade e poder.[34] Tanto em sua *História* como nas cartas, ele se maravilhou com o tamanho das árvores, trazidas do sul da China por via fluvial para reconstruir os palácios imperiais, e das gigantescas vigas de cedro avaliadas em qualquer coisa entre mil e três mil ducados, na época em que chegaram à capital. Ele se deteve à porta da residência jesuíta e ficou observando as pedras de fundação para os edifícios do palácio virem rolando em gigantescas carroças arrastadas por cem mulos — cada pedra também custando mil ducados, conforme lhe disseram, embora proviessem de pedreiras próximas, enquanto os próprios palácios custavam um valor estimado de três milhões de peças de ouro, cerca de trinta milhões ou mais de ducados ao câmbio da época.[35]

A construção da tumba do imperador Wanli nos terrenos mortuários imperiais da dinastia Ming, circundados por montanhas, ao noroeste da capital, era em escala ainda maior, com um aumento correspondente no custo das pedras, troncos, tijolos e transporte. O imperador assistia com um interesse fervoroso a cada etapa da construção do seu túmulo, que começara antes dos seus vinte anos de idade.[36] Ricci e seu jovem amigo músico, Diego Pantoja, astutamente exploraram o interesse do imperador Wanli pelo esplendor da sua tumba; quando lhes enviou uma lista de perguntas sobre os costumes europeus — entregue pelos eunucos da corte —, incluindo uma questão sobre os funerais reais, os jesuítas prepararam uma resposta cuidadosa, onde trataram de todos os detalhes da morte e enterro de Filipe II da Espanha, em setembro de 1598. Contaram a Wanli (novamente através dos mensageiros eunucos) como o caixão de chumbo do rei Filipe fora colocado dentro de um outro caixão de madeira, e a seguir ambos colocados num sepulcro de pedra numa igreja especialmente construída para tal.[37] Também lhe deram uma ilustração religiosa do tipo conhecido como "O Nome de Jesus", que mostrava o sacro imperador romano, o papa e vários reis e rainhas ajoelhados perante os anjos e o inferno no dia do seu julgamento; isso prendeu tanto a imaginação de Wanli que fez com que o pintor da corte a copiasse a cores e em grande escala. O sucesso dessa iniciativa levou-os a oferecer a Wanli uma grande pintura da praça e da igreja de São Marcos em Veneza, e um livro contendo toda uma série de ilustrações detalhadas da igreja de São Lourenço, no palácio do rei Filipe no Escorial, embora este último, como souberam para sua tristeza, ficasse nas mãos de um grande eunuco e nunca chegasse ao imperador.[38] O imperador Wanli aparentemente riu às gargalhadas quando lhe disseram que os governantes europeus por vezes moravam nos andares superiores dos seus altos edifícios, tão absurda lhe pareceu tal idéia. Isso levou Ricci a refletir que "assim todas as pessoas se mantêm contentes em permanecer nos costumes em que foram criadas".[39] Mas em última análise essa figura enigmática de Wanli, a um certo nível tão evidentemente autocrática, e a outro nível tão restritamente escondida, teve uma poderosa influência sobre Ricci. Se podemos julgar pela sua intensa admiração pelo seu contemporâneo mais jovem, o jesuíta Pierre Coton, que expressou em seu leito de morte, Ricci pode ter sonhado em algum nível em se tornar um dia o confessor de Wanli, como Coton o era para o católico reconvertido Henrique IV, rei de Navarra e França.[40]

Mas Ricci nunca falaria com o imperador, quanto menos o converteria, e num mundo onde o imperador limitava sua conversa às mulheres e eunucos do palácio, o poder destes últimos estava fadado a crescer, pois eram os únicos intermediários com os burocratas fora dos muros do palácio. Todos os contatos de Ricci com o imperador se fizeram através dos eunucos, e aqui novamente ele tinha uma visão dividida da situação, como se poderia esperar de alguém que lê atentamente a Bíblia. Pois no livro de Daniel (1:3-4) Nabucodonosor não ordenara que seu eunuco principal selecionasse entre os israelitas capturados aqueles que eram "habilidosos em todas as sabedorias, e penetrantes no conhecimento, e entendidos em ciência", para serem ensinados na língua caldaica e preparados "para permanecer no palácio do rei"? Quando Ricci trabalhava em suas atividades científicas com os eunucos de Pequim, fica claro a partir de vários exemplos que muitos lhe fizeram uma impressão favorável. Além dos quatro eunucos do departamento de música do palácio, a quem ensinou suas canções enquanto Pantoja lhes ensinava o cravo, havia outros quatro eunucos a quem ensinou em 1601 a cuidar e dar corda aos relógios do palácio, e aqueles com quem montou as caixas exteriores magnificamente entalhadas e decoradas dos relógios; havia ainda os eunucos do departamento de matemática que o auxiliaram a montar os doze painéis do mapa-múndi gigantesco que o imperador — numa súbita volta da fortuna que não podia ser recusada — encomendara para si e sua família nos primeiros meses de 1608. Esses homens se tornaram "nossos amigos" para Ricci e, quando visitavam a casa dos jesuítas em Pequim, conduziam-se da "forma mais afeiçoada" (*con molto amore*).[41]

Outros exemplos mostram que ele se dera bem com vários eunucos que tinham poder efetivo no mundo político. Ricci sabia que, embora muitas vezes proviessem "das classes mais baixas da sociedade", com Wanli eles eram "os servidores, conselheiros e, além disso, amigos do rei, de modo que podemos dizer que eles governam o reino".[42] O velho eunuco Feng Bao — por mais megalomaníaco, surdo e ávido por um dos prismas de cristal veneziano de Ricci que pudesse ser — recebeu Ricci com extrema pompa e graciosidade em seu palácio de Nanjing, em 1599. E o eunuco Ma Tang, que surgira nos anos 1590 como uma das figuras mais poderosas do país — funcionários importantes disseram a Ricci que nunca tentariam controlar Ma Tang —, cumulou Ricci com os espetáculos acrobáticos aos quais o convidou em Tianjin em 1600: prestidigitadores jogavam com três grandes facas ao mesmo tempo, acrobatas giravam com os pés imensos jarros de porcelana e a seguir faziam o mesmo com barris de porcelana e grandes mesas de madeira, um menino bailarino criava uma figura de dança e a seguir brincava e caía com ela no chão, de forma espantosamente realista — tudo isso era "encantador", como Ricci teve de admitir.[43]

Os eunucos estiveram à frente de pelo menos três crises importantes durante a estada de Ricci na China, às quais ele se referiu em seus escritos históricos. Numa crise durante os anos de 1598-1599, depois da guerra contra Hideyoshi, o incêndio acidental de parte dos palácios de Pequim levou os eunucos ao centro e sul da China, para levantar fundos, o que faziam atirando-se arrojadamente nas casas das pessoas, tiranizando e chantageando para conseguir as cotas, e provocando levantes massivos dos habitantes e artesãos de cidades como Linqing e Suzhou.[44] Pode ter sido em decorrência da inquietação e terror da época que um carteiro, que viajava a cargo de Ricci entre Nanchang e Nanjiing, foi roubado e assassinado, e o cadáver atirado no rio.[45]

O segundo caso incluía a onda de terror lançada pelo imperador Wanli e seus eunucos em 1603, seguindo-se ao surgimento de um panfleto anônimo, circulando por Pequim, que atacava a consorte favorita do imperador e os que conspiravam para fazer do seu filho o herdeiro ostensivo, ao invés do filho mais velho, não-amado, do imperador. Ricci escreveu vividamente sobre as prisões sem mandato, os espiões onipresentes, a tortura de letrados e a morte do influente monge budista Zhenke. Zhenke não sobreviveu à aplicação de trinta golpes de bambu, a que fora condenado pelo imperador Wanli, devido à sua suposta cumplicidade na autoria do panfleto. Zhenke, um homem profundamente religioso e ascético, fino erudito e ensaísta amigo de muitos intelectuais importantes da China da época, inclusive do grande dramaturgo Tang Xianzu, tinha sessenta anos quando morreu. Num áspero aparte que mostrou até que ponto se enraizara sua hostilidade ao budismo, Ricci observou que as pessoas desprezaram Zhenke porque, embora "estivesse acostumado a se vangloriar de não se importar nada com as coisas referentes ao seu corpo, afinal, quando foi espancado, gritou como qualquer outro mortal profano".[46]

O último exemplo concerne ao eunuco Gao Cai, que imprudentemente convenceu o imperador a enviar funcionários a Manila, atrás do boato que havia montanhas de ouro e prata maciços em Luzon. A presença dessa expedição chinesa e o número sempre crescente de comerciantes e artesãos chineses instalados nas Filipinas fizeram crer aos espanhóis que era iminente uma invasão e provocaram o terrível massacre de 1603, onde cerca de vinte mil chineses perderam a vida. A principal preocupação de Ricci era que os jesuítas de Pequim pudessem ser associados às atitudes dos espanhóis, e relatou suas ansiedades da época ao seu amigo Maselli, em Roma, numa carta do início de 1605: "Havia muitos comentários aqui na corte sobre o assunto e temíamos que daí pudesse advir algum dano, pois sempre tivemos a precaução de não deixarmos nos conhecer como amigos [dos espanhóis] até a época desses acontecimentos". Essa ilusão foi quase arruinada quando uma carta escrita por um espanhol em Manila foi trazida à província de Fuji por um dos funcionários chineses que tinham ido às Filipinas. Ricci prosseguia:

Foi traduzida para o chinês e enviada para Pequim, com a observação de que tinha sido escrita "no ano 1603 do Senhor do Céu", que é exatamente a mesma forma que eu empregava no meu catecismo. Mas Deus escolheu que ninguém percebesse isso, exceto o dr. Paulo, a quem adverti que não dissesse nada a ninguém mais. E outra coisa que nos ajudou a não sermos reconhecidos como gente da mesma religião foi que eles traduziram o nome de Deus para o espanhol, como Díos, ao passo que usávamos a forma portuguesa Deus.[47]

Esse cuidado com que os padres de Pequim tentavam se afastar, na visão chinesa, dos espanhóis e das Filipinas foi provavelmente facilitado pela intensa preocupação dos eunucos com seus próprios assuntos, e pela influência ou envolvimento desintegrador da alta burocracia na esfera do governo. O "dr. Paulo", a quem Ricci se referia em sua carta, era o erudito de Shangai Xu Guangqi, o convertido que vinha ajudando Ricci a traduzir Euclides, e Xu claramente julgou que seria inteiramente acertado manter aquela evidência prejudicial longe do conhecimento dos seus colegas da Academia Hanlin, entre os quais alguns, em particular os budistas, se sentiriam muito felizes em utilizá-la contra Ricci.

Em 1605, Ricci podia estar plenamente seguro de que, quando havia um ajuste de contas no ar contra alguém, poucas medidas seriam tomadas em seu prejuízo. De certa forma, a corrupção era uma proteção:

Este rei é extremamente cruel com os eunucos do seu próprio palácio e muitas vezes os manda espancar até a morte, pelo menor pretexto. Assim, nenhum deles concentra sua atenção em assuntos fora do palácio, a menos que seja o tipo de coisa que prometa lhes proporcionar uma boa soma de dinheiro. E os mandarins da corte aprenderam a fazer o mesmo, que é exigir dinheiro dos que vêm das províncias para tratar de negócios na corte, fazendo com que esses mandarins provinciais lhes paguem uma parte do dinheiro que espoliaram do povo do campo e das cidades. Assim esta cidade se tornou uma verdadeira Babel de confusão, cheia de todos os tipos de pecados, sem nenhum traço de justiça ou piedade em ninguém, nem nenhuma vontade, da parte de ninguém, de purificar a si mesmo.[48]

A retórica dessa passagem é espantosamente parecida com o tipo de acusação levantada pelos padres da Reforma contra Roma e seus papas corruptos, considerados como a "prostituta da Babilônia", semelhança esta reforçada pela acusação de Ricci à Igreja budista, que representava "uma Babilônia de doutrinas tão intrincadas que ninguém consegue propriamente entendê-la ou descrevê-la". Nesta cidade corrupta de Pequim, escreveu Ricci com seu espírito moralista, vivia "um povo efeminado, entregue ao prazer" (*gente effeminata, deliziosa*).[49]

Como amigo dos ricos, Ricci pelo menos conhecia algumas das bases sociais desses excessos, pois escrevera que, antes de sair de um cargo ou de uma cidade, a pessoa muitas vezes comparecia a "sete ou oito festas, oferecidas pelos seus amigos, tanto para receber como para outorgar favores". Mostrou que esta não era uma observação casual, pois era exato o seu comentário de que "o vinho (chinês) é mais parecido com cerveja e não é muito forte, e mesmo que você se embriague se beber demais, na manhã seguinte você se sente muito bem". Mas distorceu esse caráter jocoso na descrição que fez acerca do predomínio de bebedeiras massivas em Pequim — com as ruas da cidade onde cambaleavam "homens entupidos de vinho, despencando no chão, falando e fazendo inúmeras coisas insultuosas". Aqui, a única diferença entre os pobres e os mandarins era que estes, ao macular o cargo com seus deboches, podiam ser transportados para casa no refúgio das cortinas da sua cadeirinha.[50]

Ricci tinha uma clara idéia da miséria e pobreza em Pequim. Não podemos afirmar se conhecia as gangues ambulantes das ruas, muitas vezes compostas dos destroços sociais mais desesperados, jovenzinhos que, depois de castrados por ordem dos pais, não conseguiam obter emprego no palácio e então passavam a vaguear à toa, tiranizando os comerciantes pobres.[51] Tampouco sabemos se compreendia todos os padrões complexos de conversão, com as variáveis taxas de câmbio de Pequim, entre a prata dos abastados e as moedas de cobre usadas pelas classes pobres, que levaram à morte milhares de pobres nos anos 1590, enquanto o sistema de assistência de caridade falia devido à direção inepta e à negligência burocrática.[52] Seu amigo converso Xu Guangqi era um especialista nas misérias dos pobres; pode ter contado a Ricci dos velhos depósitos cheios de palha ou peles de animais onde, no inverno, ao preço de uma moeda de cobre, os mendigos iam se entocar à noite, para não morrerem congelados.[53]

Sabemos que, ao longo de suas visitas para discussões sobre tópicos científicos ou religiosos com a elite confuciana da cidade, Ricci ziguezagueava por toda Pequim, pois deixou um retrato inesquecível de suas andanças pelas ruas, protegido com um véu negro no rosto, como todos os moradores mais ricos faziam para se proteger das açoitantes tempestades de areia que faziam de Pequim um verdadeiro pesadelo nos meses secos. Quando Ricci andava assim, num mulo ou cavalo alugado, trazendo consigo o guia impresso das ruas com os endereços dos notáveis, podia contar com o anonimato proporcionado pelo véu para observar ao seu redor com extraordinária atenção.[54]

Ricci comentara que "este país está cheio de escravos". Atribuía este estado de coisas parcialmente à luxúria natural dos homens: "Incapazes de viver sem mulheres, e não tendo dinheiro para comprá-las, vendem-se como escravos para algum homem rico, pois este lhes dará como esposa uma de suas escravas; assim, eles e seus filhos permanecem escravos para sempre". Outros, com dinheiro suficiente para desposarem mulheres livres, viam-se incapazes de sustentar seus filhos e, conseqüentemente, vendiam-nos por dois ou três ducados, "menos do que se pagaria por um porco ou um cavalo velho", escreveu Ricci desconsolado, e esse baixo preço era a taxa corrente mesmo quando não havia fome na terra; quando havia escassez, os preços caíam a 1/10.[55] Ricci foi muito além disso em certas passagens do seu esboço original da *História*, cortadas da versão publicada do livro pelos seus cautelosos editores jesuítas no século XVII. Ricci via, embutida no caráter chinês, uma sensualidade que fazia com que os varões não quisessem esperar até a maturidade — que ele situava nos vinte anos de idade — para escolherem seus parceiros sexuais. Muitos rapazes tinham suas primeiras mulheres aos quinze, ou até catorze anos, com o resultado "de que muitos se enfraqueciam tanto que nunca mais poderiam ter filhos". Além disso, escreveu, "todo o reino está cheio de prostitutas públicas, totalmente à parte dos casos de adultério doméstico, que são bastante bem conhecidos. Só aqui apenas em Pequim dizem que há quarenta mil em exibição pública; essas mulheres agem dessa maneira porque assim o escolheram ou, o que é uma injustiça muito mais grave, porque foram compradas por homens impuros que as obrigaram, à força, a ganhar sua vida desta forma obscena".[56] Os contemporâneos Ming endossariam pelo menos a observação de Ricci acerca dos números e da presença ostensiva das prostitutas, comentando que elas podiam se encontrar mesmo nas pequenas aldeias, e se contavam aos milhares nas cidades maiores. Em Pequim (como em Roma), eram registradas pelo Estado e tinham de pagar um imposto; embora não se postassem literalmente à entrada, como em Florença, os bordéis tinham portas especiais, com dobradiças ao meio, de modo que, quando a metade superior ficava entreaberta, os passantes podiam observar à vontade as mulheres à venda no interior.[57]

Os próprios jesuítas na China tinham de enfrentar acusações alarmantes de conduta sexual perversa. Não estavam há muito tempo em Zhaoqing quando um chinês convertido acusou o padre Ruggieri de cometer adultério com uma mulher casada da cidade, acusação para a qual contribuiu o marido, declarando ter arrancado a verdade dela. Era um caso clássico de extorsão, e Ruggieri pôde limpar seu nome.[58] O padre Longobardi foi acusado de forma semelhante na cidade de Shaozhou e só se inocentou quando a mulher com quem supostamente dormira foi torturada pelo magistrado local e o isentou da acusação, ao passo que, simultaneamente, confessou o adultério com vários outros homens da região.[59] Tais boatos eram constantemente atiçados pelos chineses, que apresentavam peças nos dias de mercado, nas cidadezinhas, ridicularizando cristãos e portugueses, atuando simultâneos com suas espadas e seus rosários, deixando os seus padres se misturarem indiscriminadamente com as mulheres locais. Essas peças eram reforçadas por edições cômicas que atacavam os jesuítas e seus conversos, que tinham uma venda animadíssima, bem como por longas declarações escritas divulgadas pelos próprios letrados.[60]

Ricci talvez pensasse nessas infelizes peças quando escreveu que os jovens atores da China eram "a gente mais vil e mais viciosa de todo este país", e comentou como muitos eram comprados pelos seus patrões enquanto crianças e então ensinados a cantar e dançar.[61] Mas é mais provável que esses cantores masculinos pesadamente maquilados reforçassem a agitação que Ricci sentia na presença de prostitutos homens em Pequim e frente à evidente generalização da homossexualidade masculina da cidade:

> *O que mais mostra a miséria dessas pessoas é que praticam, não menos que as luxúrias naturais, aquelas que invertem a ordem das coisas: e isso nem é proibido por lei, nem tido como ilícito, nem mesmo como motivo de vergonha. Fala-se disso em público, e pratica-se em toda parte, sem que ninguém o impeça. E em algumas cidades onde é mais comum essa abominação — como na cidade capital do país —, há ruas públicas cheias de rapazes assumidos como prostitutos. E há gente que compra esses meninos e os ensina a tocar música, cantar e dançar. E então, vestidos galantemente e maquilados com ruge, como mulheres, esses miseráveis homens são iniciados nesse terrível vício.*[62]

Essas linhas foram redigidas em 1609 ou 1610, perto do fim da vida de Ricci, mas este expressara sentimentos semelhantes em 1583, quando estava na China há apenas poucas semanas, escrevendo a Valignano sobre "o pecado medonho a que todo mundo aqui é muito dado, e a respeito do qual parece não haver nenhuma vergonha ou impedimento".[63] Ao tomar essa posição antes de ter muitas evidências sobre isso ou aquilo, e ao reforçá-la um quarto de século depois, após observações detalhadas, Ricci expressava um sentimento de ultraje moral totalmente afinado com os tempos. Na verdade, os dois homens que haviam publicado relatos sobre a China, antes que Ricci para lá partisse, escreveram ambos em termos semelhantes. Galeote Pereira escreveu sobre os chineses que "a maior falta que encontramos entre eles é a sodomia, um vício muito comum entre a categoria mais mesquinha, e nada estranho entre a melhor".[64] Frei Gaspar da Cruz disse mais ou menos o mesmo, acrescentando que este "vício desnaturado" "não [era] de forma alguma reprovado entre eles", e que os chineses manifestaram surpresa quando ele falou contra isso, declarando "que nunca tinham tido ninguém que lhes dissesse que isso era um pecado, nem uma coisa má".[65] Da Cruz atribuiu a vingança que Deus lançou sobre algumas cidades chinesas no final dos anos 1550, sob a forma de terremotos terríveis seguidos de feixes de raios que destruíram comunidades inteiras, à predominância desse vício. Ressaltava a questão notando que o chinês que trouxe as notícias dessas catástrofes "estava tão amedrontado que lhe pareceu que fora arrasada toda a província de Sanxi, exatamente como as filhas de Ló, vendo a destruição de Sodoma e Gomorra, pensaram que o mundo inteiro perecera". E da Cruz concluía afirmando que essa catástrofe e suas casas realmente podiam pressagiar o advento do Anticristo.[66]

Tanto o frei Gaspar da Cruz como o padre Matteo Ricci reagiam como membros leais de uma Igreja que, embora em princípio procedesse à condenação de todas as luxúrias carnais, respondia com especial veemência a qualquer indulgência sexual masculina que não conduzisse à possibilidade de procriação. Essa posição moral recebera um tom solene com os textos de Tomás de Aquino, que identificava o intercurso sexual natural como aquela união dos sexos praticada universalmente pelos pássaros e animais, exemplo que os homens deveriam seguir. Portanto, a masturbação e — a partir da lógica do argumento de Aquino — tanto as ligações homossexuais como o intercurso anal masculino com as mulheres eram coisas estritamente proibidas. Nas rígidas palavras de Aquino, na *Suma contra os Gentios*, "depois do pecado do assassinato, com o qual se destrói uma natureza humana já com existência efetiva, esse tipo de pecado parece vir em segundo lugar, com o qual se impede a geração da natureza humana".[67] Profundamente incrustada nessa condenação cristã posterior do homossexualismo estava a associação de tais práticas com o islamismo. As primeiras traduções ocidentais do Corão indicavam a evidente tolerância da homossexualidade ali mencionada, e numerosas fontes medievais tardias referiam-se à homossexualidade livremente consentida, à existência de meninos criados para fins pederastas e de bordéis masculinos, ou ao abuso sexual de escravos masculinos. Entre as leis mais antigas do reino de Jerusalém, estabelecido pelos cristãos depois da Primeira Cruzada, havia uma que apelava à fogueira para os "sodomitas", e descrições extraordinariamente dramáticas da violação pelos muçulmanos dos meninos, homens, clérigos e bispos cristãos capturados circularam amplamente pela Europa, para dar um ímpeto adicional ao apoio das Cruzadas. O próprio Ricci, fulminando contra os jovens pintados de Pequim, usou uma linguagem quase idêntica à empregada por William de Adam, três séculos antes, ao atacar os meninos pederastas do Islão.[68]

Pode-se ter uma noção da amplitude dessas idéias a partir de uma observação casualmente feita por Martinho Lutero numa carta por sua vez nada casual — na verdade, intensa e comovente — que escreveu ao seu amigo Justin Jonas, em 1542, numa tentativa de consolá-lo pela morte de sua esposa, ao dar à luz. "Pois quem não está saturado das abominações deste nosso mundo?", escreveu Lutero, "— se é que pode ser chamado de mundo e não de um verdadeiro inferno de demônios com que esses sodomitas atormentam dia e noite nossas almas e olhos"; aqui, Lutero esclarecia que, por sodomitas, queria dizer "turcos, judeus, papistas e cardeais".[69] Naturalmente, uma tal associação sarcástica de grupos era inaceitável para os católicos, e encontramos jesuítas como o celebrado Pedro Canisius, tão proeminente na vida intelectual da ordem nos anos 1570 e 1580, sustentando com uma intensidade apaixonada em seu *Catecismo* uma versão atualizada da doutrina de Aquino sobre a homossexualidade. Canisius reunia os textos bíblicos clássicos, que incluíam o destino de Sodoma e Gomorra descrito no Gênesis (capítulos 18 e 19), o comentário de Deus sobre as cidades registrado pelo profeta Ezequiel (capítulo 16) e a horrenda advertência do Levítico (18:22) de que os homens "não se comportarão carnalmente juntos" como fazem com as mulheres, "porque isso é abominação". Muitos padre da Igreja, e na verdade também Lutero, interpretavam o pecado de Sodoma como primariamente composto de uma mistura de cupidez, preguiça e indiferença pela situação angustiosa dos pobres, mas Canisius deixou claro que recusava tal interpretação como inadequada. Os homens de Sodoma, escreveu ele, além de não auxiliarem "os pobres e necessitados", eram "culpados desse mais abominável vício que não teme violar a lei de Deus, deveras, e a lei da natureza".[70]

Foi em boa parte esse tipo de interpretação que Ricci ouviu como menino estudante em Macerata, quando as fulminações de Pio IV contra o homossexualismo lá foram apresentadas em 1566. Estas também eram as interpretações que os jesuítas levavam consigo quando partiam para o Oriente no final do século XVI, reforçadas pelo sentimento geral da época, segundo o qual vícios de todos os tipos floresciam mais facilmente nos climas quentes.[71] Um jesuíta desembarcado em Goa podia escrever quase imediatamente para casa declarando que "o calor aqui é grande durante o dia e a noite, e a maioria dos que estão no colégio dormem sem lençol, vestindo sempre cuecas leves e uma camiseta sem mangas, e de dia vestem apenas uma roupa de algodão muito leve; o calor enerva a todos". E sabemos que os jesuítas encarregados dos dormitórios em Goa tinham rapidamente abandonado seu empenho em impor as regras costumeiras de que todos ao seu encargo deviam dormir adequadamente cobertos, com as janelas fechadas.[72]

Alguns observadores, como o mercador italiano Francesco Carletti, ficavam petrificados de admiração com a sensualidade resultante; os homens com roupas brancas de mangas amplas, soltas e pendentes, as mulheres parecendo "saídas de um torno", com seus membros "esculpidos e em relevo, de tal forma que o olho pode avaliar exatamente como são feitas". Buscando um símile que pudesse explicar com maior clareza a roupa das mulheres hindus, Carletti optou por dizer que eram pregueadas "da maneira como as sobrepelizes e outros paramentos dos religiosos são pregueados, sem goma, como se a água e o sol escaldante daquela região bastassem para fazer as pregas e mantê-las firmes".[73] A descrição pode ter sido acurada, mas a associação de idéias era infeliz, e talvez sugira uma razão para a intensidade passional com que os clérigos locais tentavam remover todos os pensamentos de homossexualismo masculino na região de Goa. Cartas do inquisidor de Goa falavam da difusão dessa "infâmia" e da necessidade de medidas duras. Os homens surpreendidos em sodomia eram publicamente queimados em Goa, como o eram em Roma.[74]

Não havia nada de particularmente localizado na repugnância expressa pelos jesuítas, e de fato seguiam uma linha de raciocínio e comportamento santificada pela Igreja no Extremo Oriente pelo próprio Francisco Xavier. Numa carta aberta aos jesuítas mais jovens da Companhia em Goa, que escreveu do Japão em 1549, Xavier expressava o seu choque com a amplitude da homossexualidade entrincheirada entre os padres da Igreja budista japonesa, choque intensificado pela casualidade com que era tratado todo o assunto. Os padres usavam os jovenzinhos, enviados a eles para serem educados, para o seu prazer sexual, e riam quando indagados sobre a questão. "O mal simplesmente se tornou um hábito", escreveu; "os padres são arrastados a pecados contra a natureza e não o negam, reconhecem-no abertamente. Esse mal, além do mais, é tão público, tão claro para todos, homens e mulheres, jovens e velhos, que estão tão acostumados a vê-lo que nem se deprimem nem se horrorizam".[75]

Outros monges viviam abertamente com freiras, escreveu Xavier, e se a freira engravidava, abortava com remédios, ou a criança era morta logo que nascesse. Um jesuíta, descreveu Xavier, um ano depois, gritou com um grupo espantado de monges japoneses (que tinham acabado de lhe servir uma refeição gratuita no seu templo), "pelo vício abominável de Sodoma que reinava entre eles", acusação a que seu abade não se dignou a responder.[76]

Em 1580, o visitador do Extremo Oriente, Alessandro Valignano, foi honesto o suficiente para compreender que os padres católicos, devido a suas atitudes ásperas e falta de calor humano em relação aos estudantes japoneses que iam estudar nas casas jesuítas, podiam estar contribuindo para uma situação muito semelhante: "Pior ainda, como levavam uma vida tão infeliz na Igreja, isto é, em nossa casa, muitos deles se tornaram taciturnos e melancólicos, caindo em maneiras vulgares e pecaminosas, alguns para buscar consolo por métodos muito indesejáveis, outros para obrigar [os jesuítas] a abrir os olhos para a realidade".[77] Valignano tentou encontrar uma posição intermediária que testaria o "caráter corrupto das pessoas (além daquela corrupção a que somos todos naturalmente inclinados)", e em suas regras para o seminário japonês dos jesuítas, formuladas em 1580, estipulou com meticuloso cuidado que os estudantes deviam dormir em tatamis, separados por banquinhos de madeiras, com uma luz sempre acesa durante toda a noite.[78] O padre Francisco Cabral, que viveu no Japão por quase vinte anos, não viu nenhuma melhoria na situação, quando foi transferido de volta para Goa. Como escreveu numa carta em 1596 para Roma, a homossexualidade japonesa era o principal obstáculo para sua disciplina religiosa. Suas "abominações da carne" e "hábitos viciosos" eram "vistos no Japão como totalmente honrosos; homens de posição confiam seus filhos aos bonzos, para serem instruídos em tais coisas, e ao mesmo tempo para servirem à sua luxúria".[79]

Era tal o peso de tais concepções dominantes entre os missionários no Extremo Oriente que os outros viajantes ocidentais tendiam a sentir a necessidade de desenvolver explicações complexas sobre a *ausência* de homossexualidade em certas áreas. Assim, o mercador veneziano Cesare Fedrici escreveu que as sedutoras saias com talhes laterais usadas pelas mulheres em Burma (Pegu), que eram "tão justas que a cada passo elas mostravam as pernas e ainda mais", tinham sido especialmente desenhadas por elas para instar com seus homens para que se afastassem de suas "práticas desnaturadas".[80] Um missionário na mesma região concluiu, em 1544, que a ausência de sodomia se devia ao fato de o senhor do território, atendendo às súplicas de sua rainha, ter ordenado que todos os homens usassem um sininho "entre a pele a carne de seus membros", e esse expediente conseguira interromper a prática oculta do "pecado abominável".[81]

Certamente o homossexualismo entre homens predominava na dinastia Ming, apesar das leis contrárias nos códigos legais, aparentemente desconhecidos por Ricci. É impossível dizer se houve um aumento intenso no final do século XVI devido ao crescimento dos novos estilos relaxados da vida urbana e à alteração das noções morais. O erudito Ming Xie Zhaozhe, contemporâneo de Ricci, citou o autor Tao Gu, do século X, para mostrar que "as alamedas alveoladas" da capital da dinastia Song eram repletas de prostitutos masculinos dispostos a vender seus corpos, e que neste aspecto a dinastia Ming posterior não era tão diferente. "Na Pequim de hoje", escrevia Xie, "há rapazinhos cantores que vão a todas as festas de vinhos dos fidalgos, e não importa quantas sejam as proibições oficiais, todos os usam... Quando um homem os possuiu, logo o hábito se difundiu, e agora todos os fidalgos solteiros usam todas suas energias para obtê-los, e é como se todo o país tivesse enlouquecido. Realmente chega a ser absurdo". Xie julgava que, se fora verdade que a homossexualidade masculina era basicamente uma prática do sudeste chinês, como afirmavam escritores anteriores, certamente não era mais este o caso: em Pequim, metade dos prostitutos vinha da cidade de Linqing, na província de Shandong, terminando com o antigo predomínio dos machos da província de Zhejiang (principalmente das cidades de Shaoxing e Ningbo), que outrora eram os mais famosos.[82] Xie acrescentava a opinião de que, na dinastia Ming, encontravam-se agora muitos casos de homens que se vestiam como mulheres, ao passo que nas dinastias anteriores eram as mulheres que se vestiam como homens.[83]

Montaigne, em sua visita a Roma em 1581, ficara surpreso ao saber que poucos anos antes vários casamentos entre homens portugueses haviam sido celebrados na igreja de São João, e que os casais "iam para a cama e viveram juntos" por algum tempo, antes de serem presos e queimados na fogueira.[84] Se Ricci conheceu tais casos — e este incidente específico ocorreu em 1578, no ano seguinte à sua partida de Roma —, o predomínio mundial desses hábitos se confirmaria amplamente para ele, com o erudito Ming Shen Defu, que se tornou seu amigo em Pequim no início dos anos 1600. Shen escreveu em seu livro de estudos gerais sobre costumes sociais, *Bizhou zhai yutan*, que na província de Fuji os homens homossexuais muitas vezes viviam juntos convencionalmente em lares domésticos, e o parceiro mais velho era tratado pelos pais do mais jovem como seu genro, sustentando-se com o dinheiro que tinham separado como seu dote de casamento. Os moradores locais até criaram um ideograma especial para expressar a intimidade e ambigüidade sexual dessas uniões, substituindo o componente com o significado de "feminina" pelo componente que significava "força física", tradicionalmente usado no ideograma "masculino". Notava Shen que esse novo ideograma não se encontrava nos dicionários usuais.[85] Várias outras fontes corroboram as descobertas de Xie e Shen sobre o predomínio da homossexualidade na época. Por exemplo, ilustrações eróticas que circulavam amplamente no período Ming tardio, embora dominadas por cenas de amor heterossexual, também continham numerosos exemplos tanto do intercurso anal masculino com mulheres como de cópulas masculinas. Numa evidente referência ao predomínio desses hábitos entre os níveis superiores dos letrados, estes homens eram descritos como praticantes da "Forma Hanlin".[86]

Assim como a Inquisição se tornara particularmente ativa contra o homossexualismo no pontificado de Paulo IV, no final dos anos 1550, quando Ricci era criança, assim também no final do século sua mão férrea recobrira o mundo até Manila, quando Ricci iniciou sua missão na China. Os espanhóis queimaram vários chineses em Manila por homossexualismo, durante os anos 1580, destino rude que não escapou à atenção dos eruditos Ming. Como o geógrafo Ming Zhang Xie escreveu num sucinto comentário sobre as Filipinas: "Luzon tem as proibições mais violentas contra o intercurso perverso com meninos. Considera-se que os chineses que as transgridem agem contra o céu. São de uma só vez condenados à morte e queimados sobre uma pilha de lenha de fogueira".[87]

Tornando-se de conhecimento público a inflexibilidade dessas punições, era essencial que os jesuítas se mantivessem isentos de qualquer mácula, embora nem sempre isso fosse possível. Assim como as acusações de adultério lançadas contra Ruggieri e Longobardi, também outros rumores desagradáveis reuniam-se em volta das residências jesuítas. Os jesuítas celibatários, com seus servidores masculinos negros (pelo menos nos primeiros dias da missão) e seus jovens criados e noviços, inevitavelmente suscitavam boatos. Ricci escreveu que, numa ocasião, foi acusado de manter um menino chinês drogado em sua casa durante três dias, ficando implícito que dispusera dele à sua vontade antes de pensar em enviá-lo para os portugueses em Macau.[88] Tais acusações levantavam-se contra os missionários ocidentais em geral depois que um padre católico levou secretamente um rapaz chinês de 22 anos — anteriormente discípulo de um monge budista — até Macau, onde foi batizado. Os chineses escandalizados ameaçaram cercar os navios portugueses, confiscar todas as mercadorias e destruir a cidade, caso o rapaz não voltasse. Relutantemente, os portugueses se renderam, e um dos seus altos clérigos escoltou o jovem de volta a Cantão, e lá foi obrigado a assistir como o jovem foi selvagemente espancado pela sua indiscrição.[89]

Os jesuítas tentavam manter uma sólida posição moral sobre essas questões, para impedir outras especulações chinesas. Na primeira versão dos Dez Mandamentos, que Ricci e Ruggieri traduziram juntos em 1584, ao invés de verter o sexto mandamento em sua forma simples "Não cometerás adultério", escreveram "Não farás coisas depravadas, desnaturadas ou obscenas".[90] Ricci enfatizou o mesmo ponto com muito maior intensidade na sua explicação da doutrina cristã, sob o título *Verdadeiro Significado do Senhor do Céu,* embora antes de chegar ao assunto explicasse a teoria do celibato da Igreja por oito razões, numa extensa elaboração dos argumentos a favor da vida celibatária que se encontravam nas epístolas de Paulo aos coríntios e a Timóteo e nas reflexões de Epiteto sobre a necessidade dos homens morais de encarar as exigências do mundo.[91] As oito razões de Ricci eram: o grande contingente de homens que lutam pela subsistência não oferece aos que têm família nenhum tempo livre para pensar em assuntos espirituais; a continência agudiza a percepção espiritual; a pobreza vinculada com a castidade serve mais facilmente como exemplo moral aos outros; o objetivo de difundir a fé pelo mundo exige um compromisso total; na Europa, onde as pessoas desejam apaixonadamente difundir a fé, os padres desempenham entre a população em geral um papel semelhante ao do imposto e das sementes que qualquer agricultor reserva em cada colheita; o apelo mais elevado possível para a humanidade é o de atingir Deus, e como alguns consideravam que "o mundo estaria melhor sem alimento do que sem Deus, o mundo estaria melhor sem habitantes do que sem religião", eles devotavam toda sua vida à religião; os missionários deviam estar livres dos laços de esposa e filhos, e sempre dispostos a seguir para onde fossem chamados, pois "se não se derem bem no Ocidente, devem ir para o Oriente, se fracassam no Oriente, irão para o Norte ou para o Sul"; e, finalmente, pela castidade a pessoa vive mais próxima dos anjos, fica mais perto de Deus e assim pode lutar mais eficazmente contra o demônio.[92] O falso celibato, isto é, a recusa do matrimônio mas não da luxúria, era pior do que tudo o mais, como escreveu Ricci numa rigorosa passagem que se seguia a suas oito razões:

> *Na China existem aqueles que rejeitam o sexo normal e são indulgentes com a depravação, abandonam o sexo com mulheres e, ao invés disso, corrompem jovens rapazes. Esse tipo de obscenidade não é sequer discutido pelos sábios do Ocidente, por receio de conspurcar suas próprias bocas. Até os animais selvagens só têm suas ligações entre fêmea e macho, nenhum deles altera a natureza que o céu lhes concedeu. Os homens que são assim nunca coram de vergonha; de tão pecaminosos que se tornaram. Os membros de minha humilde companhia retêm todo seu sêmen e não o plantam nos campos. Se vocês duvidam da sabedoria aí contida, muito mais duvidariam de lançá-lo num fosso ou numa sarjeta.*[93]

Na primeira semana dos *Exercícios Espirituais*, Inácio de Loyola prescrevia que cada padre praticante dos exercícios aplicasse todo seu ser à contemplação do pecado, empregando todos os poderes da memória, razão e vontade para se aproximar da compreensão da graça de Deus, em seu contraste com os pecados dos anjos, de Adão e do pecado mortal dos homens que dele provieram. O segundo exercício daquela semana era a profunda contemplação do egoísmo, da "repugnância e malícia" dos pecados que cada homem cometera, até que a pessoa pudesse ver todo o seu ser à impiedosa e terrível clareza da culpa: "Considerarei a mim mesmo como uma fonte de corrupção e contágio da qual saíram incontáveis pecados e males e o veneno mais ofensivo". Essa contemplação devia levar não à tristeza, mas a um atônito "grito de maravilhamento acompanhado de uma emoção crescente repentina" à medida que o praticante, consciente da profundidade do seu pecado, tornava-se ao mesmo tempo consciente do verdadeiro significado da misericórdia daquele Deus que perdoaria tais pecados.[94] Ricci e seus companheiros jesuítas na China teriam praticado essas contemplações em sua própria realização dos exercícios, e realmente seu geral, Claudio Acquaviva, muitas vezes insistia com eles para não abandonarem essas reflexões cruciais sobre os "dois modelos" de Cristo e Satanás em seu trabalho nas missões.[95]

No novo catálogo sobre os exercícios em que trabalhou com a recomendação de membros da ordem durante os anos 1590, Acquaviva desenvolveu mais amplamente seus pensamentos sobre como e a quem os exercícios seriam administrados. Sua conclusão foi a de que as limitações que Inácio impusera ao uso dos exercícios ainda deviam ser seguidas, principalmente com referência à exclusão de leigos casados, ainda que devotos, da prática integral dos exercícios. Acquaviva acompanhava Inácio ao enfatizar que os bons resultados provinham de se permitir que pelo menos a primeira semana dos exercícios fosse lida por aqueles "que, depois de corrigir suas vidas, permaneceram no mundo", e de lembrar aos missionários que os exercícios não precisavam ser oferecidos apenas em retiro, mas também "se possível nas próprias casas" dos conversos. A decisão final de 1599 foi reconfirmada em 1601, quando Acquaviva escreveu aos missionários que os superiores locais "deviam se mostrar prontos e dispostos a receber qualquer pessoa que possa querer praticar os *Exercícios Espirituais*".[96]

Existem apenas vestígios esparsos sobre a orientação de Ricci a chineses conversos quanto à primeira semana dos exercícios. A primeira vez parece ter ocorrido com um rico mercador convertido chamado "Cotunhua", em 1591 na cidade de Shaozhou, a segunda vez com o amigo de Cotunhua, o alquimista erudito Qu Rukuei.[97] No primeiro caso, Ricci notou explicitamente que Cotunhua era o mais preparado para realizar os exercícios porque já era experimentado na prática da meditação em suas anteriores crenças budistas; no segundo caso, Ricci acreditava que Qu, o alquimista apaixonado, estava com a alma purificada do medo da morte que o levara a uma busca incessante de elixires da imortalidade.

A questão delicada nos exercícios da primeira semana, que tanto Inácio como Acquaviva enfatizaram, era que a pessoa não devia ser literal demais nas suas reflexões sobre os pecados que contemplava, principalmente naquilo que concernia ao emprego dos sentidos. Nas meditações sobre a vida cristã era adequado, como escreveu Acquaviva, "pintar para si próprio e, por assim dizer, ver com os olhos da imaginação o lugar em que ocorreu a coisa sobre a qual meditamos". Entretanto, a contemplação do pecado levantava problemas muito diferentes: embora consciente de toda a série de fraquezas humanas, e expressando a contrição mais profunda pelos seus defeitos próprios, a pessoa devia evitar qualquer envolvimento mental que a pudesse levar, por assim dizer, a partilhar dos mesmos atos ou pensamentos pecaminosos. Inácio de Loyola sugerira que a melhor forma de refletir frutiferamente sobre o pecado era mantendo os três poderes da memória, razão e vontade no equilíbrio mais rígido possível, de modo que nenhum deles pudesse ganhar ascendência sobre os outros. De modo surpreendente, Acquaviva concluíra que os que mostravam ter "maior facilidade neste assunto do que outros", longe de serem aqueles sem intrepidez mental, eram de fato aqueles "em quem os poderes imaginativos são particularmente aguçados".[98] Alguém poderia interpretar isso como significando que aqueles dotados com os intelectos mais fortes e abrangentes eram capazes de ver todas as dimensões desse exercício em particular, de entender a necessidade de refrear as paixões justamente porque tinham uma consciência tão clara de seu escopo e complexidade. Talvez Ricci conseguisse partilhar um pouco dessa percepção com Qu e Cotunhua. Afinal, era sua a orgulhosa pena que relatou aos chineses como "homens e animais e insetos foram todos queimados e nada restou"; foi na implacável agudeza de sua imaginação que "as árvores e pedras se converteram em cinzas e caíram ao chão".[99]

OITO

A QUARTA IMAGEM: A QUARTA GRAVURA

Em meados de agosto de 1599, Ricci escreveu a seu amigo Girolamo Costa, de quem acabara de receber duas cartas, uma datada de 1595 e outra de 1596. As cartas de Costa freqüentemente punham Ricci meditativo, pois Costa também era de Macerata, tinha apenas um ano a mais que Ricci e ingressara na ordem jesuíta em Roma no início dos anos 1570. Neste caso em particular, as emoções eram especialmente sinceras, pois as cartas de Costa repetiam as tristes notícias de que os pais de Ricci tinham falecido. As notícias afinal não eram verdadeiras, mas Ricci não podia sabê-lo, e na sua resposta deteve-se rapidamente sobre sua morte; também mencionou como se sentia alegre em ouvir notícias de outros amigos, como Nicolo Bencivegni, que fora o professor seu e de Costa, na infância de Macerata, o homem "que durante nossos anos mais tenros e mais vulneráveis nos ensinou e nos pôs no caminho para a situação em que agora nos encontramos". As notícias de Costa e Bencivegni eram boas, sobre sua região natal e o trabalho dos jesuítas ali desenvolvido, e Ricci se regozijou com isso. Então acrescentava, como que subitamente assaltado pelo pensamento: "Muitas vezes no passado me vangloriei a esses bárbaros que eu provinha de uma terra para onde Cristo nosso Senhor, a muitos quilômetros de distância, transportara a casa em que ele e sua mãe viveram durante sua vida nesta terra. E eles ficam estupefatos quando lhes falo disso e de outras maravilhas que Deus realizou naquelas terras ocidentais".[1]

Ricci obviamente se referia, quase que com um orgulho de proprietário, ao santuário da Virgem Maria de Loreto, que ficava num lugar verdejante, perto do mar, entre árvores de fruta e vinhedos a pequena distância de Ancona. O próprio santuário tinha a forma de uma casa com 9,5 m de comprimento, 4 m de largura e 5 m de altura — acreditava-se que fora nele que Maria recebera a Anunciação e criara o menino Jesus. De acordo com a lenda, a casa fora miraculosamente transportada por anjos desde Nazaré, na Terra Santa, inicialmente até o rio (Fiume), depois a uma floresta perto de Recanati e finalmente a Loreto. De princípio, a casa não fora reconhecida e ficara abandonada nos bosques, abrigando sua relíquia mais preciosa, um retrato da Virgem feito por São Lucas, o Evangelista; até que no final do século XIII, alertados por uma visão, dezesseis jovens de Recanati viajaram até Nazaré e confirmaram que as fundações da casa da Virgem que ainda lá podiam se ver equivaliam exatamente às dimensões da casa em Loreto.

Assim rezava a lenda descritiva exposta na igreja, composta no final do século XV e traduzida para o francês, alemão e espanhol; e assim ela era confirmada por séries de bulas papais e registros de acontecimentos milagrosos. A modesta casa tornou-se, na época de Ricci, um santuário famoso envolto por um resplandecente revestimento de mármore projetado por Andrea Sansevino e financiado por Júlio II e seus quatro sucessores papais, e a fama acarretou alterações: o forro de madeira pintado de azul onde faiscavam as estrelas foi removido por causa do risco de incêndio com as velas dos crentes, uma antiga estátua de cedro de Maria e seu filho foi enfaixada em tecidos preciosos, de modo a se preservar, enquanto o revestimento de mármore de Sansevino, por sua vez, ficou abrigado no interior de uma igreja magnífica, cuja fachada foi completada em 1571 por Bramante. Durante todo seu tempo na China, esse santuário estaria presente para Ricci, dotado de novo significado e riqueza pelas instruções de Inácio de Loyola aos que praticavam a segunda semana de exercícios, os quais, depois de contemplarem a encarnação da Virgem, deveriam se empenhar especialmente "em ver a casa e quarto de nossa Senhora na cidade de Nazaré, na província da Galiléia".[2]

A grandiosidade acrescentada ao santuário outrora singelo, no final do século XVI, não sua solenidade pungente, pelo menos segundo Montaigne, que o visitou em abril de 1581 e lá deixou como oferenda um retrato conjunto de si, sua esposa e filha em adoração à Virgem Maria, sutilmente trabalhado em prata. Notando que a igreja era "bela e grande", e que a fachada de Bramante era "a mais refinadamente trabalhada e do mármore mais adorável que se poderia imaginar", Montaigne reservou seu elogio maior para a humilde casinha: "Aqui não há nenhum ornamento, nenhum banco ou almofada, nenhuma pintura ou tapeçaria nas paredes; pois é a construção em si mesmo que serve como relicário". Acrescentava: "Lá a pessoa encontra o verdadeiro sentido da religião mais do que em qualquer outro lugar que já conheci".[3] Muito depois de voltar para casa, outros viajantes do mesmo período ainda recordavam a obsessiva música da litania para a Senhora de Loreto, ao passo que Macerata nos anos 1570 já era o centro de uma dinâmica editoração sobre Loreto e as curas lá realizadas em nome da Virgem.[4]

Macerata era um ponto de parada na rota dos peregrinos de Roma a Loreto, e desde seus primeiros anos Ricci conheceria o santuário e o centro especial de devoção da Virgem Maria na região. Na verdade, na própria Macerata, como toda a cidade sabia, a Virgem aparecera a uma mulher, Bernadina di Bonino, apenas quatro anos antes do nascimento de Ricci; durante seus anos de escola, estava sendo construída uma magnífica igreja em homenagem ao acontecimento, no mesmo lugar onde ocorrera o milagre. Embora um tanto desfigurada por uma série de ações judiciais que retardaram a construção, a igreja de Santa Maria, a Virgem, foi completada em 1573, e se converteu num dos monumentos de maior orgulho de Macerata, acrescentando-se dignamente às vinte outras igrejas lá existentes, com suas maravilhosas coleções de afrescos e pinturas datadas da Idade Média.[5] Ricci podia se sentir reconfortado na presença dessas evidências do poder da Virgem, pois a força e a gentileza nela se combinavam e tocavam todos os homens. Pode-se ter um fragmento dessa emoção nas palavras empregadas por Ludolfo da Saxônia para descrever seu sentimento pessoal da profícua majestosidade da Virgem, palavras que tocariam profundamente Inácio de Loyola, e através dele atingiriam seus adeptos, nas instruções que deixara a respeito do papel da Virgem como mediadora entre os mortais pecadores e seu Filho no céu.[6]

Assim como na estação da primavera, quando o sol começa a subir nas alturas do Céu e a lançar o brilho vivificante dos seus raios sobre a terra, todas as plantas agrilhoadas pelo gelo do inverno começam a voltar novamente à vida; animais e pássaros ocultos em cada e em todas as cavernas, tocas e ninhos começam a respirar graças à renovação dessa luz, e recuperam novamente suas forças e fazem conhecer sua alegria com canções e preces felizes; e velhos e jovens exultam com sua chegada; e toda a superfície da Terra se torna belamente ornamentada, celebrando e se regozijando — assim também ocorre conosco, quando chega a vivificante Virgem, revestida pelo Sol, a proeminente Rainha do Céu. Como o sol, ela atravessa as fronteiras dos nossos corações, e a sua lembrança se espalha em nossas mentes que se inflamam brilhantes e sem nuvens; pois realmente toda carência de sentimentos se funde continuamente na grandeza de tal luz; tudo que é seco é umedecido pelo orvalho da Graça Celestial; a escuridão é posta em fuga; aparece uma nova luz, e o tema interminável de alegrias se ergue para nós.[7]

"Toda carência de sentimentos" que "se funde continuamente na grandeza de tal luz", na maravilhosa frase de Ludolfo, pode sugerir uma razão a mais para o consolo que Ricci encontrava na presença da Virgem Maria. O mais velho entre catorze filhos, Ricci pode ter recebido pouca atenção da parte de sua mãe, a nobre Giovanna Angelelli, e refere-se a ela apenas duas vezes em todas as suas cartas, uma vez pedindo para ser lembrado em suas preces, e outra vez expressando a sua satisfação ao saber que ela vinha passando muito tempo na igreja.[8] Seu relacionamento com o pai, irmãos e irmãs parecia emudecido, se é que podemos julgar pelas suas cartas, plenas de queixas por ninguém na família nunca lhe escrever.[9] Apenas a respeito de sua avó Laria é que escreveu com verdadeiro afeto, e parece típico dessa distância familiar que quem tenha lhe participado o falecimento de Laria tenha sido, não um parente, mas novamente Girolamo Costa, então morando em Siena. "Não posso deixar de lembrar com a maior ternura o amor que ela demonstrava por mim quando eu era criança", escreveu Ricci em 1592, depois de receber a notícia, "e quanto devo a ela por, em várias ocasiões, ter me criado como minha segunda mãe".[10]

A carta de Costa com as tristes notícias chegou a Ricci quando este estava confinado na cama, com um pé seriamente ferido, por ter pulado pela janela da casa da missão em Shaozhou, durante o ataque noturno dos jovens chineses no verão de 1592. O doloroso repouso de Ricci ressoa, de modo mais atenuado, as longas e agônicas semanas que Inácio de Loyola passara no leito, 71 anos antes, depois que um tiro francês quebrara sua perna direita no cerco de Pamplona. Enquanto os médicos tenteavam a perna de Inácio procurando os fragmentos do osso estilhaçado, afixavam um gancho de metal para impedir que a perna direita se atrofiasse definitivamente e se tornasse mais curta que a esquerda, e reabriam o ferimento para pôr no lugar uma lasca de osso que atravessara a rótula direita, ele extraía coragem da visão de Maria e seu filho, vindos a ele, visão que, como dizia, serenou seu coração e permitiu que sua carne nunca mais fosse novamente perturbada por pensamentos de luxúria.[11] Quando Inácio pôde novamente caminhar, no final de setembro de 1521, primeiro transcreveu excertos de Ludolfo da Saxônia e a seguir foi visitar sua irmã; quando Ricci pôde novamente se levantar, em agosto de 1592, rezou três missas seguidas, todas em memória de Laria, e a seguir envolveu-se numa série exaustiva e aparentemente interminável de procedimentos legais referentes aos atacantes da missão. Toda essa atividade, combinada com a inabilidade dos médicos de Macau em corrigir o dano, fez com que mancasse pelo resto da vida.[12] Mais tarde, quando a dor voltava em golfadas depois de um longo dia de andanças ou esperas de pé em Pequim, quase se poderia ouvir Ricci murmurando as linhas que Dante escolheu para apresentar a si e sua busca no *Inferno*:

Poi ch'èi posato un poco il corpo lasso,
Ripresi via per la piaggia diserta,
Si che'u piè fermo sempre era 'l più basso.

Tendo descansado um pouco o corpo exausto,
encetei a marcha pela subida desolada,
*calcando mais forte o pé mais baixo.**

A versão inglesa é apenas uma tradução parcial, pois Dante aqui usou a linguagem altamente ressonante de Aristóteles e dos

(*) Transcrevo a tradução de Hernâni Donato, São Paulo, Abril Cultural, 1979 (p. 25), distribuindo-a segundo os versos (NT).

padres para mostrar como o peregrino exausto arrastava penosamente atrás de si o pé esquerdo, à medida que coxeava tenazmente para a frente, encorajado pelo pensamento de sua Beatriz.[13]

Mancando literal e metaforicamente em direção à luz, Ricci não tinha apenas o consolo das visões e da memória, mas a presença real de objetos de devoção que lhe davam coragem ao longo do caminho. Podemos supor que a idéia de Loreto como relicário, apreendida por Montaigne, também estava presente na mente de Ricci, após as visitas ao santuário em sua infância; certamente, ao se mudar de Macerata para Roma, aos dezesseis anos, estabeleceu-se literalmente numa cidade de relíquias. Nas miríades de santuários das 127 igrejas da cidade podiam-se encontrar, segundo se acreditava, os corpos de São Pedro e São Paulo, as cabeças de São Lucas, o Evangelista, e de São Sebastião, o braço de José de Arimatéia e o rosto de Jesus impresso no tecido de linho outrora em mãos de Verônica. Também estavam guardados a ponta da lança que penetrou o corpo de Cristo, um pedaço da cruz verdadeira, a ponta da flecha que perfurou São Sebastião, a mesa onde foi servida a Última Ceia a Cristo e seus discípulos, uma das trinta moedas de prata pagas pela traição a Cristo, as correntes que prenderam São Paulo, parte dos cinco pães de cevada com que Cristo alimentou a multidão faminta, a toalha com que Cristo lavou os pés de seus apóstolos, as escadas que Cristo subiu até o palácio de Pôncio Pilatos, um dos pregos que cravaram Cristo em sua cruz e dois dos espinhos de sua coroa.[14]

Tão importantes como as relíquias eram as lendas especiais que santificavam certos lugares sagrados. A igreja da Virgem Abençoada, Santa Maria Maggiore, por exemplo, fora construída no lugar onde nevou num agosto, durante o pontificado do papa Libério; os romanos ainda a chamavam igreja de Nossa Senhora da Neve. Foi ali que, durante um ofício há muito tempo atrás, um anjo pronunciou a resposta para São Gregório, de modo que até à época de Ricci o coro não respondia à bênção "A Paz do Senhor esteja sempre convosco", na esperança de que o anjo mais uma vez dissesse as palavras "E com teu espírito". E havia, amorosamente conservada, uma parte do abrigo e estábulo onde Maria pela primeira vez pousou Cristo em Belém, sobre o qual São Jerônimo escreveu: "Aquele estábulo onde o pequenino infante gritou é antes para ser honrado em silêncio do que em palavras demasiado indignas dele", voto de honra este compreendido pela matrona romana Paula, que viveu sua vida devotamente nesse mesmo lugar, "o cômodo onde a Esposa virgem deu à luz um bebê Nosso Senhor". Naturalmente era este o local escolhido pelos crentes na época do Natal.[15]

Nada surpreendentemente, Ricci manteve consigo, como pôde, tais relíquias em sua viagem por meio mundo. Sabemos que trazia na China, amorosamente preservada, uma minúscula cruz feita dos resquícios da verdadeira cruz, bem como fragmentos dos ossos de alguns santos e uma caixa de terra de Jerusalém; conservava-as em sua bagagem pessoal para não serem profanadas pela corte. Em épocas favoráveis, ele as dava aos seus conversos, alguns dos quais reconheciam a posse orgulhosa e publicamente. Por exemplo, na pintura que Luke Li, o fundador da primeira congregação mariana na China, encomendou para comemorar as conversões cristãs em sua própria família, podem-se ver as correntinhas de relicários que pendiam em torno de seus pescoços, embora evidentemente o espectador não possa saber ao certo o que continham eles.[16]

O mesmo Luke Li foi o fundador de um grupo de cristãos chineses em Pequim, que se reuniam para prestar homenagens particulares à Virgem Maria e devotavam suas vidas às boas obras. Ele assim reivindica ser o primeiro a trazer as "congregações marianas", como eram chamados tais grupos na China. As idéias que estão por trás dessas congregações predominavam em boa parte da Europa durante a Contra-Reforma. Pequenos grupos de homens e mulheres religiosos dedicavam-se a vidas de elevado serviço espiritual, a fim de reforçar a obra das grandes organizações ou instituições às quais já podiam pertencer. Os grupos se uniam pelo voto de assistir a encontros regulares, geralmente semanais, de realizar freqüentes confissões e comunhões, e de explorar as formas de serviço social, reconciliação e caridade mais necessárias em suas comunidades. Os membros não precisavam pertencer a ordens, e nos meados do século XVI era possível encontrar grupos marianos entre as mulheres de Pádua e Nápoles, entre os artesãos de Florença e entre todos os grupos sociais em Veneza, Gênova, Siena, que se engajavam em atividades semelhantes em hospitais e entre os pobres. Um grupo até custeava a subsistência de mulheres separadas dos maridos enquanto tentava conseguir a reconciliação.[17] A primeira dessas congregações marianas em Macerata se formou em 1551, ano anterior ao do nascimento de Ricci, e realizou seus encontros na igreja de Santo Antonio de Pádua até 1566, quando os membros se mudaram para o santuário ainda mais apropriado da Madona de Loreto.[18]

Não sabemos se Ricci foi membro desse grupo, mas certamente foi adepto ativo da congregação em Roma, fundada no colégio romano pelo jesuíta e teólogo belga Jan Leunis em 1563. Em 1569, logo antes de Ricci se juntar à congregação, ela crescera tão rapidamente que se dividira em duas seções, uma para as pessoas de doze a dezessete anos, com cerca de trinta membros, e outra para as com mais de dezoito, com aproximadamente setenta integrantes. Quando se expandiu ainda mais, foi novamente subdividida, desta vez em grupos de pessoas com mais de 21 anos, de catorze a 21, e abaixo de catorze.[19] Esses grupos de jovens jesuítas trabalhariam ao lado de numerosos grupos de crentes leigos, ativos tanto em Roma como em qualquer outro lugar. Entre os grupos leigos que floresciam nos anos de escola de Ricci, em Roma, encontramos os que visitavam prisões, distribuindo enxergas e roupas de cama, providenciando apelações ou visitas médicas, pagando dívidas, ou dando conforto espiritual aos condenados à morte. Em caso de morte, então era a Companhia de Morte que assegurava um enterro decente para os indigentes, ao passo que a Companhia da Misericórdia enterrava os criminosos executados (que se confessavam cristãos) em terrenos consagrados, ao invés de deixá-los pendurados nas forcas à disposição dos abutres. Outras companhias atendiam os *Vergognosi* (oriundos de boas famílias, agora empobrecidas, demasiado orgulhosos para mendigarem), ao passo que outras ainda mediavam disputas entre cidadãos ou cuidavam dos perturbados mentais e dos loucos perigosos.[20]

A contribuição especial de Leunis foi dar uma forte unidade interna aos estudantes da ordem jesuíta, a fim de integrar seus conhecimentos à vida do serviço cristão. Naturalmente o serviço em missões ultramarinas tornou-se o foco central de muito desta energia, e foi significativo que Leunis desejasse vivamente servir na Índia, se frustrando, entretanto, pelo fato de seus superiores terminarem por deixá-lo em casa, devido às suas horríveis dores de cabeça. Foi depois de estas cessarem após uma peregrinação ao santuário em Loreto que, em gratidão, ele começou a reunir-se com os estudantes e a aprofundar sua devoção à virgem.[21] A partir desta organização de forças no colégio jesuíta, a idéia difundiu-se à Espanha e à França, e depois a Portugal e suas possessões ultramarinas. Havia freqüentes referências às congregações em Goa, onde eram ativas no auxílio ao atendimento das necessidades dos escravos, na conversão de muçulmanos, na tentativa de erradicar o concubinato e na reconciliação de cidadãos briguentos — esta última tarefa nada fácil: em um período de seis meses foram registradas cerca de mil e quinhentas disputas.[22] Grupos similares também estavam sendo estabelecidos em Macau, quando Ricci lá chegou, e talvez devido à sua experiência com a congregação mariana em Roma e em Goa, Valignano nomeou-o em fins de 1582 para dirigir a nova congregação. Esta foi criada para auxiliar os novos conversos chineses e japoneses residentes em Macau no aprofundamento de sua vida espiritual: não se permitia aos portugueses serem membros.[23]

A congregação mariana em Roma obtivera um prestígio adicional com uma bula papal editada por Gregório XIII em 1584, que a nomeava a "primeira e principal congregação", e a paixão organizativa do geral Acquaviva acompanhou essa direção e formulou novas regras para os grupos em 1587.[24] Entre outras coisas, Acquaviva fortaleceu as regras para os oficiantes das congregações marianas, instruindo-os a se confessar a cada duas semanas; também especificou que as reuniões semanais dominicais se realizariam sem a presença de observadores de fora (exceto em caso de autorização especial), ordenou a manutenção do sigilo em relação às atividades da congregação, regulamentou a admissão a cada congregação por um processo eleitoral dirigido pelos membros locais e proibiu a admissão de mulheres, pois as julgava "não proveitosas para a edificação moral".[25]

Luke Li procedeu sobre essas bases interpretadas por Ricci e estabeleceu a congregação de Pequim em 1609, e a inauguração, de forma bastante apropriada, recaiu no dia do aniversário da Virgem. O relato de Ricci sobre esse acontecimento, que nitidamente o comoveu em profundidade, vem bem no final do seu rascunho da *História*, e a estrutura desse rascunho sugere que podem ter sido realmente as últimas linhas que escreveu antes de sua última doença e morte. Ele relatava como Luke Li, antigo dependente do amigo de Ricci, Li Zhizao, montou as regras para sua pequena sociedade, com encontros mensais para o sermão e a reza, doação de flores pelos membros chineses, cera para as velas e incenso para a igreja de Pequim, intervenção em disputas e auxílio aos prisioneiros nas igrejas, concentrando suas principais energias em proporcionar enterros cristãos decentes aos conversos que não tinham condições. No Natal de 1609 a congregação ascendia a quarenta membros.[26] Assim, a um nível, podemos ver que essas atividades se baseavam nas experiências que Ricci tivera em Roma, provavelmente seguindo em parte as linhas de orientação de Acquaviva, mas ainda com novas alterações. A dedicação aos enterros decentes tinha um apelo particular para os chineses educados em idéias confucianas acerca da piedade filial em relação aos mais velhos, sendo obrigatório um funeral digno — Xu Guangqi gastou 120 ducados num caixão de cedro para seu pai, ao passo que Li Zhizao forneceu quinze onças de prata para o de Ricci. Além disso, a mera perspectiva de enterros tão refinados provavelmente estimulava os chineses mais pobres a procurar o batismo e assim obter uma dignidade póstuma que, de outra forma, estaria além dos seus meios.[27]

Já desde os dias iniciais da fundação da congregação da Virgem no colégio romano, houve boatos e acusações de que seus membros formavam uma elite dentro das escolas jesuítas, e de fato as congregações eram utilizadas expressamente com a finalidade de identificar os jovens mais promissores, para que pudessem receber promoções mais rápidas. Tais boatos se consolidavam com a existência de subgrupos secretos dentro das congregações, pois, à medida que estas cresciam, muitas vezes se formavam grupos menores que faziam reuniões privadas e perseguiam seus próprios objetivos ou — como no caso de um grupo de jovens nobres nos Abruzzi — cultivam um sentimento mais forte de piedade. Neste último caso, foi o geral Acquaviva que não só concedeu autorização para que o grupo continuasse a se reunir, como também encorajou a formação de grupos semelhantes em Roma.[28] A firmeza dos laços que podiam se forjar entre os que partilhavam essa experiência em comum foi levada para a China, reforçando os elos de esperanças e perigos partilhados. Ricci evidenciou isso claramente da forma como escreveu sobre Francesco de Petris, um padre jesuíta dez anos mais novo que servira com ele em Shaozhou, até sua morte em novembro de 1593. Como Petris ingressara no colégio romano em idade muito nova, os dois podem ter se conhecido antes que Ricci deixasse Roma em 1577; Ricci posteriormente escreveria que Petris "era incapaz de ocultar a alguém a profunda devoção que sentia pela Madona" e o jovem padre contara aos noviços chineses em Shaozhou que ingressara na Companhia de Jesus porque a Virgem Maria numa visão assim lhe ordenara. Petris era um membro devoto da congregação mariana em Roma, acrescentou Ricci, e mesmo em seu leito de morte continuou a cantar em voz alta canções em sua honra. Após a confissão final, Petris levantou-se da cama e lançou seus braços em torno do pescoço de Ricci. Quando Ricci gentilmente se desembaraçou e tentou assegurar a Petris que este se recuperaria, os dois missionários ficaram lado a lado, banhados em lágrimas que os impediam de falar. Não há nenhuma outra passagem tão repleta de emoção pessoal nos escritos de Ricci.[29]

O próprio geral Acquaviva se dedicava intensamente ao culto da Virgem, característica que partilhava com o fundador da ordem jesuíta, Inácio de Loyola. Inácio escrevera que as constituições da sociedade haviam sido montadas em parte com o auxílio da Virgem Maria, através de visões, observação que levaria a um boato amplamente difundido de que os *Exercícios Espirituais* haviam sido, eles mesmos, parcialmente "ditados" pela Virgem.[30] As meditações sobre a Virgem Maria eram "discretas e fundamentais" para os exercícios, segundo um importante professor jesuíta de espiritualidade, interpretação reforçada pelo fato de que Inácio esperara um ano inteiro entre sua ordenação e a realização de sua primeira missa, "para se preparar e implorar a Nossa Senhora que ela desejasse colocá-lo junto com seu Filho". Quando Inácio finalmente rezou sua primeira missa em 1538, foi na igreja de Santa Maria Maggiore em Roma, no dia de Natal.[31] O geral Acquaviva reforçou esse tema subjacente da importância central da Virgem para a ordem numa carta aos jesuítas em 19 de maio de 1586, que Ricci provavelmente leu muitos anos depois, pouco antes de ser expulso de Zhaoqing. A carta tratava diretamente de aspecto da missão chinesa, pois Acquaviva a redigira para notificar os missionários que o papa Sisto V autorizara um jubileu em comemoração da "brilhante aurora da fé sobre esse imenso império" da China; pode-se imaginar o efeito da retórica envolvente de Acquaviva sobre Ricci, quando se ajoelhou ante o altar em Zhaoqing, onde havia exposta uma imagem da Madona, com um capuz, segurando o Menino Jesus (e as Escrituras na sua mão esquerda). A imagem era a reprodução da pintura existente na igreja de Santa Maria Maggiore, que Ricci levara para a China, primeiramente pondo-a numa casinha que alugara e depois no aposento mais amplo que construíra para funcionar como igreja. Em sua carta, Acquaviva escreveu:

> *Maria é a Mãe dEle que criou todas as coisas, e portanto é muito apropriadamente honrada por São Damasceno com o título de Senhora e Rainha do Céu e da Terra. É meu desejo que, em todas as horas e em todas as coisas — seja em nossas deficiências pessoais ou nas de toda a Companhia, procuremos com especial veneração e confiança resoluta a proteção e o patrocínio da Virgem Abençoada; pois ela é o refúgio de todos aqueles arduamente sobrecarregados com o peso de suas labutas ou perturbados em sua alma. Realmente, quando reflito sobre a meiga devoção dos santos a nossa Senhora Abençoada, e a santidade que atingiram com seu amor ardoroso e perseverante por ela, só posso desejar que todos nutramos com corações devotados uma veneração pela Mãe do Céu. Não esqueço que nosso Pai sagrado depositou todas suas esperanças no futuro da Companhia na proteção de Maria, e por conseguinte imploro que orem para que, com a intercessão dEla, sua honra e memória possam se tornar diariamente cada vez mais queridas para nós. E, em verdade, a dignidade excepcional à qual a Virgem Mãe de Deus ascendeu é tal que deve suscitar nosso amor e admiração. Se lembramos a generosidade com que ela nos concedeu suas dádivas, nossa gratidão nunca igualará sua bondade para conosco; e se refletimos sobre nossas próprias necessidades e desamparo, somos forçados a chamar em nosso auxílio seu patrocínio todo-poderoso.*

O quiproquó em relação a essa devoção devia ficar claro, concluía ele: "Se apenas provarmos que somos seus clientes fiéis, ela nos tomará sob sua confiança e ela própria nos protegerá".[33]

Ricci dificilmente precisaria lembrar o papel desempenhado pela Virgem Maria na ordem. Ele a vira em Moçambique, em seus poucos dias em terra firme, depois da longa viagem desde Lisboa, sob a forma de "Nossa Senhora da Proteção", guardando a fortaleza portuguesa de São Sebastião; vira o embaixador de Akbar tirar os sapatos e se prostrar perante sua imagem na igreja jesuíta de

Goa; observara que a igreja mais requintada de Macau era a dedicada à Virgem.[34] Na China, de fato, chegara quase a ser excessivamente poderosa, deslocando da mente popular chinesa as augustas pessoas da Trindade.

Talvez isso em parte se devesse ao extraordinário realismo com que se apreendera a beleza de sua imagem — realismo que levou os moradores de Zhaoqing a se ajoelhar e tocar o chão com a testa perante ela, e o prefeito Wang Pan a solicitar uma cópia de sua imagem para enviá-la ao seu pai idoso em Shaoxing —, mas os chineses aos poucos vieram a crer que o Deus cristão era uma mulher.[35] Sua imagem se fundia com outras visões de divindades benevolentes do próprio passado chinês, e o mesmo realismo com que eram pintadas suas longas vestes tornava difícil que alguns eruditos chineses reconhecessem a humanidade de suas formas. Como o contemporâneo de Ricci, o erudito Xie Zhaozhe, escreveu em seu livro de observações e reminiscências: "A imagem utilizada para o Deus cristão é o corpo de uma mulher, mas sua aparência é muito inusual; é como aquelas figuras que costumávamos dizer que 'tinham uma cabeça humana e um corpo de dragão' ".[36] Uma vez que se tornou claro para Ricci que assim surgiam mal-entendidos, pensou em substituir a principal imagem da Virgem com o Menino por uma de Cristo adulto. Os chineses não podiam deixar de ficar "um pouco confusos" (*un poco confusi*), observou, pois ao mesmo tempo que viam por toda parte a imagem de Maria, os jesuítas lhes ensinavam que havia apenas um Deus único; na verdade, estes tinham justamente para tal efeito traduzido os Dez Mandamentos com sua inequívoca afirmação inicial. Como os jesuítas ainda não se sentiam preparados para explicar aos chineses como Cristo entrara no seio da virgem, na sua Encarnação, era inevitável uma certa confusão, e a retirada da imagem da Virgem de sua posição predominante não encerrou os rumores. Que o Deus cristão fosse uma mulher com uma criança nos braços era um tópico de conhecimento muito bem sedimentado em Nanjing, no final do século XVI, e escritores chineses posteriores continuaram a difundir a mesma informação em suas obras impressas.[37]

Talvez realmente Ricci não tenha feito tudo o que poderia para dissolver esses rumores, pois, antes que os missionários começassem a ensinar o enredo inteiro do conto cristão, o efeito da imagem da Virgem era muito valioso em sua obra missionária. Em outubro de 1585, encontramos Ricci a escrever para Acquaviva, pedindo-lhe mais alguns pequenos relógios "que podem ser usados ao pescoço" e também algumas pinturas religiosas, mas "não aquelas que mostram detalhes da Paixão de Cristo, que eles ainda não entendem".[38] Em algum momento depois de 1586, Ricci recebeu uma pintura a óleo muito bela, feita na Espanha, presente de um padre que oficiava nas Filipinas. A pintura trazia a Virgem, Cristo e João Batista, e teve grande efeito em Nanchang e, posteriormente, em Pequim. Perto do fim da vida de Ricci, outros jesuítas se surpreenderam ao encontrar uma cópia da pintura em meio a uma pilha de cerca de cinqüenta pergaminhos, no quarto dos fundos de uma casa de campo nos arredores de Shaozhou. Os proprietários não sabiam o que era, mas os jesuítas deduziram que fora copiada privadamente por um pintor local que pôde vê-la quando fora transportada por terra desde Macau.[39] Era esse tipo de circulação informal de material religioso que Ricci geralmente estimulava.

Outra cópia da Virgem de Santa Maria Maggiore chegou a Ricci via Macau no final de 1599, desta vez uma reprodução colorida em tamanho natural, e não uma cópia impressa. Essa reprodução e a pintura a óleo tiveram um profundo impacto sobre o eunuco Ma Tang quando as viu pela primeira vez, e prometeu a Ricci que a Virgem "terá seu lugar no palácio do rei". Essa promessa foi cumprida, pois havia duas grandes pinturas da Madona — uma no "estilo antigo" e outro no "novo estilo" — citadas entre as oferendas finalmente apresentadas ao imperador Wanli em 1601, presumivelmente aquelas mesmas duas vistas por Ma Tang. Segundo os eunucos que relataram as circunstâncias para Ricci, o imperador ficou "estupefato" e julgou que devia ser "um Buda vivo", mas ficou transtornado com o realismo das pinturas e deu-as a sua mãe. Ela, budista devota, também se sentiu incomodada com elas, e as pinturas acabaram no depósito do palácio.[40]

Essa recepção geralmente piedosa das pinturas da Virgem e o Menino contrasta agudamente com as atitudes em relação ao Cristo crucificado, com que Ricci se deparara no ano anterior. Um crucifixo que Ricci trazia em sua bagagem de mão devia ser pequeno, mas vividamente real, no estilo do final do século XVI, destinado a dar o máximo imediatismo ao homem que o contemplasse, de acordo com as exigências de Inácio de que a pessoa se sentisse em presença da crucificação de Jesus. Ricci descrevia-o como "belo, entalhado na madeira, com sangue pintado, e parecia vivo". O eunuco que o encontrou, porém — o mesmo Ma Tang que admirara a pintura da Virgem —, suspeitou de magia negra e gritou em voz alta: "Este é um feitiço que você fez para matar nosso rei; quem pratica essas artes não pode ser gente boa".[41] Os soldados foram chamados e a bagagem de Ricci e companheiros foi apreendida para investigações posteriores sobre seus depravados desígnios, e os jesuítas foram ameaçados de espancamentos selvagens. A principal dificuldade, como notou Ricci com honestidade, era que o eunuco "realmente achava que era algo mau" e que, frente à multidão hostil, Ricci achou difícil apresentar uma explicação adequada do significado de Cristo crucificado. "De um lado", como escreveu mais tarde (falando de si mesmo na terceira pessoa, como muitas vezes fazia) "ele não queria dizer que este era nosso Deus, o que lhe parecia difícil entre essa gente ignorante, e num momento tal falar desses elevados mistérios... por outro lado, porque vira que todo o povo se virava contra ele, cheio de desgosto pela crueldade que, parecia a eles, ele fizera a esse homem" — isto é, a Cristo. A explicação que finalmente apresentou não satisfez de fato nem a Ricci nem aos ouvintes; disse-lhes "que não entenderiam que tipo de coisa era aquela; que era um santo famoso da nossa terra que quisera sofrer essa dor na cruz para nossa salvação; e por essa razão nós o pintamos e esculpimos dessa forma, para tê-lo sempre aos nossos olhos e lhe dar graças pela sua grande bondade". Como disse um amigo chinês a Ricci, realmente não era "nada bom ter alguém que se parecia com aquilo"; outro sugeriu que os jesuítas "reduzissem a pó todos os outros crucifixos que tinham com eles, para não restar memória deles".[42]

Em face de tal incompreensão, era mais sensato continuar a dar prioridade visual à Virgem e o Menino, apesar das dificuldades em explicar adequadamente a Encarnação, embora as imagens de Cristo crucificado ainda circulassem sob forma de pequenos medalhões de bronze usados ao pescoço pelos crentes, em pequenas figuras impressas que eram dadas aos conversos que as solicitassem, numa cruz lisa usada para ornamentar o telhado de uma igreja ou mesmo numa simples exibição do rosário como prova de devoção. Em outras épocas, todas as imagens de Cristo eram escondidas.[43] Assim Ricci continuava a fazer cópias da imagem da Virgem, algumas em papel, outras até entalhadas na pedra, e a encomendar novas pinturas suas a qualquer pintor jesuíta com talento suficiente que encontrasse, e a quantidade de versões elaboradas foi aumentando, juntamente com seu efeito. O padre Cattaneo trouxe ainda uma outra Madona e o Menino — sobre um lindo fundo de cornijas e pilares dourados —, ao retornar em 1602 de uma licença por doença em Macau. Essa pintura teve tal efeito sobre Xu Guangqi quando a viu que atuou como catalisador de sua conversão. Os padres jesuítas do sul começaram a portar consigo pequenas imagens da Virgem, quando rezavam — podiam cobrir uma mesinha com um pano de altar e ali colocar a imagem da Virgem, ladeada por velas e incenso. Aos poucos, os conversos chineses começaram a fazer suas próprias imagens impressas da Virgem, que estampavam em folhas de papel colorido e penduravam do lado de fora de suas portas na festa do Ano Novo e em outras datas religiosas ou festivas. Outros começaram a invocar o nome da Virgem para exorcizar os maus espíritos.[44]

Na presença dessas imagens e com a circulação de histórias do evangelho sobre Maria, os chineses começaram a sonhar com a Virgem. Pelo menos um converso doente sonhou que Maria, vestida de branco e com a criança nos braços, postou-se ao lado de sua cama e recomendou que fizesse transpirar sua febre; ele o fez e se recuperou.[45] A esposa de um funcionário encarregado do transporte de cereais no Grande Canal sonhou com uma mulher com duas crianças e mais tarde compreendeu — ao ouvir seu marido, que se encontrara com Ricci, falar da pintura — ter visto a Virgem, Cristo e João Batista. Quando ela pediu permissão para um artista chinês fazer uma cópia da pintura, Ricci, temendo que a cópia não ficasse fiel, ordenou que um dos irmãos jesuítas, que era um bom pintor, fizesse-a para ela.[46]

Num incidente mais complexo, um menino chinês, desesperadamente doente, sonhara com uma mulher que veio a ele com um nenê nos braços e pronunciou seu nome, dizendo que o protegeria. Depois que a criança se recuperou e contou o sonho aos pais, estes por sua vez vieram ao padre João Soero, que batizara o filho sete anos antes, e lhe agradeceram. Na capela jesuíta, a criança viu uma pintura da Virgem de São Lucas e a reconheceu como sua protetora. Mas a essas alturas, o padre Soero, embaraçado, explicou que nunca batizara o menino, duvidando da sinceridade dos pais, mas simplesmente espargira água quente nele. Agora, seguro tanto da sinceridade deles como da aprovação celestial, procedeu ao efetivo batismo do menino.[47]

À medida que os jesuítas difundiam suas imagens da Virgem Maria, tentavam aos poucos remover as imagens utilizadas pelos rivais de outros credos, através de vários tipos de persuasão religiosa que por vezes terminavam numa aberta iconoclastia. Ricci tentou desestimular as formas mais cruas de destruição dos ídolos — a "destruição de mãos ou pés ou o que pudessem" das figuras dos templos, levada a cabo por alguns conversos extremadamente ciosos perto de Shaozhou, ou o furto dos ídolos dos templos, para quimá-los ou enterrá-los —, pois tais atos inevitavelmente atiçavam a hostilidade local.[48] Mas seus textos elogiavam plenamente outros expurgos realizados pelos padres em cooperação com seus novos convertidos chineses: o mercador que deu a Ricci as estátuas religiosas de bronze que costumava vender, no valor de quarenta ducados, para serem fundidas, ou o outro converso que construiu uma fornalha no terreno de sua casa em Pequim onde podia fundir as imagens que outros não se atreviam a danificar, ou ainda o velho de 78 anos que, apesar dos protestos de seus filhos, levou os jesuítas para queimar suas imagens budistas, já que a família não deixaria que ele próprio o fizesse.[49] Às vezes, se as estátuas eram muito impressionantes, Ricci as enviava para Macau como "prêmios de batalha", conforme suas palavras, mas em geral eram destruídas, o mesmo ocorrendo com pinturas em papel e madeira e textos impressos. Um jovem pintor queimou toda sua coleção de pinturas de figuras religiosas, que constituíam sua especialidade. Qu Rukuei, quando se converteu, trouxe três caixotes com seus livros alquímicos e religiosos, todas as chapas de impressão que possuía, e uma série de manuscritos originais para serem queimados, poupando apenas uns poucos com "sutilezas especiais" que ele e os jesuítas estudavam juntos, para melhor aprenderem a refutar tais argumentos. O oficial militar Li Yingshi, veterano das campanhas da Coréia contra Hideyoshi, queimou sua coleção de manuscritos sobre técnicas adivinhatórias que acumulara, a alto preço, ao longo de muitos anos.[50]

Tanto Qu como Li, na época do batismo, deixaram declarações de fé cuidadosamente redigidas. A de Qu em particular vinha imbuída de devoção pela Virgem Maria. Qu concluía sua confissão, na qual lamentava principalmente ter dedicado tanto dinheiro e energia à propagação do budismo, com as palavras sinceras de uma nova retórica de uma Contra-Reforma chinesa fundada na fé mariana:

> *Quanto aos artigos da fé cristã, embora não possa compreender a grandeza de todos os mistérios, de todo coração submeto-me a eles, e acredito em tudo que neles está contido. Rezo ao Espírito Santo [expressão que Qu pronunciava em chinês como "Sanbilido Sando"] que os torne mais claros para mim. Estou começando a crer novamente, e meu coração é como uma frágil e tenra espiga de milho. Por isso imploro à Mãe do Senhor do Céu que se digne a me dar coragem e força espiritual, e que reze a meu favor junto a Deus para minha resolução se manter forte e firme e meu espírito se tornar puro e claro. E assim, com meu coração cheio de luz, e mantendo-se fiel à verdade e à razão, minha boca se abrirá para pronunciar a palavra santa, difundindo-a e semeando-a por toda a China, para que todos possam conhecer a lei sagrada de Deus e a ela se submeter.*[51]

Pode-se pensar que realmente havia um sentimento excepcional profundo de afeição entre Qu e Ricci a partir do fato de Qu ter adotado como nome de batismo o de Inácio e dado ao seu filho de catorze anos o nome de Matteo.[52]

Era inevitável que os jesuítas e seus conversos dispendessem boa parte — talvez a maioria — de suas energias atacando o budismo chinês, pois era o seu principal adversário no apelo ao bem ético e na realização de atos de caridade. As organizações budistas de caridade freqüentemente se envolviam em projetos para melhorar a sorte dos pobres, doando hospitais e asilos para idosos, oferecendo alimentos ou empréstimos a juros baixos em épocas difíceis, instalando casas de banhos, plantando árvores e consertando pontes; enquanto Ricci morou em Pequim, havia instituições que davam comida e remédios para os pobres e forneciam caixões para os defuntos indigentes. Luke Li, antes de fundar a congregação mariana, fora membro de várias organizações de caridade budistas e diretor de pelo menos uma delas.[53] Assim os cristãos convertidos queimavam estátuas de Guanyin, a deusa budista da misericórdia junto com outras imagens, e talvez com urgência ainda maior, pois até os próprios missionários cristãos à primeira vista confundiram sua imagem com a da Virgem Maria.[54]

Ricci passava pessoalmente um tempo enorme a demolir os argumentos daqueles crentes budistas que mais se dedicavam a uma rigorosa vida de jejuns, embora reconhecesse — como Francisco Xavier antes dele — que muitas vezes eram homens santos, obtinha os conversos mais devotos e muitos eram particularmente versados em argumentos morais.[55] Ricci, em certo sentido, concordava em parte com eles, mantendo uma dieta de tipo budista, com vegetais e pão, ou arroz, nos dias de jejum cristão, não tocando em peixe, carne, ovos ou laticínios nessas datas, "para se conformar aos padrões de jejum dos pagãos chineses". Mas rejeitava integralmente as explicações budistas sobre a necessidade de se abster de todos os produtos de origem animal — fundadas na unidade de todos os seres, por exemplo, ou na doutrina de transmigração das almas. Ricci tentava argumentar que o jejum só tinha sentido se fosse assumido como penitência, para a pessoa se lembrar do seu estado de pecado e manter a mente sempre alerta às fraquezas do corpo. Havia um absurdo intrínseco em se abster de alguma coisa a fim de preservá-la: "Há bárbaros ocidentais que evitam a carne de porco; portanto, ninguém encontra nenhum leitão em seu país". Era essa a forma de proteger uma espécie?, perguntava Ricci.[56] Ricci levantou um ponto semelhante sobre intenções e técnicas, com uma ligeira tergiversação, através do terceiro ideograma chinês que escolhera para representar seu nome próprio chinês, Li Madou. Ao contrário de *Li*, palavra comum para proveito ou colheita, ou de *Ma*, símbolo de um rei montado num cavalo, *Dou* fora tomado por Ricci do *Clássico dos Três Caracteres*, a cartilha básica de leitura chinesa decorada por qualquer criança chinesa que começava a se dedicar ao estudo do seu idioma. Segundo esse antigo texto, provavelmente também o primeiro livro em chinês lido por Ricci, Dou era um homem reflexivo e erudito que cuidou da educação de seus filhos com um êxito brilhante porque "conhecia as técnicas corretas", e era um dos exemplos mais refinados do homem ético e consciencioso oferecidos pela tradição chinesa.[57]

Já em 1585, como podemos ver pelas suas cartas, Ricci decidira que as ordens inferiores na China freqüentemente eram "pitagóricas", vinculando seus hábitos alimentares à sua crença na transmigração das almas, e nunca deixou de descrevê-las dessa forma. A convicção de Ricci de que a difusão das idéias acerca da reencarnação era em boa parte responsável pelo infanticídio na China, pois as pessoas muito pobres matavam seus filhos na esperança de que logo renascessem numa família mais rica, constituía uma pressão moral adicional a suas críticas. Dedicou-se à origem das teorias sobre a transmigração em Pitágoras, em seu *Verdadeiro Significado do Senhor do Céu* (até enunciando uma transliteração chinesa do nome do filósofo — "Pitawoci" —, para torná-lo mais memorável) e explicou que Pitágoras inventara a doutrina da transmigração das almas de seres humanos para vários tipos de corpos animais como uma espécie de recurso didático alegórico numa época de moralidade européia particularmente relaxada. Da Europa, a doutrina errônea passou para a Índia, de onde erradamente os chineses a trouxeram para seu país.[58] A doutrina era absurda por uma série de motivos, afirmava Ricci: negava o fato de que o homem é o senhor de todas as outras criaturas e que Deus as pôs aqui para servi-lo e mostrarem exemplos de certas características; se a doutrina fosse corretamente seguida, impossibilitaria o casamento, pois a pessoa nunca poderia saber se não estava desposando seu próprio antepassado morto, ou até mesmo os seus próprios pais, se estes já tivessem morrido; destruiria a estrutura de serviços domésticos, pois o criado ou a servente dominada pela pessoa também podia ter sido um pai ou parente; não se poderiam usar animais na agricultura nem animais de tração, pois as almas dos ancestrais da pessoa podiam habitar aquelas criaturas; e se existisse algo como a transmigração, deveria haver alguns traços inatos na memória sobre as existências anteriores, e evidentemente não era este o caso.[59] Em seus *Dez Discursos de um Homem Paradoxal*, que publicou em 1608, Ricci explorou essas idéias, apresentando-as como um diálogo entre o converso Li Zhizao e Ricci após o jejum. Ali esboçava uma defesa mais forte da visão cristã da penitência que podia justificar em certas épocas o jejum, enquanto reafirmava sua oposição às premissas budistas sobre o mesmo.[60]

Um erudito chinês, Yu Chunxi, aproveitou a oportunidade para responder por carta a Ricci, perguntando-lhe por que difamara o budismo sem se ter dado ao trabalho de ler com cuidado as escrituras budistas, e por que achara que tinha o direito de condenar gerações inteiras de dignos confucianos influenciados pelo budismo; ressaltava que, de qualquer forma, a obra publicada de Ricci mostrava existir uma considerável coincidência entre o budismo e o cristianismo em outras áreas da moralidade. Yu enviou a Ricci uma lista de leitura de obras budistas básicas, que julgava que lhe proporcionariam uma visão mais clara das coisas. Ricci respondeu bastante demoradamente, explicando o caráter de sua missão, o emprego que fazia da ciência ocidental na busca de seus fins, sua convicção de que o budismo violava o primeiro dos Dez Mandamentos, e sua impressão de que a doutrina não edificara modelos morais na China, apesar dos dois milênios de pregação.[61] Ricci orgulhou-se de sua carta e escreveu ao geral Acquaviva em 22 de agosto de 1608, afirmando que respondera a Yu "de tal forma que não julgo que vá me responder novamente daquele jeito, e estamos pensando em imprimir ambas as cartas, pois com isso poderemos explicar muitos aspectos de nossa fé". No caso de outros eruditos, acrescentava Ricci, que haviam tentado usar certas publicações que circulavam nos exames trienais *jinshi* para divulgar suas críticas a ele, o examinador-mor interviera a favor de Ricci e censurara os escritos, "mudando umas poucas palavras, de modo que todas as críticas que se dirigiam contra nós foram recair sobre os ídolos das outras religiões".[62]

De fato Ricci se equivocara ao pensar que silenciara Yu com a força dos seus argumentos e a agudeza de suas réplicas, pois sabemos que Yu enviou sua carta original e a resposta de Ricci para seu antigo professor, Zhuhong, um dos principais intelectuais budistas do período Ming tardio. Como abade de Yunqi, perto da cidade de Hangzhou, Zhuhong servia como meio para restaurar a moralidade na vida monástica budista e organizar simultaneamente o movimento devoto leigo dos budistas. Ele não se impressionou com a carta de Ricci e disse a Yu que não merecia refutação, pois seus argumentos eram muito superficiais. Quanto ao estilo da carta de Ricci, que era muito melhor que o de suas obras publicadas, provavelmente se devia ao fato de ter sido redigida para ele por um erudito chinês. Poucos anos depois, Zhuhong elaborou sua crítica: a proibição contra tirar a vida de um ser era absoluta, mas a discussão de Ricci sobre os maus-tratos aos pais confunde o real com o meramente possível. Havia diferenças fundamentais entre os dois âmbitos:

Casamentos entre homens e mulheres, o uso de carroças e cavalos, bem como o emprego de serventes são todos coisas corriqueiras no mundo. Não podem jamais ser comparados com a crueldade de tirar a vida dos animais. É por isso que o sutra diz apenas que ninguém deve matar nenhum ser sensível, mas não diz que a pessoa não pode se casar ou utilizar animais domésticos. O tipo de sofisma [usado por Matteo Ricci] é um jogo esperto de palavras. Como poderia prejudicar o claro ensinamento da Grande Verdade?[63]

Ricci provavelmente nunca viu a carta original de Zhuhong, e já falecera na época em que foi publicada a crítica mais ampla, mas estava ciente de um outro conjunto de críticas detalhadas dirigidas contra ele por Huang Hui, um erudito Hanlin altamente prestigiado e também budista devoto. Huang de alguma forma obtera um esboço do *Verdadeiro Significado do Senhor do Céu*, de Ricci, e o cobrira com comentários críticos feitos nas margens, fazendo-o circular entre seus amigos. Uma cópia foi mostrada a Ricci, que decidiu não responder diretamente a Huang, pois não tinha nenhuma vontade "de provocar uma outra inimizade de alguém que era um mandarim tão graduado e poderoso na corte".[64]

Ricci deixou um relato muito minucioso de suas tentativas de lidar com tais disputas. Descreveu um argumento que sustentara numa discussão religiosa com o conhecido monge budista Sanhuai num jantar em Nanjing, no início de 1599. Enquanto os outros convidados ouviam e ocasionalmente intervinham, Ricci e Sanhuai discutiam sobre o significado da criação e o papel da mente humana nesse processo. O debate se tornou tão acalorado que ambos gritavam entre si a maior parte do tempo. Enquanto Sanhuai defendia os plenos poderes criadores da mente, Ricci contrapunha uma análise da capacidade de armazenagem e poder reflexivo da mente no nível sobrenatural. O espelho, afinal, dizia a Sanhuai, não cria o sol que reflete. O diálogo se abriu para todos os convidados, e foram servidos mais pratos e alimentos, quando o assunto recaiu sobre o tópico da bondade inata da natureza humana; aqui, em resposta às atitudes ambíguas do monge budista e aos argumentos confusos dos outros convidados, depois de passada uma hora, Ricci usou seus poderes mnemônicos para resumir todos os argumentos até aí apresentados. A seguir esboçou suas concepções acerca do pecado original e da graça divina, para apresentar sua interpretação sobre a bondade inata do Criador, bondade que naturalmente enformava a natureza de Deus, assim como o brilho é inato ao sol; tentou usar a razão para mostrar a Sanhuai que o autor de todas as coisas não poderia ser da mesma substância dos homens, embora Sanhuai se mantivesse obstinadamente cético. Ricci não quisera se envolver nesse debate específico, escreveu mais tarde, e se escusara a ele várias vezes. Mas na ocasião se mostrou proveitoso, e o conteúdo dos seus argumentos passou a fazer parte da edição revista do seu *Verdadeiro Significado do Senhor do Céu*. De fato, nesta obra ainda podemos ver traços do diálogo: sobre as razões da existência de Deus no capítulo 1, sobre os fenômenos inatos no capítulo 2, sobre a bondade natural no capítulo 7.[65]

Logo antes desse debate com Sanhuai, Ricci se encontrara com um homem muito mais formidável, o brilhante mas irascível erudito Li Zhi, que então contava com 72 anos. Li lisonjeara Ricci visitando-o pessoalmente antes de ser convidado, escrevendo-lhe dois poemas, parecendo expressar sua aceitação de muitas das críticas de Ricci ao budismo (mantendo silêncio nos debates em que eram apresentadas) e apreciando tanto *Sobre a Amizade* de Ricci que distribuira cópias a amigos de outras províncias.[66] Numa carta a um amigo, Li escreveu como Ricci aprendera sobre o budismo na Índia, antes de vir à China, e lançara-se ao estudo dos clássicos confucianos em Zhaoqing, dedicando-se firmemente aos escritos canônicos com o auxílio de eruditos locais. Li acrescentava:

> *Agora ele consegue falar fluentemente nossa língua, escrever nossa escrita e agir segundo nossas regras de conduta. É um homem extremamente impressionante — uma pessoa de refinamento íntimo, e a mais correta externamente. Numa reunião de muitas pessoas, todas falando numa confusão e cada uma sustentando seu próprio ponto de vista, Ricci mantém silêncio e não se deixa provocar para intervir ou se envolver. Entre os meus conhecidos, ninguém é comparável a ele. Todos os que são arrogantes demais ou por demais lisonjeiros, os que exibem sua sagacidade ou são estreitos e faltos de inteligência são inferiores a ele.*[67]

Como Ricci admitira em sua *História* que ocasionalmente fora levado a gritar com o adversário (como no caso de Sanhuai), Li Zhi pode ter superestimado o autocontrole de Ricci; mas, de qualquer forma, Ricci retribuiu observando que Li Zhi — que muitos outros contemporâneos consideravam excêntrico, dogmático e rude — era "prudente e experiente" no tipo de negociação necessária para se obter autorização de permanência em Pequim para os jesuítas. O encontro dos dois homens na cidade de Jining, província de Shandong, na primavera de 1600, deve ter constituído uma ocasião emocionante e adorável. Ricci escreveu que Li Zhi e seus amigos "o trataram com real ternura (*amorevòlezza*) durante todo o dia, e parecia ao padre que não estava nos confins do mundo em meio a gentios, mas antes na Europa entre os cristãos mais devotos e amigáveis".[68]

Li Zhi apresentou Ricci a vários amigos de Pequim, e estes, além dos que Ricci já conhecia em Nanchang, Nanjing e outros lugares, garantiram que, depois de finalmente se instalar na capital, tivesse acesso e pudesse se mesclar a alguns dos intelectuais mais estimulantes e talentosos da época, alguns que o admiravam e alguns agudamente críticos.[69] Ricci em 1603 ainda esperava converter Li Zhi, ou pelo menos consolidar melhor o interesse pelo cristianismo que pensara ter detectado nele, quando recebeu a notícia chocante de que Li, difamado e aprisionado por eruditos locais hostis, cortara a garganta na prisão. "Cortou sua própria garganta com uma faca", escreveu Ricci num obituário emocionado:

> *porque um mandarim que escrevera um memorial áspero sobre Li e seus textos recebeu ordens do rei de apreender e queimar todos os livros de Li. E Li, vendo-se tomado e zombado pelos seus inimigos, e não querendo morrer nas mãos dos cortesãos, ou ainda — e isso o moveu ainda mais — desejando mostrar aos seus discípulos, aos inimigos e a todo o mundo que não temia a morte, matou-se dessa forma e assim pôs fim à conspiração de seus inimigos.*[70]

As palavras de Ricci aqui sugerem que lera os ensaios de Li Zhi sobre a morte, ou pelo menos os discutira com ele. Como Li escreveu num ensaio chamado *Cinco Formas de Morrer*, a morte por uma causa digna era a mais bela, a seguir a morte em batalha, a morte como mártir, a morte como ministro leal injustamente caluniado e a morte prematura após concluir um bom trabalho:

> *Uma pessoa inteligente devia escolher morrer de alguma dessas cinco formas. Uma pode ser melhor que a outra, mas todas são boas formas de encerrar a vida. Quanto aos que morrem num leito de doente, rodeados por viúvas e filhos — encontram-se por toda parte no mundo. ...Dificilmente é uma forma para um homem morrer. ... Quando o homem nasce por alguma boa razão, como pode morrer a não ser por alguma boa causa? Mas já estou velho. A mim foi negada a oportunidade de morrer em alguma das cinco formas desejáveis. ... Como então morrerei? Morrerei por aqueles que não conseguem me entender — apenas para dar vazão à minha indignação.*[71]

Por mais que Ricci gostasse de Li Zhi, a prudência fez com que, após sua morte, Ricci se alinhasse com os que criticavam Li pelo seu comportamento imoral, especialmente quando essas críticas vinham no bojo de um contexto amplamente antibudista. Assim, na *História*, umas sessenta páginas depois dos seus comentários tão comoventes sobre Li, Ricci também cita de modo aprovador a forte acusação feita pelo presidente do Conselho dos Ritos, Feng Qi, a Li e a todos os que tentavam sincretizar o budismo e o confucionismo.[72]

O presidente do Conselho, Feng, era conhecido entre os eruditos chineses Ming pela sua defesa da censura estatal aos livros novos, suas tentativas de proibir idéias em ensaios que não seguissem as escolas convencionais da interpretação confuciana e seu regulamento de que qualquer estudante que citasse um sutra budista teria sua bolsa governamental suspensa por um mês.[73] É seguramente improvável que tal homem, com concepções tão ortodoxas e um cargo tão elevado naquele ministério em particular, se interessasse seriamente pelo cristianismo ou até pensasse em conversão, mas era o que declarava Ricci no segundo livro dos seus *Dez Discursos de um Homem Paradoxal*, onde escreveu que Feng "se inclinava firmemente para a verdadeira religião do Senhor do Céu", mas morrera antes de poder executar sua intenção. Feng de fato falecera em 1603, cinco anos antes de Ricci escrever essas linhas. O que as torna ainda mais suspeitas é o fato de que toda a seção de abertura do diálogo, que nos *Dez Discursos* Ricci atribui a Feng Qi, já havia aparecido em outro lugar bem diferente — o *Verdadeiro Significado do Senhor do Céu*, iniciado em 1593 e publicado em 1603.[74] Nessa passagem fundamental, atribuída a "um erudito chinês" no *Verdadeiro Significado* e a Feng Qi nos *Dez Discursos*, o interlocutor de Ricci inicialmente fala de pássaros e animais, e de quão rapidamente eles crescem e quão perfeitamente equipados estão para se alimentar e se defender. Ele compara isso com o melancólico destino da humanidade:

> *Em nosso nascimento, nossas mães suportam grandes dores, e quando o bebê desnudo vem ao mundo, abre a boca para gritar, como se já conhecesse todas as misérias da vida à frente. Na infância, ele é tão fraco que não pode nem andar, e é apenas por volta dos três anos que não precisa mais de apoio. Quando crescem, todos precisam conseguir sua subsistência com uma dolorosa labuta. O camponês trabalha em todas as quatro estações para revirar o solo em seu pedaço de terra, o mercador passa seus anos viajando por mares e montanhas. Os artesãos de todos os diversos ofícios esgotam seus pés e mãos dia após dia, os eruditos dia e noite esgotam seus cérebros para pensar. Por isso se diz [por Mêncio] que os dirigentes trabalham com suas mentes e os pobres com sua força física.*
>
> *Nossos cinqüenta anos de vida são cinqüenta anos de dor, e nossos corpos estão sujeitos a centenas de tipos de infortúnios. Se examinarmos os textos médicos, vemos que existem trezentas doenças apenas dos olhos — quantas mais há para todo o corpo, como sequer podemos contá-las todas? Os remédios de que precisamos para nos curar são amargos ao paladar, e o mundo está cheio de animais e insetos, grandes e pequenos, guarnecidos de venenos e armas que nos fazem mal, como que numa espécie de acordo comum. Um minúsculo inseto do tamanho de um polegar pode destruir um homem adulto.*[75]

Esse grito de desespero, já suficientemente pungente no *Verdadeiro Significado do Senhor do Céu*, posto nos lábios de um erudito chinês anônimo, se reduplica quando atribuído a Feng Qi, o antibudista apaixonado. Pois se toda sua sabedoria confuciana só o levara a esse profundo poço de pessimismo, dizia Ricci, então nada além do cristianismo poderia ajudá-lo, nada senão uma clara compreensão da natureza deliberadamente transitória de nossa vida na Terra, e da possibilidade de uma vida de eterna alegria no mundo futuro.

Para difundir essa mensagem, era preciso recorrer a todos os meios fornecidos pela habilidade, artifício, prática e memória: prismas, relógios, pinturas, Euclides, tratados, jantares, padres da Igreja, filósofos romanos e gregos, tudo sob a orientação divina da própria mãe de Deus. Não surpreende que Ricci às vezes se gabasse aos chineses de ter nascido perto de Loreto, praticamente à sombra da casa onde vivera a Virgem Maria e onde ocorrera a Encarnação que fez do verbo carne; era sob a direção da Virgem que ele trabalhava e poderia resgatá-los do seu desespero. Pois se Maria era o jardim e o sol, a fonte e a terra, como dissera Ludolfo, era também a torre, o castelo onde Cristo entrara, e a água que fluía ao lado do castelo era uma fonte de lágrimas vindas do mundo.[76]

Como alguém poderia presenciar tais mistérios? O monge enclausurado, segundo algumas interpretações, podia ver a si mesmo como um símbolo de Cristo no interior de Maria, mas Ricci não se enclausurara; corria todos os dias de lá para cá e arrebatava os momentos de contemplação que conseguia encontrar.[77] E no entanto, no constante serviço ativo no mundo, a que Ricci se dedicara, residia uma espécie de resposta. Inácio de Loyola parece ter visto e captado um aspecto do ofício com uma penetração sutil, em consideração a todos em sua ordem. No primeiro dia da segunda semana dos *Exercícios Espirituais*, depois que o praticante refletira plenamente sobre a Encarnação, Inácio o conduzia à segunda contemplação, a da Natividade. Escreveu:

> Primeiro Prelúdio. *Esta é a história do mistério. Será aqui que nossa Senhora, grávida de nove meses e, como se pode crer piedosamente, montada num asno, saiu de Nazaré. Era acompanhada por José e uma criada que conduzia um boi. Estavam indo a Belém para pagar o tributo que César impusera àquelas terras.*
>
> Segundo Prelúdio. *Esta é uma representação mental do lugar. Consistirá aqui em ver na imaginação o caminho de Nazaré a Belém. Avalie seu comprimento, sua largura; se é plano, ou segue por vales e sobre colinas. Observe também o local ou*

gruta onde nasceu Cristo; se é grande ou pequeno, alto ou baixo, e como está arrumado...

Primeiro Ponto. *Consistirá em ver as pessoas, a saber, nossa Senhora, São José, a criada, e o Menino Jesus após Seu nascimento. Farei de mim mesmo um escravo pequeno, pobre e indigno, e embora presente, olho sobre eles, contemplo-os e sirvo-os em suas necessidades com toda a homenagem e reverência possível.*[78]

Essa criada sozinha, que na versão de Inácio está sempre à disposição para auxiliar a Virgem em suas viagens, em seu parto e após o nascimento do seu filho, não se encontra nos evangelhos. Em vários evangelhos apócrifos, muitas vezes há vários parentes ou dois serviçais, um homem e uma mulher, mas aquela única criada parece ser idéia de Inácio.[79] Nos anos 1570, vários jesuítas se opuseram à sua presença, declarando que sua existência não era bíblica e que feria o sentido da pobreza da Virgem no momento do nascimento de Cristo. Podiam fortalecer essa posição com Crisóstomo, que insistia que não podia haver nenhum serviçal presente, e com Ludolfo, que ressaltava a solidão e vergonha da Virgem quando, assistida apenas pelo seu marido José, foi obrigada "a vaguear entre os homens, procurando algum lugar para descansar, sem nada encontrar". O geral Claudio Acquaviva, no entanto, insistia que a criada devia ficar; ela fora posta lá pelas próprias mãos de Inácio, para ajudar os padres a meditar com a máxima piedade, era essencial para a passagem e não devia ser removida.[80] Através dos olhos da criada, na intimidade mas sem indiscrição, Ricci e seus colegas podiam estar presentes em memória e em pessoa aos mais lindos e misteriosos momentos da liturgia de sua Igreja.

Logo antes da festa do Ano Novo em 1591, o padre Antonio Almeida, único companheiro ocidental de Ricci na missão de Shaozhou, caiu gravemente doente e teve de ser acompanhado a Macau para tratamento médico. Assim, quando os chineses começaram a comemorar seu feriado mais importante do ano, Ricci ficara na cidade apenas com a companhia de um ou dois irmãos chineses. Estava deprimido com a "frieza" dos chineses locais em relação a ele e sua religião, e a depressão se agravou quando as festividades atingiram seu clímax e a cidade brilhava ao esplendor da luz das milhares de lanternas penduradas nas casas, ruas e templos. Quando todas as cidades em todo o mundo normalmente mergulhavam na escuridão após o anoitecer, tais cerimônias assumiam um significado extraordinário, mudando literalmente o equilíbrio entre o dia e a noite. Ricci escreveu como todos os lares da China se orgulhavam de suas lanternas no auge da festa, e como dias antes os mercados ficavam abarrotados de vendedores de lanternas apregoando suas mercadorias e de ávidos compradores.[81] Montaigne vira o efeito em Roma e lhe parecera "como se doze mil tochas desfilassem e as velas de cera enchiam a rua".[82] Gregory Martin fora surpreendido ainda mais vividamente pelo esplendor das luzes romanas. Não havia nada mais soberbo que a Quinta-Feira Santa, escreveu ele, quando as irmandades reunidas dos leigos religiosos desfilavam com suas librés até a Basílica de São Pedro, cada uma com um grande crucifixo decorado no lugar do seu estandarte costumeiro e alçando lanternas de vidro ou chifre translúcido e longas velas de cera, de modo que, durante as três horas em que a procissão passava pelas ruas, estas ficavam tão "cheias de luzes como se fosse o firmamento adornado de grandes estrelas". Entre eles caminhavam os flagelados, com as cabeças cobertas e as costas desnudas para mostrar os vergões sangrentos. Na própria Basílica refulgia o formato de uma grande cruz, inteiramente circundada de minúsculas lâmpadas cintilantes de vidro, fulgurando como pérolas.[83]

Movido por um súbito impulso nessa noite de 1591, Ricci tomou a pintura a óleo da Virgem Maria que recebera há não muito tempo das Filipinas e a colocou no altar da igrejinha de Shaozhou. A seguir, trouxe todas as velas que conseguiu encontrar e lanternas de todos os tipos e tamanhos, e todos os vidros que pudessem refletir a luz, pendurando-os em torno das paredes e colocando-os sobre o altar, ao lado da pintura. Quando essas luzes começaram a refulgir, reuniu-se uma grande multidão de chineses, primeiro por curiosidade, a seguir por troça e finalmente para lançar pedras. As luzes cintilaram quando a multidão arrancou as roupas das costas dos serventes de Ricci, que tentavam expulsá-la. Brilharam quando Ricci correu tentando salvar os serventes. E quando retornou para a igreja, face à hostilidade decidida da multidão, as luzes devem ter continuado a resplender, todas em torno da pintura da Virgem Maria, em seu pequeno canto da cidade de Shaozhou, em

plena noite, até que o óleo da lâmpada e as velas se extinguiram, ou até que Ricci as extinguisse, uma a uma.[84]

Como quarta imagem a ser colocada no salão de entrada do seu palácio de memória, Ricci escolhe o ideograma chinês para a bondade, que se pronuncia *hao*. Ele divide verticalmente o ideograma pelo meio, obtendo dois ideogramas separados, um com o significado "mulher" e outro com o significado "criança".

Para criar a imagem de bondade que procura, ele combina esses dois elementos numa figura composta de uma criada que segura uma criança em seus braços. Deixa claro que ela é uma criada realçando sua pouca idade e mostrando os seus cabelos em dois topetes em tufos, característicos das jovens criadas nos lares chineses. Observa que ela brinca com a criança em seus braços.[85]

Ele toma a criada com a criança nos braços e a coloca no último ângulo vazio do salão de entrada, a sudoeste. Opostos a ela estão os dois guerreiros travados em combate; diagonalmente, está a mulher que é uma *huihui;* à sua esquerda, o camponês que espera sua colheita de grãos.

Como quarta gravura que colocará no jardim de tinta de Cheng Dayue, Ricci novamente escolhe uma mulher com uma criança nos braços. Esta é uma gravura feita pelos padres jesuítas no Japão, com a Virgem Maria e o Menino Jesus. Essa gravura japonesa fora extraída de uma cópia originalmente realizada por Wierix de uma pintura exposta numa capela ao lado da catedral de Sevilha. A Virgem segura o Menino com sua mão esquerda, e na direita traz uma rosa. Cristo segura um cacho de uvas na sua mão esquerda e no regaço traz um pintassilgo, com as asas estendidas; são os símbolos de sua paixão e morte. Sua mão direita está alçada em bênção. Três anjos sustentam uma coroa sobre a cabeça coberta da Virgem, cuja auréola traz a inscrição em latim "Ave Maria, cheia de graça".[86]

Para todas as outras gravuras, Ricci redigira um texto, mas

AVE MARIA GRATIA
S MARIA

não para esta. Sobre a ilustração escreve apenas duas palavras, *Tien Chu,* significando "Senhor do Céu".

A inscrição sob a gravura, que ele faz com que o artista reproduza, registra que a imagem foi pintada em comemoração da captura de Sevilha pelo rei Fernando III de Castela, das mãos dos mouros, e assim representa a culminação da grande série de batalhas travadas contra as forças do Islão na Espanha do século XIII. Desde aqueles dias, é claro, Sevilha se converteu na cidade que representa a fama e riqueza do império espanhol no ultramar, o ponto de escoamento dos fluxos de lingotes de prata que para aí correm vindos do Novo Mundo.[87] Uma nota embaixo, à direita, menciona que essa versão específica fora executada no Japão em 1597, para todos os católicos no Extremo Oriente que recordarem os 26 cristãos que — por ordem do general Hideyoshi em cólera — foram crucificados perto de Nagasáqui naquele ano.

Os artífices de Cheng Dayue executam um serviço louvável ao imprimir um novo bloco de madeira a partir do original japonês. Seguramente, deve ter sido por ordem de Ricci que colocaram o pássaro no colo de Cristo, o qual não se encontra na versão japonesa; tanto em conversa como na memória, quando corretamente interpretados, o pássaro e as uvas juntos podem conduzir à consideração de mistérios mais profundos. Mas presumivelmente foi antes por um deslize do cinzel do que por instruções de Ricci que surge uma falha de impressão nas palavras latinas gravadas na auréola da Virgem. O original "Ave Maria, cheia de graça", *Ave Maria Gratia Plena,* surge na gravura de Ricci como *Ave Maria Gratia Lena. Plena* é um adjetivo latino que significa "cheia"; *Lena,* por sua vez, é um nome feminino que significa uma mulher que fascina ou seduz. Se Ricci percebe o deslize, deixa-o ficar.

NOVE

DENTRO DO PALÁCIO

Ele se detém na soleira do Palácio da Memória, com seus sapatos bordados. O pé que machucara ao pular da janela, há tanto tempo atrás, lateja de dor.

Em frente a ele, até onde possa ir a mente, estendem-se as paredes e colunas resplandecentes, os pórticos e as grandes portas entalhadas, por trás das quais estão acumuladas as imagens nascidas de suas leituras, sua experiência e sua fé.

Ele vê o eunuco Ma Tang, tinto de raiva, a segurar a cruz de madeira entalhada à qual está pregado o Cristo sangrento. Ouve os gritos de advertência e o uivo do vento quando o barco vira, afundando a si e João Barradas nas águas do rio Gan. Aspira o incenso que se espirala em torno do seu tríptico, quando o coloca reverentemente num altar pagão do templo no luxuoso jardim de Juyung. Prova a comida caseira preparada para ele pelos pobres agricultores na sua moradia camponesa perto de Zhaoqing. Sente o toque de face a face quando o moribundo Francesco de Petris lança os braços em torno de seu pescoço.

Foi mais longe do que esperava em terrenos desconhecidos e não é certo que seja fácil voltar, caso assim o escolha. "*Facilis descensus averni*", escreve a Giulio Fuligatti, seu amigo de escola com quem outrora aprendera os versos "*sed revocare gradum superasque evadere ad auras*". As palavras são de Virgílio, no livro 6 da *Eneida,* e as condensa ligeiramente, pois tem pressa e cita de memória os versos que cantava quando criança.

A descida para o Averno é fácil.
A porta de Plutão fica aberta noite e dia:
Mas voltar e retornar à atmosfera superior,
Aí está o trabalho, aí a dificuldade.[1] *

São as palavras de advertência da Sibila de Cumes quando Enéas tenta obter permissão para descer ao mundo inferior em busca do pai morto.

Em suas gravuras, agudamente traçadas, o apóstolo Pedro se debate entre as ondas, os dois discípulos se detêm em Emaús, os homens de Sodoma caem ao chão. No salão de entrada, as imagens ocupam seus lugares: os guerreiros atracados, a mulher *huihui*, o agricultor que é seu nome.

"Muitas vezes acontece", escreve ele, "que os que vivem numa época posterior não conseguem apreender o ponto de onde se originam os grandes empreendimentos ou ações desse mundo. E eu, ao buscar constantemente a razão desse fenômeno, não pude achar outra resposta além desta, a saber, que todas as coisas (incluindo os que chegam por fim a triunfar poderosamente) são em seus primórdios tão pequenas e de contornos tão indistintos que não é fácil se convencer que delas surgirão assuntos de grande importância".[2]

Ele permanece na soleira, um homem barbado, pesado, com seu manto de seda púrpura adornada de azul. O Palácio da Memória está silencioso. Atrás dele, aguardam duas mulheres, cada qual com uma criança nos braços. Uma mulher veste um longo traje bordado de beleza extraordinária. Seus cabelos e ombros estão cobertos por um xale esvoaçante. Ela segura uma rosa. A outra veste a roupa simples de criada, e seus cabelos se reúnem em dois tufos que ressaltam sua pouca idade e baixa posição social.

"Embora ainda jovem", escreve ele a Gian Pietro Maffei, seu amigo e cronista da expansão da cristandade, "já peguei o jeito dos velhos, que estão sempre elogiando o passado".[3]

As duas crianças o olham. Uma levanta sua mãozinha direita em bênção; a outra lhe estende os braços para brincar. Pelo ar quieto, confusamente chega um murmúrio dos sons das ruas de Pequim.

Ele fecha a porta.

(*) Segui aqui a belíssima tradução de David Jardim Júnior, redistribuindo-a em versos. Rio de Janeiro, Ed. Ouro, s/d, p. 170 (NT).

NOTAS

ABREVIATURAS

DMB: Dictionary of Ming Biography. L. Carrington Goodrich e Chaoying Fang (org.). 2 vols. Columbia University Press, 1976.

Doc Ind.: Documenta Indica. Joseph Wicki, S.J. (org.). *Monumenta Missionum Societatis Jesu, Missiones Orientales,* vol. 10 (1575-1577), Roma, 1968; vol. 11 (1577-1580), Roma, 1970; vol. 12 (1580-1583), Roma, 1972.

FR: Fonti Ricciane. Pasquale M. d'Elia, S.J. (org.). *Storia dell'Introduzione del Cristianesimo in Cina* (Versão comentada do manuscrito original de *História* de Ricci). 3 vols. Roma, 1942-1949.

OS: As cartas de Matteo Ricci, in *Opere Storiche*. Pietro Tacchi Venturi, S.J. (org.). vol. 2, *Le Lettere dalla China*. Macerata, 1913.

UM — *CONSTRUINDO O PALÁCIO*

(1) Ricci, *Jifa,* pp. 20-1. As únicas versões sobreviventes desta *Jifa*, o *Tratado sobre as Artes Mnemônicas* de Ricci, citam Ricci como autor, Zhu Dinghan como cotejador, Vagnoni (Gao Yizhi, Pfister n.º 26) e Sambiasi (Bi Fangji, Pfister n.º 40) como editores. (Sobre as localizações, ver *Fonti Ricciane*, 1/376, n.º 6.) Zhu Dinghan, um converso cristão nativo da província de Shanxi, redigiu o único prefácio existente, onde diz que o "Sr. Gao" foi o principal transmissor da obra de Ricci sobre a memória. Suponho que este Gao seja Gao Yizhi, nome adotado por Vagnoni, em sua volta à China em 1624, quando se estabeleceu na mesma cidade de Shanxi onde vivia Zhu Dinghan. Vagnoni ensinara retórica por cinco anos em Turim após seu noviciado, tornando-se posteriormente um erudito brilhante sobre a língua chinesa. Obteve uma cópia do texto de Ricci provavelmente em Nanjing e a reviu em Macau, levando-a para Shanxi e apresentando-a a Zhu Dinghan depois de 1624. (Ver Pfister, pp. 85 e 89, para os detalhes da vida de Vagnoni que sustentam essa interpretação.) Pelas condições do texto corrente, pode-se supor que Vagnoni não alterou a forma

básica de seis capítulos, dada por Ricci, mas acrescentou a longa série de exemplos adicionais no final do cap. 6, pp. 28-31 (reimpressão, pp. 63-9). Vagnoni ou Zhu também podem ter ampliado as listas de exemplos entre os caps. 4-6, pois Zhu observa em seu prefácio que Ricci muitas vezes não era muito claro em suas explicações. Como colegas residentes em Jinjiang, Vagnoni e Zhu eram colaboradores naturais, embora ainda seja difícil estabelecer as datas com precisão. Vagnoni morreu em 1640, mas Zhu ainda vivia no ano seguinte, pois é citado como licenciado honorário em 1641 (*Jiangzhou zhi,* 8/29). Não é claro o papel de Sambiasi na publicação do livro; ele viajou até Shanxi em 1628 (Pfister, p. 138), mas não ficou muito tempo em Jinjiang, se é que chegou a ficar. O *imprimatur* foi concedido por Emmanuel Dias, o Jovem (Pfister, p. 31), nomeado vice-provincial em 1623 e falecendo em Hangzhou em 1659.

(2) *Jifa,* pp. 21-2.

(3) Esse texto está em *Jifa,* pp. 17-8, com um ideograma ilegível na última frase. É claramente a versão de Ricci da famosa passagem de Cícero, em *De Oratore,* 2/86, também citada em *Lyra Graeca,* 2/307. O original de Cícero é discutido por Frances Yates em sua *Art of Memory,* pp. 17-8.

(4) As principais linhas da carreira de Ricci são traçadas em inglês por Wolfgang Franke, no *Dictionary of Ming Biography* (doravante citado como *DMB*), pp. 1137-44. Encontram-se tratamentos mais extensos em George Dunne, *Generation of Giants;* Vicent Cronin, *Wise Man from the West;* e George Harris, "The Mission of Matteo Ricci". Ainda útil é a biografia francesa em Pfister, *Notices,* pp. 22-42 (n.º 9), bem como a extensa análise de Henri Bernard, *Le Père Matthieu Ricci et la Société Chinoise de son temps.* Um esboço biográfico italiano recente, com uma boa bibliografia, é a de Aldo Adversi, "Matteo Ricci", em *Dizionario Bio-Bibliografico dei Maceratesi;* a biografia italiana mais extensa é a de Fernando Bortone, *P. Matteo Ricci, S.J.,* ilustrada com mapas, fotografias e desenhos. Todas essas obras se inspiram maciçamente na grande fonte central, a própria *História* de Ricci, inicialmente transcrita por Tacchi Venturi e reeditada, com correções, por Pasquale d'Elia como *Fonti Ricciane,* aqui citada como *FR.* A versão de Trigault da *Historia* de Ricci (traduzida por Louis Gallagher) está cheia de distorções, supressões e acréscimos de Trigault ao original e não é um reflexo confiável das próprias concepções de Ricci. Um recente ensaio chinês de Lin Jinshui, "Li Madou zai Zhongguo", infelizmente se baseia demais nessa versão Trigault-Gallagher, mas mostra uma captação integral das questões fundamentais. Uma boa análise dos conhecimentos atuais sobre Ricci em Formosa vem apresentada no número especial de *Shenxue lunji (Collectanea Theological),* n.º 56, verão de 1983, inteiramente dedicada a uma coletânea de ensaios sobre a missão chinesa de Matteo Ricci.

(5) Encontram-se detalhes sobre a elaboração do livro sobre a *Amizade* (o *Jiaoyou lun*) nas cartas de Ricci, editadas por Tacchi Venturi sob o título *Opere Storiche,* vol. 2 (doravante citado como *OS*); ver p. 226, carta de 13 de outubro de 1596 ao geral Claudio Acquaviva. Nesta carta, Ricci se refere a *"l'anno passato"* com o período da elaboração, e diz que escreveu o livro *"per esercitio".* Como não menciona ter concluído o livro em sua carta de 4 de novembro de 1595 a Acquaviva (*OS,* p. 210), deve tê-lo completado

posteriormente, em novembro ou dezembro. Apesar dessa evidência bastante clara das fontes básicas, as datas da elaboração foram discutidas com considerável acrimônia por Pasquale d'Elia, "Further Notes", principal p. 359, e Fang Hao, "Li Madou *Jiaoyou lun xinyan*" e "Notes on Matteo Ricci's *De Amicitia*". As acusações de Fang Hao contra a incompetência lingüística de d'Elia ("Li Madou *Jiaoyou lun,* p. 1854) são mais do que retribuídas, mas não propriamente invalidadas, pela contra-acusação de d'Elia sobre o plágio espalhafatoso de Fang, em "Further Notes", pp. 373-7.

(6) *OS,* p. 211, 4 de novembro de 1595: *"ad alcuni ho cominciato ad insegnare la memoria locale"* ("a alguns comecei a ensinar [o sistema de] memória localizada").

(7) *FR,* 1/376. Como Ricci escreve em *OS,* p. 224, a Acquaviva, em 13 de outubro de 1596: *"Per la memoria locale ... feci in sua lingua e lettera alcuni avisi e precetti in un libretto, che diedi al vicerè per il suo figliuolo".* (Que eram de fato três filhos é o que Ricci afirma em *FR,* 1/363.)

(8) Há uma biografia de Lu Wangai na obra do seu colega residente na mesma cidade de Pinghu, Guo Tingxun, *Benchao fensheng renwu kao,* juan 45, pp. 32b-33b. Outros detalhes adicionais sobre sua carreira e realizações encontram-se em *Pinghu xianzhi,* 15/37 (reimpressão, pp. 1431-2); *ibid.,* 13/5 (reimpressão, p. 1176) apresenta-o como o 21.º na segunda classe do exame *jinshi* de 1568.

(9) Sobre o êxito dos meninos nos exames, ver o grau *jinshi* de 1607 de Lu Jian, filho do governador, em *Pinghu xianzhi* 13/7a (reimpr., p. 1179) e outros Lu, evidentemente da mesma geração, em *ibid.* e *Jiaxing fuzhi,* listas em 45/75-85; ainda as biografias em juan 58. Sobre as rimas mnemônicas de alquimistas, mecânicos, pilotos de barcos e astrônomos, ver Joseph Needham, *Science and Civilisation in China,* vol. 5, pt. 4, p. 261; vol. 4, pt. 2, pp. 48, 528; vol. 4, pt. 3, p. 583. Adiante no capítulo 5 é apresentado um conjunto de famosos mestres mnemônicos chineses.

(10) *OS,* p. 24, Nanchang, 13 de outubro de 1596.

(11) *OS,* p. 235, para Lelio Passionei, 19 de setembro de 1597.

(12) *Monumenta Paedagogica,* p. 350, onde *"Cypriani rhetorica"* é recomendada *"pro classe inferiori".*

(13) Soarez, *De Arte Rhetorica,* pp. 58-9.

(14) Comparar Plínio, *Natural History,* l. 7, sec. 24 (ed. Loeb, p. 563), com Ricci, *Jifa,* p. 14. O *Monumenta Paedagogica* de 1586, p. 350, mostra a *História Natural* de Plínio como livro indicado na escola jesuíta. (Essa mesma passagem de Plínio é o trampolim para o brilhante conto de Jorge Luís Borges, "Funes o Memorioso".)

(15) *Ad Herennium,* p. 221.

(16) Quintiliano, *Oratoria,* 4/223. O *impluvium* era o reservatório de água no centro de uma casa romana.

(17) Aqui elaborei, nos termos visuais comuns à tradição renascentista, três mnemônicas verbais dadas como exemplos no *Dictionary of Mnemonics,* p. 18, ossos, n.º 1; p. 21, divisão celular, n.º 2; p. 57, nervos. Empreguei o zulu e a francesa no singular, como seria preferível na mnemônica renascentista.

(18) Stahl e Johnson, *Capella,* 2/7, e n. 18. Yates, *Art of Memory,* pp. 63-5.

(19) Stahl e Johnson, *Capella,* 2/156-7 (com pequenas alterações) e p. 156 n. 13.

(20) Smanlley, *English Friars,* p. 114, citando a rima completa de Ridevall: "*Mulier notata, oculis orbata,/Aure mutilata, cornu ventilata,/Vulvu deformata, et morbo vexata*"; Yates, *Art of Memory,* pp. 105-6, traz um comentário brilhante sobre o uso de Smalley dessa passagem de Ridevall.

(21) Ricci descreve suas proezas mnemônicas em *OS,* p. 155, e *FR,* 1/360 n.º 1. Dá o número de ideogramas em *OS,* p. 184. Testemunhas chinesas incluem Li Zhizao em seu prefácio ao livro de Ricci, *Jiren shipian,* p. 102, e Zhu Dinghan, citado Xu Guangqi em seu prefácio à *Jifa* de Ricci. Embora Zhu não conste dos índices das histórias Ming, pode-se encontrar menção a ele em *Jiangzhou zhi* (ed. 1776), 8/29, onde é citado como licenciado graduado, segunda classe (*suigong*) de 1641.

(22) *FR,* 1/377n., sugere Panigarola como fonte de Ricci; ver o manuscrito de Panigarola, Macerata. Frances Yates, *Art of Memory,* p. 241, cita um manuscrito florentino de 1595 sobre os poderes de Panigarola.

(23) Ricci, *Jifa,* p. 22.

(24) Yates, *Art of Memory,* pp. 26 e 62.

(25) Ricci, *Jifa,* pp. 16-7, 22. Traduzo a palavra chinesa *shi* por "salão de entrada".

(26) *Ibid.,* pp. 27-8.

(27) *Ibid.,* p. 22; Quintiliano, *Oratoria,* 4/223; sobre Dolce, ver Yates, *Art of Memory,* p. 166.

(28) *OS,* pp. 260 e 283. Sobre a obra de Nadal, ver a discussão por Guibert, *Jesuits,* pp. 204-7.

(29) Ricci, *Li Madou ti baoxiang tu,* sec. 2, p. 4, Cheng Dayue, *Chengshi moyuan,* juan 3, sec. 2, Duyvendak, "Review of Pasquale d'Elia", pp. 396-7.

(30) Agrippa, trad. Sanford, p. 25 recto.

(31) Yates, *Art of Memory,* p. 133.

(32) Rabelais, *Gargantua,* tr. Cohen, cap. 14, pp. 70-2; ver também a profícua discussão em Thomas Greene, *Light in Troy,* p. 31.

(33) Bacon, "On the Advancement of Learning Divine and Human", l. 2, sec. 15, 2, em *Selected Writings,* p. 299. O papel positivo atribuído à memória para o estudo da nova ciência é explorado por Paolo Rossi, *Francis Bacon,* pp. 210-3.

(34) *Monumenta Paedagogica,* edição de 1586, continua a citar, p. 350. Os primeiros desmentidos quanto à autoria de Cícero ocorreram em 1491 (Yates, *Art of Memory,* pp. 132-3).

(35) Yates, *Art of Memory,* pp. 72-104, em esp. p. 86, sobre a leitura errônea de "*solitudo*" por "*sollicitudo*", e p. 101 sobre Giotto. O texto original de Aristóteles sobre a memória foi traduzido e cuidadosamente comentado por Richard Sorabji, *Aristotle on Memory.*

(36) Guibert, *Jesuits,* pp. 167-8.

(37) Assim traduzido em Bodenstedt, *Vita Christi,* p. 121.

(38) Conway, *Vita,* pp. 38 e 127; Bodenstedt, *Vita Christi,* p. 50.

(39) Citado em Conway, *Vita,* p. 125.

(40) Ver "Garden of Prayer" de 1454, citado em Baxandall, *Painting and Experience in Fifteenth-Century Italy,* p. 46.

(41) Inácio de Loyola, *Exercises,* par. 47. Nas páginas seguintes, atentarei à afirmação de Guibert, *Jesuits,* p. 167, segundo quem discutir Inácio nos termos do seu método é como definir uma locomotiva pela cor; também levo em conta os comentários de Hugo Rahner in *Ignatius the Theologian,* pp. 181-3.

(42) Inácio, *Exercises,* pars. 192, 201, 220. Rahner, *Ignatius,* p. 189, discute essas localizações como símbolos.

(43) Inácio, *Exercises,* pars. 107, 108 e 124-5.

(44) *Ibid.,* par. 50.

(45) *Ibid.,* par. 56, 140-6. Para um contracomentário sobre Inácio e os sentidos, ver Barthes, *Sade, Fourier, Loyola,* pp. 58-9.

(46) Agostinho, *Confessions,* p. 266.

(47) Rahner, *Ignatius,* p. 158; Wright, *Counter-Reformation,* p. 16.

(48) Rahner, *Ignatius,* p. 159.

(49) *Ibid.,* pp. 161-2.

(50) *Ibid.,* p. 191.

(51) Walker, *Spiritual and Demonic Magic,* p. 36 e pp. 70-1, sobre a magia ficina; Thomas, *Decline of Magic,* p. 33.

(52) *OS,* p. 223.

(53) Thomas, *Decline of Magic,* pp. 178-80.

(54) Ginzburg, *Cheese and the Worms,* p. 56.

(55) *Ibid.,* pp. 13 e 29.

(56) Thomas, *Decline of Magic,* pp. 75-7; exemplos citados, p. 14; cap. 8; p. 536.

(57) Ginzburg, *Cheese and the Worms,* p. 105.

(58) *Ibid.,* pp. 83-4.

(59) Ver cap. 3, adiante, sobre o mar e os talismãs; *Fr,* 2/121 sobre as relíquias e a cruz feita de "*molti pezzi della Croce di Cristo benedetto*". Thomas, *Decline of Magic,* p. 31, observa a continuidade da fé no poder do *Agnus Dei* de cera.

(60) Thomas, *Decline of Magic,* p. 247.

(61) *Ibid.,* pp. 333 e 578.

(62) Montaigne, *Journal de Voyage,* p. 349.

(63) Davis, *Return of Martin Guerre,* p. 37; ver seus outros comentários sobre a magia e a memória, pp. 60, 76, 102, 107.

(64) *Hamlet,* ato 4, cena 5, linhas 173-4; ver as receitas em Grataroli, *De Memoria,* p. 58, e na tradução inglesa de Fulwood, 1573, p. E5.

(65) Pazi, "*Decadenza*", pp. 166, 194 e 204 n. 400.

(66) Yates, *Art of Memory,* citação na p. 147; teatro da memória, p. 136; Camillo como "*Mago*", p. 156. Ver também Walker, *Spiritual and Demonic Magic,* pp. 141-3, sobre Camillo, e pp. 206 e 236 sobre Campanella e papa Urbano VIII. Yates, *Art of Memory,* caps. 11, 13, 14, detalha o sistema de Giordano Bruno. A coincidência do julgamento de Bruno por heresia com o do moleiro Menocchio, acima mencionado, é notada em Ginzburg, *Cheese and the Worms,* p. 127.

(67) Hersey, *Pythagorean Palaces,* p. 84, sobre *"linee occulte"*, e pp. 96-105 sobre a figura humana.

(68) Winn, *Unsuspected Eloquence,* pp. 51, 58-9; Walker, *Studies in Musical Science,* pp. 1, 2, 53; p. 67 para uma análise das imagens sexuais em Kepler, *Harmonice Mundi.*

(69) Winn, *Unsuspected Eloquence,* p. 167, e citação nas pp. 178-9.

(70) *OS,* pp. 27-8, carta a Martin de Fornari, Macau, 13 de fevereiro de 1583. Para a concepção de Acosta, em 1590, sobre os ideogramas chineses como "cifras destinadas a despertar a memória", ver Lach, *Asia in the Making of Europe,* vol. 1, livro 2, pp. 806-7.

(71) Ricci, *Li Madou ti baoxiang tu,* sec. 2, p. 1b-2. Ver também Laufer, "Christian Art in China", p. 111-2; Duyvendak, "Review", pp. 394-5.

(72) Quintiliano, *Oratoria,* 4/221 e 229.

(73) *Ad Herennium,* p. 211; Yates, *Art of Memory,* p. 23.

(74) Ricci, *Jifa,* p. 22.

(75) Exemplos dados em *FR* 1/112 n. 5 e 113 n. 6. Barthes, *Sade, Fourier, Loyola,* p. 28, discute o inverso satírico na ordem sadiana do rosário, onde as freiras idosas são dispostas por "décadas".

DOIS — *A PRIMEIRA IMAGEM: OS GUERREIROS*

(1) Ricci, *Jifa,* p. 16, para a imagem. L. S. Yang, "Historical Notes", p. 24, cita a interpretação Tso-chuan dos componentes de *wu* como "ficar" e "lança".

(2) Ricci, *Jifa,* pp. 52-61.

(3) *Ibid.,* pp. 23-8.

(4) Paci, "Le Vicende", pp. 234-7.

(5) Paci, "Decadenza", pp. 204-7, em esp. a detalhada n. 403 na p. 204. Os Ricci assassinados eram Francesco, em 1547, e Costanza, em 1588. As tentativas de pacificação encontram-se na p. 204, n. 404-7.

(6) Paci, "Vicende", p. 265, n. 642.

(7) *Ibid.,* pp. 264-8.

(8) Delumeau, *Vie économique,* 1/40, 44, 94. Na p. 105, Delumeau menciona um "G. Battista Ricci de Loretto" como encarregado das vias de transporte na região central da Itália de Le Marche, depois de 1587. É o mesmo nome do pai de Ricci, mas a indicação de Loreto torna incerta a identificação.

(9) Paci, "Vicende", pp. 238-9.

(10) *Ibid.,* pp. 249-50.

(11) Pastor, *History of the Popes,* 14/152-67; Paci, "Vicende", pp. 250-3.

(12) Paci, "Vicende", p. 231.

(13) *Cambridge History of Islam,* 1A/328; Paci, "Vicende", p. 253.

(14) Paci, "Vicende", pp. 257-61.

(15) Robert Barret. *The Theorike and Practike of Moderne Warres* (Londres, 1598), p. 75. Essa passagem é citada, com uma ou duas pequenas alterações, na transcrição, por J. R. Hale, em seu capítulo sobre "Armies,

Navies and the Art of War", in *New Cambridge Modern History,* 3/194.

(16) Paci, "Vicende", pp. 256-7.

(17) Ver a excelente discussão por J. R. Hale in *New Cambridge Modern History,* 3/196-7.

(18) Paci, "Vicende", p. 250, n. 500.

(19) Ricci e Xu Guangqi, *Jihe yuanben,* p. 3 (reimpressão, pp. 1933-4); também traduzido em d'Elia, "Presentazione", pp. 183-4, e Moule, "Obligations", pp. 158-9.

(20) A passagem aparece em Ricci, *Jiren shipian,* p. 5b (reimpr. p. 126) e *Tianzhu shiyi,* juan shang, p. 24 (reimpr. p. 423).

(21) *New Cambridge Modern History,* 3/199-200; Essen, *Alexandre Farnèse,* 4/55-62. Encontra-se uma ilustração da ponte na prancha 3, cobertura da p. 22, e da explosão na prancha 4, na cobertura da p. 60. Um segundo barco, preparado de forma semelhante, incendiou-se na costa, sem maiores danos.

(22) Paci, "Vicende", pp. 259-61, sobre as tropas maceratanas; Gentili e Adversi, "Religione", p. 51, sobre o ferimento do frei Ruggero.

(23) Ver o vívido relato de O'Connell em *Counter Reformation,* pp. 195-203; sobre os maceratanos em luta, ver Paci, "Vicende", pp. 259-61.

(24) Groto, *Troffeo,* prefácio à sua visita à frota, Seção A sobre as subfrotas e seus comandantes, seguida por uma antologia de poemas, com 120 páginas, em homenagem a Dom João. Ver também as analogias gregas e romanas em Pompeo Arnolphini, *Ioan. Austriaco Victori Dicatum* (Bononiae: Ioannis Rossii, 1572).

(25) Ver o exemplo fascinante de tais pinturas reproduzidas em Sakamoto, "Lepanto", pranchas 3-6; Sakamoto faz remontar a impressão original até a gravura de Cornelis Cort a partir de um desenho de Giulio Romano. Montaigne registrou uma pintura sobre a vitória de Lepanto exposta perto da capela de São Sisto, em Roma (*Journal de Voyage,* p. 226).

(26) L.A. Florus, *Epitome of Roman History,* pp. 113-5 (edição corrigida); os três livros de escola de Ricci estão citados em *FR,* 2/553n.

(27) Pastor, *History of the Popes,* 18/429-32.

(28) *Ibid.*, pp. 433-3, 444.

(29) Schütte, *Valignano's Mission,* pp. 76-9, citando a carta de Valignano de 1574.

(30) *Ibid.*, p. 75, e Brookes, *King for Portugal,* pp. 9-10.

(31) *FR,* 2/551, n. 4.

(32) *Cambridge History of Islam,* 2A/241-5; sobre o calor e a armadura, ver Bovill, *Alcazar,* pp. 106, 126.

(33) Bovill, *Alcazar,* pp. 101-2.

(34) Citado em Brooks, *King for Portugal,* p. 150. Sobre a batalha, ver *ibid.*, pp. 8-21, e Bovil, *Alcazar,* pp. 114-40.

(35) Couto, *Decada Decima,* livro 1, cap. 16, p. 148; *Documenta Indica* (citada doravante como *Doc. Ind.*), 11/698, sobre as cerimônias.

(36) D'Elia, *Mappamondo,* prancha 24; Giles, "Chinese World Map", p. 379.

(37) *Doc. Ind.*, 11/673 e 698.

(38) Sobre o tamanho de Goa, ver Sassetti, *Lettere,* p. 280; citação de Francis Pasio, carta de 28 de outubro de 1578, *Doc. Ind.,* 11/365.

(39) Comentário de Ricci em d'Elia, *Mappamondo,* prancha 20; evidências sobre o ópio de Cesare Fedrici, *Voyages,* pp. 202-4; Hakluyt, *Second Volume,* p. 241.

(40) Sua carta de 25 de novembro de 1580 a Acquaviva mostra, em *OS,* p. 20, certa simpatia. As outras cartas são neutras ou frias. Ver também seus comentários em chinês, d'Elia, *Mappamondo,* prancha 19.

(41) Detalhes biográficos em Schütte, *Valignano's Mission,* pp. 30-5, em esp. n. 106 e 122; p, 39, n. 167 sobre a estatura; p. 42, n. 187, e p. 121, sobre a caminhada pela Índia.

(42) *Ibid.,* pp. 44 e 52.

(43) *Ibid.,* p. 61, citando carta de 16 de novembro de 1573.

(44) *Ibid.,* pp. 104-8.

(45) *Ibid.,* pp. 117, 120, 155.

(46) *Ibid.,* p. 131.

(47) Citações *ibid.,* pp. 272-3, 279.

(48) *Ibid.,* pp. 296-7, 308.

(49) *Ibid.,* pp. 286-7 sobre o relatório de Valignano; p. 288 e n. 61 para a resposta de Acquaviva.

(50) Observado em d'Elia, *Mappamondo,* prancha 16.

(51) *OS,* p. 48, Zhaoqing, carta de 13 de setembro de 1584 para Giambattista Roman.

(52) Sobre essas obras, ver Boxer, *South China in the Sixteenth Century,* pp. lvi-lvii e lxiii-lxv; para da Cruz sobre os cabelos, *ibid.,* pp. 138 e 146. Sobre Pereira e da Cruz no contexto das fontes sobre a China no século XVI, ver Donald Lach, *Asia in the Making of Europe,* vol. 1, livro 2, pp. 747-50.

(53) Bernard, *Les Iles Philippines,* pp. 48-50; Lach, *Asia in the Making of Europe,* vol. 1, livro 2, p. 746; Elison, *Deus Destroyed,* pp. 114-5; Johannes Beckmann, *China im Blickfeld,* pp. 52-65. As cartas fundamentais de Alfonso Sanchez e Giuseppe de Acosta estão editadas em *OS,* pp. 425 e 450. Outros materiais são discutidos em John Young, *Confucianism and Christianity,* pp. 141-2, n. 122.

(54) *FR,* 1/70.

(55) *FR,* 1/65 e 68. Até agora, Ricci foi além das interpretações oferecidas por Pereira e da Cruz, acima discutidas.

(56) *FR,* 1/343.

(57) *FR,* 2/21.

(58) *FR,* 1/19.

(59) *FR,* 1/28.

(60) *FR,* 1/74.

(61) *FR,* 1/104 e 67.

(62) *Zhaoqing fuzhi,* 22/32b e 33b (reimpr. pp. 3330 e 3332).

(63) So Kwan-wai, *Japanese Piracy,* cap. 5.

(64) Huang, "Military Expenditures", p. 49; "Hu Tsung-hsien", em *DMB,* p. 633; Fitzpatrick, "Local Interests", p. 24.

(65) Huang, "Military Expenditures", pp. 53-5; comparar Cipolla (org.), *Fontana Economic History,* pp. 384-8. *DMB,* p. 1114, "P'ang Shang-p'eng".

(66) Huang, 1587, pp. 168-74, e ilustração dos manuais de Qi. Millinger, "Ch'i Chi-kuang", pp. 110-1.

(67) Citado em Millinger, "Ch'i Chi-kuang", p. 104.

(68) Schütte, *Valignano's Mission,* p. 286.

(69) Como em *FR,* 1/67 e 104; o companheiro Ruggieri, de Ricci, usou a mesma comparação, *OS,* p. 402 (apêndice 3).

(70) *FR,* 1/100. Para as descrições de Pereira e da Cruz, ver Boxer, *South China,* pp. 18-9 e 178-9.

(71) *FR,* 1/101.

(72) *FR,* 1/205-6, 243.

(73) *FR,* 1/289-93. Ricci pranteou o Francesco Martines original em sua carta a Maffei de 1.º de dezembro de 1581; ver *OS,* p. 24.

(74) Relato detalhado de Ricci em *FR,* 2/374-9.

(75) Numa longa nota em *FR,* 1/292, d'Elia discute verbete de um catálogo jesuíta de 1593 (ou bem do final de 1592), que afirma que Martines tinha 25 anos, i.é, nascido em 1568.

(76) Ludolfo, *Vita Christi,* ed. Bolard, p. 638, canto superior direito, seguindo a tradução de H. J. Coleridge, p. 190. Sobre o flagelo completo, ver a preciosa tradução de Coleridge, pp. 188-97, e os detalhes obsessivos de Ludolfo sobre o frio e a nudez, pp. 255-6.

(77) Uma descrição particularmente boa encontra-se numa carta de Ruggieri de 7 de fevereiro de 1583, *OS,* p. 415.

(78) Ver *DMB,* pp. 728-33, segundo Konishi Yukinaga. A cumplicidade jesuíta nesses planos militares japoneses é discutida por Elison, *Deus Destroyed,* pp. 112-3.

(79) *FR,* 2/10-1.

(80) Reflexão de Ricci em *FR,* 2/373-4; Schurz, *Manila Galleon,* pp. 85-93; *DMB,* "Kao Ts'ai", p. 583.

(81) As linhas gerais dos primórdios dessas três outras ordens religiosas na China são bem traçadas por Henri Bernard em seu *Aux Portes de la Chine,* em esp. pp. 59-71 e 103-14. As experiências do dominicano Gaspar da Cruz e do agostiniano Martin de Rada na China encontram-se traduzidas em Charles Boxer (org.), *South China in the Sixteenth Century,* parte 2. Paul Pelliot apresenta um bom resumo das experiências franciscanas em seu *Les Franciscains en Chine,* e também indica falhas na obra de Bernard e Wijngaert sobre o mesmo tema. O elogio de Ricci a São Francisco e seus seguidores encontra-se em seu *Tianzhu shiyi,* p. 541. Para exemplos da preocupação de Ricci com as táticas franciscanas, ver *FR,* 1/179, 232, 2/269. D'Elia cita uma advertência ainda mais forte de Valignano a Ricci sobre o "*herror y zelo desordenado*" das outras ordens, em *FR,* 1/187, n. 8.

(82) *FR,* 2/372-3; Cooper, "Mechanics of the Macao-Nagasaki Silk-Trade", p. 431.

(83) *FR,* 2/373.

(84) *FR,* 2/388.

(85) Furber, *Rival Empires of Trade,* p. 33-5. Sobre os métodos rudes de Coen, ver pp. 44-5.

(86) Ver Schilling, "Martyrerberichtes", p. 107; sobre as disputas por trás dos martírios, ver Elison, *Deus Destroyed,* pp. 132-40. Carletti, *My Voyage,* diz que, ao desembarcar em Nagasáqui, "fui imediatamente ver o espetáculo". Boxer, "Macao as Religious and Commercial Entrepôt", p. 69, menciona o martírio em sedas e outros tecidos.

(87) Estela, citada por Cooper, "Mechanics", p. 424.

(88) Sobre os distúrbios selvagens entre tripulantes cristãos japoneses e portugueses em Macau no ano de 1608, ver Boxer, *Fidalgos,* pp. 53-4.

(89) *FR,* 1/324.

(90) *FR,* 2/370.

(91) Isto é, em 1601; ver Boxer, *Fidalgos,* p. 49.

(92) *FR,* 2/370, "un puoco di muro et un modo di fortezza".

(93) *OS,* p. 374, carta de 23 de agosto de 1608.

(94) Inácio, *Spiritual Exercises,* trad. Puhl, par. 327.

(95) *Ibid.,* par. 325.

(96) *FR,* 1/172-3.

(97) *FR,* 1/203.

(98) *FR,* 1/246-7.

(99) Aquino, ed. Bourke, p. 259.

(100) Frases de *OS,* pp. 67, 70, 90, 234, 279.

(101) *OS,* p. 161. Sobre de Sande, ver Pfister, *Notices,* p. 44.

(102) Citado em Conway, *Vita Christi,* pp. 61 e 96.

(103) Maffei, *L'histoire des Indes,* prefácio, p. 3. Ricci elogia prodigamente esse "proêmio" em *OS,* p. 24, carta de 1.º de dezembro de 1581. Sobre Marrei, ver Villoslada, *Storia del Collegio Romano,* p. 335, e Dainville, *L'éducation,* p. 129.

(104) 2 Cor. 11:26, repetido em *OS,* p. 107.

(105) *Shaozhou fuzhi,* 11/52b (reimpr., p. 242), sobre a seca, e 24/36b (reimpr., p. 481) sobre o mágico (*Yao*) chamado Li.

(106) *FR,* 1/320-2. *OS,* p. 108, carta a Acquaviva de 15 de novembro de 1592, apresenta detalhes adicionais.

(107) A dor no pé e as consultas para tratamento podem ser reconstruídas a partir de observações em *FR,* 1/321 e 323.

TRÊS — *A PRIMEIRA GRAVURA: O APÓSTOLO SOBRE AS ÁGUAS*

(1) Mat. 14:23-33.

(2) Ricci discute e rejeita essa tradução da Bíblia numa carta de 12 de maio de 1605 ao assistente de Acquaviva, Alvarez, *OS,* p. 283.

(3) Ricci, *Li Madou ti baoxiang tu,* pp. 1-3b; Cheng Dayue, *Chengshi moyuan,* juan 6. sec. 2, pp. 36-8b. Para outras traduções, ver Laufer, "Christian art", pp. 107-8, corrigidas por Duyvendak, "Review", pp. 389-91.

(4) *OS,* p. 284.

(5) Nadal, *Evangelicae Historiae Imagines,* n.º 44. As ilustrações foram encomendadas pelos jesuítas da Europa, com a finalidade expressa de real-

çar o valor da famosa obra de Nadal, *Adnotiones et Meditationes in Evangelia,* para os missionários e padres em sua obra de conversão. As reflexões teológicas pessoais de Nadal eram ortodoxas, cultas e claras, mas careciam daquele sentido de excitação ou imediaticidade que as fixaria na memória. Assim, membros superiores da ordem jesuíta levaram anos para conseguir uma versão ilustrada da obra de Nadal, editada pelo grande impressor Plantin, cujas máquinas tipográficas — ainda que nunca paradas — estavam menos ocupadas na década de 1580 do que nos dias em que imprimia a Bíblia poliglota. Os jesuítas sofreram muitas humilhações e investiram grandes somas de dinheiro para que o maior número possível das cenas bíblicas fosse gravado, a partir de seus próprios desenhos, pelos excelentes irmãos Wierix; além de serem considerados os melhores gravadores da Europa, os três Wierix eram famosos como bêbados, lascivos e insaciavelmente ávidos por dinheiro. Coerentes com sua reputação, elevaram bruscamente o preço por página entre 1586 e 1587, mas quando o trabalho ficou concluído em 1593, foi um triunfo. (As prolongadas e fascinantes negociações entre os jesuítas e Plantin, podem ser lidas em Plantin, *Correspondance,* vol. 8, cartas 1160, 1182, 1193, 1194.) A edição completa de Nadal tinha 150 ilustrações in-fólio, acompanhando toda a vida de Cristo, desde a Natividade, passando pela Paixão, até a Ressurreição, identificando as cenas dentro das cenas com letras inscritas nas figuras, comentadas em notas abaixo. Cada ilustração também se completava com extensos comentários de Nadal, destinados a auxiliar nos sermões ou nas exegeses.

(6) *OS,* p. 260, sobre a concordância de Diaz; *OS,* p. 283, solicita novos exemplares de Nadal.

(7) Sobre a localização deste na seqüência completa das impressões, ver Mauquou-Hendrickx, *Estampes,* pp. 17 e 20-1. As impressões foram feitas a partir de originais de Martin de Vos. Duas cópias da impressão original, uma de Vischer (51.501.1765:20) e uma de Eduardus ab Hoeswinc[kel] (53.601.18:43), estão no Museu Metropolitano de Nova York. A segunda foi a adaptada por Ricci, e os estigmas são claramente visíveis.

(8) Ver d'Elia, *Mappamondo, passim,* ou o mapa esboçado em *FR,* vol. 2, frontispício, J. H. Parry, *Age of Reconnaissance,* p. 139, sugere que o rei João II de Portugal foi o primeiro a modificar o nome do cabo.

(9) Gomes de Brito, *Tragic History (1589-1622),* trad. Boxer, p. 1 e mapa.

(10) *Ibid.,* pp. 3-5.

(11) Além de Gomes de Brito, acima, ver Parry, *Age of Reconnaissance,* parte 1, e James Duffy, *Shipwreck and Empire,* pp. 49-51.

(12) Carletti, *My Voyage,* pp. 102-4.

(13) *FR,* 1/290n.

(14) *OS,* p. 125, carta de 15 de novembro de 1594, a Fabio de Fabi.

(15) *OS,* p. 113, carta de 10 de dezembro de 1593.

(16) *OS,* pp. 218 e 230.

(17) *OS,* p. 268, carta de 10 de maio de 1605.

(18) Tacchi Venturi em *OS,* p. 218 n. 1, sugere que o pai de Ricci morreu em 1604.

(19) Ver exemplos em Gomes de Brito, *Tragic History (1589-1622),* pp. 9-10. Duffy, *Shipwreck and Empire,* pp. 62-3, 73-4.

(20) Gomes de Brito, *Tragic History (1589-1622),* pp. 20-1.

(21) *Ibid.,* pp. 15-7; Sassetti, *Lettere,* p. 280; Mocquet, *Voyages,* pp. 220-1, corrobora os piores detalhes de sua viagem de 1609 a Goa.

(22) Gomes de Brito, *Tragic History (1589-1622):* p. 116 quanto à madeira podre; p. 191 quanto ao leme apodrecido no São João Batista; *Tragic History (1559-1565),* p. 31, quanto às cordas em torno da proa.

(23) *FR,* 1/238.

(24) *Doc. Ind.,* 11/312.

(25) *Doc. Ind.,* 11/306 e 336, relatos de Spinola e Pasio.

(26) Kerr, *General History,* 7/456-60, para o relato do capitão Downton sobre a resistência; e Boxer, *Fidalgos,* pp. 59-62.

(27) Parry, *Age of Reconnaissance,* cap. 11, "Atlantic Trade and Piracy", Boxer, *Fidalgos,* pp. 50-1; Schurz, *Manila Galleon,* pp. 306-8, apresenta como espólio original do *Sta. Ana,* dois milhões de pesos e, na p. 313, a venda do espólio restante em Londres por quinhentos mil coroas. Hakluyt, *Third Volume,* p. 816, diz que o principal espólio foi de "cem e 22 mil pesos de ouro". Spate, em *Spanish Lake,* subestima a presa.

(28) Gomes de Brito, *Tragic History (1589-1622),* p. 11-3; Duffy, *Shipwreck,* pp. 70-4.

(29) Aquino, ed. Bourke, p. 70.

(30) Stevens, *"Voyage",* p. 467; para uma idéia posterior de Stevens em Goa, ver Pyrard, *Voyage,* 2/269-70.

(31) Gomes de Brito, *Tragic History (1559-1565),* pp. 4-6, 59-60.

(32) *Ibid.,* pp. 61-7.

(33) *Ibid.,* pp. 68-72.

(34) *Ibid.,* pp. 8-9.

(35) Ricci, *Tianzhu shiyi,* p. 383; *ibid.,* trad. Lancashire, p. 4.

(36) D'Elia, *Mappamondo,* pranchas 3-4.

(37) *Doc. Ind.,* 11/343. Ricci menciona Moçambique de passagem, em *OS,* p. 67.

(38) Ricci, *Tianzhu shiyi,* p. 425; trad. francesa, p. 193. Essas palavras estão na boca do "erudito chinês".

(39) Cervantes, *Don Quixote,* trad. Cohen, parte 2, cap. 29, p. 659.

(40) *Ibid.,* p. 658. Devo essa referência a Ian Spence.

(41) Fitch, "Journey", p. 472; Hakluyt, *Second Volume,* pp. 250-65. Para um vívido relato das prisões de Goa, ver Pyrard, *Voyages.* 2/18-22.

(42) Shakespeare, *Macbeth,* ato 1, cena 3, linhas 19-29.

(43) Ver o entrecruzamento dos naufrágios do *São João* e *São Bento* (Duffy, *Shipwreck,* pp. 26-7) com a narrativa de Maffei (*L'histoire,* livro 4, cap. 3, pp. 266-8): sobre os detalhes do destino da carraca entre Lisboa e Goa, Maffei, livro 12, cap. 2, pp. 119-20, com as instruções de Pasio, *Doc. Ind.,* 11/366. Maffei teve a força para a tarefa, do que, inicialmente, duvidava o procurador Sabinus, *Doc. Ind.,* 11/625-6.

(44) *Doc. Ind.,* 10/17, 21 e 709-13; e 11/353 para a trágica viagem de 1576. Couto, *Decada Decima,* livro 1, cap. 16, p. 147, sobre os comandantes, embora suas datas das viagens entre 1577 e 1579 estejam truncadas; *Doc. Ind.,* 11/160-2, para a distribuição dos jesuítas nos navios.

(45) Duffy, *Shipwreck,* p. 52.

(46) *Doc. Ind.*, 11/310-1.

(47) *Bom Jesus* em *Doc. Ind.*, 11/305; provisões, 11/342; *S. Gregório*, 11/338, procurado pelos marinheiros que queriam ouvir o marulho das ondas em mares calmos.

(48) A vida nas docas de Lisboa em 1578 em Brookes, *King for Portugal*, pp. 14-5, 160n.

(49) *Doc. Ind.*, 11/305; Gomes de Brito, *Tragic History (1589-1622)*, p. 30, n. 2 sobre a igreja; Stevens, "Voyage", p. 463, sobre um envio semelhante no ano seguinte.

(50) *Doc. Ind.*, 11/161, 375; FR, 2/560, prancha 22.

(51) *Doc. Ind.*, 11/307.

(52) *Ibid.*, 11/308-10.

(53) *Ibid.*, 11/351, sobre jogos e livros. Wicki, "The Spanish Language", p. 16, oferece uma análise das leituras ligeiras nos navios do século XVI.

(54) *Doc. Ind.*, 11/358.

(55) *Ibid.*, 11/308-9; Stevens, "Voyage", p. 466, traz histórias paralelas.

(56) *Doc. Ind.*, 11/310, 351-2. A prática jesuíta de "exames de consciência" vem discutida em Guibert, *Jesuits*, pp. 94-5, 190-3.

(57) *Doc. Ind.*, 11/351.

(58) *Ibid.*, 11/311.

(59) *Ibid.*, 11/318.

(60) *Ibid.*, 11/347.

(61) *Ibid.*, 11/351.

(62) *Ibid.*, 11/313.

(63) *Ibid.*, 11/342.

(64) *Doc. Ind.*, 11/354, sobre Pasio; 11/339, sobre relicários; 11/312, sobre relíquias e conversões durante as tempestades; 11/316, sobre os ofícios durante as tempestades e o Natal; 11/316. sobre as confissões; 11/337, sobre as calmarias; 11/338, sobre as cabeças de santos. Os detalhes da viagem do *Bom Jesus* mostram graficamente o tipo de crise real a que Ricci escapou. O navio começara a viagem em grande estilo, seguindo à frente de seus dois navios irmãos, descendo pelas ilhas de Cabo Verde, e acelerando até o cabo da Boa Esperança, impelido por um vento favorável. Na extremidade sul da África, porém, entrou em mares maciços e ventos contrários e, sem o conhecimento do piloto, foi impelido para trás durante duas noites seguidas de tormentas. Confiando inteiramente na bússola do navio, o piloto, quando o tempo amainou, voltou-se seguro para o norte e manteve o curso — sem terra à vista —, seguindo acima por aquilo que julgava ser a costa oriental da África, no longo trajeto até Moçambique. De fato estava voltado para a costa ocidental, rumando acima em direção de Portugal, e assim prosseguiu por nove dias, cobrindo oitocentas milhas, apesar das perguntas ansiosas dos seus passageiros, que tinham certeza de que algo estava errado. Finalmente, após longas e enfurecidas discussões, com os passageiro e tripulante exaustos e encharcados, pouco suprimento de água e provisões, o piloto finalmente alterou o curso e seguiu novamente para o cabo da Boa Esperança (*Doc. Ind.*, 11/313, 345, *"cosa che mai accadate"*, acrescenta Spinola com profunda irritação), desta vez circundando-o sem incidentes. Mas não espanta que, quando foram avisados de que, devido ao

adiantado do ano, agora teriam de rumar diretamente para Goa, sem pausa para fazer novos estoques de água e alimentos em Moçambique, os soldados e marinheiros a bordo do *Bom Jesus* tenham tomado em armas e rapidamente ameaçado provocar um motim. Havia uma sensação que o padre Nicholas Spinola atribuiu aos seus companheiros de viagem "de que o piloto não era realmente muito inteligente" (*Doc. Ind.,* 11/317).

(65) *Doc. Ind.,* 11/352.

(66) *Ibid.,* 11/341, 352-3.

(67) Ver descrições em Boxer, "Moçambique Island", pp. 10-15, e *Doc. Ind.,* 11/341, 346.

(68) *Doc. Ind.,* 11/376.

(69) *Ibid.,* 11/350.

(70) *Ibid.,* 11/349.

(71) *OS,* 27, sobre sua "grave doença", *FR,* 1/163 n. 9, Pasio informa que tivera uma "ligeira indisposição". Aqui e em *FR,* 2/562 n. 1, d'Elia mostra que esteve em Malaca de 14 de junho a 3 de julho.

(72) *FR,* 1/178 n. 3.

(73) *Os,* p. 219, carta de 13 de outubro de 1596, referindo-se a *"l'anno passato".*

(74) *FR,* 2/11.

(75) *FR,* 2/15-6. Trigault (trad. Gallagher, p. 304) chama o tríptico de crucifixo, alterando as implicações da cena, como tão freqüentemente o faz.

(76) Esta versão provém de uma carta de 28 de outubro de 1595 a Costa, em *OS,* p. 182; ver *ibid.,* p. 119 n. 1, para uma biografia de Costa. *FR,* 1/355-6 traz uma versão retocada.

(77) Atos 9:6. O eco inaciano captado por d'Elia em *FR,* 1/356 n. 1.

(78) *FR,* 1/356 n. 3; sobre a vida de Zhong, ver *FR,* 1/290 n. 1.

(79) *OS,* p. 48; ver também exemplos de envolvimento chinês em So, *Japanese Piracy,* pp. 71-3.

(80) *FR,* 1/19-20. Para a crença ocidental de que metade da China vivia na água, ver Plancius, *Universall Map,* p. 256 recto. Ricci pode outra vez estar repetindo parcialmente Gaspar da Cruz, conforme trad. em Boxer, *South China,* pp. 111-4.

(81) *FR,* 1/348.

(82) Ver os detalhes memoráveis em *FR,* 1/228 n. 3, ou Ricci em *FR,* 1/280.

(83) *OS,* p. 68, carta de 24 de novembro de 1585, e *ibid.,* p. 66 n. 1; *FR,* 1/92; *FR,* 2/110, sobre o barco de Ma Tang.

(84) *FR,* 2/19, 102.

(85) *Ibid.,* 2/20.

(86) Hoshi, "Transportation", p. 5.

(87) Um ótimo resumo do reinado de Wanli é feito por Ray Huang em 1587.

(88) *FR,* 2/21. Hoshi, "Transportation", p. 6, para mais dados sobre o comércio privado, p. 27, sobre os abusos dos eunucos.

(89) *FR,* 2/31 sobre barcos, 2/34 sobre riquixás.

(90) Delumeau, *Vie économique et sociale de Rome,* 2/530-5, 605-6.

(91) *Zhaoqing fuzhi,* 22/34a (reimpr., 3333).

(92) *FR*, 2/18.

(93) *Gujin tushu jicheng*, ce 498 (seção bowu, juan 106, p. 36b).

(94) *Ibid.*, p. 35b.

(95) *Ibid.*, ce 498 (seção bowu, juan 103, p. 21).

(96) Ricci comenta sobre essa Bíblia em *OS*, p. 6, carta de 18 de janeiro de 1580.

(97) Ver as observações de Trigault incluídas em *FR*, 2/229-31.

(98) Voet, *Golden Compasses*, vol. 2, em esp. pp. 37-46; Roover, "Business Organization", pp. 237-9; Rooses, *Plantin*, pp. 120-33. Montaigne viu uma dessas cópias luxuosas em Roma: *Journal de Voyage*, p. 223.

(99) *FR*, 2/279 e n. 1.

(100) *OS*, p. 282.

(101) Ver as duas cartas de Ricci a Alvarez, *OS*, p. 282 (12 de maio de 1605), e *OS*, p. 388 (17 de fevereiro de 1609), sobre a Bíblia "*un puoco bagnata*".

(102) *FR*, 2/282; *OS*, p. 298.

(103) *FR*, 1/245-6.

(104) Citações em *OS*, pp. 364 e 344.

(105) *FR*, 2/111, tomando "três maces ou sapéques" como equivalentes a três *qian* ou *giulii*, de acordo com os equivalentes cambiais apresentados em *FR*, 2/46 n. 5 e 2/211 n. 2. Albert Chan, *Glory and Fall*, p. 88, menciona crianças que eram vendidas a 1 *qian* em 1594, na província de Shandong.

(106) *OS*, p. 274, carta e 10 de maio de 1605.

(107) *FR*, 1/338-9. A identificação desse Scielou com o presidente do Conselho de Guerra Shi Xing, sugerida por d'Elia em *FR*, 1/339 n. 1, e aceita por Gu Baogu em "Li Madou di zhongwen zhushu", p. 241, não se adapta aos fatos conhecidos. Mas fui definitivamente incapaz de identificar esse homem entre os funcionários conhecidos de Guangxi.

(108) *FR*, 1/341.

(109) Cena e viagem em *FR*, 1/343-4, e também *OS*, p. 103, sobre Nanxiong.

(110) *FR*, 1/344.

(111) Sobre Barradas, ver as duas passagens de Ricci em *OS*, pp. 128 e 194.

(112) *OS*, 132, carta de 29 de agosto de 1595, a Edoardo de Sande em Macau; também carta de 4 de novembro de 1595 a Acquaviva, *OS*, 193-4.

(113) *FR*, 1/345.

(114) *OS*, p. 193, 4 de novembro de 1595.

QUATRO — *A SEGUNDA IMAGEM: A HUIHUI*

(1) Ricci, *Jifa*, p. 17.

(2) *FR*, vol. 1, prancha 9 na cobertura da p. 194 apresenta os Dez Mandamentos na versão chinesa de Ricci: Êxodo 20:2.

(3) *FR*, 2/289 e n. 1 e 2 sobre o livro *Tianzhujiao yao*. A longa nota 2 (até a p. 291) de d'Elia é um excelente ensaio sobre o método e composição da obra de Ricci.

(4) Ricci discute o termo em *FR*, 1/113; Gênesis 32:32.

(5) Sobre o tamanho de Zhaoqing, ver Bernard, *Aux portes*, p. 196. sugere que Lul "impecitamente reconhece aqui o papel necessário da graça".

(6) D'Elia, *Mappamondo*, pranchas 19 e 20; Giles, "World Map", p. 378.

(7) D'Elia, *Mappamondo*, pranchas 23 e 24; Giles, "World Map", p. 377, menciona apenas "24 Estados", talvez refletindo um estado anterior do mapa.

(8) D'Elia, *Mappamondo*, pranchas 19 e 20. O mapa de Ricci, as reações chinesas a ele, e as várias edições são meticulosamente estudados por William Hung em "Kao Li Madou". Kenneth Ch'en, "A Possible Source", também apresenta informações inestimáveis sobre as fontes chinesas de Ricci para as regiões asiáticas do mapa.

(9) Ver a análise de Gregory Martin sobre os pregadores que ouviu em Roma em 1577 e 1578, em *Roma Sancta*, pp. 71-4. Também Culley e McNaspy, "Music", p. 222. As raízes de onde se originou essa pregação são analisadas por O'Malley, *Praise and Blame in Renaissance Rome.*

(10) Martin, *Roma Sancta*, pp. 68-9, 169, sobre confessores e Baptista Romanus; Delumeau, *Vie économique*, 1/217, sobre o leque de idiomas.

(11) Martin, *Roma Sancta*, p. 175.

(12) Montaigne, *Journal de Voyage en Italie*, pp. 223-4; Martin, *Roma Sancta*, p. 240, sobre os dias de abertura ao público.

(13) Inácio de Loyola, *Constitutions*, ed. George Ganss, p. 68; para um exemplo da política "ativa" de Acquaviva em Constantinopla, ver Pirri, "Sultan Yahya", em esp. pp. 65-6 sobre a missão de Mancinelli.

(14) Martin, *Roma Sancta*, p. 170.

(15) *OS*, p. 214.

(16) Sobre as disputas, ver Inácio, *Constitutions*, pp. 194-5 (par. 378), e Martin, *Roma Sancta*, p. 164. Sobre a formação do gênero, Ganss, *St. Ignatius Idea of a Jesuit University*, pp. 255-60.

(17) Martin, *Roma Sancta*, pp. 103, 116. No mosteiro de Basil, a apenas vinte quilômetros de Roma, todos os serviços eram cantados e realizados em grego. Martin, p. 152.

(18) Hillgarth, *Ramon Lull*, pp. 2, 6, 20; citação, p. 49.

(19) Lull, *Le livre du Gentil*, pp. 210-1; Hillgarth, *Ramon Lull*, p. 24, sugere que Lul "implicitamente reconhece aqui o papel necessário da graça".

(20) Lubac, *La rencontre du Bouddhisme*, pp. 35-8.

(21) Boccaccio, *Decameron*, trad. McWiliam, pp. 86-9, citação, p. 88. A história é discutida por Ginzburg em *Cheese and the Worms*, p. 49.

(22) Ver citações em Ginzsburg, *Cheese and the Worms*, pp. 9-10, 51, 62.

(23) *Ibid.*, pp. 30, 77, 101, 107.

(24) Hillgarth, *Lull*, pp. 280-7; *ibid.*, p. 294, sobre Lull e alquimia; Lubac, *Rencontre*, p. 63.

(25) Diffie e Winius, *Foundations of the Portuguese Empire*, pp. 323-4; estimativas grosseiras da população feitas por mim a partir de *ibid.*, p. 331 n. 37. Boxer, *Portuguese Society*, pp. 12-3.

(26) Costa, *Christianisation of the Goa Islands,* pp. 25, 30-2, 59, 96-7; para uma exceção à regra da associação, ver *ibid.*, pp. 162-3.

(27) Palavras de Costa, do seu erudito mas apologético *Christianisation,* p. 59; também pp. 120-2.

(28) *Doc. Ind.*, 11/360-1; sobre os cantores de coro, ver Culley e McNaspy, "Music", pp. 241-2.

(29) Costa, *Christianisation,* pp. 14 e 15.

(30) *Doc. Ind.*, 11/365; Costa, *Christianisation,* p. 85.

(31) *OS,* p. 11 (carta de 30 de janeiro de 1580) e p. 4 (18 de janeiro de 1580).

(32) Correia-Afonso, "More about Akbar", p. 58; Renick, "Akbar's First Embassy", pp. 35, 43.

(33) *OS,* pp. 4-6, carta de 18 de janeiro de 1580.

(34) Correia-Afonso, *Letters from the Mughal Court,* pp. 58, 83, 110, 115, n. 6.

(35) *Ibid.,* pp. 77 e 78 n. 13 (com pequenas alterações); ver também p. 53 n. 16 para a suposta adição de infusões "posteriores" ao ópio por Akbar.

(36) *OS,* p. 25 (1.º de dezembro de 1581). Ver também Renick, "Akbar's First Embassy", pp. 40, 43-5, sobre os motivos de Akbar, incluindo sua avaliação das defesas de Goa.

(37) Citado em Correia-Afonso, "More about Akbar", pp. 60 e 61.

(38) *OS,* pp. 19-20, carta de 25 de novembro de 1581.

(39) Brooks, *King for Portugal,* pp. 39-40 e 170 n. 14; Yerushalmi, *Zakhor,* p. 47, no "segundo Purim" em memória da morte de S. Sebastião.

(40) Brooks, *King for Portugal,* pp. 25-31; Estoile, *Paris of Henry of Navarre,* trad. Roelker, sobre a inépcia francesa nessa guerra.

(41) Paci, "La Decadenza", p. 174 n. 136, e p. 176 n. 153.

(42) Sobre os judeus em Ancona, ver em esp. Cecil Roth, *House of Nasi,* pp. 135-9, 149. Também Azevedo, *Historia,* pp. 364-5; Martin, *Roma Sancta,* p. 129; Pastor, *History of the Popes,* 14/274-5.

(43) Detalhes importantes em Martin, *Roma Sancta,* pp. 77-82, 126, 205. Montaigne também descreveu essas cerimônias em *Journal de Voyage,* p. 234; Pastor, *History of the Popes,* 14/272-4, discute as reações dos judeus às pressões econômicas a eles impostas, e cita alguns outros convertidos.

(44) Martin, *Roma Sancta,* pp. 82-3, 96.

(45) Delumeau, *Vie économique,* 1/502-7, detalha essas experiências econômicas. Martin, *Roma Sancta,* p. 76, sobre o mercado de tecidos.

(46) Martin, *Roma Sancta,* p. 241; Pastor, *History of the Popes,* 14/274-5.

(47) Baião, *A Inquisição de Goa,* 1/263, sobre Dias. Azevedo, *Historia,* p. 230-1 sobre Cochin; p. 364 sobre Ancona.

(48) Azevedo, *Historia,* p. 230.

(49) Baião, *Inquisição,* 1/36.

(50) Baião, *Inquisição,* 1/41 e 45, sobre judeus brancos e negros; Azevedo, *Historia,* pp. 230-1 sobre conversões e lascívia em Cochin.

(51) Baião, *Inquisição,* 1/185-7, 265.

(52) *Ibid.*, 2/55, carta de 25 de novembro de 1578.

(53) *OS*, p. 20, carta de Ricci de 25 de novembro de 1580. Azevedo, *Historia*, p. 232. Pyrard de Laval, *Voyage*, 2/94-5, fornece exemplos dos excessos da Inquisição em Goa, em torno de 1608.

(54) Hanson, *Economy and Society*, pp. 76-9, é bom quanto aos procedimentos e orçamentos; ver também Baião, *Inquisição*, 1/272 sobre orçamentos; e 1/187-7 sobre os elaborados procedimentos de Fonseca. Uma discussão interessante da Inquisição como "teatro demoníaco" é apresentada em Stephen Greenblatt, *Renaissance Self-Fashioning*, p. 77; A. D. Wright, *The Counter-Reformation*, p. 43, discute a "obsessão cultivada pelo demoníaco" nesse período.

(55) Costa, *Christianisation*, p. 197.

(56) Schütte, *Valignano's Mission*, pp. 60 e 67; Dehergne, *Répertoire*, n.º 741, p. 239 sobre a avó judia de Edoardo de Sande.

(57) Resumo de textos anteriores em Brown, *Indian Christians*, cap. 2, e Mathew e Thomas, *Indian Churches*, pp. 5-21. Os pensamentos de Ricci encontram-se em *OS*, p. 8.

(58) Brown, *Indian Christians*, pp. 12-3, 15.

(59) Era Mar Joseph; ver Brown, *Indian Christians*, p. 22.

(60) *OS*, p. 8, Ricci para Goes, 18 de janeiro de 1580. Sobre sua doença e a sinistra relação das mortes de padres e jovens estudantes, ver *Doc. Ind.*, 11/699. Sobre a controvérsia Simão-Abraão e o seminário de Vaipikkotta, ver Brown, *Indian Christians*, pp. 22-6, e Mathew e Thomas, *Indian Churches*, pp. 27-9. Wright, *The Counter-Reformation*, pp. 140-1, discute as formas institucionais desenvolvidas para lidar com os cristãos de Malabar.

(61) Citado de Duarte Barbosa, *Description of the Coasts of East Africa*, (livro 2, pp. 600-1), em Brown, *Indian Christians*, p. 283.

(62) *OS*, p. 9.

(63) *OS*, p. 20, carta a Acquaviva de 25 de novembro de 1581.

(64) Costa, *Christianisation*, p. 198, crê que isso se realizava "sem rigor"; *ibid.*, pp. 195-7, sobre os argumentos jesuítas contra a Inquisição.

(65) *OS*, pp. 8-9.

(66) *FR*, 1/167 n. 3 e 1/192 n. 3, sobre a veste budista de Ricci. Sobre os outros tópicos, ver adiante, caps. 6 e 8.

(67) *OS*, p. 72, carta de 24 de novembro de 1585.

(68) *FR*, 1/124-5, 1/336-7.

(69) *OS*, p. 104, carta de 15 de novembro de 1592. Aqui traduzo "*inventioni*" por "expediente".

(70) *OS*, pp. 136-7, carta de 29 de agosto de 1595; aqui verto "*roxa escura*" por "púrpura", à luz do fato de que Ricci sempre empregou a palavra italiana "*paonazza*" ("púrpura"), quando posteriormente repetiu essa descrição (com variações) em *OS*, pp. 173, 183, 199-200; ver também Young, *East-West Synthesis*, p. 16, e *FR*, 1/358, onde Ricci judiciosamente corta os detalhes mais flamejantes.

(71) Tal como descrito por Gregory Martin, *Roma Sancta*, p. 128.

(72) *OS*, pp. 48-9, carta de 13 de setembro de 1584 para Giambattista Roman.

(73) *Ibid.*, p. 57, carta de 20 de outubro de 1585.

(74) *FR,* 1/128. Sobre as tradições mais antigas referentes a Maomé, Apolo e a Megera, ver Metlitzki, *Matter of Araby,* p. 209.

(75) Ver seus comentários em *FR,* 1/118 e 120.

(76) *FR,* 11/132; a melhor introdução ao sincretismo Ming tardio é a de Judith Berling, *Syncretic Religion of Lin Chao-en.*

(77) Boxer, *South China in the Sixteenth Century,* pp. 36-8, 219-21.

(78) *OS,* p. 48, 13 de setembro de 1584: *"no sé cómo".*

(79) *OS,* p. 380; *FR,* 1/24.

(80) *FR,* 2/27.

(81) *FR,* 2/47.

(82) *FR,* 1/1491.

(83) *FR,* 1/110-1. Sobre rebeliões islâmicas Ming posteriores, ver Barbara Pillsbury, "Muslim History", pp. 19-20; Morris Rossabi, "Muslim and Central Asian Revolts", *passim;* Albert Chan, *Glory and Fall,* pp. 118-9.

(84) Israeli, *Muslims in China,* p. 29; Thiersant, *Mahométisme,* 1/53, sobre a eliminação do minarete.

(85) Sobre antigas transcrições árabo-chinesas, ver Forke, "Islamitisches Traktat", uma peça notável de deciframento e reconstrução eruditos. Sobre a antiga obra muçulmana de Qing pelo prolífico Liu Zhi, ver Israeli, *Muslims in China,* pp. 145-7, e Thiersant, *Mahométisme,* 2/364-8. O mesmo livro de Thiersant oferece uma longa transcrição de Liu Zhi e Yusuf Mazhu. Encontra-se uma importante declaração do imperador Yongzheng sobre o islamismo em Thiersant, 1/55-6. A vida de Maomé por Liu Zhi, mostrando uma visão chinesa básica do século XVIII sobre o Islão, foi traduzida e comentada por Isaac Mason, *Arabian Prophet* (Shanghai, 1921).

(86) *OS,* p. 290, carta de 26 de julho de 1605 para Acquaviva; *OS,* p. 344; *FR,* 2/320.

(87) *FR,* 1/336 n. 1.

(88) *FR,* 1/112 e 114, 2/320.

(89) *FR,* 2/323; Ricci menciona essa reticência também em *OS,* p. 344.

(90) *FR,* 2/141 n. 4.

(91) *OS,* p. 290; *ibid.,* p. 289, refere-se a uma carta anterior sobre o mesmo assunto, agora perdida. A famosa estela nestoriana de 718 d.C. foi descoberta apenas em 1625, quinze anos após a morte de Ricci. Ver a tradução e análise em *Chinese Repository* 14 (maio de 1845): 201-29. Henri Bernard, *La découverte de Nestoriens Mongols,* pp. 14-31, revê essa história dos primórdios até a época de Ricci.

(92) *FR,* 2/323.

(93) *OS,* p. 290; *FR,* 2/317-24. Dehergne e Leslie, *Juifs de Chine,* pp. 8-12, resumem as fontes sobre a antiga história judaica na China; *ibid.,* pp. 216-8, traz uma bibliografia sucinta.

(94) *FR,* 1/112, 2/324; *OS,* p. 344.

(95) *FR,* 2/324-5.

(96) *FR,* 2/316-8.

(97) Ricci discute essa conversa e sua intenção de indagar ao visitador (Valignano) em sua carta de 12 de maio de 1605 a Alvarez, *OS,* p. 281. Valignano faleceu em Macau em janeiro de 1606.

(98) *FR,* 2/179.

(99) Para Acquaviva em *OS*, p. 360; sobre os letrados de Nanchang, *FR*, 2/452.

(100) *FR*, 2/141-2, 145.

(101) *FR*, 2/130.

(102) *OS*, p. 24, carta de 1.º de dezembro de 1581.

(103) Maffei, *L'Histoire*, "Proemio", p. 3. Sobre os problemas anteriores de Maffei como historiador, ver Correia-Afonso, *Jesuit Letters*, p. 113. Sobre sua fama, Martin, *Roma Sancta*, p. 245, e Dainville, *Géographie*, pp. 122-6.

(104) Maffei, *L'Histoire*, "Proemio", p. 1.

(105) *OS*, p 24, carta de 1.º de dezembro de 1581.

(106) Acquaviva, *Letters (29 Sept. 1583)*, pp. 47-8.

(107) Acquaviva, *Letters (19 May 1586)*, p. 78.

(108) Acquaviva, *Letters (12 Jan. 1590)*, pp. 110-1, 113.

(109) *FR*, 2/398-402, 2/393 n. 1. D'Elia apresenta um mapa detalhado de sua rota em *FR*, vol. 2, prancha 20, na cobertura da p. 396. Bernard, *Le Frère Bento de Goes*, p. 45-7.

(110) Ver *FR*, 2/437, onde Goís vende seu jade por 1 200 ducados, "apenas metade do seu valor".

(111) *FR*, 2/434-8; Bernard, *Le Frère Bento de Goes*, p. 102-10; Rossabi, "Muslim and Central Asian Revolts", pp. 172-5, sobre a política de Kashgar na época.

(112) *OS*, p. 338, 6 de março de 1608. Ricci também se detém sobre Goís em *OS*, pp. 347-50 e 391. Primeira notícia da chegada de Goís à China em *OS*, p. 327.

(113) Zhuangzi, *Complete Works*, p. 78, e edições chinesas padronizadas, seção "Da zongshi". Gu Baogu, "Li Madou di zhongwen", p. 248.

(114) Aqui, de modo geral, sigo Zhuangzi, *Complete Works*, conforme traduzido por Watson, mas retomo e uso o "paradoxal" de Ricci, em lugar do "homem singular" de Watson.

CINCO — *A SEGUNDA GRAVURA: O CAMINHO DE EMAÚS*

(1) Aquino, *Catena Aurea*, pp. 772-9. Ludolfo da Saxônia encontrou na história três focos centrais de contemplação: a gentileza e amizade de Cristo em tentar apreender a razão da tristeza dos discípulos; sua humildade em falar a esses discípulos "de escalão inferior"; sua bondade em explicar com tanta paciência o significado do que haviam visto (Ludolfo, *Vita Jesu Christi*, p. 716). Também nos *Exercícios Espirituais*, na quarta semana, devia-se refletir sobre a história de Emaús, como o quinto dos treze mistérios da aparição de Cristo a várias pessoas na Terra (Inácio, *Exercises*, n.os 226 e 303).

(2) Ricci, *Li Madou ti baoxiang tu*, pp. 4-5b; Cheng Dayue, *Chengshi moyuan*, juan 6, parte 2, pp. 38b-41; Duyvendak, "Review", pp. 391-2.

(3) Nadal, *Evangelicae Historiae Imagines,* fig. 141, para a imagem não-utilizada. Pode-se ver uma cópia do estado original da impressão de Ricci no Museu Metropolitano de Arte de Nova York (Prints, Netherlands, ala de Martin de Vos, 53.601.18:44).

(4) Castellani, "La Tipografia del Collegio Romano", pp. 12-3, tomando *scudi* como equivalentes a ducados.

(5) Robert Palmer, "Martial", traz um excelente sumário e análise, e tem algumas traduções surpreendentemente explícitas.

(6) Sobre a estratégia geral, ver Dainville, *L'éducation des Jésuites,* pp. 181-4. Sobre Marcial e Horácio expurgados no currículo, ver *Monumenta Paedagogica,* 1586, p. 435. Sobre a continuidade que Frusius dá às instruções de Inácio, Castellani, "Tipografia", pp. 11 e 15, e Palmer, "Martial", p. 913. Sobre Frusius como músico e amigo de Inácio, ver Culley e McNaspy, "Music and the Early Jesuits", p. 218.

(7) Castellani, "Tipografia", pp. 11, 14-6.

(8) Ganss, *Saint Ignatius' Idea of a Jesuit University,* pp. 296-301, e 326-7 sobre a declaração inicial de Inácio; Pachtler, *Ratio Studiorum,* pp. 192-7 para detalhes sobre 1566, incluindo p. 195 sobre *Ad Herennium.*

(9) Ganss, *St. Ignocius' Idea of a Jesuit University,* pp. 44-51, 60. *Ibid.,* p. 304 sobre instruções quanto à conversa em latim.

(10) *Ibid.,* pp. 304-5; instruções de Ledesma em *Monumenta Paedagogica,* 1586, p. 361; Schwickerath, *Jesuit Education,* pp. 493-7.

(11) *OS,* p. 235, Nanchang, 9 de setembro de 1597.

(12) Romberch, *Longestorium Artificiose Memorie,* pp. 22-6, 36, 49-51.

(13) Grataroli, *De Memoria Reparanda,* pp. 78-82. Thorndike, *History of Magic,* 5/600-16, traz uma boa e rápida biografia de Grataroli. Essas imagens foram excessivas para o tradutor inglês de Grataroli, William Fulwood, que em 1573 as amenizou para seu *Castel of Memorie* (Londres: William How, 1573), enchendo o urinol com água e não especificando as partes anatômicas. A obra de Grataroli, se bem que sob forma expurgada, ainda circulava na Inglaterra no final do século XVII entre estudantes universitários. Cf. Marius d'Assigny, *The Art of Memory* (Londres, 1699), em esp. pp. 72-4.

(14) *OS,* p. 27.

(15) *OS,* p. 28, e *FR,* 1/36-7. O exemplo de Ricci quanto à palavra para céu, *tian e*m chinês, já fora mencionado por Gaspar da Cruz em seu relato: ver Boxer, *South China,* p. 162.

(16) *OS,* p. 28.

(17) Sobre seus estágios na aprendizagem do chinês, ver setembro de 1584 em *OS,* p. 49; outubro de 1584, *OS,* p. 60; novembro de 1585, *OS,* p. 65, "*già parlo correntemente la lingua*"; 1592, *OS,* p. 91; dezembro de 1593, *OS,* pp. 117-8; outubro de 1594, *OS,* p. 122.

(18) *OS,* pp. 155-6. Sobre de Sande, ver Pfister, *Notices,* n.º 11; Dehergne, *Répertoire,* n.º 741, menciona sua avó como uma "cristã-nova", i.é, de origem judaica. Ele viajou até Goa com Ricci, a bordo do *São Luís.*

(19) *OS,* p. 211.

(20) *OS,* pp. 235-6.

(21) *OS,* pp. 239-40.

(22) Ricci, *Jifa*, p. 18.

(23) Bortone, *P. Matteo Ricci*, pp. 35-40.

(24) Schwickerath, *Jesuit Education*, p. 494; Schimberg, *L'éducation morale*, pp. 132-3, 139; *Monumenta Paedagogica*, 1586, p. 351; Dainville, *L'éducation des Jésuites*, pp. 168-71. Ver também Dainville, *ibid.*, p. 187-8 sobre o "humanisme de culture et de formation" dos jesuítas, e Villoslada, *Collegio Romano*, cap. 5.

(25) Zanta, *La renaissance du stoïcisme*, pp. 12-4, 126-7, 203-5.

(26) Carta a Costa, *OS*, p. 336, 6 de março de 1608. Ricci, *Jiren shipian*, pp. 187-8 sobre Esopo, e p. 131 sobre Epiteto. As seções de Esopo utilizadas por Ricci podem ser encontradas em Planudes le Grand, *La vie d'Esope*, prefácio e caps. 13 e 14. Embora só tenha visto a edição de Rouen de 1765, suponho que era a mesma ordem nas edições da época de Ricci. Sobre a utilização da passagem de Esopo por um erudito Ming, ver Zhang Xuan, *Xiyuan wenjian lu*, cap. 15, pp. 39b-40b; a biografia de Zhang encontra-se em *DMB*, p. 79 (Chang Hsüan).

(27) Ricci, *Jiaoyou lun*, *passim*, e d'Elia, "Il trattato sull'Amicizia", em esp, pp. 454, 463-5. A edição Beitang da versão parisiense de 1590, que d'Elia julga que Ricci utilizou, seria então uma importação posterior; essa hipótese parece reforçada pela comparação das paráfrases de Ricci com a versão original de Resende, tal como impressa no "Trattato" de d'Elia.

(28) Epiteto, ed. Oldfather, vol. 2, traz o *Encheiridion* nas pp. 479-537. Numa elegante mostra de erudição, o *Encheiridion* foi cotejado com a versão de Ricci de *Ershiwu yan* por Christopher Spalatin, em seu "Matteo Ricci's Use of Epictetus' Encheiridion".

(29) D'Elia, "Musica e canti", apresenta a versão chinesa com uma tradução em italiano. Agradeço a Thomas Greene por apontar nessas canções empréstimos de Horácio (i.é, *Odes*, II, 4 e 18, III, 24); de Petrarca, "Ascent of Mt. Ventoux"; e de Sêneca, *Epistolae Morales*, 93.

(30) Para o lugar e significado da edição de 1574 de Clavius no contexto na bibliografia de Euclides, ver Heath, *Thirteen Books*, 1/105; sobre os ataques negativos ao ensinamento científico, ver Dainville, *L'éducation des Jésuites*, pp. 324-5.

(31) *Monumenta Paedagogica*, 1586, p. 476. Para o início da amizade com Galileu, ver Phillips, "Correspondence of Father Clavius", p. 195; também Villoslada, *Collegio Romano*, pp. 194-9, 335.

(32) *Monumenta Paedagogica*, 1586, p. 472.

(33) *Ibid.*, pp. 471, 478. Torres, colega de Clavius, esboçou um currículo semelhante, com algumas diferenças nos períodos. *Ibid.*, p. 477.

(34) *FR*, 1/207-8, e *OS*, p. 13.

(35) *FR*, 1/167n.

(36) Ricci e Xu Gaungqi, *Jihe yuanben*, prefácio, pp. 4-5 (reimpr., pp. 1935-7).

(37) Como parafraseado por Vincent Smith, *St. Thomas on the Object of Geometry*, p. 6.

(38) *Ibid.*, pp. 43-4.

(39) Tomás de Aquino, ed. Bourke, pp. 40, 278-9.

(40) Dainville, *La Géographie,* pp. 37, 39, 42; Thorndike, *History of Magic,* 6/46.

(41) Thorndike, *History of Magic,* 6/73-4.

(42) Ver a discussão chinesa sobre essas visões em Ho e Ang, "Astronomical records", p. 77.

(43) Ricci e Xu Guangqi, *Jihe yuanben,* prefácio, p. 5a (reimpr., p. 1937); Moule, "Obligations", p. 162.

(44) Ricci e Xu Guangqi, *Jihe yuanben,* prefácio, p. 1a (reimpr., p. 1929); Moule, "Obligations", p. 154; d'Elia, "Presentazione", pp. 177-8.

(45) Ricci e Xu Guangqi, *Jihe yuanben,* prefácio, p. 2 (reimpr., pp. 1931-2); Moule, "Obligations", pp. 155-7; d'Elia, "Presentazione", pp. 179-81.

(46) Ricci sobre Clavius e Piccolomini, *OS,* p. 72. Sobre seu uso de Ortelius, ver Ch'en, "A Possible Source", p. 179. Ver exemplos de tabelas em Clavius, *Astrolabium,* pp. 572-9 para o sol no zodíaco, e a *"tabula sinuum",* pp. 195-227.

(47) Clavius, *Astrolabium,* p. 43, mostra o tipo de auxílio minucioso com instrumentos, marcenaria e construção de instrumentos por ele oferecido. Para outros bons exemplos de desenhos operacionais, ver Clavius, *Fabrica et Usus Instrumenti ad Horologiorum Descriptionem* (Roma, 1586), pp. 7-12.

(48) Esse livro, com cerca de 20 x 12,5 cm e 5 cm de espessura, encadernado com fivelas de metal, 683 páginas, era prático e portátil. Os agradecimentos de Ricci após a chegada do livro estão em *OS,* p. 241, carta a Clavius de 25 de dezembro de 1597, referindo-se aos acontecimentos do ano anterior. Dainville, *Géographie des humanistes,* p. 40, elogiando o astrolábio.

(49) Dee, *Preface,* A ii (recto) e B iii (recto).

(50) *Ibid.*, A iii (recto).

(51) Sobre Plancius, ver Heawood, "Relationships of the Ricci Maps", e Plancius, *Universall Map,* tr. Blundevile; sobre Ma Duanlin, Kenneth Ch'en, "Possible Source", pp. 182-90. Sobre a inicial aceitação e circulação do mapa, ver *OS,* p. 51, e *FR,* 1/207-10. Imperador e mapa, *FR,* 2/472-4.

(52) *OS,* pp. 241-2, para Clavius, de Nanchang, 25 de dezembro de 1597.

(53) *FR,* 1/368-9; *DMB,* pp. 1139-40; ver o elogio específico a uma passagem da *Amizade* em Jiao Hong, Dan yuan ji, 48/9b, de 1603 (meus agradecimentos a Cheng Pei-kai por essa referência). Sobre Jiao Hong (Chiao Hung), ver *Eminent Chinese of the Ch'ing Period,* pp. 145-6.

(54) Ver passagens em d'Elia, "Il trattato sull'Amicizia", itens 1-3, 5 e 9.

(55) Sobre as passagens, ver a identificação de d'Elia em "Il trattato": Sêneca, item 15; Cícero, item 28; Marcial, item 47; Plutarco, item 67.

(56) *Ibid.,* item 24; sobre Inácio e Erasmo, ver Guibert, *Jesuits,* pp. 163-6 e n. 36. Gu Baogu, "Li Madou", p. 243, sugere que Ricci também citou Montaigne: a evidência de Gu para essa fascinante observação é frágil.

(57) Zou Yuanbiao, "Da Xiguo Li Madou", em *Yuan xue ji,* 3/9. Sobre Zou (Tsou Yuan-piao), ver *DMB,* pp. 1312-14; sobre Guo (Kuo Cheng-yü), *DMB,* pp. 768-70. Identifico Guo como o intermediário, com base nas evidências em *FR,* 2/43 n. 1.

(58) Richard Wilhelm, *The I Ching*, trad. Cary Baynes, pp. 4, 370-1. Os problemas sutis da "adaptação" de Ricci entre os valores cristãos e confucianos vêm bem descritos por Bettray, em seu *Akkomodationsmethode*, parte 5, e por Harris, "The Mission of Matteo Ricci". Young, *Confucianism and Christianity*, pp. 59, 73, 94, 126-8, enfatiza o ponto fundamental, mas muitas vezes negligenciado, de que o cristianismo ameaçava efetivamente os valores mais básicos do confucionismo. O livro vindouro de Paul Rule, sobre as atitudes cristãs em relação a Confúcio, baseado em sua tese de 1972 para a Universidade Nacional Australiana, examinará essa inter-relação com profundidade ainda maior.

(59) *FR*, 1/298, 2/342. Sobre os atraentes poderes desse primeiro rascunho, em Shaozhou em 1589 e 1590, ver *FR*, 2/55.

(60) *FR*, 2/357-8; Joseph Ku, "Hsü Kuang-ch'i", pp. 90-3. Sobre o lugar dessa obra de Ricci e Xu na história geral da matemática chinesa, ver Joseph Needham, *Science and Civilisation in China*, 3/52, 110, 446-51.

(61) *FR*, 2/476-7.

(62) *Eminent Chinese of the Ch'ing Period*, p. 199; *FR*, 1/296 n. 1.

(63) *Eminent Chinese*, p. 452; *FR*, 2/168 n. 3.

(64) *Eminent Chinese*, p. 316; Joseph Ku, "Hsü Kuang-ch'i", pp. 25-7, 35-6; Monika Ubelhör, "Hsü Kuang-ch'i", 15:2/217-30, traz detalhes completos sobre a família e a educação de Xu.

(65) Sobre essa formação, ver as análises minuciosamente detalhadas em Needham, *Science and Civilisation in China:* química, vol. 5, pt. 2-5, sec. 33; cartografia, vol. 3, sec. 22; geometria, vol. 3, sec. 19.

(66) Ricci, *Jihe, yuanben,* prefácio de Xu, p. lb (reimpr., p. 1922), seguindo a tradução de Moule, "Obligations", p. 152.

(67) D'Elia, *Mappamondo*, pranchas 11 e 12; "Chinese World Map", pp. 368, 371.

(68) *FR*, 2/283.

(69) Exemplos de *FR:* pincel, 1/34; papel chinês, 1/25; papel ocidental, 1/25 n. 5; encadernação, 1/283, 1/196.

(70) *FR*, 2/11, 46, 112.

(71) *FR*, 2/44-6.

(72) Era o *Tianzhu shilu*, posteriormente descartado pelos jesuítas como demasiado primitivo em estilo e conteúdo, discutido em *FR*, 1/31 e 197.

(73) *FR*, 1/31.

(74) *FR*, 1/38, 2/314.

(75) Ricci, *Jifa*, p. 3b (reimpr., p. 14), para exemplos. Ele discute rapidamente a memória chinesa em *FR*, 2/283.

(76) Havia algumas exceções no caso de façanhas militares chinesas — assim podemos encontrar registros chineses antigos que mostram que Wei Renpu, no período das Cinco Dinastias, lembrava os nomes dos generais e soldados de cada guarnição, suas despesas e soldos (*Gujin tushu jicheng, ce* (ts'e) 606, p. 35a, e *Songshi*, p. 8802 [cap. 249]), ao passo que Zhu Huan no período dos Três Reinos, lembrava não só todos os soldados em sua área, mas até os nomes de suas esposas e filhos (*Gujin tushu jicheng*, 606/32b, e *Sanguozhi*, 1314-7 [cap. 56]).

(77) Plínio, *Natural History*, pp. 563-5. Soarez, *De Arte Rhetorica*, p. 59, traz Mitridates e Ciro, mas não Cinéas.

(78) Sêneca, *Controversiae*, pp. 3 e 5; Quintiliano, *Institutio Oratoria*, 4/243, sobre Teodectes; Plínio, *Natural History*, p. 565, sobre Charmadas.

(79) Esses exemplos chineses podem ser encontrados em *Gujin tushu jicheng*, no *ce* (ts'e) 606, pp. 32b, 34a, 34b, 35b.

(80) Plínio, *Natural History*, p. 565; *Gujin tushu jicheng*, *ce* 606, p. 34a.

(81) Plínio, *Natural History*, p. 563, sobre Cipião; Cícero, *De Senectute*, pp. 29 e 31, sobre Temístocles. Su Song é discutido em *Gujin tushu jicheng*, *ce* 606, p. 36a e Sibucongkan (org.), *Sanchao mingchen yanxiang lu*, cap. 11, pp. 268-9.

(82) Quintiliano, *Institutio Oratoria*, 4/233; *Gujin tushu jicheng*, *ce* 606, p. 35a.

(83) Quintiliano, *Institutio Oratoria*, 4/233; *Gujin tushu jincheng*, *ce* 606, p. 32b.

(84) A observação de Xu encontra-se em *FR*, 2/253. Ricci, *Ershiwu yan*, p. 335, n.º 6, seguindo Epiteto, *Encheiridion*, n.º 3, p. 487. Em sua versão chinesa, Ricci substituiu a palavra "beijo" pela palavra "amor".

(85) Ricci, *Ershiwu yan*, p. 338, n.º 10, invertendo a ordem e especificando "filho ou filha"; Epiteto, n.º 11, p. 491.

(86) Ricci, *ibid.*, p. 345, n.º 19, invertendo a ordem e concluindo com a morte do filho; Epiteto, n.º 14, p. 493.

(87) Ricci, *Tianzhu shiyi*, p. 426; trad. *Lettres édifiantes*, p. 194.

(88) *Tianzhu shiyi*, p. 428; trad. *Lettres édifiantes*, pp. 195-6.

(89) *Tianzhu shiyi*, p. 561; trad. *Lettres édifiantes*, pp. 319-20.

(90) *FR*, 1/76.

(91) *OS*, p. 56, 20 de outubro de 1585 a Acquaviva. Também *OS*, p. 63.

(92) *FR*, 1/314-6, com "Giuseppe" em Nanxiong.

(93) *FR*, 2/76-9.

(94) *FR*, 2/161.

(95) Shen Defu, em *Wanli yehubian*, p. 785, referindo-se a Ricci como "*yindan shenjian*".

(96) *FR*, 2/537.

(97) Doença e morte em *FR*, 2/538-42. Cartas queimadas, 2/546. Sobre a aprendizagem mariana de Coton com Leunis, ver Villaret, *Congrégations*, pp. 92-3; sobre suas obras devotas, Guibert, "Le généralat", p. 90.

SEIS — *A TERCEIRA IMAGEM: PROVEITO E COLHEITA*

(1) Ricci, *Jifa*, p. 5a (reimpr., p. 17). Para uma análise Ming tardia dessa "motivação pelo lucro", ver Brook, "Merchant Network", p. 186.

(2) Ricci, *Li Madou ti baoxiang tu*; na carta de transmissão e na gravura de Pedro, ele escreve "Ri", ao passo que nas gravuras do "Homem da Europa" de Emaús e Sodoma ele escreve "Ly". Espero que este seja mais um passo adiante para a solução do desconcertante código que parece construído na forma de assinatura de Ricci nessas pinturas. A tentativa dos

editores de *DMB*, p. 215, é engenhosa mas não conclusiva, pois em outros textos Ricci empregou uma transcrição totalmente diferente de *Deus*, como em *Tianzhu shiyi*, 1/3 (reimpr., p. 381) — a saber, *Dou-si*.

(3) Azevedo, *Historia*, pp. 131-2, usando os cruzados como a moeda corrente. Gomes de Brito, *The Tragic History of the Sea, 1589-1622*, trad. Charles Boxer, p. 55, sugere que ducados, cruzados e reais podiam ser equivalentes na época, todos aproximadamente correspondendo a quatro xelins ingleses.

(4) Essen, *Farnèse*, 3/222-4. *New Cambridge Modern History*, 3/198-200. Guilherme de Orange foi assassinado em 10 de julho de 1584, antes de ver comprovada a veracidade de sua advertência.

(5) *FR*, 2/518-20, numa análise de Trigault. A ordem de expulsão parece não ter sido executada com nenhum rigor, se é que o foi.

(6) Inácio de Loyola, *Spiritual Exercises*, trad. Puhl, sec. 93.

(7) *Ibid.*, secs. 150, 153-5.

(8) Montaigne, *Journal de Voyage*, p. 256.

(9) Encontra-se uma planta detalhada da cidade de Macerata, indicando a localização de todos os edifícios e muros principais no final do século XVI, desenhada por Libero Paci e Ceresani Giuliano, em *Storia di Macerata*, vol. 5, prancha 5, na cobertura na p. 312.

(10) Os dados de Florença estão esparsos: ver *FR*, 1/ciii; Bortone, *P. Matteo Ricci*, pp. 35-6.

(11) *OS*: Nanxiong. p. 103; Ganzhou, p. 192; o dobro do tamanho de Nanchang, p. 175 (ver citação) e 202; do mesmo tamanho, p. 235.

(12) *OS*, p. 28, para Fornari.

(13) *FR*, 2/553n. A igreja de Santo André e a residência vêm ilustradas em Bortone, p. 27.

(14) *OS*, p. 217, 12 de outubro de 1596.

(15) *OS*, p. 390-1, carta de 17 de fevereiro de 1609 a Giovanni Alvarez.

(16) O'Connell, *Counter-Reformation*, pp. 272-4, e Villoslada, *Storia*, pp. 148-54, discute a explosão imobiliária. Martin, *Roma Sancta*, p. 58, descreve Gésu.

(17) Martin, *Roma Sancta*, p. 86-8.

(18) Angelo Pientini, *Le Pie Narrationi*, citado por Martin, *Roma Sancta*, p. 231.

(19) Sobre a igreja de São Paulo e a pintura, ver *Doc. Ind.*, 11/358 e nn. 112, 113, 114; Schütte, *Valignano's Mission*, p. 113. Serviços e coro, *Doc. Ind.*, 11/359, e Culley e McNaspy, "Music", p. 243.

(20) *Doc. Ind.*, 11/349-51.

(21) *OS*, p. 5, 18 de janeiro de 1580; *Doc. Ind.*, 11/358.

(22) *Doc. Ind.*, 11/329, carta de Petrus Parra, Goa, 28 de outubro de 1578.

(23) *Doc. Ind.*, 11/319-20, Nicholas Spinola, 26 de outubro de 1578.

(24) Carta de Pasio de 30 de novembro de 1578, *Doc. Ind.*, pp. 364-5.

(25) Costa, *Christianisation*, p. 34.

(26) Schütte, *Valignanos's Mission*, pp. 236-7, n. 196.

(27) Linschoten, *Report*, p. 517. Os outros três viajantes, além de Storie, eram Fitch, um joalheiro chamado William Leedes (ou "William Bets of

Leeds") e John Newbery. Ver Fitch, *Letters*, p. 514; Newbery, *Letters*, p. 512.

(28) Linschoten, *Report*, p. 520.

(29) Sobre a comunidade de Macau, ver Boxer, *Portuguese Society*, pp. 12-3, 43; Pyrard, *Voyage*, 2/172-3; Fok, "Macao Formula", pp. 144-7.

(30) Boxer, "Macao as Entrepôt", pp. 65-6; *FR*, 1/152, para o comentário de Ricci sobre a população; Fok, "Macao Formula", pp. 72-94, sobre as atitudes chinesas em relação a comunidade; Ptak, "The Demography of Old Macao".

(31) Igreja em Boxer, *Fidalgos*, p. 39; casa de Ricci, *OS*, p. 402, apêndice 3, Ruggieri para Mercurian, Macau, 12 de novembro de 1581. O pedido de Ruggieri por Ricci está em *OS*, p. 398, carta de 8 de novembro de 1580.

(32) Sobre as proporções de prata, ver a detalhada análise em Atwell, "Bullion Flows", e sua tabela na p. 82. A cifra de 60% é sugerida por Kobata, "Gold and Silver", p. 254. Encontra-se um exame detalhado do comércio em Boxer, *Fidalgos*, e *Great Ship*, do mesmo autor. Um relato do início do século XVII do comércio Goa-China é oferecido por Pyrard, *Voyage*, 2/174-7.

(33) Iwao, "Japanese Trade", p. 2. Para um relato de um comerciante chinês contemporâneo sobre o comércio e participação estrangeira no sudeste da China, ver Brook, "Merchant Network", pp. 202, 205-6. Uma bela análise da economia chinesa da época e do efeito da prata encontra-se em Cheng Pei-kai, "Reason and Imagination", cap. 1.

(34) Cooper, "Mechanics", p. 428.

(35) *Ibid.*, pp. 425-6, 430, 432.

(36) Supervisão em Spate, *Spanish Lake*, pp. 151-7; Iwao, "Japanese Trade", p. 7, sobre Hideyoshi; Elison, *Deus Destroyed*, pp. 94-8, sobre a doação de Nagasáqui; Baxer, *Fidalgos*, pp. 30-8, sobre detalhes do comércio regular.

(37) Boxer, *Great Ship*, pp. 37-8; Boxer, *Fidalgos*, pp. 30-1; Schütte, *Valignano's Mission*, pp. 212 e 218, n. 130.

(38) Schütte, *Valignano's Mission*, pp. 184-5, 314, aqui convertendo os "*piculs*" de 65 quilos em "fardos", e os *scudi* em ducados. Cooper, "Mechanics", p. 428. Há alguma inconsistência nas cifras de Valignano. Maiores detalhes em Elison, *Deus Destroyed*, pp. 101-5.

(39) Cushner, "Merchants", p. 366, discute as idéias de Navarro e Molina.

(40) Cushner, "Merchants", pp. 360, 364.

(41) Schütte, *Valignano's Mission*, p. 185, n. 388; Takase, "Unauthorized Commercial Activities", pp. 20-2; Boxer, "Macao", pp. 71-2, discute os intermediários qualificados que trabalhavam com os jesuítas.

(42) Frois, *Tratado*, pp. 17-8. A idéia de isolar a China de qualquer conhecimento da Europa protestante ainda não havia se tornado inteiramente fantasiosa quando Ricci chegou pela primeira vez em Macau em 1582, e essa leva de jovens príncipes japoneses foi conduzida em todas as suas viagens pela Europa por áreas controladas pelos espanhóis ou pelo Vaticano e seus aliados italianos, e provavelmente mal tinham consciência

da extensão dos territórios protestantes. (Ver as análises detalhadas de Lach, *Asia in the Making of Europe,* vol. 1, livro 2, pp. 688-706). Mas depois de 1588, quando a Inglaterra derrotou a armada espanhola, e o grande general de Filipe II, o príncipe de Parma, mostrou-se incapaz de utilizar sua espetacular vitória na Antuérpia para um ataque bem-sucedido ao poder protestante holandês em Amsterdã, ficou irremediavelmente condenada a idéia de um domínio luso-espanhol sobre as rotas marítimas mundiais, em nome da fé cristã.

(43) Boxer, *Fidalgos,* p. 40, citando duas cifras de cinqüenta mil ducados.

(44) *FR,* 1/178 e 178 n. 3; *OS,* p. 396, Ruggieri a Mercurian.

(45) *FR,* L/ca-cxi; *OS,* pp. 55-6; 1589 foi um ano de pico, com 18 conversos, entre os quais várias mulheres.

(46) *FR,* 1/314-8, 2/94. Podem se localizar números mais preciosos através do índice analítico em *FR,* 3/80, sob *"Battesimi"*, divididos por áreas.

(47) Número de conversos na área de Pequim, *FR,* 2/356; distribuição espacial de padres em 1605 na China; *FR,* 2/268 n. 3, e 2/276 n. 6. Sobre os conversos ricos de Pequim (e menores êxitos entre os pobres), ver *FR,* 2/160, 310, 354.

(48) *FR,* 2/337.

(49) *FR,* 2/270. A data exata desse ponto alto de otimismo foi provavelmente 1603, com a última visita de Valignano a Macau.

(50) *OS* (apêndice 2), p. 398, carta de 8 de novembro de 1580.

(51) *OS* (apêndice 3), pp. 402, 404, 406, carta de Ruggieri a Mercurian, 12 de novembro de 1581. Sobre a estratégia jesuíta de oferecer presentes, ver Bettray, *Akkomodationsmethode,* pp. 25-32.

(52) A experiência relojoeira dos chineses vem meticulosamente exposta em Needham, *Science and Civilisation,* vol. 4, pt. 2, pp. 435-546. Sobre a experiência européia, ver Domenico Sella, "European Industries 1500-1700", pp. 382-4, editado em Cipolla (org.), *Fontana Economic History,* e David Landes, *Revolution in Time,* pp. 67-97. Sobre as discordâncias de Landes com Needham, ver Landes, *ibid.,* cap. 1.

(53) *OS* (apêndice 6), p. 419, pós-escrito da carta de 7 de fevereiro de 1583.

(54) *FR,* 1/161-4. *OS* (apêndice 6), p. 415, onde Ruggieri se detém sobre suas desgraças e os espetáculos.

(55) *FR,* 1/166 n. 4.

(56) *FR,* 1/167-8, 176-9.

(57) *FR,* 1/184-8; 192; *OS,* p. 432. Os 250 "taéis" gastos pelos jesuítas seriam mais que 250 ducados, embora seja difícil estabelecer cifras exatas de conversão. *FR,* 2/535 n. 4, faz a equivalência entre um tael e um cruzado. embora FR, 2/352 n. 5 sugira que 450 taéis fossem equivalentes a oitocentos scudi. Schütte, *Valignano's Mission,* p. 314, sugere que vinte mil taéis no Japão equivaliam a trinta mil *scudi.* O viajante Jean Mocquet avaliou que em Goa, no começo do século XVI, de doze a quinze taéis correspondiam a 25 *scudi* (ver suas *Voyages,* p. 342).

(58) Detalhes em *OS,* pp. 420, e 431-2 (carta de Cabral); *FR,* 1/264, 278-9; Takase, "Unauthorized Trade", p. 20, menciona as mesmas preocupa-

ções imobiliárias dos jesuítas no Japão. Ver também Elison, *Deus Destroyed*, p. 102, sobre as preocupações de Valignano com as despesas galopantes no Japão.

(59) *FR*, 1/285-6, e 284 n. 4; *OS*, p. 461, onde o preço é dado em pesos.

(60) *FR*, 1/374 e 378.

(61) *FR*, 2/448, 465-6.

(62) Casa de Nanjing, *FR*, 2/83-4, 93; Pequim, *FR*, 2/352.

(63) *FR*, 2/30 a 93.

(64) Nanjing, *FR*, 2/346; Pequim, *FR*, 2/355-6. Formas parecidas de isenção de impostos são discutidas em Geiss, "Peking", p. 74.

(65) *FR*, 1/178 n. 4 e 6; 1/201.

(66) *FR*, 1/201-5.

(67) *FR*, 1/190.

(68) Ruggieri para Acquaviva, Macau, 25 de janeiro de 1584. *OS*, pp. 419-20; também Boxer, *Fidalgos*, pp. 41-2, e *Great Ship*, pp. 45-6. Mas o "principal apoio" dos jesuítas, Gaspar Viegas, foi para a Índia naquele mesmo ano; ver *OS*, pp. 431-3, Francisco Cabral a Valignano, Macau, 5 de dezembro de 1584; Cabral escreve "Villegas".

(69) *FR*, 1/230-1, e carta de Ricci de 20 de outubro de 1585 a Acquaviva, pedindo mais, *OS*, p. 60. Landes, *Revolution in Time*, pp. 87-8, traz excelentes detalhes sobre a miniaturização do século XVI; na p. 99, observa o intrigante uso de relógios finos como "tributo" ao Islão.

(70) A explicação de Ricci encontra-se em *FR*, 1/104-7. A base completa das experiências alquímicas chinesas encontra-se em Needham, *Science and Civilisation*, vol. 5.

(71) *FR*, 1/240; o grande dramaturgo Tang Xianzu foi também um dos que acreditavam que Ricci era alquimista, em 1592. Ver Xu Shuofang, "Tang Xianzu he Li Madou", p. 274, 277-8. Carletti, *Voyage*, p. 146, apresenta suas observações a respeito das compras de mercúrio na época.

(72) *FR*, 2/390, n. 6.

(73) D'Elia, *Mappamondo*, pranchas 9 e 10; Brading e Cross, "Colonial Silver Mining", pp. 553-4; Spate, *Spanish Lake*, pp. 186-94.

(74) Os padrões de comércio de mercúrio vêm esboçados em Cipolla (org.), *Fontana Economic History*, p. 395; Brading e Cross, "Colonial Silver Mining", pp. 562-4. Fernand Braudel, em *Wheels of Commerce*, apresenta muitas facetas intrigantes do comércio; *e.g.*, pp. 323 e 386, sobre a tentativa fracassada de Hochstetter em estabelecer um cartel do mercúrio no início do século XVI; pp. 326-7 sobre Huancavelica e o controle de Fugger sobre Almadén; p. 174 sobre as conexões Sevilha-Idria; pp. 169 e 406 mencionam um lucro de 300% obtido por um mercador do final do século XVII com o transporte de mercúrio chinês para a Nova Espanha; ao passo que a p. 379 menciona a compra volumosa de mercúrio pela família Greppi no século XVIII. O relato do capitão White sobre a sua captura de imensas cargas de mercúrio encontra-se em Kerr, *General History*, 7/455. Brading e Cross, *op. cit.*, p. 555, dão as proporções exatas de mercúrio para a produção de prata; ver também Spate, *Spanish Lake*, pp. 189-92.

(75) *OS*, pp. 245-6, e 245, n. 5, carta de 14 de agosto de 1599 a Costa; *FR*, 1/217-8 traz a visão de Ricci sobre as tensões.

(76) *FR,* 1/240, corroborada independentemente por *DMB,* pp. 318, 905. Ver também Fok, "Macao Formula", pp. 93-5, embora o âmbar-gris seja aí citado como "especiaria".

(77) *FR,* 1/216-7; Chan, "Chinese-Phillippine Relations", pp. 52, 62.

(78) *FR,* 1/240-1.

(79) *Zhaoqing fuzhi,* 22/78a (reimpr. 3421).

(80) *FR,* 1/313.

(81) Carta em *OS,* p. 184, de 28 de outubro de 1595. Histórias de Nanchang detalhadas em *FR,* 1/359n, 375; *OS,* p. 175.

(82) *FR,* 2/29.

(83) *OS,* p. 382, carta de 15 de fevereiro de 1609, e *FR,* 2/490, n. 4.

(84) Shen Defu, *Wanli yehubian,* p. 785.

(85) *FR,* 1/225, 163, n. 7, sobre esses pedidos chineses. O presente franciscano é discutido em Bernard, *Aux Portes,* p. 129. Exemplos desses maravilhosos artefatos podem ser vistos em grande detalhe e variedade no número especial de *Artes de Mexico,* n.º 137, ano 17, "Tesoros de Mexico — Arte Plumario y de Mosaico", principalmente o ensaio "Comentarios sobre el arte plumario durante la colonia", por Marita Martínez del Rió de Redo. (Meus agradecimentos a Diana Balmori por essa referência.) O viajante Mocquet também escapou de uma destituição em Goa por uma feliz e lucrativa venda de plumas — *Voyage,* p. 287.

(86) Para esse *"struzzo vivo",* ver *OS,* p. 449, carta de 8 de novembro de 1586.

(87) *FR,* 1/216, n. 1; d'Elia, *Mappamondo,* pranchas 5 e 6 sobre o Brasil, 7 e 8 sobre a Nova Espanha, e 15 e 16 sobre Bornéu. Chan, "Peking", p. 135, menciona plumas no valor de 6 500 taéis oferecidos por mercadores de Pequim à corte.

(88) *FR,* 1/266-7.

(89) *FR,* 1/227. A base para a parte missionária no acordo vem em *OS,* pp. 59 e 444, carta de Ricci a Almeida; sobre o comércio de seda de Zhejiag no período Ming tardio, ver Brook, "Merchant Network", p. 199.

(90) Donativos e alimentos para Ruggieri, *OS,* pp. 413 e 416, carta de 7 de fevereiro de 1583; incenso e óleo para Ricci, *FR,* 1/195; empréstimos de chineses de Macau. *OS,* p. 420, carta de 25 de janeiro de 1584.

(91) *FR,* 1/74 e 259, lit. *"scudi".*

(92) Tríptico, *FR,* 2/16; comandante militar, *DS,* p. 56; embaixada de Cochin, *OS,* p. 57; mobília, *FR,* 2/48.

(93) Juncos, *FR,* 1/341; com soldados, *FR,* 1/346; piquenique, *FR,* 1/302; cadeirinhas, *FR,* 1/345, 2/15, 2/426.

(94) Gorjetas de jantares, *FR,* 1/370; presentes de viagem, *FR,* 2/100 e 2/104; pagamento adiantado das viagens, *FR,* 2/101.

(95) *FR,* 1/224, 258.

(96) *FR,* 1/334, 2/92.

(97) Boxer, "Macao", p. 65, sobre escravos, *FR,* 1/246 sobre o *"cafro assai negro"* de Ricci e sua outra *"negra dell'India".* O uso de escravos é discutido em Bettray, *Akkomodationsmethode,* pp. 148-50.

(98) Análise de Ricci em *FR,* 1/262.

(99) *FR,* 1/262, So, *Piracy,* p. 57, menciona piratas negros na época.

(100) *OS*, p. 287, Ricci a Acquaviva, Pequim, 26 de julho de 1605.

(101) Zhang Xie, *Dongxi yangkao*, 5/6 (reimpr. p. 183). Zhang se refere aqui aos portugueses (*Fo-lang-ji*), mas também se inspira em material do que ouviu em Manila.

(102) *FR*, 1/181, 187, 189.

(103) *FR*, 1/264.

(104) *FR*, 1/216 n. 1

(105) *FR*, 1/248 n. 1, e 2/7 n. 3.

(106) *FR*, 2/91 n. 2.

(107) Chegada a Pequim, 2/123; detalhes sobre esses presentes em *FR*, 2/114, 123 n. 5, 124 n. 1. O órgão faltante é mencionado em *FR*, 2/90. Shen Defu oferece uma visão chinesa contemporânea dos presentes em seu *Wanli yehubian*, p. 784.

(108) *FR*, 2/139-40.

(109) *FR*, 2/151, 153, 156.

(110) Presentes e prisma em 1602, *FR*, 2/154; prismas anteriores, *FR*, 1/346 e 2/27; valor de apenas oito *baiocchi*, *FR*, 1/255, 2/142. Para um estudo meticuloso das taxas de câmbio entre *baiocchi* e ducados — de fato em 1567-73 se encontravam em torno de 115 por 1 —, ver Delumeau, *Vie économique et sociale de Rome*, 2/660-5.

(111) *OS*, p. 386.

(112) *OS*, p. 246, carta de 14 de agosto de 1599.

(113) *OS*, p. 338, carta de 6 de março de 1608.

(114) Culley e McNaspy, "Music", pp. 217-26.

(115) Em exposição, *FR*, 1/268; em cerimônias, 2/70; harmonias duras, 1/130; quatro partes e teclado, 1/32.

(116) *FR*, 2/132. Ricci chama o instrumento de "*gravicembalo*" em *FR*, 2/29, e "*manicordio*" em 2/39. Dehergne, *Répertoire*, n.º 607 (p. 193) mostra que Pantoja nasceu em 1571, e esteve em Nanjing de março a maio de 1600. Para Cattaneo, ver Dehergne, n.º 158, e Pfister, n.º 15. Ricci utilizou os grandes talentos musicais de Cattaneo para ajudá-lo a analisar os padrões tonais chineses na língua falada, *FR*, 2/32-3.

(117) *FR*, 2/134-5.

(118) Ricci, *Xiqin quyi bazhang*, pp. 284-5; d'Elia, "Musica e canti", pp. 137-8. O interesse chinês pela obra musical de Ricci é atualmente grande: ver Yin Falu, "Li Madou yu Ouzhou jiaohui yinyue", e réplicas em *Yinyue Yanjiu*, 1982, 4/70 e 105.

(119) Ricci resume os comentários de seus amigos chineses em *FR*, 2/134-5.

SETE — *A TERCEIRA GRAVURA: OS HOMENS DE SODOMA*

(1) Ver listagens do ciclo em Verbeek e Veldman, *Hollstein's Dutch and Flemish Etchings*, vol. 16, "De Passe (Continued)", pp. 6 e 7; e Franken, *L'oeuvre gravé*, p. n.ºs 18-21.

(2) Ricci, *Li Madou ti baoxiang tu,* pp. 6-8; Cheng Dayue, *Chengshi moyuan,* zhuan 6, parte 2, pp. 41-3; Duyvendak, "Review", pp. 393-4.

(3) Pastor, *History of the Popes,* 14/414-6; Duruy, *Carafa,* pp. 304-5 e exemplos de diatribes na p. 408 (apêndice 95); O'Connell, *Counter-Reformation,* p. 83.

(4) Pastor, *History of the Popes,* 14/152-67 sobre a guerra; p. 233 sobre a eterna Quaresma.

(5) *Ibid.,* 14/265 e 272-5 sobre os judeus e a terra; pp. 238-9, 266-8 sobre punições à sexualidade.

(6) *Ibid.,* 14/214-26; du Bellay, *Les Regrets,* poema n.º 103; Ancel, "La disgrâce", 24/238-44; outras acusações de homossexualismo feitas pelo cardeal de Lorraine estão em Duruy, *Carafa,* pp. 296-7, n. 4. Relato da morte em Ancel, "La disgrâce", 26/216-7.

(7) Citação de Isaías 39:7. Ver também Isaías 1:6, 1:9, 3:9, 3:16, 10:6, 13:19, 19:14. D. P. Walker, *Ancient Theology,* p. 8, se baseia nos Romanos de Paulo 1:22-7, para desenvolver os deprimentes argumentos sobre o papel da sodomia na cadeia de punições.

(8) Paci, "La Decadenza", p. 204 n. 402, e p. 206 n. 410. *Ibid.,* p. 145, traz uma divertida canção popular do século XV sobre a imoralidade maceratana.

(9) *Ibid.,* p. 174 n. 139.

(10) Martin, *Roma Sancta,* pp. 49, 132, 189.

(11) Delumeau, *Vie économique et sociale,* 1/404-8.

(12) Martin, *Roma Sancta,* pp. 85 e 185; sobre a preocupação de Inácio, ver Tacchi Venturi, *Storia della Compagnia,* 1/390.

(13) Delumeau, *Vie économique et sociale,* 1/416-27.

(14) Martin, *Roma Sancta,* pp. 145-6.

(15) Montaigne, *Journal de voyage,* pp. 234-5. Em *ibid.,* p. 348, Montaigne compara as prostitutas de Florença com as de Veneza e Roma.

(16) Ver descrições gráficas em Duarte Gomez, *Discursos,* pp. 130-1, 156, 186; e Boxer, *Fidalgos,* pp. 227-9.

(17) Sassetti, *Lettere,* pp. 125-7.

(18) Mocquet, *Voyages,* pp. 285, 307, 343, 351, oferece detalhes cumulativos sobre o intrigante exemplo de uma ex-escrava chinesa casada com um médico hindu cristão.

(19) Detalhes sobre Goa em Pyrard, *Voyage,* 2/102-4 (num período ligeiramente posterior), e Costa, *Christianisation,* p. 24; sobre os números de Goa, Boxer, "Macao", pp. 65-7, e Ptak, "Demography of Old Macao", p. 30; *FR,* 2/433, mostra o padre Goís chegando a Xuzhou com dois meninos escravos que comprou na viagem.

(20) *FR,* 1/246. Sobre escravos fugitivos, ver *FR,* 1/262 e cap. 5, acima,

(21) *FR,* 1/204, sobre o auxílio dado a Ricci por *"un putto Indiano que sapeva parlare meglio que lui un poco la lingua cinese"*; e *FR,* 1/246, *"i cinese hanno grande paura".*

(22) *FR,* 1/99; suponho que por *"altri christiani"* ele se referia aos portugueses.

(23) Sobre os preços, ver Pantoja em *FR,* 1/99 n. 1, e Mocquet, *Voyages,* p. 342 — as cifras em taéis eram 12 e 15. Sobre escravos secretários, ver

"Ioan Pay" em Mocquet, *Voyages,* p. 333, e Boxer, *Fidalgos,* pp. 224-5. Boxer, *loc. cit.,* apresénta a multa (em cruzados).

(24) *FR,* 1/98-9. Maffei, *L'Histoire,* p. 253, repete essas críticas.

(25) Culturas, *FR,* 1/17; porcelana, 1/22; conhecimentos especializados, 1/91; impressão, 1/31.

(26) Citação, *FR,* 1/120; ver *ibid.,* 1/39-40, 118-9.

(27) *FR,* 1/56 e 60. Sobre a censura Ming em geral, ver o belo estudo de Charles Hucker, *The Censorial System of Ming China.*

(28) *FR,* 1/108-9, o "comportamento indecente" sendo "*sconcie*".

(29) *Ibid.,* 1/281.

(30) *Ibid.,* 1/282.

(31) Comentários de Ricci em *ibid.,* 1/93, 110, citação 1/101.

(32) *OS,* p. 70.

(33) *FR,* 1/59 e 79, 1/101-2.

(34) *Ibid.,* 2/144.

(35) Carta de 23 de agosto de 1608 a Fabio de Fabi, *OS,* p. 372; *FR,* 1/23 e 2/20, transpondo *scudi* para ducados. Sobre a taxa de conversão do ouro para a prata, de 1 para 11, ver Delumeau, *Vie économique et sociale,* 2/665-6.

(36) Construção belamente descrita em Ray Huang, *1587,* pp. 125-8, e n. 246. A tumba, Ting (Ding) Ling, é descrita por Ann Paludan como a tumba n.º 10 em sua obra *The Imperial Ming Tombs* (Yale University Press, 1981). Este é o primeiro estudo que nos permite ver a construção de Wanli no contexto da arquitetura funerária de seus ancestrais e descendentes.

(37) *FR,* 2/174 n. 4.

(38) *Ibid.,* 2/131.

(39) *Ibid.*

(40) *Ibid.,* 2/541, e conclusão acima do capítulo 5.

(41) *FR,* 2/471-2, sobre o mapa e as visitas; 2/126-8 sobre o estojo do relógio, que para a surpresa de Ricci custou 1 300 ducados.

(42) *Ibid.,* 1/100, chamando-os "*gente plebeia*". Uma visão judiciosa da real extensão do poder político dos eunucos naquela época é apresentada por Charles Hucker, *Censorial System of Ming China,* pp. 44-5.

(43) Feng Bao, *FR,* 2/65, embora Ricci seja sarcástico a respeito da visita; advertência de Ma Tang, 2/109; acrobacia, 2/112, que Ricci considerou "*garbata*". Albert Chan, "Peking at the Time of the Wanli Emperor", p. 136, dá outros exemplos de tais acrobacias.

(44) *DMB,* p. 331 e referências sobre Wang Ying-chiao; Yuan, "Urban Riots", pp. 287-92; *FR,* 2/81-2 sobre as falsas "minas" sob as casas, e 2/107 sobre Linqing.

(45) *FR,* 2/93.

(46) *DMB,* p. 216, sobre Cheng Kuei-fei, e pp. 142-3 sobre Chen-k'o (Zhenke) da família Shen. Os ásperos comentários de Ricci estão em *FR,* 2/190. Tang Xianzu e suas possíveis ligações com Ricci são explorados por Xu Shuofang em "Tang Xianzu he Li Madou"; neste caso, Zhenke claramente não era um amigo mútuo.

(47) Carta em *OS,* p. 259, de fevereiro de 1605, segundo Tacchi Venturi, corrigida para 12 de maio de 1605 por d'Elia. Base para o massacre em *DMB,* p. 583.

(48) *FR,* 2/30.

(49) *Ibid.,* 1/25 sobre a Babilônia budista; 1/98 sobre *"gente effeminata"*.

(50) *Ibid.,* 1/76, 79, bebedeira discutida em 1/101.

(51) Geiss, "Peking", p. 185.

(52) *Ibid.,* pp. 41 e 191.

(53) Xu (Hsü Kuang-ch'i) é citado em Geiss, "Peking", pp. 175 e 177. Sobre os abrigos de palha para os mendigos no inverno, ver Chan, "Peking at the Time of the Wanli Emperor", pp. 141-2, e Geiss, "Peking", p. 172. Galeote Pereira (Boxer, *South China,* p. 31) manifestou sua surpresa pela inexistência de mendigos no sul da China. Martin de Rada (*ibid.,* p. 294) posteriormente viu muitos, principalmente entre os cegos.

(54) *FR,* 2/25, sobre o véu e as formas de transporte; sobre as tempestades de areia e os véus dos habitantes, ver Chan, "Peking", p. 124, e Geiss, "Peking", pp. 33-4, 45-8.

(55) *FR,* 1/98-9, convertendo *scudi* em ducados; ver *FR,* 2/111 n. 2 sobre o menino que custava três maces.

(56) Comparar essas passagens em *FR,* 1/98, com os cortes em Trigault, trad. Gallagher, p. 86. Sobre as mulheres vendidas desde crianças para a prostituição, ver Gaspar da Cruz em Boxer, *South China,* pp. 150, 152.

(57) Relatos resumidos em Chan, "Peking", p. 141. Gaspar da Cruz (Boxer, *South China,* p. 122) notou que as mulheres cegas freqüentemente eram prostitutas no sul, vestidas e arrumadas por "enfermeiras" acompanhantes que dividiam seus ganhos imorais.

(58) *FR,* 1/241; em *ibid.,* 1/242 n. 6, d'Elia acrescenta outras fontes raras sobre este caso.

(59) Ibid., 2/381-2.

(60) Impressões e jogos, *ibid.,* 2/234-5.

(61) *Ibid.,* 1/33; Chan, "Peking", p. 128, observa que esses meninos substituíam e desalojavam as garotas cantoras da popularidade da época.

(62) *FR,* 1/98.

(63) Citado por d'Elia em *FR,* 1/98 n. 3.

(64) Boxer, *South China in the Sixteenth Century,* pp. 16-7.

(65) *Ibid.,* p. 223.

(66) *Ibid.,* pp. 225-7.

(67) Aquino, ed. Bourke, pp. 220-2, citação na p. 222. A inconsistência do uso por Aquino do "natural" nesse contexto é apontada por John Boswell, *Christianity, Social Tolerance, and Homosexuality,* pp. 319-26.

(68) Daniel, *Islam and the West,* pp. 132, 144 (para um paralelo com Ricci em *FR,* 1/98) e apêndice E. Boswell, *Christianity, Social Tolerance, and Homosexuality,* p. 281 e pp. 367-9 sobre as leis do reino de Jerusalém e as histórias de violações.

(69) Lutero, *Letters of Spiritual Counsel,* trad. Tappert, p. 76.

(70) Canisius, *Ane Cathecisme,* cap. 149, modernizado; Lutero, *Letters,* p. 236, uma interpretação também encontrada em Lutero, *Lectures on the*

Epistle to the Hebrews, cap. 13, vol. 2, ou *Lectures on Romans,* cap. 12, vol. 13; Boswell, *Christianity,* pp. 97-101, discute o predomínio em muitos comentários antigos da idéia de hospitalidade.

(71) Paci, "La Decadenza", p. 195, sobre Macerata; Boswell, *Christianity,* p. 279 n. 32, para uma antiga declaração dessa concepção por Jacques de Vitry; ver também as observações de Pyrard, em sua *Voyage,* 1/195 e 307 sobre a sodomia nas Maldivas.

(72) Citação de Spinola, carta de 26 de outubro de 1578, *Doc. Ind.,* 11/320; regras abandonadas, *Doc. Ind.,* 10/282.

(73) Citações de Carletti, *My Voyage,* pp. 209 e 212. Igualmente nítidas são as descrições do mercador francês Pyrard, *Voyage,* 2/112-3.

(74) Baião, *Inquisição,* 1/43-5. Costa, *Christianisation,* p. 195.

(75) Joseph-Marie Cros, *Saint François,* 2/12. Ver passagens semelhantes em Boxer, *Christian Century in Japan,* pp. 35 e 66; e Elison, *Deus Destroyed,* p. 35.

(76) Cros, *Saint François,* 2/13 sobre abortos, 2/100 sobre acusações públicas.

(77) Citado em Schütte, *Valignano's Mission,* p. 245.

(78) *Ibid.,* pp. 279 e 284 sobre a posição intermediária, p. 350 sobre as regras no dormitório. Elison, *Deus Destroyed,* p. 41, apresenta as idéias de Valignano sobre a sodomia, no contexto de suas concepções morais.

(79) Citado em Schütte, *Valignano's Mission,* p. 245.

(80) Fedrici, *Voyages and Travels,* pp. 210-1.

(81) Jacobs. *Treatise* (atribuído a António Galvão), pp. 119-21. Outros exemplos em Lach, *Asia in the Making of Europe,* vol. 1, parte 2, pp. 553-4, incluindo uma declaração de Linschoten do mesmo teor (n. 301).

(82) Xie Zhoazhe, *Wu za zu,* 8/4b-5 (reimpr., p. 209); para a biografia de Xie, ver *DMB,* pp. 546-50, em Hsieh Chao-che. As observações de Tao Gu se encontram em seu *Qing yi lu,* juan 1, p. 11. Chan, "Chinese-Phillippine Relations", p. 71, conduziu-me a essas passagens.

(83) Xie Zhaozhe, *Wu za zu,* juan 8, p. 2 na edição de 1795; por alguma razão, essa passagem sobre travestis foi cortada da reimpressão de 1959 de Pequim.

(84) Montaigne, *Journal de Voyage,* p. 231, e p. 481 n. 515.

(85) Shen Defu, *Bizhou zhai yutan,* pp. 31b-32. Novamente fui conduzido a essa passagem por Albert Chan, "Chinese-Phillippine Relations", p. 71.

(86) Sobre esse *"Hanlin feng",* ver Robert von Gulik, *Erotic Colour Prints of the Ming Period,* 1/211-2, 222, e vol. 3, pranchas 4 e 19. Amantes lésbicas apresentadas em *ibid.,* vol. 1, pranchas 4 e 17, e p. 147.

(87) Zhang Xie, *Dongxi yangkao,* 12/11 (reimpr. 1962, p. 537); Chan, "Chinese-Phillippine Relations", p. 71. Spate, *Spanish Lake,* p. 159, coloca a sodomia dos "Sangleys" no contexto contemporâneo.

(88) *FR,* 1/204. Henri Bernard, em seu *Aux Portes de la Chine,* p. 101, se detém sobre a concepção chinesa de que os jesuítas eram *"séducteurs d'enfants".*

(89) *FR,* 1/155 e 1/155 n. 6; Bernard, *Aux Portes,* pp. 100-1.

(90) *FR,* vol. 1, prancha 9, na cobertura da p. 194, apresenta uma reprodução desse texto chinês dos Dez Mandamentos — o sexto reza "*moxing yin, xie, wei dengshi*".

(91) Isto é, em 1 Cor. 7:32-3; 2 Tim. 2:3; Epiteto, *Discourses,* livro 3, cap. 22, pp. 155-9.

(92) *Tianzhu shiyi,* pp. 608-14 (citações das pp. 612 e 613); *Lettres édifiantes,* pp. 361-6.

(93) *Tianzhu shiyi,* p. 615; a versão francesa, p. 366, vem judiciosamente expurgada.

(94) Inácio de Loyola, *Spiritual Exercises,* trad. Puhl, sec. 58, parte 5, sec. 60.

(95) Claudio Acquaviva, *Letters (Sept, 29, 1588),* p. 69; *Letters (May 19, 1586), p. 82;* e *Letters (Aug. 1, 1594),* p. 130.

(96) Acquaviva, *Directory,* trad. Longridge, pp. 277-9; Acquaviva, *Letters (Aug. 14, 1601),* p. 48.

(97) Ver *FR,* 1/315 e 2/490.

(98) Acquaviva, *Directory,* pp. 304-5.

(99) Palavras de Ricci do primeiro parágrafo sobre Sodoma, *Li Madou ti baoxiang tu,* p. 7.

OITO — *A QUARTA IMAGEM: A QUARTA GRAVURA*

(1) *OS,* p. 245, para os trechos citados. Sobre a vida de Costa, ver Tacchi Venturi, comentários em *OS,* p. 119, n. 1. Ricci aqui escreveu "Nicola Bencivenni", mas usou a grafia correta numa carta anterior, *OS,* p. 122.

(2) Beissel, *Verehrung Marias,* pp. 424-8, 435-7. Um poema de Tasso em homenagem ao santuário encontra-se em *ibid.,* pp. 440-2. Inácio de Loyola, *Spiritual Exercises,* trad. Puhl, n.º 103.

(3) Montaigne, *Journal de Voyage,* pp. 258-60.

(4) Beissel, *Verehrung Marias,* p. 483, citando a visita de Adam von Einsiedeln em 1574, e *ibid.,* p. 484 n. 2, para algumas obras antigas de Macerata. Montaigne, *Journal de Voyage,* p. 261, discute o efeito causado sobre ele pela cura de Michel Marteau, que lá o encontrou em sua visita.

(5) Milagre e igreja de Santa Maria discutidos em Gentili e Adversi, "La Religione", p. 43 (bibliografia em n. 105). Sobre os nomes e localização das outras vinte igrejas, ver *Storia di Macerata,* vol. 5, prancha 5 na cobertura da p. 312, "Macerata alla fine del secolo XVI". Encontra-se a base da devoção mariana em Macerata no mesmo volume, pp. 247-93, nos dois ensaios do monsenhor Elio Gallegati, "Note sulla Devozione Mariana nel Basso Medioevo". Análise valiosa de bens artísticos religiosos antigos em Macerata encontra-se na publicação do Conselho Turístico de Macerata, *Pittura nel Maceratese dal Duecento al Tardo Gotico* (Macerata; Ente Provinciale per il Turismo, 1971).

(6) Inácio, *Spiritual Exercises,* n.º 63, o triplo colóquio.

(7) Citado de Charlies Conway, *Vita Christi,* p. 13 (com pequenas alterações).

(8) Ele a menciona em *OS,* pp. 99 e 115. Sobre os outros filhos, ver Adversi, "Ricci", pp. 357-8.

(9) *OS,* pp. 96, 113, 122, 218, 278, 374. Uma exceção é a pungente carta a seu pai, de 10 de maio de 1605, depois que Ricci soube que ele *não* morrera, *OS,* p. 268.

(10) *OS,* p. 97, carta a seu pai, de 12 de novembro de 1592.

(11) Tacchi Venturi, *Storia della Compagnia di Gesù,* 2/15 (cerco), 16-7 (tratamento médico), 21 (visão).

(12) Inácio escreve e visita a irmã, *ibid.,* pp. 22-4. As missas de Ricci após a enfermidade são mencionadas na carta ao seu pai, em 12 de novembro de 1592, *OS,* p. 97. Sobre o tratamento médico em Macau e o coxeamento, ver *FR,* 1/321-3. Michel de Montaigne, *Oeuvres Complètes,* livro 3, cap. 11, traz o extraordinário ensaio sobre os coxos, "Des Boyteux". Esse ensaio é o núcleo de um notável capítulo de Natalie Davis, *Return of Martin Guerre.*

(13) *Inferno,* I, linhas 28-30, citado em John Freccero, "Dante's Firm Foot", p. 250, e analisado em *ibid.,* pp. 252-5. *FR,* 1/32 e 323, sobre as causas das dores recorrentes.

(14) Esta é apenas uma pequena seleção da longa lista em Martin, *Roma Sancta,* pp. 29-38.

(15) *Ibid.,* pp. 39-40, modernizado; p. 48.

(16) Relíquias pessoais de Ricci, *FR,* 2/121 e 166 n. 7; presentes a outros e pintura de Luke Li, *FR,* 2/481-2 e 1/261.

(17) Villaret, "Les premières origines", pp. 28-37, 44-9.

(18) Gentili e Adversi, "La Religione", p. 43.

(19) Miller, "Marianischen Kongregationen", p. 253; *FR,* 2/552 n. 3; Ganss, "Christian Life Communities", p. 48.

(20) Exemplos de Martin, *Roma Sancta,* pp. 206-9.

(21) Miller, "Marianischen Kongregationen", p. 257; Villaret, *Les Congrégations,* pp. 41-5.

(22) *Doc. Ind.,* 11/368; Villaret, *Congrégations,* pp. 43 e 478, e Villaret, "Premières origines", p. 35. Para outros grupos em Bengala, ver Correia-Afonso, "Akbar and the Jesuits", p. 62. Em Boxer, *South China,* p. 53, Gaspar de Cruz arrola as realizações de outras ordens religiosas na difusão do culto da Virgem.

(23) *FR,* 1/160, 166; Margiotti, "Congregazioni", 18/256.

(24) Hicks, "English College", p. 25; Mullan e Beringer, *Sodality,* doc. 5; Ganss, "Christian Life Communities", pp. 46-7.

(25) Mullan e Beringer, *Sodality,* p. 26 e doc. 9, *passim.* É no doc. 7, uma carta de 16 de junho de 1587, que Acquaviva se refere à razão da proibição às mulheres, *"por no ser esto conforme a la edificacion".* Esta é uma esclarecedora confirmação do rigoroso juízo de Ranke sobre Acquaviva, "um homem que ocultava uma profunda inflexibilidade sob o aspecto de grande brandura e grande suavidade de maneiras" (*History of the Popes,* p. 198).

(26) *FR,* 2/482; Margiotti, "Congregazioni", pp. 132-3.

(27) Xu em *FR,* 2/361; Li, *FR,* 2/544 n. 1 e 3.

(28) Rumores iniciais, Hicks, "English College", pp. 3-4; subgrupos, Villaret, *Les Congrégations,* pp. 417-9.

(29) *FR*, 1/328-30; Pfister, p. 45. Sobre a verdadeira data da morte de Petris em novembro de 1593 (e não 1594, como escreveu Ricci), ver d'Elia em *FR*, 1/328 n. 1. *Ibid.*, p. 328, Ricci diz que Petris veio para o colégio como um "menino" (*fanciullo*), o que torna possível que lá estivesse antes de 1577, quando teria quinze anos.

(30) Inácio de Loyola, *Exercitia Spiritualia*, pp. 62-4, em esp. n. 17. Sobre Acquaviva, Villaret, *Les Congrégations*, pp. 78-9.

(31) Guibert, *Jesuits*, p. 137 e 37.

(32) Sobre Ricci e suas pinturas, ver *FR*, 1/188, 189, 193 e pranchas 14 e 15 na cobertura de 2/126 e 128. Note-se a observação de Ranke sobre Acquaviva de que "o jovem apegou-se a ele com ardor" (*History of the Popes*, p. 198).

(33) Acquaviva, *Letters* (19 de maio de 1586), pp. 94-5, com pequenas alterações na pontuação.

(34) Moçambique, Gomes, *Tragic History of the Sea, 1589-1622*, trad. Boxer, pp. 186, 271; Akbar, *OS*, p. 5; *FR*, 1/153 n. 1 e 5 sobre as igrejas de Macau.

(35) Pedido de Wang Pan, *FR*, 1/188 n. 2 e 1/193.

(36) Xie Zhaozhe, *Wu za zu*, p. 120.

(37) Ricci sobre a confusão, *FR*, 1/194. Ver *ibid.*, 1/194 n. 2, sobre Zhang Geng (Chang Keng, *Eminent Chinese*, p. 99), e *FR*, 2/85n sobre Nanjing.

(38) *OS*, p. 60, carta de 20 de outubro de 1585. Com a perspectiva sobre esse assunto, ver a discussão sobre a ausência de pinturas da Paixão ou Crucificação mesmo na Capela Sistina, na época, O'Malley, *Praise and Blame*, p. 140.

(39) Pintura em *FR*, 1/232, 2/4, 2/29; copiada, 2/330.

(40) *FR*, 2/110 sobre Ma Tang; *FR*, 2/123 n. 5 sobre os presentes, 2/125 sobre a imperatriz.

(41) *FR*, 2/114, lendo "*fattaccio*" pelo "*fatticio*" de Ricci.

(42) *Ibid.*, 2/116, 118.

(43) Medalhões, *FR*, 1/302; estampas, *FR*, 2/461, 512; telhado da igreja, 1/200 n; ocultos, 3/455. Uma boa discussão sobre o papel da cruz nessa época encontra-se em Bettray, *Akkomodationsmethode*, pp. 365-82.

(44) Procura de pintores, *OS*, pp. 159, 254; Madona de Cattaneo, *FR*, 2/247, 254; sobre altares, *FR*, 2/330; imagens pessoais dos conversos, 2/339; exorcismo, 2/335.

(45) *Ibid.*, 2/349.

(46) *Ibid.*, 2/105 n. 6. O pintor era Emmanuel Pereira (*FR*, 2/9 n. 7), um chinês de Macau nascido em 1575, então noviço em Nanjing.

(47) *FR*, 2/333-4; Dehergne, *Répertoire*, p. 257.

(48) *FR*, 1/318 e 319.

(49) Quarenta ducados (i.é, *scudi*), *FR*, 2/349-50; fornalha em casa, 2/480; o velho de 78 anos, 2/248.

(50) "Prêmios de batalha", *FR*, 2/94; pinturas, *OS*, p. 63 e *FR*, 2/330; coleção completa do pintor, 2/261; Qu, *FR*, 2/342 e *OS*, p. 269, "*tre cassoni*" de livros; Li, *FR*, 1/69 n. 2 e 2/261.

(51) *FR,* 2/345. Trigault, trad. Gallagher, p. 470, altera o sentido dessa passagem e subestima a invocação da Virgem por Qu.

(52) *FR,* 2/341 e 342.

(53) Sobre as obras budistas, ver Yü Chün-fang, *Renewal of Buddhism in China,* e Geiss, "Peking", p. 40. Sobre a devoção de Luke Li a Buda ver *FR,* 2/481; os membros tentaram processá-lo por suborno quando se converteu ao cristianismo.

(54) Queimas em *FR,* 2/243, confusões com a Virgem 2/398 n. 3. Shen Defu, em *Wanli yehu bian,* p. 785, observou o obstinado antibudismo de Ricci, embora elogiasse sua qualidade nos debates.

(55) Sobre Xavier, Cros, *Saint François,* 2/28; sobre Ricci, *OS,* p. 55, e *FR,* 1/314-5, 357.

(56) Dieta de Ricci, *FR,* 2/535 n. 1; sobre leitões, Ricci, *Tianzhu shiyi,* pp. 510, 514; *Lettres édifiantes,* pp. 273-5. Seus argumentos antibudistas vêm resumidos em Bettray, *Akkomodationsmethode,* pp. 256-66.

(57) *Sanzijing,* sentenças 13 e 14 nas edições padronizadas.

(58) Argumento básico em Ricci, *Tianzhu shiyi,* pp. 492-3, *Lettres édifiantes,* pp. 255-6; categorias inferiores como pitagóricas, *OS,* p. 57, carta de 20 de outubro de 1585, para Acquaviva; argumento do infanticídio, *FR,* 1/99. Edições com variantes de *Tianzhu shiyi* e prefácios são examinados por Fang Hao em seu "Tianzhu shiyi zhi gaicuan".

(59) Ricci, *Tianzhu shiyi,* pp. 495-507; *Lettres édifiantes,* pp. 258-70.

(60) Ricci, *Jiren shipian,* cap. 6.

(61) Lancashire, "Buddhist Reaction", pp. 83-5 (usando a pronúncia Yü Shunhsi): as cartas originais encontram-se em Ricci, *Bianxue yidu,* pp. 637-50. (O budismo, embora já contasse com dois mil anos na época, só se tornara amplamente predominante na China depois do século V.)

(62) Citações em *OS,* p. 360. Para outras menções mais breves de Ricci a críticas semelhantes, ver *OS,* pp. 277, 345.

(63) Como citado em Yü, *Renewal,* pp. 88-9; sobre a carta inicial, ver Lancashire, "Buddhist Reaction", p. 86.

(64) *FR,* 2/180-1.

(65) *FR,* 2/75-9, e biografia de Sanhuai, 2/75 n. 5.

(66) *FR,* 2/66-8 para os primeiros encontros; Li nessa época ficava com Jiao Hong. O trabalho pioneiro sobre os poemas e a relação Li-Ricci foi o de Otto Franke, "Li Tschi und Matteo Ricci": ver pp. 14-7 para sua análise e tradução do primeiro poema; o poema aparece em Li Zhi, *Fenshu,* p. 247. Agora existe um imenso conjunto de novos estudos sobre Li Zhi, que não recapitularei aqui; encontra-se uma boa e curta biografia em *DMB,* p. 807-18. As relações de Li com as escolas filosóficas predominantes da época são discutidas por W. T. de Bary em seu livro *Self and Society in Ming Thought* (Columbia University Press, 1970), p. 188-225, e seu lugar mais amplo no espectro econômico e político é explorado por Cheng Pei-kai, "Reality and Imagination".

(67) Carta de Li para um amigo não-nomeado em Li Zhi, *Xu fenshu,* p. 35. A passagem traduzida foi extraída de *DMB,* p. 1140.

(68) *FR,* 2/104-5. O extremo sincretismo de Li pode tê-lo levado a Ricci, como escreveu Li, "Os que discutem os Três Ensinamentos não po-

dem fazê-lo com mente estreita" (Berling, *Syncretic Religion,* p. 53).

(69) Hung Ming-shui, "Yüan Hung-tao", pp. 214-6, apresenta uma excelente introdução a esse círculo intelectual.

(70) *FR,* 2/106.

(71) Como traduzido em *DMB,* p. 814.

(72) *FR,* 2/184-6.

(73) *DMB,* p. 444.

(74) Ricci faz a declaração em *Jiren shipian,* 1/9 (reimpr., p. 133). Sobre a aparição anterior da mesma passagem, comparar *Tianzhu shiyi,* p. 422, com *Jiren shipian,* reimpr. pp. 125-6.

(75) Comparar Ricci, *Jiren shipian,* pp. 125-6, com *Tianzhu shiyi,* pp. 422-3. A única alteração é que o homem de "2,7 m" da última é alterado para o homem de "2,1 m" da primeira. *Lettres,* pp. 189-90, são plenamente verídicas. O lugar dessa passagem no conteúdo do *Verdadeiro Significado* como um corpo doutrinal pode ser investigado através de John Young, *Confucianism and Christianity,* pp. 28-39; ver também a exegese detalhada de Hu Guozhen (Peter Hu), "Jianjie tianzhu shiyi", pp. 255-66. Peter Hu e Douglas Lancashire atualmente preparam uma tradução para o inglês de todo o *Tianzhu shiyi.*

(76) Conway, *Vita Christi,* pp. 83 e 90; sobre o poder da Encarnação como tema da teologia renascentista, ver O'Malley, *Praise and Blame,* pp. 140-2.

(77) Conway, *Vita Christi,* p. 83 sobre os monges. O fato de Ricci dispor de pouco tempo para a contemplação era aceito e entendido pelos seus professores, que julgavam que, embora fosse bom um pouco de contemplação, não era necessário se dedicar muito tempo a ela na vida cheia de atividades dos jesuítas; como diziam, *"Vita mixta, tanto nobilior est et utilior".* Ver Iparraguirre, "Para la historia de la oración", pp. 83 e 124. *Ibid.,* p. 88, mostra que Fabio de Fabi, para quem muitas vezes Ricci escreveu da China, redigiu um manuscrito de duzentas páginas sobre a prece e a contemplação. *Ibid.,* pp. 94-5, apresenta os pensamentos de Acquaviva sobre a "afeição pura e a paz da alma".

(78) Inácio de Loyola, *Spiritual Exercises,* trad. Puhl, p. 52, n.os 111-4. Barthes comenta inteligentemente essa passagem em *Sade, Fourier, Loyola,* p. 64.

(79) Inácio de Loyola, *Exercitia Spiritualia* (Madri, 1919), ed. comentada, pp. 65-6, para exemplos textuais paralelos. Sobre os evangelhos iniciais do pseudo-Mateus, ver *New Testament Apocrypha,* ed. Wilson e Schneemelcher, 1/406-8.

(80) Inácio, *Exercitia Spiritualia* (Madri, 1919) (Notas adicionais sobre problemas do catálogo), p. 109 n. 17. Ludolfo, *Vita,* ed. Bolard, p. 39 (parte 1, cap. 9), cita Crisóstomo. Para outras críticas de "matéria apócrifa, como parteiras na Natividade", ver Baxandall, *Painting and Experience,* p. 43.

(81) *FR,* 1/87.

(82) Montaigne, *Journal de Voyage,* p. 237.

(83) Martin, *Roma Sancta,* pp. 90-1.

(84) Ricci descreve o incidente em *FR,* 1/05. Sobre a ausência de Al-

meida, ver *ibid.*, e Dehergne, *Répertoire*, p. 8: sobre a cera e o óleo da lâmpada como presentes fundamentais, ver *FR*, 1/195, 2/482.

(85) Ricci, *Jifa*, p. 5 (reimpr., p. 17).

(86) Ricci, *Li Madou ti baoxiang tu*, p. 6b. A identificação do original sevilhano, como de autoria de Wierix, foi feita por Berthold Laufer em 1910, e publicada em seu "Christian Art in China", pp. 110-1, mas permanece uma série de problemas desconcertantes. A impressão parece claramente identificável, pela sua legenda, com a gravura n.º 546 de Wierix, na p. 98 de Louis Alvin, *Catalogue raisonné de l'oeuvre des trois frères Jean, Jérome et Antoine Wierix* (Bruxelas, 1866); mas as versões do Japão e de Ricci são apenas parcialmente semelhantes à estampa de Wierix (reproduzida em Mauquoy-Hendrickx, *Les Estampes de Wierix*, 1/114) ou ao original de Sevilha (reproduzido em C. R. Post, *A History of Spanish Painting* [Harvard University Press, 1930], 3/298). Nagayana Tokihiko, *Taigwai shiryō*, confirma as origens de Nagasáqui e a diferença da versão chinesa, como fizera Nishimura Tei em seu detalhado artigo, "Nihon yasokai": mas nenhum dos dois estudiosos consegue apresentar o elo de ligação na cadeia de transmissão. Para dificultar ainda mais as coisas, no exemplar de Cheng Dayue, *Chengshi moyuan*, na biblioteca de livros raros de Pequim, falta toda a gravura, que foi nitidamente cortada fora, como se pode ver pela beira recortada da página em *ibid.*, juan 6 (xia), p. 43: a gravura de Maria devia estar no verso da gravura de Ló e Sodoma, assim como Emaús está no verso da de Pedro sobre as ondas (*ibid.*, p. 38a e b). O fato de que a estampa de Maria *devia* estar lá é indicado pelo *mu-lu* desse juan (confusamente impresso como juan 12 na própria página do *mu-lu*), onde um *tu* (ilustração) solitário, sem nenhum *wen* (ensaio), vem indicado a seguir das três primeiras combinações entre gravuras e ensaios. Portanto, restringi-me à versão impressa em Ricci, *Li madou ti baoxiang tu*.

(87) Para uma análise imensamente detalhada do papel de Sevilha no comércio marítimo da época, ver Huguette e Pierre Chaunu, *Seville et l'Atlantique* (1504-1650), 8 vol. (Paris, 1955), em esp. vol. 3, "Le trafic de 1561 à 1595".

NOVE — *DENTRO DO PALÁCIO*

(1) *OS*, p. 214, carta de 12 de outubro de 1596, citação identificada por Tacchi Venturi. A tradução é de Robert Fitzgerald, *The Aeneid* (Random House, 1983), p. 164.

(2) *FR*, 1/5. São as frases iniciais da introdução de Ricci à sua *História*.

(3) *OS*, p. 26, carta de 1.º de dezembro de 1581: "*mas ja em mansebo tenha a natureza dos velhos que sempre louva o tempo passado*". *Mansebo*, jovem, agora seria grafado *mancebo* em português oficial.

BIBLIOGRAFIA

Acquaviva, Claudio. *The Directory to the Spiritual Exercises* (1599), in *The Spiritual Exercises of Saint Ignatius of Loyola.* Trad. W. H. Longridge. Londres: A. R. Mowbray, 1950, pp. 273-351.

————. *Letters (29 Sept. 1583),* in *Renovation Reading,* pp. 47-69. Woodstock College, 1886.

————. *Letters (19 May 1586),* in *Renovation Reading.* pp. 78-95. Woodstock College, 1886.

————. *Letters (12 Jan. 1590),* in *Lettres choisies des Généraux aux pères et frères de la compagnie de Jésus,* vol. 1, pp. 109-13. Lyon, 1878.

————. *Letters (1 Aug. 1594),* in *Lettres choisies des Généraux aux pères et frères de la compagnie de Jésus,* vol. 1, pp. 118-30. Lyon, 1878.

————. *Letters (14 Aug. 1601),* in *Select Letters of Our Very Reverend Fathers General to the Fathers and Brothers of the Society of Jesus,* pp. 47-49. Woodstock College, 1900.

Ad Herennium. Trad. Harry Caplan. Nova York: Loeb Classical Library, 1968.

Adversi, Aldo. "Ricci, Matteo", in Vincenzo Brocco, compil., *Dizionario Bio-Bibliografico dei Maceratesi,* pp. 357-95, vol. 2 de *Storia di Macerata.* Macerata, 1972.

Agostinho. *The Confessions of St. Augustine.* Trad. E. B. Pusey. Londres: Everyman's Library, 1957.

Agripa, Cornélio. *Of the Vanitie and Uncertaintie of Arts and Sciences*. Trad. James Sanford. Londres: Henry Wykes, 1569.

Ancel, René. "La disgrâce et le procès des Carafa, d'après des documents inédits (1559-1567)", *Revue Bénédictine*, 24 (1907): pp. 224-53, 479-509; 25 (1908): pp. 194-224; 26 (1909): pp. 52-80, 189-220, 301-24.

Angeles, Delor. "The Philippine Inquisition: A Survey", *Philippine Studies*, 28 (1980): pp. 253-83.

Aquino, Tomás de. *The Pocket Aquinas*. Ed. e introd. Vernon J. Bourke. Nova York, 1960.

————. compil. *Catena Aurea: Commentary on the Four Gospels Collected out of the Works of the Fathers by S. Thomas Aquinas*. Trad. M. Pattison *et al*. 6 vols. Oxford: Parker, 1874.

Atwell, William S. "International Bullion Flows and the Chinese Economy circa 1530-1650", *Past and Present*, 95 (1982): pp. 68-90.

Azevedo, J. Lúcio d'. *Historia dos Christãos Novos Portugueses*. Lisboa, 1921.

Bacon, Francis. *Selected Writings*. Ed. Hugh G. Dick. Nova York: Modern Library, 1955.

Baião, António. *A Inquisição de Goa*. 2 vols. Lisboa, 1930, 1945.

Barthes, Roland. *Sade, Fourier, Loyola*. Trad. Richard Miller. Nova York, 1976.

Baxandall, Michael. *Painting and Experience in Fifteenth Century Italy*. Oxford: Clarendon Press, 1972.

Beckmann, Johannes. *China im Blickfeld der mexikanischen Bettelo, den im 16. Jahrhundert*. Schoneck/Beckenried, Suíça, 1964.

Beissel, Stephan, S. J. *Geschichte der Verehrung Marias im 16. und 17. Jahrhundert*. Friburgo, 1910.

Bellay, Joachim du. *Les Regrets et autres oeuvres poetiques, suivis de Antiquitez de Rome*. Genebra: Droz, 1966.

Berling, Judith A. *The Syncretic Religion of Lin Chao-en*. Nova York: Columbia University Press, 1980.

Bernard, Henri, S. J. *Aux Portes de la Chine: Les Missionaires du Seizième Siècle, 1514-1588*. Tientsin, 1933.

————. *La Découverte de Nestoriens Mongols aux Ordos et l'histoire ancienne du Christianisme en Extrême-Orient.* Tientsin, 1935.

————. *Le Frère Bento de Goes chez les Musulmans de la Haute Asie (1603-1651).* Tientsin, 1934.

————. *Le Père Matthieu Ricci et la Société Chinoise de son temps (1552-1610).* 2 vols. Tientsin, 1937.

————. *Les Iles Philippines du Grand Archipel de la Chine: Un essai de la conquête spirituelle de l'Extrême-Orient, 1571-1641.* Tientsin, 1936.

————. *Matteo Ricci's Scientific Contribution to China.* Trad. E. C. Werner. Pequim, 1935.

Bertuccioli, Giuliano. *A Florentine in Manila.* Manila: Philippine-Italian Association, 1979.

Bettray, Johannes, S. V. D. *Die Akkommodationsmethode des P. Matteo Ricci S.I. in China.* Roma: Analecta Gregoriana, 1955.

Boccaccio, Giovanni. *The Decameron.* Trad. G. H. McWilliam. Harmondsworth: Penguin Books, 1972.

Bodenstedt, Mary Immaculate. *The Vita Christi of Ludolphus the Carthusian.* Washington. D. C.: Catholic University of America Press, 1944.

Bortone, Fernando, S. J. *P. Matteo Ricci S. J.: Il "Saggio d'Occidente".* Roma: Editori Pontifici, 1965.

Boswell, John. *Christianity, Social Tolerance and Homosexuality.* Chicago: University of Chicago Press, 1980.

Bovill, E. W. *The Battle of Alcazar: An Account of the Defeat of Don Sebastian of Portugal at El-Ksar el-Kebir.* Londres: Batchworth, 1952.

Boxer, C. R. *The Christian Century in Japan, 1549-1650.* Berkeley: University of California Press, 1967.

————. *Fidalgos in the Far East, 1550-1770.* Londres: Oxford University Press, 1968.

————. *The Great Ship from Amacon: Annals of Macao and the Old Japan Trade, 1555-1640.* Lisboa, 1959.

Boxer, C. R. "Macao as a Religious and Commercial Entrepôt in the Sixteenth and Seventeenth Centuries", *Acta Asiatica,* 26 (1974): pp. 64-90.

———. "Moçambique Island as a Way-station for Portuguese East-Indiamen", *Mariners' Mirror,* 48 (1962): pp. 3-18.

———. *Portuguese Society in the Tropics: The Municipal Councils of Goa, Macao, Bahia and Luanda, 1510-1800*. Madison: University of Wisconsin Press, 1965.

———, ed. *South China in the Sixteenth Century: Being the narratives of Galeote Pereira, Fr. Gaspar da Cruz, O. P., Fr. Martín de Rada, O. E. S. A. (1550-1575).* Londres: Hakluyt Society, 1953.

Brading, D. A. e Harry E. Cross. "Colonial Silver Mining: Mexico and Peru", *Hispanic American Historical Review,* 52 (1972): pp. 545-79.

Braudel, Fernand. *The Wheels of Commerce (Civilization and Capitalism, 15th-18th Century,* vol. 2). Trad. Siân Reynolds. Nova York, 1982.

Brook, Timothy. "The Merchant Network in 16th Century China", *Journal of the Economic and Social History of the Orient,* 24:2 (maio 1981): pp. 165-214.

Brooks, Mary Elizabeth. *A King for Portugal: The Madrigal Conspiracy, 1594-95.* Madison e Milwaukee: University of Wisconsin Press, 1964.

Brown, L. W. *The Indian Christians of St. Thomas: An Account of the Ancient Syrian Church of Malabar*. Cambridge: Cambridge University Press, 1956.

Cambridge History of Islam. Ed. P. M. Holt, Ann Lambton, Bernard Lewis. Vol. 1A, *The Central Islamic Lands;* vol. 2A, *The Indian Sub-Continent*. Cambridge: Cambridge University Press, 1977.

Canisius, Peter. *Ane Cathechisme, 1588*. English Recusant Literature, vol. 32. Menston, Yorkshire: Scolar Press, 1970.

Carletti, Francesco. *My Voyage around the World: A 16th Century Florentine Merchant*. Trad. Herbert Weinstock. Londres: Methuen, 1963.

Carruthers, Douglas. "The Great Desert Caravan Route, Aleppo to Basra", *Geographical Journal,* 52 (jul.-dez. 1918): pp. 157-84, mapa na cobertura da p. 204.

Castellani, Giuseppe, S. J. "La Tipografia del Collegio Romano", *Archivum Historicum Societatis Iesu,* 2 (1933): pp. 11-6.

Cervantes, Miguel. *Don Quixote.* Trad. J. M. Cohen. Penguin Books, 1982.

Chan, Albert, S. J. "Chinese-Philippine Relations in the Late Sixteenth Century and to 1603", *Philippine Studies,* 26 (1978): pp. 51-82.

————. *The Glory and Fall of the Ming Dynasty.* Norman: University of Oklahoma Press, 1982.

————. "Peking at the Time of the Wanli Emperor (1572-1619)", in *Proceedings of the International Association of Historians of Asia,* Segunda Conferência Bienal, Taipei, Taiwan, 1962, pp. 119-47.

Chaunu, Pierre. *Les Philippines et le Pacifique des Ibériques (XVIe, XVIIe, XVIIIe siècles).* Paris: SEVPEN, 1960.

Ch'en, Kenneth. "A Possible Source for Ricci's Notices on Regions near China", *T'oung Pao,* 34 (1938): pp. 179-90.

Cheng Dayue 程大約. *Chengshi moyan* 程氏墨苑 [O Jardim de Tinta do sr. Cheng]. 13 + 9 juan, 1609.

Cheng Pei-kai. "Reality and Imagination: Li Chih and T'ang Hsien-tsu in Search of Authenticity". Dissertação de Ph.D., Yale University, 1980.

Cícero, Túlio. *De Senectute.* Trad. W. A. Falconer. Nova York: Loeb Classical Library, 1923.

Cipolla, Carlo M., ed. *The Fontana Economic History of Europe: The Sixteenth and Seventeenth Centuries.* Glasgow: Collins, 1981.

Clair, Colin. *Christopher Plantin.* Londres: Cassell, 1960.

Clavius, Christopher. *Astrolabium.* Roma: Bartholomo Grasso, 1593.

Clercq, Carlo de. "Les éditions bibliques, liturgiques et canoniques de Plantin", in *Gedenkboek der Plantin-Dagen,* pp. 283-318. Antuérpia, 1956.

Conway, Charles Abbott, Jr. *The* Vita Christi *of Ludolph of Saxony and Late Medieval Devotion Centred on the Incarnation: A Descriptive Analysis*. Salzburgo: Analecta Cartusiana, 1976.

Cooper, Michael, S. J. "The Mechanics of the Macao-Nagasaki Silk Trade", *Manumenta Nipponica,* 27 (1972): pp. 423-33.

Correia-Afonso, John, S. J. *Jesuit Letters and Indian History, 1542-1773*, 2. ed. Londres: Oxford University Press, 1969.

————. *Letters from the Mughal Court: The First Jesuit Mission to Akbar (1580-1583)*. St. Louis: Institute of Jesuit Sources, 1981.

————. "More about Akbar and the Jesuits", *Indica*, 14:1 (mar. 1977): pp. 57-62.

Costa, Anthony d'. *The Christianisation of the Goa Island, 1510-1567*. Bombaim, 1965.

Couto, Diogo do. *Década Décima da Ásia*. Lisboa, 1788.

Cronin, Vincent. *The Wise Man from the West*. Londres, 1955.

Cros, Joseph-Marie, S. J. *Saint François de Xavier, sa vie et ses lettres*. 2 vols. Toulouse e Paris, 1900.

Culley, Thomas, S. J., e Clement McNaspy, S. J. "Music and the Early Jesuits (1540-1565)", *Archivum Historicum Societatis Iesu*, 40 (1971): pp. 213-45.

Cushner, Nicholas P. "Merchants and Missionaries: A Theologian's View of Clerical Involvement in the Galleon Trade", *Hispanic American Historical Review,* 47 (1967): pp. 360-69.

Dainville, François de, S. J. *La Géographie des humanistes*. Paris: Beauchesne, 1940.

————. *L'Education des Jésuites (XVIe-XVIIIe siècles)*. Compil. Marie-Madeleine Compère. Paris: Editions de Minuit, 1978.

Daniel, Norman. *Islam and the West: The Making of an Image*. Edimburgo: University of Edinburgh Press, 1960.

Davis, Natalie Zemon. *The Return of Martin Guerre*. Cambridge: Harvard University Press, 1983.

Dee, John. "Mathematicall Praeface", in H. Billingsley, trad., *The Elements of Geometrie of the most auncient Philosopher Euclide of Megara*. Londres: John Daye, 1570.

Dehergne, Joseph, S. J. *Répertoire des Jésuites de Chine, de 1552 à 1800.* Roma e Paris, 1973.

———, e Donald Leslie. *Juifs de Chine, à travers la correspondance inédite des Jésuites du dix-huitième siècle.* Roma e Paris, 1980.

D'Elia, Pasquale M., S. J. *Fonti Ricciane.* Ver *FR.*

———. "Further Notes on Matteo Ricci's *De Amicitia*", *Monumenta Serica,* 15:2 (1956): pp. 356-77.

———. *Il Mappamondo Cinese del P. Matteo Ricci S. I. (Terza Edizione, Pechino, 1602) Conservato presso la Biblioteca Vaticana.* Roma: Vaticano, 1938.

———. "Il trattato sull' Amicizia, Primo Libro Scritto in Cinese de Matteo Ricci S. I. (1595)", *Studia Missionalia,* 7 (1952): pp. 425-515.

———. "Musica e canti Italiani a Pechino", *Revista degli Studi Orientali,* 30 (1955): pp. 131-45.

———. "Presentazione della prima traduzione Cinese di Euclide", *Monumenta Serica,* 15:1 (1956): pp. 161-202.

Delumeau, Jean. *Vie économique et sociale de Rome dans la seconde moitié du XVIe siècle.* 2 vols. Paris: E. de Boccard, 1957.

Dictionary of Mnemonics. Londres: Eyre Methuen, 1972.

Diffie, Bailey W., e George D. Winius. *Foundations of the Portuguese Empire, 1415-1580.* Minneapolis: University of Minnesota Press, 1977.

DMB, Dictionary of Ming Biography. Ed. L. Carrington Goodrich e Caoying Fang. 2 vols. Nova York: Columbia University Press, 1976.

Doc. Ind., Documenta Indica. Ed. Joseph Wicki, S. J. *Monumenta Missionum Societatis Jesu, Missiones Orientales,* vol. 10 (1575-1577), Roma, 1968; vol. 11 (1577-1580), Roma, 1970; vol. 12 (1580-1583), Roma, 1972.

Duffy, James. *Shipwreck and Empire, Being an Account of Portuguese Maritime Disasters in a Century of Decline.* Cambridge: Harvard University Press, 1955.

Dunne, George H., S. J. *Generation of Giants: The Story of the Jesuits in China in the Last Decades of the Ming Dynasty.* Londres, 1962.

Duruy, George. *Le Cardinal Carlo Carafa (1519-1561): Etude sur le pontificat de Paul IV*. Paris: Hachette, 1882.

Duyvendak, J. J. L. "Review of Pasquale d'Elia, *Le Origini Dell' Arte Christiana Cinese (1583-1640)", T'oung Pao,* 35 (1940): pp. 385-98.

Elison, George. *Deus Destroyed: The Image of Christianity in Early Modern Japan.* Cambridge: Harvard University Press, 1973.

Eminent Chinese of the Ch'ing Period. Ed. Arthur W. Hummel. 2 vols. Washington, D.C., 1944.

Epiteto. *Encheiridion,* in *The Discourses as Reported by Arrian, the Manual and Fragments.* Ed. e trad. W. A. Oldfather. 2 vols. Nova York: Loeb Classical Library, 1926.

Essen, L. van der. *Alexandre Farnèse, Prince de Parme.* Vols. 3 e 4. Bruxelas, 1934-5.

Estoile, Pierre de l'. *The Paris of Henry of Navarre.* Ed. e trad. Nancy L. Roelker. Cambridge: Harvard University Press, 1958.

Fang Hao 方豪. "Li Madou *Jiayou lun* xinyan" 利瑪竇交友論新研 [Novos Estudos do Trabalha de Ricci Sobre a Amizade]. In *Fang Hao liushi ziding gao,* pp. 1847-70.

————. *Liushi ziding gao* 六十自定稿 [Ensaios Escolhidos aos Sessenta]. 2 vols. Taipei, 1969.

————. "Notes on Matteo Ricci's *De Amicitia*", *Monumenta Serica,* 14 (1949-55); pp. 574-83.

————. "Tianzhu shiyi zhi gaicuan" 天主實義之改竄 [Edições Variantes da *Verdadeira Doutrina do Senhor do Céu*]. In *Fang Hao liushi ziding gao,* pp. 1593-603.

Fedrici, Cesare (Cesar Frederick). *Voyages and Travels (1563-1581).* In Hakluyt, *Second Volume,* pp. 339-375, e in Kerr, *General History,* vol. 7, pp. 142-211.

Fitch, Ralph. "Journey to India over-land in 1583". In Kerr, *General History,* vol. 7, pp. 470-505.

————. *Letters.* In Kerr, *General History,* vol. 7, pp. 513-5.

Fitzpatrick, Merrilyn. "Local Interests and the Anti-Pirate Administration in China's Southeast, 1555-1565", *Ch'ing-shih wen-t'i,* 4:2 (dez. 1979): pp. 1-50.

Florus, Lucius Annaeus. *Epitome of Roman History.* Trad. E. S. Forster. Nova York: Loeb Classical Library, 1929.

Fork Kai Cheong. "The Macao Formula: A Study of Chinese Management of Westerners from the Mid-Sixteenth Century to the Opium War Period". Dissertação de Ph.D., University of Hawaii, 1978.

Forke, A. "Ein islamitisches Traktat aus Turkistan: Chinesisch in Arabischer Schrift", *T'oung Pao,* n.s., 8 (1907): pp 1-76.

FR, Fonti Ricciane. Pasquale M. d'Elia, S. J., ed., *Storia dell' Introduzione del Christianesimo in Cina.* [A versão anotada do manuscrito original de Ricci de *Historia.*] 3 vols. Roma, 1942-49.

Franke, Otto. "Li Tschi und Matteo Ricci". In *Abhandlungen der Preussischen Akademie der Wissenschaften,* Jahrgang 1938, Phil-Hist, no. 5. Berlim, 1939.

Franken, Daniel. *L'Oeuvre gravé des van de Passe.* Amsterdã e Paris, 1881.

Freccero, John. "Dante's Firm Foot and the Journey without a Guide", *Harvard Theological Review,* 52 (1959): pp. 245-81.

Frois, Luis. *Tratado dos Embaixadores Japões que forão de Japão à Roma no anno de 1582.* Ed. J. A. Abranches Pinto, Yoshitomo Okamoto e Henri Bernards, S. J. Tóquio: Sophia University, 1942.

Furber, Holden. *Rival Empires of Trade in the Orient, 1600-1800.* Minneapolis: University of Minnesota Press, 1976.

Ganss, George E., S. J. "The Christian Life Communities as Sprung from the Sodalities of Our Lady", *Studies in the Spirituality of Jesus,* 7:2 (mar. 1975): pp. 46-58.

————. *Saint Ignatius' Idea of a Jesuit University.* Milwaukee, Wis.: Marquette University Press, 1954.

Geiss, James Peter. "Peking under the Ming (1368-1644)". Dissertação de Ph.D. Princeton University, 1979.

Gentili, Otello, e Aldo Adversi. "La Religione". In Aldo Adversi *et al.,* eds., *Storia di Macerata,* vol. 5, pp. 5-107.

Giles Lionel. "Translations from the Chinese World Map of Father Ricci", *Geographical Journal,* 52 (jul.-dez. 1918): pp. 367-85, e 53 (jan.-jun. 1919): pp. 19-30.

Ginzburg, Carlo. *The Cheese and the Worms: The Cosmos of a Sixteenth-Century Miller.* Trad. John e Anne Tedeschi. Baltimore: Johns Hopkins University Press, 1980.

Gomes de Brito, Bernardo. *The Tragic History of the Sea: 1559-1565.* Ed. e trad. C. R. Boxer. Cambridge: Hakluyt Society, 1968.

————. *The Tragic History of the Sea: 1589-1622.* Ed. e trad. C. R. Boxer. Cambridge: Hakluyt Society, 1959.

Gomez, Duarte. *Discursos sobre los comercios de las dos Indias.* Madri, 1622.

Grataroli, Guglielmo (Medico Bergomante). *De Memoria Reparanda, Augenda, Servandaque, liber unus; De locali vel artificiosa memoria, liber alter.* Roma, 1555.

————. *The Castel of Memorie.* Trad. William Fulwood. Londres: William How, 1573.

Greenblatt, Stephen. *Renaissance Self-Fashioning: From More to Shakespeare.* Chicago: University of Chicago Press, 1980.

Greene, Thomas M. *The Light in Troy: Imitation and Discovery in Renaissance Poetry.* New Haven: Yale University Press, 1982.

Groto, Luigi. *Troffeo della Vittoria Sacra Ottenuta dalla Christianiss. Lega contra Turchi nell' anno MDLXXI.* Veneza: Sigismondo Bordogna, 1572.

Gu Baogu 顧保鵠 (Ignatius Ku, S. J.). "Li Madou di zhongwen zhushu" 利瑪竇的中文著述 [Escritos de Matteo Ricci em Chinês]. In *Shenxue lunji (Collectanea Theologica),* 56 (verão 1983): pp. 239-54.

Guibert, Joseph de, S. J. "Le Généralat de Claude Acquaviva (1581-1615)", *Archivum Historicum Societatis Iesu,* 10 (1941): pp. 59-93.

————. *The Jesuits: Their Spiritual Doctrine and Practice.* Trad. William J. Young, S. J. St. Louis: Institute of Jesuit Sources, 1972.

Gujin tushu jicheng 古今圖書集成, compil. Chen Menglei 陳夢雷 *et al.* 800 vols. Shanghai: Zhonghua shuju, 1934.

Gulik, Robert H. van. *Erotic Colour Prints of the Ming Period.* 3 vols. Tóquio: impressão particular, 1951.

Guo Tingxun 過庭訓 compil. *Guochao jingsheng fenjun renwu kao* 國朝京省分郡人物攷 [Biografia dos Notáveis da Dinastia Ming]. 115 juan. Taiwan, 1971 reimpressão.

Hakluyt, Richard. *The Second Volume of the Principal Navigations, Voyages, Traffiques and Discoveries of the English Nation.* Londres, 1599. *The Third and Last Volume...* Londres, 1600.

Hanson, Carl A. *Economy and Society in Baroque Portugal, 1668-1703.* Minneapolis: Minnesota University Press, 1981.

Harris George, S. J. "The Mission of Matteo Ricci, S. J.: A Case Study of an Effort at Guided Cultural Change in the Sixteenth Century", *Monumenta Serica,* 25 (1966): pp. 1-168.

Heath, Thomas L. *The Thirteen Books of Euclid's Elements.* 3 vols. Cambridge: Cambridge University Press, 1926.

Heawood, E. "The Relationships of the Ricci Maps", *Geographical Journal,* 50:4 (out. 1917): pp. 271-6.

Hersey, G. L. *Pythagorean Palaces: Magic and Architecture in the Italian Renaissance.* Ithaca: Cornell University Press, 1976.

Hicks, Leo, S. J. "The English College, Rome and Vocations to the Society of Jesus, March, 1579-July, 1595", *Archivum Historicum Societatis Iesu,* 3 (1934): pp. 1-36.

Hillgarth, J. N. *Ramon Lull and Lullism in Fourteenth-Century France.* Londres: Oxford University Press, 1971.

Ho Peng-Yoke e Ang Tian-se. "Chinese Astronomical Records on Comets and 'Guest Stars' ", *Oriens Extremus,* 17 (1970): pp. 63-99.

Hodgson, Marshall G. *The Venture of Islam,* vol. 3, *The Gunpowder Empires and Modern Times.* Chicago: University of Chicago Press, 1974.

Hoshi Ayao. "Transportation in the Ming Period", *Acta Asiatica,* 38 (1980): pp. 1-30.

Hu Guozhen 胡國楨 (Peter Hu), S. J. *Jianjie Tianzhu shiyi* 簡介天主實義 [Resumo Atualizado do Verdadeiro

Significado do Senhor do Céu], *Shenxue lunji (Collectanea Theologica)*, 56 (verão 1983): pp. 255-66.

Huang, Ray. *1587, a Year of No Significance: The Ming Dynasty in Decline*. New Haven: Yale University Press, 1981.

————. "Military Expenditures in Sixteenth Century Ming China", *Oriens Extremus*, 17 (1970): pp. 39-62.

Hucker, Charles O. *The Censorial System of Ming China*. Stanford: Stanford University Press, 1966.

Hung Ming-shui. "Yüan Hung-tao and the Late Ming Literary and Intellectual Movement". Dissertação de Ph.D., University of Wisconsin at Madison, 1974.

Hung Yeh 洪業 (William Hung). "Kao Li Madou di shijie ditu" 考利馬竇的世界地圖 [Um Estudo do Mapa-Múndi de Ricci]. Primeira publicação em *Yugong* 禹貢, abr. 1936, reimpresso em *Hung Yeh lunxue ji* 洪業論學集 [Ensaios Coligidos de William Hung], Pequim, 1981, pp. 150-92.

Inácio de Loyola. *The Constitutions of the Society of Jesus*. Trad. e comentário George E. Ganss, S. J. St. Louis: Institute of Jesuit Sources, 1970.

————. *Exercitia Spiritualia Sancti Ignatii de Loyola et eorum directoria—ex autographis vel ex antiquioribus exemplis collecta*. Madri, 1919.

————. *Exercitia Spiritualia: Textum Antiquissimorum nova editio lexicon textus hispani*. Monumenta Historica Societatis Iesu, vol. 100. Roma, 1969.

————. *The Spiritual Exercises*. Trad. Thomas Corbishley, S. J. Londres: Burns & Oates, 1963.

————. *The Spiritual Exercises*. Trad. Louis J. Puhl, S. J. Chicago: Loyola University Press, 1952.

Iparraguirre, Ignacio, S. J. "Para la Historia de la Oración en el Collegio Romano durante la secunda mitad del siglo XVI", *Archivum Historicum Societatis Iesu*, 15 (1946): pp. 77-126.

Israeli, Raphael. *Muslims in China: A Study in Cultural Confrontation*. Copenhague: Scandinavian Institute of Asian Studies, 1980.

Iwao Seiichi. "Japanese Foreign Trade in the 16th and 17th Centuries", *Acta Asiatica,* 30 (1976): pp. 1-18.

Jacobs, Hubert Th. Th. M., S. J., ed. *A Treatise on the Moluccas (c. 1544).* [Atribuído a António Galvão]. St. Louis, Mo., 1971.

Jiangzhou zhi 絳州志 [Guia de Jiangzhou, Shanxi]. 20 juan. 1766 ed.

Jiao Hong 焦竑 *Dan yuan ji* 澹園集 [Escritos Escolhidos]. Jinling congshu ed., 1916.

Jiaxing fuzhi 嘉興府志 [Guia da Província de Jiaxing]. 88 juan. (1879); Ch'eng-wen reimpressão, 1970.

Kerr, Robert, compil. *General History and Collection of Voyages and Travels. Arranged in Systematic Order,* vol. 7. Edimburgo, 1812.

Kobata A[tsushi]. "The Production and Uses of Gold and Silver in Sixteenth- and Seventeenth-Century Japan", *Economic History Review,* 2.ª sér., 18 (1965): pp. 245-66.

Ku, Joseph King-hap. "Hsü Kuang-ch'i: Chinese Scientist and Christian (1562-1633)". Tese de Ph.D., St. John's University, Nova York, 1973.

Lach, Donald. *Asia in the Making of Europe.* Vol. 1 (em dois tomos), *The Century of Discovery.* Chicago: University of Chicago Press, 1965.

Lancashire, D[ouglas]. "Buddhist Reaction to Christianity in Late Ming China", *Journal of the Oriental Society of Australia,* 6:1, 2 (1968-69): pp. 82-103.

Landes, David S. *Revolution in Time: Clocks and the Making of the Modern World.* Cambridge: Harvard University Press, 1983.

Laufer, Berthold. "Christian Art in China", *Mitteilungen des Seminars für Orientalische Sprachen,* 1910, pp. 100-118 mais gravuras.

Li Zhi 李贄. *Fenshu* 焚書 e *Xu fenshu* 續焚書. 2 vols. Pequim, 1975.

Liebman, Seymour. "The Jews of Colonial Mexico", *Hispanic American Historical Review,* 43 (1963): pp. 95-108.

Lin Jinshui 林金水. "Li Madou zai Zhongguo di huodong yu yingxiang" 利玛窦在中国的活动与影响 [Atividade e Influência de Matteo Ricci na China]. *Linshi yanjiu,* 1983, 1: pp. 25-26.

Linschoten, John Huighen von. "Report. . . concerning the imprisonment of Newbery and Fitch". In Kerr, *General History,* vol. 7, pp. 515-20.

Lubac, Henri de. *La rencontre du Bouddisme et de l'Occident.* Paris: Aubier, 1952.

Ludofo da Saxônia. *The Hours of the Passion from The Life of Christ.* Trad. H. J. C[oleridge]. Quarterly series, vol. 59. Londres: Burns & Oates, 1887.

————. *Vita Jesu Christi.* Ed. A.-C. Bolard, L.-M. Rigollot e J. Carnander. Paris e Roma, 1865.

Lull, Ramon. *Le Livre du Gentil et des trois Sages.* Ed. e trad. Armand Llinarès. Paris: Presses Universitaires de France, 1966.

Lutero, Martinho. *Letter of Spiritual Counsel.* Trad. e ed. Theodore Tappert. Library of Christian Classics, vol. 18. Philadelphia, 1955.

Lyra Graeca. Trad. J. M. Edmonds. Nova York: Loeb Classical Library, 1931.

Maffei, Gian Pietro. *L'Histoire des Indes Orientales et Occidentales.* Trad. M. M. D. P. Paris, 1665.

Margiotti, Fortunato, O. F. M. "Congregazioni laiche gesuitiche della antica missione cinese", *Neue Zeitschrift für Missionwissenschaft,* 18 (1962): pp. 255-74 e 19 (1963): pp. 50-65.

————. "Congregazioni Mariane della antica missione cinese". In Johann Specker e P. Walbert Bühlmann, eds., *Das Laienapostolat in den Missionen* (Suplemento 10 ao *Neue Zeitschrift für Missionwissenschaft).* Schoneck-Beckenried, Suíça, 1961.

Martin, Gregory. *Roma Sancta (1581).* Ed. George Bruner Parks. Roma, 1969.

Mathew, C. P. e M. M. Thomas. *The Indian Churches of Saint Thomas.* Deli, 1967.

Mauquoy-Hendrickx. *Les estampes des Wierix conservées au cabinet des estampes de la bibliothèque royale Albert 1er*. 3 vols. Bruxelas: Bibliothèque Royale Albert 1er, 1978.

Metlitzki, Dorothee. *The Matter of Araby in Medieval England.* New Haven: Yale University Press, 1977.

Miller, Josef, S. J. "Die Marianischen Kongregationen vor der Bulle 'Omnipotentis Dei': Ein Beitrag zu ihrer Charakteristik", *Archivum Historicum Societatis Iesu,* 4 (1935): pp. 252-67.

Millinger, James. "Ch'i Chi-kuang—A Military Official as Viewed by his Contemporary Civil Officials", *Oriens Extremus,* 20 (1973): pp. 103-17.

Mocquet, Jean. *Voyages en Afrique, Asie, Indes Orientales et Occidentales.* Paris: Jean de Heuqueville, 1617.

Montaigne, Michel de. *Journal de Voyage en Italie, par la Suisse et l'Allemagne en 1580 et 1581.* Ed. Charles Dédéyan. Paris: Société des belles lettres, 1946.

Monumenta Paedagogica Societatis Iesu quae primam rationem studiorum anno 1586 editam praecessere. Ed. Caecilius Gomes Rodeles *et al.* Madri, 1901.

Moule, G. E. "The Obligations of China to Europe in the Matter of Physical Science Acknowledged by Eminent Chinese", *Journal of the North-China Branch of the Royal Asiatic Society,* n.s., 7 (1871): pp. 147-64.

Mullan, Elder, S. J. e Francis Beringer, S. J. *The Sodality of Our Lady Studied in the Documents.* Nova York, 1912.

Nadal, Jerônimo (Hieronymio Natali). *Adnotationes et Meditationes in Evangelia quae in sacrosancto missae sacrificio toto anno leguntur.* Antuérpia: Martinus Nutius, 1595.

————. *Evangelicae Historiae Imagines, ex ordine Evangeliorum.* Antuérpia, 1596.

Nagayama Tokihiko (Tokihide) 永山時英. *Taigwai shiryō bizhutsu taikwan* 對外史料美術大觀. [Álbum de Material Histórico relacionado ao Intercâmbio Externo]. Nagasáqui, 1919.

Needham, Joseph. *Science and Civilisation in China.* Cambridge: Cambridge University Press, 1954.

New Cambridge Modern History. Vol. 3, *The Counter-Reformation and the Price Revolution, 1559-1610*. Ed. R. B. Wernham. Cambridge: Cambridge University Press, 1971.

Newbery, John. *Letters*. In Kerr *General History*, vol. 7, pp. 505-13.

Nishimura Tei 西村貞. "Nihon yasokaihan dōban seibo zu ni tsuite" 日本耶穌會板銅版聖母圖に就いて [Gravura da Virgem Maria e o Menino publicada pela Sociedade de Jesus do Japão]. *Bijutsu kenkyu* 美術研究, 69 (set. 1937): pp. 371-82.

O'Connell, Marvin. *The Counter Reformation, 1559-1610*. Nova York, 1974.

O'Malley, John W. *Praise and Blame in Renaissance Rome: Rhetoric, Doctrine, and Reform in the Sacred Orators of the Papal Court, c. 1450-1521*. Durham, N.C.: Duke University Press, 1979.

OS. As Cartas de de Matteo Ricci, in *Opere Storiche*. Ed. Pietro Tacchi Venturi, S. J. Vol. 2, *Le Lettere dalla China*. Macerata, 1913.

Pachtler, G. M., S. J. *Ratio Studiorum et Institutiones Scholasticae Societatis Jesu*. Vol. 1, *1541-1599*. Berlim, 1887.

Paci, Libero. "La Decadenza Religiosa e la Controriforma". In *Storia di Macerata*, vol. 5, pp. 108-246. Comuna de Macerata, 1977.

————. "Le Vicende Politiche". In *Storia di Macerata*, vol. 1, pp. 27-419. Comuna de Macerata, 1971.

Palmer, Robert E. A. "Martial". In T. J. Luce, ed., *Ancient Writers: Greece and Rome*. 2 vols. Nova York, 1982.

Panigarola, Francesco. *Trattato della Memoria Locale*. Aprox. 1572. *MS* n.º 137 in Biblioteca Communale, Macerata.

Parry, J. H. *The Age of Reconnaissance: Discovery, Exploration and Settlement, 1450 to 1650*. Berkeley: University of California Press, 1981.

Pastor, Ludwig, Freiherr von. *The History of the Popes from the Close of the Middle Ages*. Trad. Ralph Francis Kerr. Vol. 14, *Marcellus II (1555) and Paul IV (1555-1559)*; vol. 18, *Pius V (1566-1572)*. Londres: Kegan, Paul, 1924, 1929.

Pelliot, Paul. "Les Franciscains en Chine au XVIe et au XVIIe siècle", *T'oung Pao,* n.s., 34 (1938): pp. 191-222.

Pfister, Louis, S. J. *Notices Biographiques et Bibliographiques sur les Jésuites de l'ancienne mission de Chine, 1552-1773. Variétés Sinologiques,* 59. 2 vols. Shanghai, 1932.

Phillips, Edward C., S. J. "The Correspondence of Father Christopher Clavius S. I. preserved in the archives of the Pont. Gregorian University", *Archivum Historicum Societatis Iesu,* 8 (1939): pp. 193-222.

Pillsbury, Barbara. "Muslim History in China: A 1300-year Chronology", *Journal of the Institute of Muslim Minority,* 3:2 (1981): pp. 10-29.

Pinghu xianzhi 平湖縣志[Guia de Pinghu]. 26 juan. 1886; reimpressão de 1975.

Pirri, Pietro, S. J. "Sultan Yahya e il P. Acquaviva", *Archivum Historicum Societatis Iesu,* 13 (1944): pp: 62-76.

Plancius, Petrus. *A Plaine and Full Description of Petrus Plancius his Universal Map.* Trad. M. Blundevile. Londres: John Winder, 1594.

Plantin, Christophe. *Correspondance de Christophe Plantin.* Ed. J. Denucé. Vols. 8 e 9. Antuérpia, 1918.

Plínio. *Natural History.* Trad. H. Rackham. Nova York: Loeb Classical Library, 1942.

Ptak, Roderick. "The Demography of Old Macao, 1555-1640", in *Ming Studies,* 15 (outono 1982): pp. 27-35.

Pyrard de Laval, François. *The Voyage of François Pyrard of Laval to the East Indies, the Maldives, the Moluccas and Brazil (1601-1611).* Trad. Albert Gray e H. C. P. Bell. 2 vols. in 3. Hakluyt Society, 1888; reimpressão Nova York: Burt Franklin, s.d.

Quintiliano. *Institutio Oratoria,* vol. 4. Trad. H. E. Butler. Nova York: Loeb Classical Library, 1936.

Rabelais, François. *The Histories of Gargantua and Pantagruel.* Trad. J. M. Cohen. Penguin Books, 1970.

Rahner, Hugo, S. J. *Ignatius the Theologian.* Londres: Chapman, 1968.

Ranke, Leopold. *The History of the Popes, Their Church and State, in the Sixteenth and Seventeenth Centuries.* Trad. Walter Keating Kelly. Nova York: Colyer, 1845.

Renick, M. S. "Akbar's First Embassy to Goa: Its Diplomatic and Religious Aspects", *Indica,* 7 (1970): pp. 33-47.

Ricci, Matteo, S. J. *Collected Letters. Ver OS.*

————. *Ershiwu yan* 二十五言 [Vinte e Cinco Sentenças de Epíteto]. In *Tianxue chuhan,* vol. 1, pp. 331-49.

————. *Historia, Ver FR.*

————. *Jiaoyou lun* 交友論 [Tratado Sobre a Amizade]. In *Tiaxue chuhan,* vol. 1, pp. 299-320.

————. *Jifa* 記法 [Tratado sobre as Artes Mnemônicas]. Revisão Zhu Dinghan 朱鼎瀚, in Wu Xiangxiang ed. 吳相湘, *Tianzhujiao dongchuan wenxian* 天主教東傳文獻 [Fontes sobre o Cristianismo na Ásia]. Taipei, 1964.

————. *Jiren Shipian* 畸人十篇 (1608) [Dez Discursos de um Homem Paradoxal]. In *Tianxue chuhan,* vol. 1, pp. 117-281.

————. *Li Madou ti baoxiang tu* 利瑪竇題寶像圖 [Comentários de Ricci sobre as Pinturas Sagradas], 8 + 6 pp. In Tao Xiang 陶湘, ed., *Sheyuan mocui* 涉園墨萃 (1929).

————. *Tianzhu shiyi* 天主實義. [Verdadeiro Significado do Senhor do Céu]. In *Tianxue chuhan,* vol. 1, pp. 351-635.

————. *Tianzhu shiyi,* cap. 1, "The True Meaning of the Lord of Heaven". Trad. Douglas Lancashire. *China Mission Studies (1550-1800) Bulletin,* 4 (1982): pp. 1-11.

————. *Entretiens d'un lettré chinois et d'un docteur européen, sur la vraie idée de Dieu.* (Trad. anôn. em francês de *Tianzhu shiyi.*) In *Lettres édifiantes et curieuses,* vol. 25, pp. 243-385. Toulouse, 1811.

————. *Xiqin quyi bazhang* 西琴曲意八章 [Oito Canções para Instrumentos Ocidentais]. In *Tianxue chuhan,* vol. 1, pp. 283-291.

————, e Xu Guangqi. *Jihe yuanben* 幾何原本, [Os Elementos de Euclides]. In *Tianxue chuhan,* vol. 4, pp. 1921-2522.

————, e outros. *Bianxue yidu* 辯學遺牘 [Cartas sobre Budismo e Cristianismo]. In *Tianxue chuhan,* vol. 2, pp. 637-87.

Romberch, Johann Host von. *Longestorium Artificiose Memorie.* Veneza: Melchior Sessa, 1533.

Rooses, Max. *Christophe Plantin, Imprimeur Anversois.* Antuérpia, 1883.

Roover, Raymond de. "The Business Organization of the Plantin Press in the Setting of Sixteenth Antwerp". In *Gedenkboek der Plantin-Dagen,* pp. 230-46. Antuérpia, 1956.

Rossabi, Morris. "Muslim and Central Asian Revolts". In Jonathan Spence e John E. Wills, Jr., eds., *From Ming to Ch'ing,* New Haven: Yale University Press, 1979.

Rossi, Paolo. *Francis Bacon, from Magic to Science.* Trad. Sacha Rabinovitch. Londres, 1968.

Roth, Cecil. *The House of Nasi: Doña Gracia.* Filadélfia, 1948.

Sakamoto Mitsuru 坂本満. "Lepanto sentōzu byōbu ni tsuite". レパント戦闘図屏風について(Serigrafia da batalha de Lepanto — Um estudo do estilo moderno de pintura ocidental no Japão e sua repercussão na Europa). *Bijutsu kenkyu,* 246 (maio 1966): pp. 30-44, gravuras 3-6.

Sassetti, Filippo. *Lettere edite e inedite.* Ed. Ettore Marcucci. Florença, 1855.

Schilling, Dorotheus, O. F. M. "Zur Geschichte des Martyrerberichtes des P. Luis Frois, S.I.", *Archivum Historicum Societatis Iesu,* 6 (1937): pp. 107-13.

Schimberg, André. *L'Education Morale dans les collèges de la Compagnie de Jésus en France (16e, 17e, 18e siècles).* Paris, 1913.

Schurz, William Lytle. *The Manila Galleon.* Nova York, 1939, 1959.

Schütte, Josef Franz S. J. *Valignano's Mission Principles for Japan.* Trad. John J. Coyne, S. J. Vol. 1, *From His Appointment as Visitor until His First Departure from Japan (1573-1582),* parte I, *The Problem (1573-1580).* St. Louis: Institute of Jesuit Sources, 1980.

Schwickerath, Robert. *Jesuit Education, Its History and Principles, Viewed in the Light of Modern Educational Problems.* St. Louis, 1903.

Sêneca. *The Controversiae.* Trad. M. Winterbottom. Nova York: Loeb Classical Library, 1974.

Shaozhou fuzhi 韶州府志. [Guia da Província de Shaozhou]. 40 juan (1874). Reimpressão 1966.

Shen Defu 沈德符. *Bizhou zhai yutan* 敝帚齋餘談(譚) [Escritos casuais do estúdio "Pincel Quebrado"]. 52 folhas, 1880.

———. *Wanli yehubian* 萬曆野獲編 [Antologia do reinado Wanli]. (34 ch. 1619) Pequim, reimpressão, 1959.

Smalley, Beryl. *English Friars and Antiquity in the Early Fourteenth Century.* Nova York, 1960.

Smith, Vincent Edward. *St. Thomas on the Object of Geometry.* Milwaukee: Marquette University Press, 1954.

So, Kwan-wai. *Japanese Piracy in Ming China During the 16th Century.* Lansing: Michigan State University Press, 1975.

Soarez, Cypriano. *De Arte Rhetorica.* Paris, 1573.

Sorabji, Richard. *Aristotle on Memory.* Londres. Duckworth, 1972.

Spalatin, Christopher, S. J. "Matteo Ricci's Use of Epictetus' Encheiridion", *Gregorianum,* 56:3 (1975): pp. 551-7.

Spate, O. H. K. *The Spanish Lake.* Vol. 1 de *The Pacific since Magellan.* Londres: Croom Helm, 1979.

Stahl, William Harris e Richard Johnson, com E. L. Burge. *Martianus Capella and the Seven Liberal Arts.* 2 vols. Vol. 1, *The Quadrivium of Martianus Capella;* vol. 2, *The Marriage of Philology and Mercury.* Nova York: Columbia University Press, 1971, 1977.

Stevens, Thomas. "Voyage to Goa in 1579, in the Portuguese Fleer". In Kerr, *General History,* vol. 7, pp. 462-70.

Storia di Macerata. Eds. Aldo Adversi, Dante Cecchi e Libero Paci. 5 vols. Comuna de Macerata, 1971-7.

Tacchi Venturi, Pietro S. J. *Opere Storiche. Ver OS.*

———. *Storia della compagnia di Gesù in Italia.* 3 vols. Roma, 1922-38.

Takase Koichiro. "Unauthorized Commercial Activities by Jesuit Missionaries in Japan", *Acta Asiatica,* 30 (1976): pp. 19-33.

Tao Gu 陶穀. *Qing yi lu* 清異錄 [Observações Escolhidas]. 2 juan. Xiyin gan congshu ed., 1840.

Thiersant, P. Dabry de. *Le Mahométisme en Chine et dans le Turkestan Oriental,* 2 vols. Paris, 1878.

Thomas, Keith. *Religion and the Decline of Magic.* Nova York, 1974

Thorndike, Lynn. *History of Magic and Experimental Science.* Vols. 5 e 6, *The Sixteenth Century.* Nova York: Columbia University, 1941.

Tianxue chuhan 天學初函 [Escritos recentes sobre cristianismo na China]. Ed. Li Zhizao 李之藻. Taipei, 1965 reimpressão em 6 vols.

Trigault, Nicola, S. J., *China in the Sixteenth Century: The Journals of Matthew Ricci, 1583-1610.* Trad. Louis J. Gallagher, S. J. Nova York, 1953.

Ubelhor, Monika. "Hsü Kuang-ch'i (1562-1633) und seine Einstellung zum Christeneum", *Oriens Extremus,* 15:2 (dez. 1968): pp. 191-257 e 16:1 (jun. 1969): pp. 41-74.

Verbeek, J. e Ilja M. Veldman, compils. *Hollstein's Dutch and Flemish Etchings, Engravings and Woodcuts, ca. 1450-1700.* Vol. 16, "De Passe (Continued)". Amsterdã: Van Gendt, 1974.

Villaret, Emile, S. J. *Les Congrégations Mariales.* Vol. 1, *Des Origines à la suppression de la compagnie de Jésus (1540-1773).* Paris, 1947.

———. "Les premières origines des congrégations Mariales dans la compagnie de Jésus", *Archivum Historicum Societatis Iesu,* 6 (1937): pp. 25-57.

Villoslada, Riccardo G. *Storia del Collegio Romano dal suo inizio (1551) alla soppressione della Compagnia di Gesù (1773).* Roma: Gregorian University, 1954.

Voet, Leon. *The Golden Compasses: A History and Evaluation of the Printing and Publishing Activities of the Officina Plantiniana at Antwerp.* 2 vols. Amsterdã e Londres, 1969.

Walker, D. P. *The Ancient Theology: Studies in Christian Platonism from the Fifteenth to the Eighteenth Century.* Londres, 1972.

———. *Spiritual and Demonic Magic, from Ficino to Campanella.* Londres: Warburg Institute, 1958.

———. *Studies in Musical Science in the Late Renaissance.* Leiden: Brill, 1978.

Wicki, Josef, S. J. "The Spanish Language in XVI-Century Portuguese India", *Indica,* 14:1 (mar. 1977): pp. 13-9.

Wieger, Léon, S. J. "Notes sur la première catéchèse écrite en chinois 1582-1584", *Archivum Historicum Societatis Iesu,* 1 (1932): pp. 72-84.

Wilhelm, Richard. *The I Ching of Book of Changes.* Trad. Cary F. Baynes. Princeton: Princeton University Press, 1967.

Winn, James Anderson. *Unsuspected Eloquence: A History of the Relations Between Poetry and Music.* New Haven: Yale University Press, 1981.

Wright, A. D. *The Counter-Reformation: Catholic Europe and the Non-Christian World.* Nova York, 1982.

Xie Zhaozhe (Hsieh Chao-che), 謝肇淛. *Wu za zu* 五雜俎 16 juan. 1795 ed., e reimpressão em Pequim, 1959.

Xu Shuofang 徐朔方. "Tang Xianzu he Li Madou" 汤显祖和利玛窦 [Tang Xianzu e Matteo Ricci], *Wenshi* 文史 12 (set. 1981): pp. 273-81.

Yang Lien-sheng. "Historical Notes on the Chinese World Order". In: John K. Fairbank, ed., *The Chinese World Order.* Cambridge: Harvard University Press, 1968.

Yates, Frances A. *The Art of Memory.* Penguin Books, 1969.

Yerushalmi, Yosef Hayim. *Zakhor, Jewish History and Jewish Memory.* Seattle: University of Washington Press, 1982.

Yin Falu 阴法鲁. "Li Madou yu Ouchou jiaohui yiuyue di dongchuan" 利玛窦与欧洲教会音乐的东传 [Matteo Ricci e a difusão da música européia no Oriente], *Yinyue Yanjiu* 音乐研究, 2, 1982, pp. 87-90 e 103.

Young, John D. *Confucianism and Christianity, the First Encounter.* Hong-Kong: Hong-Kong University Press, 1983.

————. *East-West Synthesis: Matteo Ricci and Confucianism.* Hong-Kong: University of Hong-Kong, 1980.

Yü Chün-fang. *The Renewal of Buddhism in China: Chu-hung and the Late Ming Synthesis.* Nova York: Columbia University Press, 1981.

Yuan Tsing. "Urban Riots and Disturbances". In Jonathan D. Spence e John E. Wills, eds., *From Ming to Ch'ing: Conquest, Region and Continuity in Seventeenth-Century China.* New Haven: Yale University Press, 1979.

Zanta, Léontine. *La renaissance du stoïcisme au XVIe siècle*. Paris, 1914.

Zhang Xie 張燮. *Dongxiyang kao* 東西洋考 [Estudo sobre os Oceanos do Leste e do Oeste]. 12 juan. 1617-18. Reimpressão: Taipei, 1962.

Zhang Xuan 張萱. *Xiyuan wenjian lu* 西園聞見錄 [Notas sobre a História Ming]. Prefácios 1627 e 1632. 106 juan. Pequim, 1940.

Zhaoqing fuzhi 肇慶府志. [Guia da Província de Zhaoqing]. 22 juan. 1833. Reimpressão 1967.

Zhuangzi. *The Complete Works of Chuang Tzu*. Trad. Burton Watson. Nova York: Columbia University Press, 1968.

Zou Yuanbiao 鄒元標. "Da Xiguo Li Madou" 答西國利瑪竇 [Resposta à Carta de Ricci] *in: Yuan xue ji* 願學集, *Siku quanshu* ed., juan 3, p. 39.

ÍNDICE REMISSIVO

NOMES CHINESES, COM AS FORMAS MAIS ANTIGAS DE ROMANIZAÇÃO WADE-GILES ENTRE PARÊNTESES

Cao Yubian (Ts'ao Yü-pien) 曹于汴
Cheng Dayue (Ch'eng Ta-yüeh) 程大約
Dou-si (Deus) 陡斯
Feng Bao (Feng Pao) 馮保
Feng Qi (Feng Ch'i) 馮琦
Feng Yingjing (Feng Ying-ching) 馮應京
Gao Cai (Kao Ts'ai) 高寀
Gong Daoli (Kung Tao-li) 龔道立
Guo Zhengyu (Kuo Cheng-yü) 郭正域
Huang Hui (Huang Hui) 黃輝
Huang Mingshao (Huang Ming-Shao) 黃明沙
Jiao Hong (Chiao Hung) 焦竑
Li Dai (Li Tai) 李戴
Li Yingshi (Li Ying-shih) 李應時
Li Zhi (Li Chih) 李贄
Li Zhizao (Li Chih-tsao) 李之藻
Lu Jian (Lu Chien) 陸鍵
Lu Wangai (Lu Wan-kai) 陸萬垓
Ma Tang (Ma T'ang) 馬堂
Qi Jiguang (Ch'i Chi-kuang) 戚繼光
Qu Jingchun (Ch'ü Ching-ch'un) 瞿景淳
Qu Rukuei (Ch'ü Ju-k'uei) 瞿汝夔
Sanhuai (Sanhuai) 三淮

Shen Defu (Shen Te-fu) 沈德符
Shen Jihuan (Shen Chi-huan) 沈濟褱
Shen Yiguan (Shen I-kuan) 沈一貫
Shen Zhenke (Shen Chen-k'o) 沈真可
Sun Yuanhua (Sun Yuan-hua) 孫元化
Wang Honghui (Wang Hung-hui) 王宏誨
Wang Jilou (Wang Chi-lou) 王繼樓
Wang Kentang (Wang L'en-t'ang) 王肯堂
Wang Pan (Wang P'an) 王泮
Wu Zhongming (Wu Chung-ming) 吳中明
Xie Zhaozhe (Hsieh Chao-che) 謝肇淛
Xie Guangqi (Hsü Kuang-ch'i) 徐光啓
Yu Chunxi (Yü Ch'un-hsi) 虞淳熙
Zhao Kehuai (Chao K'o-huai) 趙可懷
Zhenke (Chen-k'o) 真可
Zhong Mingren (Chung Ming-jen) 鍾鳴仁
Zhu Dinghan (Chu Ting-han) 朱鼎澣
Zhuhong (Chu-hung) 袾宏
Zhu Shilu (Chu Shih-lu) 祝世祿
Zou Yuanbiao (Tsou Yüan-piao) 鄒元標

ESTA OBRA FOI COMPOSTA PELA INTERTEXTO S/C LTDA. EM TIPO TIMES NEWS ROMAN. E IMPRESSA PELA LIS GRÁFICA E EDITORA LTDA. PARA A EDITORA SCHWARCZ LTDA. EM DEZEMBRO DE 1986.